基于公益众筹平台的共创型社会责任及治理策略研究

王汉瑛　著

中国财经出版传媒集团
中国财政经济出版社
北京

图书在版编目（CIP）数据

基于公益众筹平台的共创型社会责任及治理策略研究 / 王汉瑛著. -- 北京：中国财政经济出版社，2023.11
ISBN 978-7-5223-2383-1

Ⅰ.①基… Ⅱ.①王… Ⅲ.①企业责任－社会责任－研究－中国 Ⅳ.①F279.23

中国国家版本馆 CIP 数据核字（2023）第 142834 号

责任编辑：张晓丽　　　　责任印制：史大鹏
封面设计：孙俪铭　　　　责任校对：张　凡

基于公益众筹平台的共创型社会责任及治理策略研究
JIYU GONGYI ZHONGCHOU PINGTAI DE GONGCHUANGXING SHEHUI ZEREN
JI ZHILI CELÜE YANJIU

中国财政经济出版社 出版

URL：http：//www.cfeph.cn
E-mail：cfeph@cfeph.cn

社址：北京市海淀区阜成路甲 28 号　邮政编码：100142
营销中心电话：010-88191522
天猫网店：中国财政经济出版社旗舰店
网址：https：//zgczjjcbs.tmall.com
北京财经印刷厂印刷　各地新华书店经销
成品尺寸：170mm×240mm　16 开　24.75 印张　366 000 字
2023 年 11 月第 1 版　2023 年 11 月北京第 1 次印刷
定价：88.00 元
ISBN 978-7-5223-2383-1
（图书出现印装问题，本社负责调换，电话：010-88190548）
本社质量投诉电话：010-88190744
打击盗版举报热线：010-88191661　QQ：2242791300

本书得到以下项目的资助：

国家社会科学基金青年项目“基于公益众筹平台的共创型社会责任及治理策略研究”（19CGL023）；

教育部中华优秀传统文化专项课题重点项目“家国情怀下外向式企业社会责任对员工敬业的影响机制研究”（23JDTCA053）；

教育部人文社会科学规划项目“彩礼习俗约束下家庭金融资产配置研究”（23YJAZH163）；

山西省“1331 工程”工商管理一流学科建设项目；

山西省高等学校哲学社会科学研究一般项目“山西省农村女性创业的资源约束模式及应对策略”（2021W071）；

山西省高等学校教学改革创新项目“科教融合视角下高水平研究应用型大学协同育人机制创新与实践——以实验教学为例”（J2021289）。

前　言

在我国强力推进共享经济和价值共创的发展理念下，由单边主导的传统企业社会责任正在借助公益众筹平台向共创型社会责任转变。共创型社会责任是企业识别并满足利益相关者的需求和期望，邀请其共同参与社会责任活动，其核心是利益相关者参与。厘清利益相关者在中国文化情境下参与共创型社会责任的前因与后果，一方面可以帮助构建本土化的共创型社会责任理论，另一方面可以从根本上促进利益相关者参与共创型社会责任，规避参与中可能遇到的问题，从而达到企业与利益相关者共赢的结果，构建良性的共创型社会责任模式。

本书在第 1 章导论部分对共创型社会责任进行介绍，包括阐述相关概念，提出共创型社会责任的六个特点，构建利益相关者参与行为矩阵对利益相关者参与共创型社会责任的方式进行分类总结。本书第 2 章梳理了国内外知名的共创型社会责任实践案例，在此基础上纵向分析了项目的延续性和扩展性，横向分析了国内外项目的差别与共性，以及项目之间的传播、合作与互鉴。

第 3、第 4、第 5 章以专题的形式探讨了利益相关者参与共创型社会责任的前因。第 3 章研究了共创型社会责任的儒道佛思想渊源及融通。该专题基于性善论、忠恕思想和等差之爱构建了共创型社会责任的儒家思想理论架构；基于天道均平观、德性观、周穷救急观和善恶报应观构建了共创型社会责任的道家思想理论架构；基于缘起观、慈悲观和因果业报观构建了共创型社会责任的佛家思想理论架构。在此基础上，围绕异同之辩与是非高下之争，构建了等差之爱与平等之爱的对比矩阵，阐明了儒道佛在“劝善”“乐善”功效上的同归和“行善”方式上的殊途。该专题揭示了共创型社会责任中可采取的最优战略：既能够秉承非人类中心主义和普世主义的平等、包容，又具有当仁不让的主体意识和脚踏实地的现实路径。第 4 章研究了共创型社会责任的希望情绪驱动专题。该专题提出网络分享是消费者参与共创型社会责任的重要方式。为阐明消费者在中国文化情境中进行网络分享的动机和认知机制，我们从实际例证出发，采用跨学科范式构建了一个双重条件化间接效应模型。基于275份问卷的准实验结果表明：共创性社会责任项目唤起的希望情绪越强，消费者的网络分享意愿越强。在认知机制方面，希望情绪可以通过增强自我实现感和反应效能感来提升网络分享意愿。在文化情境方面，消费者的集体主义倾向越高，希望情绪通过增强自我实现感提升网络分享意愿的作用越强；同时消费者的不确定性规避倾向越高，希望情绪通过增强反应效能感提升网络分享意愿的作用越强。结论揭示了激励希望情绪是一种有效的共创型社会责任沟通策略，企业可结合其认知机制和相应的文化情境来激励消费者参与共创型社会责任。第5章研究了共创型社会责任的员工与消费者互动专题。该专题基于利益相关者整合视角，探讨消费者感知到的员工角色内、外参与度对其参与意愿的联合效应及认知和情绪机制。研究建立了以仁爱为导向的消费者期望收益矩阵和基于两阶段社会交换关系的信号传递模型，从而解析了消费者在参与决策中的完整心理过程。以473个实验样本的多项式回归和响应面分析结果显示：消费者感知的员工角色内、外参与度越一致，其参与意愿越强；高水平上的一致比低水平上的一致更能激发参与意愿；当感知不一致时，与角色内参与度高于角色外参与度相比，角色外参与度高于角色内参与度时，参与意愿更强；员工角色内、外参与度的联合效应可以通过增强消费者信任来推进其参与，但不能通过唤起消费者预期自豪来推进其参与。该专题揭示了企业应做好“由内而外”的“行动式”沟通。

第6、第7、第8章从后果角度分别探讨了利益相关者参与共创型社会责任的益处、问题与治理策略。第6章从微观（消费者、员工），中观（非营利组织、企业）和宏观（社会）层面阐述了利益相关者参与共创型社会责任的益处，建立了共创型社会责任的钻石益处模型。第7章基于相同的维度阐述了共创型社会责任中容易引发消极后果的问题，建立了共创型社会责任的钻石问题模型。第8章基于相同维度，从扬长避短并且更侧重于避短的角度制定了共创型社会责任的治理策略，建立了共创型社会责任的钻石治理模型。

本书的理论贡献主要是：第一，将研究焦点从单边主导的企业社会责任转向基于公益众筹平台的共创型社会责任，拓展了企业社会责任和价值共创的研究框架。第二，关于众筹平台的研究呈现明显的“谷仓效应”，论证缺少跨学科的交流。本书采用跨学科范式，构建几个交叉性理论体系，从而使认知心理学、社会心理学、文化心理学、传播学、消费者行为学等在伦理和金融创新领域得到沟通、延展和深化。第三，相比中国经济在世界经济中的发展速度而言，中国文化在研究中所受的重视程度却严重不足。并且少量研究多关注负面文化因素，如守旧、特殊化等，而忽略了非负面的文化因素。在坚定“文化自信”的理念下，本书以“中西交汇”为主旋律，结合儒道佛思想，聚焦集体主义倾向等非负面文化价值观，阐释成熟的西方理论在中国情境中的应用和变化，从而使西方理论在中国情境中得到本土化延展，并且帮助构建了本土化的共创型社会责任理论，同时对传统文化思想进行了历史延续与时代更新。第四，加入利益相关者整合视角探讨企业、员工、消费者在共创型社会责任中的多边合作，更深入解读了共创型社会责任的“共创性”。利益相关者整合视角不仅避免了在企业一元主导的传统范式中，利益相关者角色被边缘化的问题，而且弥补了在二元共创的逻辑架构内，利益相关者关系被极端简化的问题。

目录

图表目录

图目录

表目录

第1章

导　论

1.1 共创型社会责任相关概念

1.1.1 传统企业社会责任

1. 传统企业社会责任的概念

尽管学术界关于“商业对社会之影响”的研究可以追溯到几个世纪以前（Carroll，1999），但现代企业社会责任（Corporate Social Responsibility，CSR）的概念是 Bowen（1953）在《商人的社会责任》一书中提出的。Bowen 认为，从规范性角度，CSR 是指商人遵循社会目标和价值观来做出决策与行为；从工具性角度，自由市场中的资本主义需要监管，CSR 作为一种监管措施或纠正手段，可以有效避免或最小化自由的、放任的资本主义中企业的负外部性问题（Acquier 等，2011）。基于此，CSR 可以作为一种资本主义制度在攻讦中脱困的方法（Porter 和 Kramer，2011）。

2. 传统企业社会责任的争议与共识

“企业应当加入社会舞台”的观点甫一提出就引发了很多争议和嘲笑，其中的代表性人物包括 1976 年诺贝尔经济学奖的获得者 Milton Friedman，他认为企业唯一的责任是实现股东利益的最大化，因为股东是企业的所有者（Friedman，1962）。

Carroll（1979）提出的 CSR 的金字塔模型是调和 CSR 支持者与反对者之间的矛盾的一次有益尝试（De Roeck 和 Maon，2018）。该模型认为 CSR 是一个多维度的“伞”形概念，从基层到顶层可以被分为经济责任、法律责任、伦理责任和慈善责任。因此，企业对股东负责即履行经济责任本身就属于 CSR 的范畴。并且，该模型强调企业的伦理责任、慈善责任与其传统的经济、法律责任并不矛盾。慈善责任是一种自由裁量的愿尽责任，企业履行经济、法律、伦理责任之后，在尚有余力的情况下可以投入其中。

后续研究延伸并扩展了 Carroll（1979）的逻辑，认为 CSR 与经济绩效或称财务绩效非但不矛盾，而且可以统一，即“做好事可以获得好报”。其原因在于：CSR 降低了企业与其赖以生存的关键利益相关者（股东、员工、消费者、政府、社区/社会等）之间的交易成本和代理成本（Jones，1995；Waddock 和 Graves，1997），利益相关者会认可并奖励 CSR 表现好的公司。具体而言：

从股东角度，研究发现越来越多的普通投资者将 ESG（环境，社会，治理）元素集成到主流投资分析中。对于专业投资者也存在相同的趋势，Luo 等（2015）的质性研究表明，为投资者服务的财务分析师会在分析师报告中讨论各种与 CSR 相关的信息，包括环境保护、产品、雇员关系、公司治理、社区等。基金经理人也越发关注“有良知的投资”。

从员工角度，研究发现在一个负责任的企业中，员工更愿意接受“打折扣”的工资，并减少离职意愿，员工具有更高的敬业程度和更低的消极怠工倾向（Bunderson 和 Thompson，2009）。

从消费者角度，研究发现 CSR 可以作为一种有效的价值沟通手段，帮助消费者与企业形成强有力的心理纽带，提升消费者的组织认同感和忠诚度（Korschun 等，2014）。并且，相比其他沟通策略，如产品信息、财务报表等，CSR 更能说明企业的价值观（Bhattacharya 和 Sen，2004）。根据 2008 年的爱德曼善意研究（Edelman Good Purpose Study，爱德曼是世界著名的公关咨询服务公司），63% 的消费者认为企业在营销和广告上花费过多，应该留出更多的资金用于公益事业。即使在经济衰退期，仍有 80% 的全球消费者认为，企业为社会目的预留资金非常重要。

从政府角度，在法律和规范制定过程中，监管者更愿意与负责任的企业进行合作（Murray 和 Vogel，1997）。政府还会为捐赠，雇佣残疾员工等 CSR 行为减免税收、提供补贴。

从社区/社会角度，要求企业去关注和解决社会问题的呼声也越发强烈（Barnett 等，2020）。Besley 和 Ghatak（2007）提出，在解决社会问题上，企业比政府处于更有利的地位。事实上，由于财政压力和基于市场解放的政治意识形态的崛起，许多政府已经将解决社会问题的重任交给了企业。2018 年美国债券基金管理公司黑石集团（BlackRock）的 CEO Larry Fink 发布了《致 CEO 们的一封信》，该信件内容广为流传，造成了深远的影响。信中强调，公众对企业回应社会问题的期望从未像现在这样高。

事实上，综合而言，员工、消费者、政府、社区/社会等利益相关者可以被视为企业的“广义股东”（Universal Investors）。有价值的企业资产不仅归属于狭义股东，而且归属于广义股东，即整个经济体中的利益相关者都应占据相应的份额（Stout，2012）。由此，履行 CSR 可以使股东利益最大化和利益相关者利益最大化的目标达成和解。

基于此，传统的履行 CSR 的方式是：“做好事”并在财务报告、CSR 报告或广告中向利益相关者主动展现其 CSR 表现，以赢得利益相关者的“奖励”（Margolis 和 Walsh，2003）。在实践中，近年来 CSR 的规模和范围是惊人的。《财富》500 强企业每年仅在企业慈善上的支出就超过 150 亿美元，再加上在其他 CSR 项目上所花费的时间和金钱，CSR 的总支出难以胜数（Davidson 等，2019）。

3. 传统企业社会责任的问题

然而，实证检验 CSR 与财务绩效之间的关系的研究却呈现出了矛盾的结果（Peloza，2009）。学术研究和现实例证均发现，企业的善行不一定能获得善报，甚至可能起到适得其反的作用（Rivoli 和 Waddock，2011）。元分析结果也显示，二者之间只有微弱的正相关关系（Orlitzky 等，2003）。

造成以上矛盾的原因在于传统 CSR 的履责模式存在以下问题：第一，Madsen 和 Rodgers（2015）指出，CSR 战略成功的前提是，消费者充分感知和意识到 CSR 信息。然而，传统 CSR 模式中消费者是被动一方，其参与感和授权感较低，从而导致 CSR 意识也较低（吴瑶等，2017）。第二，企业与消费者之间的 CSR 沟通是单向、静态的。由于缺乏互动和反馈，企业难以从消费者中得到有价值的见解，也容易忽略一些关键社会问题（杨学成和陶晓波，2015）。第三，由于缺乏透明度和深入沟通，消费者经常发出“漂 CSR”或企业伪善的质疑（Pope 和 Wæraas，2016）。即认为 CSR 言论与行为脱节；或企业故意选择性披露积极信息；抑或利用 CSR 掩盖非法行为（Bhattacharya 等，2008；权小锋等，2015；田利辉和王可第，2017）。可见，传统 CSR 已经面临严峻挑战，其实践范式亟须转型（肖红军和阳镇，2018）。

1.1.2 价值共创

1. 价值共创的概念

价值共创（Value Co – Creation）的概念最早是由 Normann 和 Ramirez

(1993)提出的，他们认为企业和消费者之间的互动是价值共创的基础，因此价值共创被定义为企业和消费者共同创造价值的过程（Prahalad 和 Ramaswamy，2004)。在此过程中，消费者通过与企业进行直接或间接合作，建立一种独特的战略合作伙伴关系。价值共创可以使消费者和企业同时获益，比如为消费者提供更具个性的产品和更快捷的服务，提升企业的运营效率和声誉。价值共创的相关研究主要基于价值共创理论展开，集中在产品和服务领域，作为提高生产力和改善服务质量的手段。

2. 价值共创的分类

（1）产品领域生产链上的价值共创。在产品领域，价值共创关注新产品开发过程中的设计或功能定制（Kim 和 Slotegraaf，2016）。企业不再需要猜测或想象顾客的需求，而是通过成熟的社交媒体，或者建立全新的网络社区来与顾客就产品功能、创意、细节等问题进行反复探讨、学习、改进，从而完成产品的共同开发和设计（Schau 等，2009；Ind 等，2020）。随着社交媒体、“粉丝”团体、品牌社区中在线讨论的展开，传统产品和品牌变得极具动态性，它们正在以企业经理人意想不到的、创造性的、生动的方式发展（Ind 等，2013)。例如，海尔集团在海尔商城下设海尔社区，作为企业与消费者以及消费者与消费者之间交流沟通的在线平台。该平台首先可以帮助收集海量消费者信息，实现企业与消费者的零距离接触；其次信息被模块化后可以用于产品创新、产品改进、私人定制；最终为消费者提供更具个性化、新颖性，体验感更佳的产品。再如，卡夫公司的 100 卡路里盒装零食是在虚拟平台积极听取消费者意见之后产生的。消费者意见可以反映消费者真实的功能偏好和心理偏好(Bendapudi 和 Leone，2003)。

（2）产品领域销售链上的价值共创。产品领域中生产链上的价值共创还可以被延伸到销售链中，产生广告共创、品牌共创等（Ranjan 和 Read，2016）。在过去 10 年间，营销人员见证了消费者对传统广告信任的持续下跌。由于在传统广告中，营销人员推介其产品或服务的目的过于明显，消费者已经能够准确识别传统广告中所包含的劝说性尝试。因此，消费者对传统广告的警惕性加强，可信度降低（Boerman 等，2017）。在此背景下，改变广告的来源，邀请消费者参与广告创作成为了增加广告劝说效应的有益尝试。研究表明，当企业向受众披露广告是由消费者开发时可能引发两种相反的效应：怀疑效应和认同效应。尽管受众会对广告开发者的能力产生怀疑，但他们对广告的认同感也大为增强。尤其是在受众的认知资源有限，具有较高的品牌忠诚度，或广告中给出开发者的背景信息时，他们对广告的怀疑更少，认同更强（Thompson 和 Malaviya，2013）。实践中，越来越多的公司开始寻求让消费者参与广告创作。例如，2010 年联合利华推出了一场大规模的消费者原创广告竞赛活动，该活动涉及联合利华旗下的 13 个全球品牌，包括本杰瑞（Ben & Jerry's，冰激凌品牌），多芬（Dove，日化品牌），立顿（Lipton，茶叶品牌），凡士林（Vaseline，美容护肤品牌）等跨领域知名品牌（Thompson 和 Malaviya，2013）。此外，百事可乐、通用汽车、美国国家橄榄球联盟也将消费者创造内容纳入广告中。

（3）服务链上的价值共创。在服务领域，价值共创可以跨越整个服务链，涉及自助服务、服务失败修复、出行共享等（Heidenreich 等，2015）。消费者通过投入时间、精力、知识等来改善服务交付过程和结果。例如沃尔玛的自助称重和结账、加油站的自助加油和结账、菜鸟驿站的自助扫码取件等。再如汇丰银行（HSBC Bank）邀请外籍客户及拥有优质银行账户的客户参与进一步改善服务和交付流程（Auh 等，2019）。

3. 价值共创的核心

无论产品领域还是服务领域的价值共创，其核心都是消费者参与。Uzkurt（2010）将消费者参与定义为消费者在消费行为之外，通过自由裁量对企业额外贡献的信息资源、物理资源、情绪资源、行为资源。Chan 等（2010）认为，消费者通过共享信息、提出建议、提供个人需求、参与决策过程等方式参与到产品生产和服务交付中。

后续研究中，消费者参与被扩展到利益相关者参与（Stakeholder Engagement）。它是一个包含两个独立概念的术语。“利益相关者”是指，一个组织的成败所依赖的群体或个人（Freeman，2010），这一概念广泛且具有包容性。“参与”则包括共同构思、共同估值、共同设计、共同测试、共同发布等多元化方式。Wang 等（2016）指出，虽然顾客被认为是 CSR 活动的主要驱动力，但是近年来员工参与 CSR 活动的程度显著增加。总部位于巴黎的食品公司达能（Danone），员工积极涉入企业与非营利合作伙伴共同创造的社会项目。全球金融服务公司花旗（Citi）的员工积极参与“花旗志愿项目”，贡献于社区环境的提升。支付公司万事达信用卡（MasterCard）鼓励员工参与到欠发达地区人群的金融服务中。海尔集团除海尔社区这一用户交互平台外，还设有海创汇、海立方、Hope 等创客平台，以及创投基金、海融易等融资平台。多元化平台不仅吸引消费者参与到价值共创中，而且可以辐射到供应商、政府、社区、非营利组织等利益相关者（王水莲和王洁，2017）。Storbacka 等（2016）强调，利益相关者参与是价值共创的核心。真正产生价值的是在基于平台的互动参与中发生的资源整合。没有利益相关者参与，就不会发生资源整合，也就不会产生价值共创（Oertzen 等，2018）。

1.1.3 公益众筹平台

1. 众筹简介

（1）众筹的定义。众筹（Crowdfunding），又称众包，它有着悠久的历史，出现远早于数字时代。然而直到网络普及，众筹才开始迅速流行。作为一种全新的融资方式，“众筹”一词分别于 2010 年 2 月和 2011 年 11 月被正式收入《麦克米伦词典》（Macmillan Dictionary）和牛津词典。预计到 2025 年，世界众筹交易额将超过 3000 亿美元（Figueroa – Armijos 和 Berns，2022）。世界银行（World Bank）的报告显示，到 2025 年，中国的众筹规模将达到 460 亿元至 500 亿美元。虽然众筹现象非常普遍，相关研究却非常有限，众筹研究仍然是一个新兴的领域（Colombo 等，2015）。

关于众筹的定义，学者们并未达成共识。Pietro 等（2019）将众筹定义为通过互联网发出的，以捐赠或换取某种奖励的形式进行的，为支持具有某一特定目的的项目而筹集财务资源的公开呼吁。Davies（2014）指出，众筹是在高度可见性的环境中，通过网络平台从大量个体捐赠者或投资者手中筹集相对少额的资金。Lin 等（2014）则认为，众筹是指筹资人通过互联网整合公众资源，为其他组织或个人的某些活动提供资金援助的一种筹款方式。

从以上定义中不难看出，众筹具备以下特点：其一，依托于互联网平台；其二，依赖于“众”力，即大量的个体投资者或捐赠者；其三，每一个体投资者或捐赠者提供的资金是少量的；其四，支持特定项目。

（2）众筹相比传统金融的优势。众筹被认为是重大的现代金融创新之一（Kuti 和 Madarász，2014），是当代资本市场中强大的新生力量（Spanos，2018）。

经济合作与发展组织（Organization for Economic Cooperation and Development，OECD）将众筹评价为一种发展迅速、成本效率高、灵活的融资工具。与传统金融相比，众筹具有如下优势：

第一，市场“补缺”。众筹有效填补了传统的银行类大型金融中介机构和小额信贷机构服务不足的利基市场（Niche Market）。传统的银行类大型金融中介机构的服务对象主要是大规模企业和高收入人群，信用、信息审查严格，需要提供担保，贷款成本较高。新兴的小额信贷机构虽然以个人、家庭为主要服务对象，也基本无须提供担保，然而机构较少，发放贷款的规模和数量都十分有限，信用、信息审核也十分严格。而众筹的受众非常广泛，个体、家庭、中小企业都可以发起众筹；对担保和信用审查的要求不高；筹资面大；筹资成本低，甚至有些众筹完全无须提供回报。因此，众筹可以作为正式金融机构的替代品。近1/3的众筹用户表示，他们不太可能通过其他方式获得资金。在银行渗透率低、服务质量低、贷款成本高的国家，众筹尤其受欢迎（Mollick，2014）。

第二，“去中介化”的沟通。众筹体现了互联网金融出现以来，金融行业“去中介化”的趋势。通过互联网平台，筹资者和投资者、捐赠者可以直接会面、对话，而不需要传统的银行等金融机构介入。这将极大降低项目成本，提升金融资本配置效率。

第三，打破地理限制。在线众筹的一大优点是，它突破了项目发起人和投资者、捐赠者之间的地理边界限制。尽管有大量实证研究表明，发起人和投资者、捐赠者之间的实际距离仍然显著影响着项目成功。比如，传统的小额信贷实践是地方性的，要求参与者访问地理位置上邻近的地区进行筹款，而众筹网络是“无边界”的（Agrawal等，2011）。这种“无边界”投资、捐赠的能力在发展中国家尤为有用，因为在发展中国家的邻近社会网络中，资本可能是匮乏或受限的。

第四，为特定群体发声。Davies（2014）认为，众筹可以带来广泛的社会效益，它提供了一个让特定群体（比如小规模创业者，渐冻症、亨廷顿舞蹈病等罕见病患者）发声的平台，他们的观点往往很难借助传统媒介去发布并被倾听。

第五，将社会资本转化为其他资本。众筹提供了一种将社会资本转化为经济、政治、道德资本的机会（Davies，2014）。

（3）众筹的分类。根据众筹目的和回报类型，众筹可以被分为以下四类：第一，公益性众筹（Donation - Based Crowdfunding），亦称慈善性众筹，捐赠性众筹或非营利性众筹。在该类众筹中，捐赠者不获取任何财务回报。第二，奖励性众筹（Reward – Based Crowdfunding）。在该类众筹中，投资者期望得到物质回报，比如未来的产品或服务、象征性的礼物等。第三，债务性众筹（Lending – Based Crowdfunding）。在该类众筹中，投资者作为债权人获取债权和利息。第四，股权性众筹（Equity – Based Crowdfunding）。在该类众筹中，投资者作为股东获得股权。债务性众筹和股权性众筹也被合称为投资性众筹。奖励性众筹、债务性众筹和股权性众筹也被合称为营利性众筹。

2. 众筹平台简介

（1）国际、国内第一个众筹平台。创立于 2001 年的 ArtistShare 是世界上第一个众筹平台（Crowdfunding Platforms），它自称为“粉丝”融资（Fan – Funding）平台，如图 1.1 所示。该平台为后续很多著名的众筹平台如 KickStarter、IndieGoGo、PledgeMusic 等描绘了众筹的蓝图。ArtistShare 为创业艺术家提供支持和专业服务，将艺术家与“粉丝”联系起来，分享创作过程中的兴奋与美好，让“粉丝”通过资助和观察来直接参与艺术作品创作。该平台至今运营良好，荣获了无数奖项和荣誉，包括 11 项格莱美奖（Grammy Award）和 33 项格莱美奖提名。

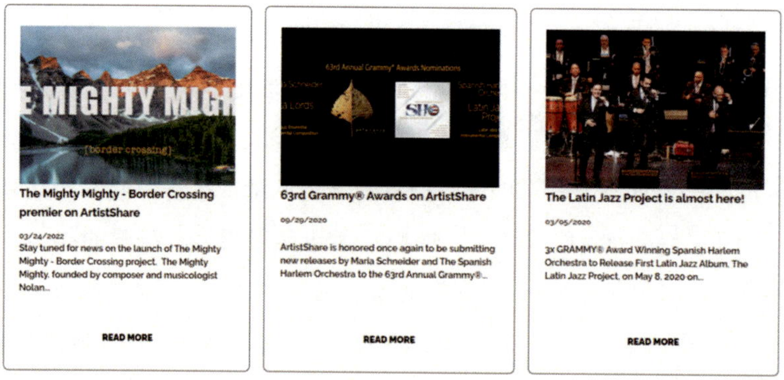

图 1.1　ArtistShare 网页

资料来源：ArtistShare 官网 https：//www. artistshare. com。

国内首个众筹平台是 2011 年推出的点名时间（DemoHour），它是一个支持创意项目的众筹平台，总部位于北京。2013 年 10 月，该平台开始从众筹模式向首发模式转型，即智能新品限时预售平台。

（2）众筹平台的分类。根据众筹目的和回报类型，众筹平台相应分为以下四种类型：其一，公益众筹平台。全球领先的公益众筹平台包括：Justgiving（英国）、GoFundMe（美国）、Indiegogo（美国）等。其二，奖励性众筹平台。全球领先的奖励性众筹平台包括：GoFundMe（美国）、Kickstarter（美国）、Indiegogo（美国）、Ulule（法国）、Fundrazr（加拿大）、ArtistShare（美国）等。其三，债务性众筹平台。全球领先的债务性众筹平台包括：LendingClub（美国）、Prosper（美国）、Ratesetter（英国）、Zopa（英国）、陆金所（Lufax，中国）等。其四，股权性众筹平台。全球领先的股权性众筹平台包括：EquityNet（美国）、Crowdfunder（美国）、CrowdCube（英国）、Angelist（美国）、OurCrowd（以色列）等。有的众筹平台隶属于以上某一种类型，而有的众筹平台则兼具几种类型，比如GoFundMe既是公益众筹平台，也是奖励性众筹平台。

（3）基于众筹平台的研究和实践现状。现有基于众筹平台的研究主要关注营利性众筹平台，即奖励性众筹平台、债务性众筹平台和股权性众筹平台，基于公益众筹平台的研究尤为稀缺（Berns 等，2020）。在实践方面，盈灿咨询 2018 年 1 月发布的《2017 年众筹行业年报》显示，根据不完全统计，截至 2017 年 12 月底，公益众筹平台数量只占所有众筹平台的 4.31%，为 4 类平台中占比最小的平台。然而，近年来公益众筹平台的受关注程度和访问量逐年激增，发展迅速。Lehner（2013）等研究指出，尽管众筹最初是用来支持创意性和营利性项目的，但在过去几年间，众筹平台越来越多地被用于公益慈善项目。

3. 公益众筹平台简介

（1）国外、国内知名的公益众筹平台。如表 1.1 所示，大部分国外知名的公益众筹平台分布在美国。资历较深的有 1992 年成立的 Mary's Meals，2000 年上线的 DonorsChoose、Justgiving，2001 年上线的 GIVE. asia。资历较浅的有 2016 年上线的 Weeboon。

表 1.1 国外知名的公益众筹平台

平台名称	国家
Crowdrise	美国
DonorsChoose	美国
GIVE. asia	美国
GiveForward	美国

续表

平台名称	国家
GoFundMe	美国
Indiegogo	美国
Ioby	美国
Kiva	美国
Microplace	美国
Mightycause	美国
YouCaring	美国
Justgiving	英国
Mary's Meals	英国
Ketto	印度
Kopernik	印度尼西亚
Weeboon	泰国
Campfire	日本

中华人民共和国民政部主管全国公益慈善工作，表 1.2 是民政部批准的在我国本土运营的公益众筹平台。迄今为止，民政部一共发布了 3 批合格名单：第一批是 2016 年 8 月 31 日批准的 13 家公益众筹平台；第 2 批是 2018 年 5 月 24 日批准的 9 家；第 3 批是 2021 年 10 月 20 日批准的 10 家。因此民政部一共批准了 32 家本土公益众筹平台。

表 1.2 中华人民共和国民政部批准的公益众筹平台

批准批次	批准时间	序号	平台名称	运营主体
第 1 批	2016 年 8 月 31 日	1	腾讯公益网络募捐平台	腾讯公益慈善基金会
		2	淘宝公益	浙江淘宝网络有限公司
		3	蚂蚁金服公益平台	浙江蚂蚁小微金融服务集团有限公司
		4	新浪微公益	北京微梦创科网络技术有限公司
		5	中国慈善信息平台	中国慈善联合会
		6	京东公益互联网募捐信息平台	网银在线（北京）科技有限公司
		7	基金会中心网	北京恩玖非营利组织发展研究中心
		8	百度慈善捐助平台	百度在线网络技术（北京）有限公司
		9	公益宝	北京厚普聚益科技有限公司
		10	新华公益服务平台	新华网股份有限公司
		11	轻松筹	北京轻松筹网络科技有限公司
		12	联劝网	上海联劝公益基金会
		13	广州市慈善会慈善信息平台	广州市慈善会

续表

批准批次	批准时间	序号	平台名称	运营主体
第2批	2018年5月24日	14	美团公益	北京三快云计算有限公司
		15	滴滴公益	北京小桔科技有限公司
		16	善源公益	北京善源公益基金会（中国银行发起成立）
		17	融e购公益	中国工商银行股份有限公司
		18	水滴公益	北京水滴互保科技有限公司
		19	苏宁公益	江苏苏宁易购电子商务有限公司
		20	帮帮公益	中华思源工程扶贫基金会
		21	易宝公益	易宝支付有限公司
		22	中国社会扶贫网	社会扶贫网科技有限公司（国务院扶贫办指导）
第3批	2021年10月20日	23	字节跳动公益	北京字节跳动科技有限公司
		24	小米公益	小米科技有限责任公司
		25	亲青公益	中国青少年发展基金会
		26	哔哩哔哩公益	上海宽娱数码科技有限公司
		27	平安公益	深圳市平安公益基金会
		28	360公益	北京奇保信安科技有限公司
		29	中国移动公益	中移在线服务有限公司
		30	芒果公益	湖南快乐阳光互动娱乐传媒有限公司
		31	慈链公益	佛山市顺德区慈善组织联合会
		32	携程公益	上海携程商务有限公司

资料来源：根据中华人民共和国民政部官网信息整理。

（2）公益众筹平台的分类。如前所述，众筹平台可以被分为公益性、奖励性、债务性、股权性4类。有的众筹平台隶属于其中1类，有的则身兼数职（见表1.3）。据此，公益众筹平台可以被划分为纯粹的公益众筹平台和混合的公益众筹平台。例如，Justgiving、GIVE. asia、Weeboon、Kopernik、Mightycause、Crowdrise、YouCaring、GiveForward、Chuffed、Microplace、DonorsChoose、Ioby、Kiva、Mary's Meals、腾讯公益网络募捐平台均属于纯粹的公益众筹平台，平台只支持公益事项发布。而GoFundMe、Indiegogo、Ketto、Campfire则是混合的公益众筹平台，除支持公益众筹项目外，也支持奖励性众筹等非公益项目。

此外，公益众筹平台也经常按照资金的获取规则被分为两种类型：其一，全有或全无式（All - or - Nothing Fundraising）。在该模式中，项目发起者为每一个筹资项目设定一个筹资目标和截止日期，例如在14天内为难民儿童学校筹集1万美元。如果项目能够在规定的截止日期内筹集到目标资金额则项目成功，此时筹资者能够获得全部所筹资金。否则，资金会原路返还给捐赠者。在未达到筹资目标时，资金是全额托管的。Justgiving是典型的全有或全无式平台。其二，筹得即所得式（Keep What - You - Raise Fundraising）。即筹资者可以在项目结束后获得所有筹得的资金。GoFundMe是该模式的典型。并且，如果筹资目标未达成，筹得即所得式平台会收取更高额的佣金，这激励着筹资者努力去达到筹资目标（Flanigan，2017）。此外，也有的平台会选择让发起人自行选择采用全有或全无式还是筹得即所得式。比如在Indiegogo上发起公益众筹项目时，如果项目未达到预定筹资目标，项目发起人可以决定是否退还所得资金。若发起人在未实现筹资目标前关闭项目，交易费用会出现大比例上涨。

按照公益众筹平台所支持的公益领域，可以将其划分为单领域平台和多领域平台。大部分公益众筹平台属于后者，“博而不专”。比如Justgiving支持动物和宠物保护、残疾人关爱、艺术和文化、地方社区、教育、体育、国际救助、健康和医疗领域，如图1.2所示。再如，Crowdrise在初创时只服务于马赛马拉地区野生保护，随后创始人意识到应当增强平台的开放性，因此该平台从单领域平台演变为多领域平台。GoFundMe、Indiegogo、GIVE. asia、Weeboon、Ketto、Campfire、Mightycause、YouCaring、GiveForward、Chuffed、腾讯公益网络募捐平台、京东公益互联网募捐信息平台也是多领域平台。“专而不博”的平台有Microplace、DonorsChoose、Ioby、Kiva、Mary’s Meals、轻松筹等。Microplace的使命是“帮助全球穷人”，它专注于扶贫、减贫项目。DonorsChoose则致力于教育领域，包括筹集资金用于改善教学设施，提供教学用品，帮助老师们开发创新案例等。Ioby则主要支持创新性环保项目。Kiva主要向发展中国家提供个人零息贷款。Mary’s Meals主要向各个国家的贫困地区的受教育儿童提供免费膳食。轻松筹是一个以大病救助为主题的公益众筹平台。

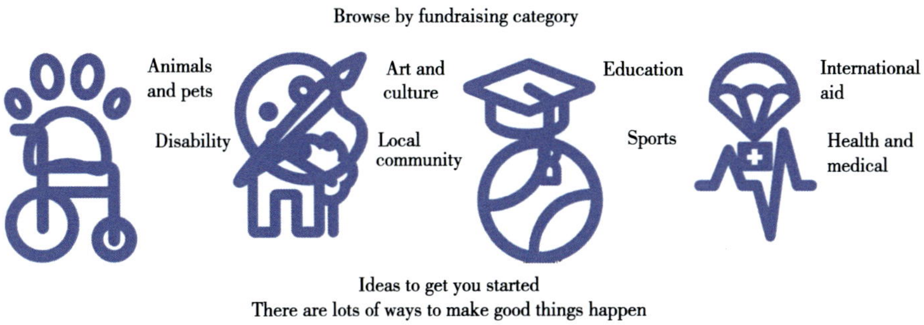

图1.2 Justgiving支持的公益领域

资料来源：Justgiving官网 https：//www. justgiving. com。

按照平台收费与否，公益众筹平台还可以被划分为收费平台和免费平台。大多数公益众筹平台是收费平台，费用是为了维持平台的运营和盈利。平台收取费用的方式不同，主要包括三种：其一，佣金。在众筹项目结束时，平台会从筹得资金中扣除一定比例的佣金，保留比例为2%到20%。其二，固定费用。平台可以向注册用户每月收取固定的费用。其三，交易费或服务费。平台可能向超出一定限额的捐款收取服务费。比如Indiegogo、Campfire和GIVE. asia采取佣金的形式收费。Mightycause收取固定费用和交易费。Crowdrise收取佣金和交易费。Justgiving同时收取佣金、固定费用和交易费。而免费平台一般是以非营利组织身份注册的，不收取任何服务费，比如DonorsChoose和Ioby（Davies，2014）。也有一部分平台在非公益版块收费，而针对公益慈善项目免费，比如GoFundMe、轻松筹等。

此外，平台还可以分为自行搭建平台或独立平台。比如亚马逊公司为亚马逊“微笑”项目自行搭建了亚马逊“微笑”平台。而Justgiving、DonorsChoose属于专业的独立平台。也有一些公益众筹项目将社交媒体作为独立平台。社交媒体是指一个以网络为基础的满足以下三个条件的媒介：第一，在一个有边界的系统中构造一个公开或半公开的配置；第二，可以清晰列出共享联结的用户；第三，用户可以查看、遍历其联结用户，以及系统内他人的联结用户（Boyd和Ellison，2007）。比如塔吉特公司的“靶心捐赠”项目就是在脸书（Facebook）上发起的。

（3）公益众筹平台发展的基础。两种不同的技术环境推动着众筹平台的发展。首先，信息和通信技术的广泛应用，在线支付技术的推广和成熟为众筹成功提供了基础设施支持（Flanigan，2017；Davies，2014）。第二，在线社交网络的扩张和社会接纳程度的增加（Agrawal 等，2011；Mollick，2014；Saxton 和 Wang，2014）。

表 1.3　公益众筹平台的分类

分类标准	类型	示例
众筹目的和回报类型	纯公益型	Justgiving、GIVE. asia、Weeboon、Kopernik、Mightycause、Crowdrise、YouCaring、GiveForward、Chuffed、Microplace、DonorsChoose、Ioby、Kiva、Mary's Meals、腾讯公益网络募捐平台
	混合型	GoFundMe、Indiegogo、Ketto、Campfire
资金的获取规则	全有或全无式	Justgiving
	筹得即所得式	GoFundMe
	兼有式	Indiegogo
支持的公益领域	单领域平台	Microplace、DonorsChoose、Ioby、Kiva、Mary's Meals、轻松筹
	多领域平台	Justgiving、Crowdrise、GoFundMe、Indiegogo、GIVE. asia、Weeboon、Ketto、Campfire、Mightycause、YouCaring、GiveForward、Chuffed、腾讯公益网络募捐平台、京东公益互联网募捐信息平台
收费与否	收费平台	Indiegogo、Campfire、GIVE. asia、Mightycause、Crowdrise、Justgiving、
	免费平台	DonorsChoose、Ioby、GoFundMe、轻松筹
自建与否	自建平台	亚马逊“微笑”平台
	独立平台	Justgiving、DonorsChoose、Facebook

资料来源：根据文献和网络资料整理。

社交媒体除直接用作公益众筹平台外，更多情况下被用作众筹项目沟通和推广的工具。社交媒体迅速地改变着现实的沟通动态，越来越多的个体和组织正在利用社交媒体的响应性、连接性和多元性来实现更好地沟通（Castelló 等，2013；Acuti 等，2019）。例如 GoFundMe 推荐人们在 Facebook 分享项目，该平台宣称在 Facebook 上分享公益项目会增加 350% 的捐款。再如，YouTube 允许使用文本、音频和视频直接向利益相关者沟通众筹项目。

1.1.4 基于公益众筹平台的共创型社会责任

Nordin 和 Kowalkowski（2010）强调，消费者不仅关注功能价值和经济价值，更关注情绪、社会、伦理、环境价值（Barnes，2003；Norman 和 MacDonald，2004）。随着价值共创的理念逐渐从产品、服务领域扩展到 CSR 领域，传统 CSR 开始向共创型社会责任（Co - Created Social Responsibility，Co - SR）转变（Luu，2019）。Gneezy 等（2010）的开创性研究认为，Co - SR 是考虑消费者偏好，并将消费者和企业的共同偏好设置为最高优先级的社会责任活动。Lane 和 Devin（2018）则提出一个更为通俗的定义“Co - SR 是企业识别并满足利益相关者的需求和期望，邀请其共同参与社会责任活动”。可见，Co - SR 的核心同样是利益相关者参与（Shahzad 等，2016）。它打破了以企业为中心的、自上而下的传统模式，变为以消费者为中心的、交互的社会责任模式。此时，消费者的角色由“观众”“监督者”转变为“生产者”“宣传者”，甚至“设计者”“开发者”（Grönroos 和 Voima，2013）。

得益于公益众筹平台的蓬勃发展，企业能够将与利益相关者的价值共创活动从产品和服务领域扩展到亲社会行为领域（Kull 和 Heath，2016）。公益众筹平台可以提高公众对 Co - SR 的认知、理解和参与度，因而为 Co - SR 的实施提供了一个高效、便捷的工具或媒介（Illia 等，2017）。在“基于公益众筹平台的 Co - SR”（本书将其简写为“Co - SR”）项目中，所筹的“标的”不再局限于财务资源，而是扩展到利益相关者在参与中付出的任何努力，比如时间、行动、注意力、社会资本、声音、创新性想法等。

腾讯公司的主要创始人之一、被誉为“中国互联网公益教父”的陈一丹在 2015 年 9 月第一个“99 公益日”发表主题演讲指出中国的公益慈善事业亟须公众参与：“在许多中国人心目中，‘慈善’这个词既熟悉又陌生。人们在日常生活中所做的善事，无论多么微不足道，都让人倍感亲切。施舍街上的乞丐，这是中国人印入脑海的第一个慈善画面。另外，慈善又是陌生的，普通人不仅不知道慈善本身是什么，而且不知道它与自身有什么关系。通常只有 CEO 和极其富有的人才被认为可以通过‘做慈善’来改变世界。因此，在中国，大部分捐款来自企业，使更广泛的公众的慈善潜力因被低估而未得到充分开发。这与美国等现代慈善制度高度发达的国家形成了鲜明的对比。为了扭转这种局面，我们需要的是公众参与。鉴于互联网在中国的普及，以及中国人之间紧密的联系，慈善事业可以进入任何一个在线社区成员的生活中。当每个人都能快速、轻松地参与慈善之时，当每个人的慈善贡献都能被清晰地记录下来之时，当每个人都能看到慈善事业的进步和影响之时，互联网慈善必将蔓延。”

1.2 共创型社会责任的特点

1.2.1 多边参与主体

传统 CSR 强调企业在履责中的单边主体地位。然而，单凭企业一己之力并不足以快速、高效地解决社会问题并获得利益相关者认可。例如，在护理老年人、病人、残疾人等特殊群体时，企业可能缺乏足够经验（Peloza 和 Hassay，2006）。而在应对诸如贫困、灾难等重大、复杂的社会挑战时，单一参与主体的力量更为微不足道。

《三国志・吴书》载：“能用众力，则无敌于天下矣；能用众智，则无畏于圣人矣。”Co - SR 是平台企业与众多利益相关者集思广益、众志成城地发挥合力解决社会问题的社会运动，多边参与者均是这场社会运动中不可或缺的“主角”。他们围绕社会问题展开合作，不仅可以实现 CSR 目标（Dobele 等，2014），确保组织相关决策是被社会认可和接受的（Green 和 Hunton - Clarke，2003）；而且能够增强利益相关者的参与感和获得感；并能解决社会问题、提升社会福利。这与 Ostrom（2010）提出的“复杂经济系统的多中心治理”的观点相契合。多中心治理允许公共部门、私营部门、普通公民等共同参与行动，在社区、民族、国家甚至全球等不同的层面上合作进行社会治理（Barnett 等，2020）。

1.2.2 兼顾“利他性”与“利己性”

在传统 CSR 的研究中，关于“CSR 的动机究竟是利他还是利己”一直是学者们争议的焦点。古典亲社会行为理论赞成 CSR 是企业履行道德义务、慈善义务的一种纯粹的利他行为。基于古典亲社会行为理论的研究驳斥利己动机，将 CSR 置于“神圣而不容玷污”的道德高地。Fein 和 Hilton（1994）、Foreh 和 Grier（2003）、Ellen 等（2006）、Du 等（2007）提出，当消费者怀疑 CSR 是由利己主义动机驱动时，比如企业试图通过做好事来取得经济回报，那么 CSR 沟通会起到适得其反的负面作用。相反，新古典经济学（Neoclassical Economic View）的观点认为，CSR 仅仅是企业实现利润最大化的工具手段（Breeze 和 Wiepking，2020）。可见古典亲社会行为理论和新古典经济学在解释 CSR 的动机时存在不可调和的矛盾。

然而，正如王汉瑛等（2018b）所指出的，纯粹利他和纯粹自利的观点只是对人类复杂自然属性的极端简化。前者过于理想化，易蹈道德主义谬误，即符合道德规则的行为即是优良的观点；而后者过于狭隘，易蹈自然主义谬误，即符合自然规律的行为即是优良的观点。事实上，个体参与亲社会行为的动机既不是纯粹自利的，也不是纯粹利他的，而是处于完全自利和完全利他形成的连续的闭集中（Gautier 和 Pache，2015）。在涉及多边参与主体的 Co－SR 中，相比于企业单边参与的传统 CSR，纯粹的利他动机或自利动机更难以推进项目的顺利完成。因为每一参与主体都既是经济人，又是社会人，利他和利己的双重向度目标才可以导向“可持续的善行”。以重要的参与者为例，在 Co－SR 项目中，企业既可以展现其对社会的广泛承诺，又可以追求商业利益，从而为项目提供不竭的经济支持和精神动力。消费者和员工在参与中既可以帮助他人，也可以获得内部奖赏和外部奖赏，感受到“付出的温暖光辉”（Warm－Glow）。对此，本书将在“2.5 共创型社会责任的益处”中进行详细阐释。

1.2.3 “低门槛”的参与

1. 对公益众筹项目发起人的资质要求较低

目前我国法律对于公益众筹项目发起人资质并无明确限制。个体、家庭经常作为发起人在公益众筹平台上发起筹款请求，比如轻松筹和水滴筹等大病救助平台。

与之相比，慈善组织开展公开募捐和定向募捐都有明确的资质限制。《中华人民共和国慈善法》第二十二条规定:“慈善组织开展公开募捐,应当取得公开募捐资格。依法登记满二年的慈善组织,可以向其登记的民政部门申请公开募捐资格。民政部门应当自受理申请之日起二十日内作出决定。慈善组织符合内部治理结构健全、运作规范的条件的,发给公开募捐资格证书;不符合条件的,不发给公开募捐资格证书并书面说明理由。”该法第二十八条规定:“慈善组织自登记之日起可以开展定向募捐。”

2. 施助者参与十分便捷

网络的接入、移动终端的普及使消费者可以随时、随地、随心地参与Co－SR项目。相比传统募捐模式,这种“随手公益”“指尖公益”模式具有极大的便捷性和广泛性。

例如,“玛丽膳食”(Mary's Meals, MsM)始建于1992年,它是一个致力于通过教育来减轻发展中国家的贫困和饥荒程度的国际化公益众筹平台。在发展中国家,很多孩子被迫辍学在家庭、田间或企业劳作。通过给发展中国家的贫困在校学生提供每日膳食,玛丽膳食达成了在帮助儿童改善生活条件的同时普及教育的双重目标。通过设置在咖啡馆、便利店的非接触式终端——电子捐款箱,人们可以轻松地向该平台捐款。该平台不会把粮食从发达国家运送到贫困地区,而是从当地进行采购,这样既可以助力当地经济发展,又可以节省交通成本,提高慈善活动的效率。

再如,2014年,亚马逊公司在亚马逊“微笑”平台(AmazonSmile Platform)发起的亚马逊“微笑”项目中,成千上万的慈善机构共同组成了“亚马逊微笑清单”,列出它们所需要的物资。消费者只需要简单浏览、订购,即可享受给予的过程。

3. 施助者可以付出小额的经济性帮助

除随时、随地、随心外,大多公益众筹还采取了“随付”模式,即消费者可以为公益产品支付任意价格,或可以决定将任意比例的善款捐给慈善机构。这种任意价格的下限往往很低,比如1美元或人民币。Flanigan(2017)指出,公益众筹的突出特点是大量个体以相对小额的捐赠筹集资金,简言之是“大量小额”。规模众多的参与者每人付出小额的资金就足以构成庞大的“资金池”,类似于“涓涓细流汇成大海”。

这种“大量小额”的模式符合长尾理论。长尾理论关注互联网中普通用户所带来的零散流量的聚合力。这与传统经济关注重要客户、“大额订单”的模式截然相反。例如，在传统创业中，创业者关注拥有高净值的专业的投资者，比如风险投资者和天使投资人。而在互联网众筹创业中，创业者从庞大的、多样化的个体投资者中寻求资本（Short 等，2017）。这些投资者大部分是业余投资者，拥有有限的个人财富。并且他们当中的绝大多数个体只勉强接受过有限的正规投资教育（Mollick，2014）。他们登陆众筹平台，比如Kickstarter、Indiegogo，浏览项目简介，然后投入相对较小的资金。再如，在传统公益慈善项目中，求助者关注手握巨额资金的慈善家、企业家、非营利组织等。而在公益众筹中，求助者向平台上的普通人寻求帮助。

“大量小额”模式成功的逻辑在于收割壁龛市场（也称利基市场）。对于社会资本有限的创业者和求助者而言，很难得到专业投资者、大型慈善机构或企业家的青睐，因而只能转向个人投资者和个人捐赠者。而对大多数个体而言，拿出他们的“零花钱”要比从银行账户中取出一大笔钱容易得多。

4. 施助者可以提供非经济性帮助

在 Co－SR 项目中，若施助者囊中羞涩，不方便提供小额经济帮助，他们还可以通过提供非经济性的帮助来参与其中，贡献一份力量。正如俗语所称“有钱出钱，有力出力”。除财物外，施助者的网络社会资本、劝说性资本、知识资本也是重要的帮助标的。他们可以进行简单的网络分享和给出正面评论（付出网络社会资本），为项目的策划提供有创意或专业的“金点子”（知识资本）。事实上，Co－SR 重视非经济性资本，它可以帮助达成更有效的资源整合。

1.2.4 参与者担当跨界角色

随着价值共创理念的逐渐渗入，传统的边界清晰的利益相关者分类已不再适用，利益相关者往往担任跨界角色（Spanning Role）。

以员工和消费者为例，价值共创模糊了二者的边界：一方面，顾客开始承担起一部分员工的工作（McVea 和 Freeman，2005）。比如消费者可以参与 Co－SR 项目的策划、实施、反馈的全过程（McColl－Kennedy 等，2012）。另一方面，除消费者向企业“兼职员工”的角色转变外，企业也越来越倾向于采用内部营销（Internal Marketing，IM）策略，将员工看作企业的“内部消费者”，与他们沟通时运用客户关系管理的策略（Customer Relationship Management，CRM）（Mahnert 和 Torres，2007）。Liu 等（2010）指出，内部营销不仅有助于增加内部合法性（Internal Legitimacy），即有效地说服员工，让他们相信自己所在的公司是一家“好”公司，使他们为自己的工作感到自豪，即使所涉及的任务是重复和平凡的；而且有助于建立外部合法性（External Legitimacy），员工可以扮演 CSR 形象大使、代言人的角色，与其他利益相关者进行沟通。总之，在价值共创的过程中，企业客户关系管理和人力资源管理两个领域达成了有机融合。

此外，员工亦可加入非营利组织，扮演非营利组织的临时雇员；员工还可以通过员工持股制度成为公司的内部股东等。总之，在 Co－SR 中，利益相关者的角色不再是单一的、一成不变的，他们往往身兼数职，并可以随着实际需要和现实参与进程的推进灵活调整。然而多样性和灵活性的增加也会使利益相关者关系日趋复杂，关系管理的难度逐渐提升。

1.2.5 平台化、互动式、点对点的沟通

CSR 沟通被定义为，在了解利益相关者期望的基础上，阐明 CSR 政策，管理不同的组织沟通工具，提供业务运作、环境和社会问题方面的真实、透明的信息（Podnar，2008）。Song 和 Wen（2020）认为，成功的 CSR 沟通应当满足以下三个条件：其一，满足利益相关者对 CSR 的期望；其二，使用多种沟通工具来透明地传达 CSR 政策；其三，采用利益相关者互动方式。

传统 CSR 主要基于传统沟通媒介，采用静态的、点对面的沟通方式。传统沟通媒介是指公司年报、CSR 报告、宣传手册、广告等，它们隶属于单一信息来源——企业，主要采用“语言文字式”的单一沟通工具。静态是指沟通很难得到实时互动反馈，比如消费者通过阅读 CSR 报告了解 CSR 活动，但无法将自己的理解、疑惑、意见传达给企业。点对面是指企业对多个利益相关者群体的沟通，因此很难了解不同利益相关者的差异化预期，更遑论满足。可见，传统 CSR 沟通很难满足以上三个成功条件。

Co－SR 对传统 CSR 的沟通方式进行了彻底“革命”。与之相比，Co－SR 采用了平台化、互动式、点对点的沟通，从而更容易实现成功的 CSR 沟通。

1. 平台化沟通

Co－SR 项目往往依托于互联网平台。基于此，多边参与主体可以进行直接“对话”，进而完成动态信息交换，建立牢固的战略关系联盟，最终提升社会责任市场的资源配置效率。在平台化沟通中，企业可以采用文字、图像、音频、视频等多元化的沟通工具。同时，信息来源也是多元化的，每一利益相关者都可以成为信息生成的主体。比如京东公益“旧衣新生”项目中，消费者可以通过网络，实时了解所捐赠的衣物的运输情况，与参加该公益项目的快递小哥进行沟通。再如，蚂蚁金服的“蚂蚁森林”项目中，消费者可以在蚂蚁森林社区实时观看自己种下的树木。

2. 互动式沟通

由于网络平台具有高度的“互视可见性”，从而对同伴造成了间接的“社会压力”，这种“社会压力”进而构成了激励捐赠的“软要求”，最终带来强烈的“缔合能”，使涓涓细流汇成大海。以“轻松筹”项目为例：一方面，消费者可以在微信朋友圈看到亲友、领导、同事转发的筹款项目、捐赠数额、评论；另一方面，消费者自己所转发的筹款项目、捐赠数额、评论也可以显示在好友的朋友圈中；并且，消费者也可以与朋友圈中的好友就同一项目在评论区进行回复、讨论。

3. 点对点的沟通

为了方便分析，本研究将 Co－SR 项目中的多边参与者简化为消费者和员工双边参与者。二者之间的点对点沟通大致可分为以下四类：员工对员工、员工对消费者、消费者对消费者、消费者对员工。具体而言：员工参与同时带来了内、外的附加价值，内部附加价值体现在对其他员工发送了“企业合法性增加”的信号（Liu 和 Ko，2011），而外部附加价值体现在对外部利益相关者发送了“对社区福利的承诺和努力”的信号。近期一项关于 CSR 沟通的研究指出，57%的消费者依赖于企业员工获取 CSR 信息（Scheidler 等，2019）。Vock 等（2014）研究发现员工对合作关系的信念和行为可以溢出到客户身上。当员工参与一项公益事业，并认为顾客和他们在 CSR 方面志同道合时，员工的顾客导向会增加。可见，员工参与同时进行了员工对员工，员工对消费者两方面的沟通。与员工参与类似，消费者参与也同时带来了内、外的附加价值，内部附加值体现在向企业员工发送了“认同 Co－SR”的信号；而外部附加值则体现在向其他消费者发送了“Co－SR 质量”的信号，激励其他消费者参与。研究发现，员工很在意重要他人（如顾客）对 CSR 活动的支持和认同（Korschun 等，2014），跨利益相关者的认同可以发挥协同作用。可见，消费者参与同时进行了消费者对员工、消费者对消费者两方面的沟通。并且，Co－SR 参与具有四种信号传递作用，由内而内的信号作用，由内而外的信号作用，由外而内的信号作用，由外而外的信号作用。在信号传递之后，双方的互动进一步展开。Co－SR 的员工与消费者沟通模型如图 1.3 所示。

总之，企业不仅应当分别加强各个利益相关者群体的 CSR 意识，而且应当加强利益相关者群体之间的 CSR 沟通。企业有义务在传统利益相关者群体中促进正式的沟通和对话机制。例如，惠普、星巴克和思科公司开展了一项志愿项目，将顾客和员工纳入同一个网站以达到共享的 CSR 价值观（Castelló 等，2013）。

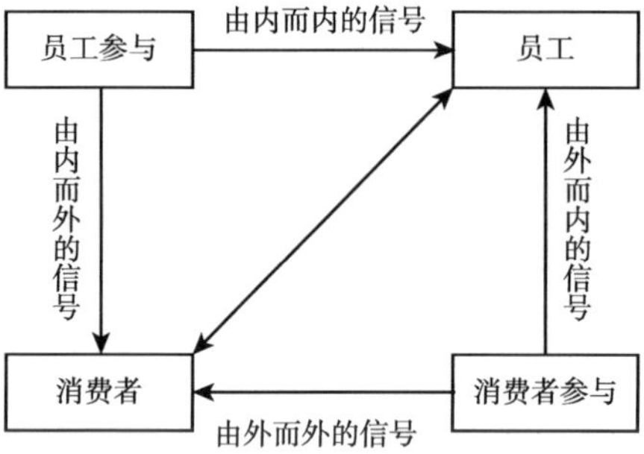

图 1.3　Co－SR 的员工与消费者沟通模型

1.2.6　“互联网＋公益”的创新与融合

移动 APP、大数据技术、人工智能、智慧供应链、VR 技术等互联网信息和通信技术的广泛应用，在线社交网络的扩张以及在线支付技术的推广和成熟为 Co－SR 的蓬勃发展提供了有效的支持和媒介。“互联网＋公益”的创新与融合可以显著提升公益活动的透明度，从而减少“漂 CSR”的质疑。例如，在“蚂蚁森林”项目中，消费者可以通过高德地图搜索森林实景。通过京东公益物资募捐平台，用户可以实时跟踪所捐赠物资的物流状态，甚至可通过 VR 眼镜进行身临其境的体验。此外，互联网环境极大提升了捐赠的便捷性、灵活性、趣味性和吸引力。同时，借助微信、微博等社交媒体，公益会形成“辐射式传播”，甚至可能像“传染病”一样风靡，形成“病毒式传播”。

1.3 利益相关者参与共创型社会责任的方式

1.3.1 利益相关者参与方式的分类

现有关于利益相关者参与的研究主要关注员工参与和消费者参与，并且更多研究集中在产品和服务领域的价值共创。员工参与的焦点是员工建言和员工志愿服务。消费者参与则是一种更为综合全面的行为，具体而言：

Kumar等（2010）认为，消费者参与包括客户购买、客户推介、客户影响和客户知识。客户购买是指客户从企业购买产品或服务，对企业价值提升做出直接贡献。客户推介是指客户通过线上和线下的口碑来推介企业的产品或服务。客户影响描述了客户在社交媒体中的影响力，它将是一系列连锁反应，其影响所及远不止该客户的亲密社会网络（Hogan等，2003）。当客户通过提供积极反馈或意见来提升企业品牌或服务时，企业就获取了客户知识。客户知识可以帮助企业了解顾客偏好，从而增加企业价值（Joshi和Sharma，2004）。Yi和Gong（2013）指出，消费者参与行为涉及信息搜寻、信息分享以及其他互动方式。Hollebeek等（2014）将消费者品牌参与分为认知参与、情感参与和行为参与。认知参与是指消费者的品牌知识、品牌联想等；情感参与是指消费者在使用品牌时感受的快乐、美好、骄傲等积极情绪；行为参与是指对品牌的实际使用。Eigenraam等（2018）根据动机不同，将消费者在数字领域的参与行为分为5大类：娱乐性参与（玩游戏、参与竞赛），学习性参与（观看视频、浏览图片、注册以免费订阅），回馈性参与（提出反馈、填写顾客调查、针对服务提升提出建议、写下推荐建议），对话性参与（写博客、与其他消费者交流、向朋友推荐、参与会话、帮助其他消费者），工作性参与（提供援助、做广告），如图1.4所示。

公益领域价值共创中的消费者参与研究主要关注捐赠。Meer（2014）基于DonorsChoose.org平台，研究了捐赠价格对捐赠行为的影响。结果表明，捐赠价格越高，项目获得资助的概率越低，且价格弹性在 -0.8 到 -2 之间，而项目竞争的加剧会降低项目获得资助的概率。Althoff 和 Leskovec（2015）基于 DonorsChoose.org 平台进行案例研究发现，捐赠者和受益人的积极互动可以有效减少捐赠者的流失率，这些积极互动包括适当肯定捐赠者的支持，并反馈其带来的影响。Kull 和 Heath（2016）将消费者自由决定其希望平台支持的慈善机构或公益事业作为消费者参与的方式。Howie 等（2018）提出，消费者通过平台进行个人捐赠，分享项目链接，充当志愿者都是消费者参与的方式。

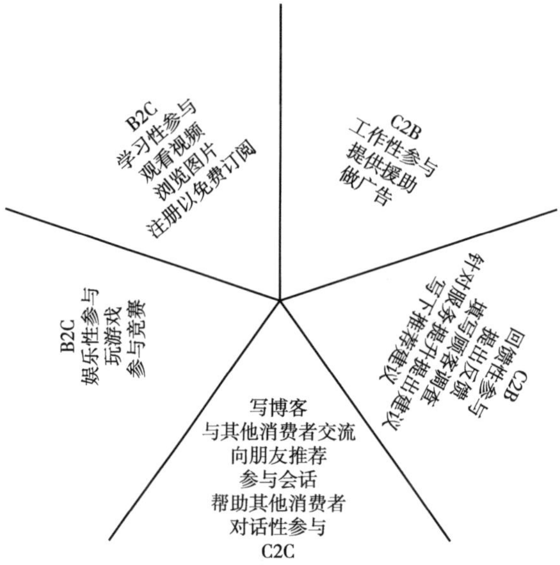

图 1.4　消费者在数字领域的参与行为分类

1.3.2　利益相关者参与行为矩阵

以往关于利益相关者参与的概念框架零散，缺乏细分和整合，从而导致其前因变量的研究也缺乏模块化和针对性，具体而言：首先，现有研究通常将参与行为作为一个综合的、笼统的构念进行研究，或仅关注其中的捐赠行为。其次，现有研究缺乏对时间维度的考虑，未将再参与行为纳入研究框架。最后，现有研究缺乏对层次维度的考虑，然而不同层次的参与需要不同程度的努力，因而其驱动因素也可能大相径庭。

对此，本章根据时间和层次维度，按照初次/再次、浅层/深层建立了利益相关者参与行为矩阵，如图 1.5 所示。该矩阵将利益相关者参与行为划分为四个象限。

第一，初次浅层参与行为，包括初次网络分享、初次现金捐赠、初次实物捐赠。

第二，初次深层参与行为，包括初次志愿服务，初次知识反馈。与浅层参与相比，深层参与需要耗费消费者更多的时间、精力、经验和知识。

第三，再次浅层参与行为，包括再次网络分享、再次现金捐赠、再次实物捐赠。

第四，再次深层参与行为，包括再次志愿服务，再次知识反馈。

由于现金捐赠、实物捐赠、知识反馈通俗易懂，接下来本章只对网络分享和志愿服务进行具体解析。

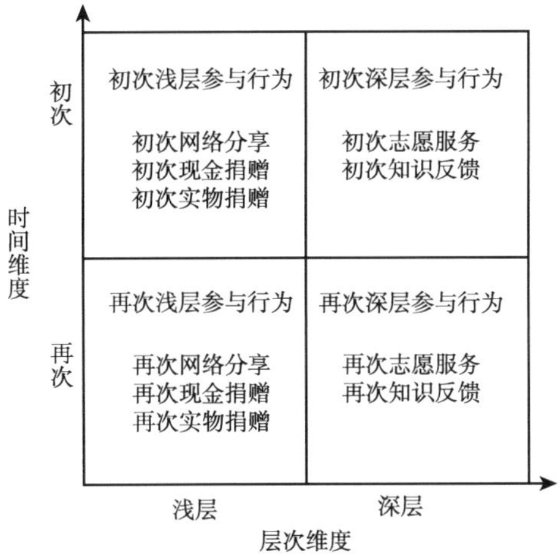

图 1.5 利益相关者参与行为矩阵

1. 网络分享

(1) 网络分享的定义。浏览并分享网络信息已经成为一种普遍的现代生活方式（Berger 和 Milkman，2012）。人们经常通过网络平台向亲人、朋友、邻里等分享新闻消息、报刊文章、社交媒体视频等，发送对饭店、酒店、游乐园等的评论。网络分享（Electronic Word of Mouth，EWOM），亦称电子口碑、网络口碑、电子分享，是指两个或多个消费者在线分享与产品或品牌等相关的信息（Boerman 等，

2017)。网络口碑是众筹成功的关键决定因素（Ordanini 等，2011)。

（2）网络分享的驱动因素。现有相关研究认为，人们传播网络口碑主要出于以下两种驱动因素：其一，自我导向。社交是人们进行印象管理的重要手段，人们分享信息是为了进行积极的自我展示（Berger 和 Milkman，2013；Ju 等，2017)。Bénabou 和 Tirole（2006）指出，对尊重、声望或社会赞誉的渴望会影响捐赠行为。网络慈善更能满足个体的这种需求。其二，他人导向。人们分享信息的目的是真诚地希望引导他人获得良好的体验和积极结果。

（3）网络分享的作用。网络口碑具有显著的说服效应（Persuasive Effect)(Gupta 和 Harris，2010)，说服主要体现在两个方面。其一，提升公众的公益慈善意识。意识被公认为是做出慈善捐赠决策的首要前因（Snipes 和 Oswald，2010)。网络平台的普及保证了项目可以低廉的成本接触广泛的受众，从而保证了公众意识的提升。其二，增强公益项目的社会影响。网络平台使社会资本服务于公益捐赠。喜欢、分享和评论会在焦点个体联系人的社交媒体首页自动出现，被视为最值得信赖的信息来源（Minton 等，2012)。

（4）病毒营销。“病毒营销”(Viral Marketing）一词借鉴于流行病学。它是指营销信息像病毒一样通过网络口碑迅速“传染”的战略（Golan 和 Zaidner，2008)。病毒营销本质上是一种依赖于电子信息交换的、非正式的、P2P 的网络口碑战略（Cruz 和 Fill，2008)，传播信息的消费者被隐喻为病毒的“宿主”(Pitta，2008)。创造病毒营销是网络口碑营销的终极目标。

学者们普遍认为，病毒营销始于 1996 年的“微软电子邮箱注册活动”，该活动建立了以网络传染策略为核心的营销模型。具体而言，微软的电子邮件末尾可以自动生成一个短信息文本，邀请收件人免费注册微软电子邮箱。它利用了收件人对发件人的信任，使收件人注册的概率得到大幅度提升。病毒营销包括两个阶段：播种阶段和传播阶段。在播种阶段，企业向目标消费者（“种子受众”）发送信息。该信息通常极具创意和吸引力，甚至是惊世骇俗的，以便于移动、生长、感染每一个接触到的人（Miles，2014)。在传播阶段，企业依赖目标消费者在社交媒体上的 P2P 交流来推介信息。播种阶段是病毒营销成功的关键，因为后续参与很大程度上取决于“种子受众”的推介决策（Pescher 等，2014)。

病毒营销的突出优势是：信息传播的覆盖面大，同时成本效率高。该优势主要源于病毒营销的辐射式传播模式，即“种子受众”将信息传播给同伴，接着同伴又传播给同伴，无穷匮也（Lance 和 Guy，2006；Van der Lans 等，2010）。而辐射式传播主要依赖于信任机制，即相比传统的广告等营销模式，消费者认为来自同伴的信息具有较高的可信度，从而更容易采纳这种推介（Godes 和 Mayzlin，2004）。

缺乏控制是病毒营销的最大风险（Woerdl 等，2008）。信息生成之后，本质上具有独立性、不可控性和不可预测性，因此病毒营销可能出现野性难驯的状况。如若"病毒"在传播过程中变异，那可能会产生反噬作用。因此，理想的病毒是既具有强大的生命力和独立性，又能够被安全的驯化和奴役。Miles（2014）称为"受控的感染"（Controlled Infection）。

总之，网络口碑营销的结果不外乎三种：迅速风靡成为病毒营销、逐渐销声匿迹、发生适得其反的作用。

2. 志愿服务

（1）志愿服务的定义。现有研究对于志愿服务（Volunteering）的概念并未达成共识（Rodell，2013）。Wilson（2000）认为，志愿服务是任何免费付出时间以造福他人、团体或组织的活动。Clary 和 Snyder（1999），Rodell（2013）认为，志愿服务是在组织或志愿团体的有计划的活动中贡献时间。Penner（2002）提出，志愿服务是在组织环境中发生有利于陌生人的、长期的、有计划的亲社会行为。总结以往研究的观点，Rodell 等（2016）提出了如下定义：在非营利机构、慈善机构或其所在的组织的计划活动中付出时间。并且，该研究还界定了志愿服务的三大核心要素和两个争议元素。

这三大核心要素是：其一，时间要素。即志愿服务涉及付出时间而非简单的财务捐赠（Wilson，2000）。相比财务捐赠而言，时间捐赠代表一种更积极、更主动的参与方式。例如某个体花费一下午的时间在施粥场所做义工是志愿活动，而另一个体填写捐款支票来支持施粥则不属于志愿服务。该要素着重强调付出时间，而不管其是否涉及志愿者特殊技能的应用。例如，一些志愿者会运用他们的专业知识和技能来进行志愿服务（税务师为志愿团体做纳税筹划工作），另一些志愿者则会做一些与本职工作无关的事项（税务师帮助老年人打扫卫生），两者都属于志愿者。此外，即使个人努力最终对志愿团体帮助不大（税务师并不擅长打扫卫生），其志愿者的性质并不会改变。其二，计划要素。即志愿服务是有计划的活动，而不是临时起意的、零散的帮助行为（Wilson，

2000；Penner，2002）。例如，某个体报名在周末打扫道路的行为被认为是志愿服务，而另一个体偶然帮助老人过马路的行为则不被界定为志愿服务。其三，组织要素。志愿服务通常是有组织的，比如企业、非营利组织发起等（Penner，2002）。在正式的公开活动中，志愿者一般不会提前认识受助者。Rodell 等（2016）强调，前两个要素是建立在第三个要素基础上的，为了让个体参与志愿服务的积极性和计划性更强，在一个正式的环境中组织志愿服务是非常必要的。

两个有争议的元素被有意排除出志愿服务的要素中：其一，个人志愿服务的意图。尽管有一些定义限制了志愿服务的利他动机（Wilson，2000；Penner，2002），然而，研究已经普遍接受了志愿服务的多样化动机，包括实现自身的价值，与他人建立社交关系，逃避现实烦恼等（Clary 和 Snyder，1999）。而员工志愿服务的动机可能更为多样化，包括印象管理、以参与志愿服务的形式获得领导的认可等（Booth 等，2009）。Rodell 等（2016）认为，在组织行为的研究中，将意图与行为分开去研究更为合适。其二，志愿服务能否使志愿者受益。很多学者在志愿服务的定义中提到"净成本"的概念，它是指志愿者在志愿服务中牺牲的要多于其获得的（Clary 等，1998）。然而，许多志愿者从其志愿服务经历中不仅可能获得某种形式的货币补偿，而且收获了巨大的满足感和成长，尽管这种满足感和成长与其所做的"牺牲"一样难以衡量（Wilson，2000）。

（2）志愿服务的分类。最常见的志愿服务是员工志愿服务。它可以分为组织内志愿服务和组织外志愿服务，前者是雇主组织、发起、认可的志愿服务；后者则是员工个人在工作之余利用自己的私人时间进行的志愿服务（Peloza 和 Hassay，2006）。

随着志愿服务意识的提升，志愿服务项目蓬勃发展，越来越多的员工参与到志愿服务中，志愿者工作时间的中位数也在逐年增长（Rodell 等，2016）。Basil 等（2011）指出，事实上，至少有 60% 的公司有正式的组织内志愿服务项目。Rodell 等（2017）研究了谷歌员工志愿服务的案例。自谷歌"仁爱之家"（Habitat for Humanity）成立以来，志愿者们已经帮助了 680 万人建造了家园。谷歌员工也通过"上门送餐服务"（Meals on Wheels）为美国近 240 万老人宣传独立和健康的理念。2015 年，谷歌员工支持联合国儿童基金会（UNICEF）向 2550 万人提供安全饮用水。近年来，对员工志愿服务的研究开始逐渐延伸到消费者志愿服务。

（3）志愿服务的衡量。现有研究对志愿服务的衡量逐渐从二分法（是否参与）转向志愿服务强度（Caligiuri 等，2013）和志愿服务持久性（Rodell，2013）。

志愿活动强度（Volunteering Intensity）是指志愿者参与志愿活动的程度或频率。有各种方法来评估志愿活动的强度，例如自我报告的花费在志愿活动上的时间（Booth 等，2009），参与志愿活动的种类（Paço 和 Nave，2013），以及基于量表的志愿活动频率的测量（Rodell，2013）。志愿服务的持久性（Volunteering Persistence）则关注志愿服务的长期的、持续的影响（Caligiuri 等，2013）。

（4）志愿服务的前因变量。现有研究对个体参与志愿服务前因的研究大致集中在特质因素和动机因素两方面。

特质因素关注年龄、育儿、教育水平等人口统计学变量。年龄方面，Rodell（2013）发现，志愿服务的参与随着年龄的增长而增加。Musick 和 Wilson（2008）研究表明，个体参与志愿服务的意愿和生命周期之间呈现倒“U”形关系。育儿方面，DeVoe 和 Pfeffer（2007）发现，抚养子女的员工，尤其是有学龄儿童的员工，往往表现出更多的志愿服务参与意愿。教育水平方面，研究发现更高的教育水平与更大的志愿服务强度正相关（Marshall 和 Taniguchi，2012）。除人口统计学之外，也有研究关注心理特质的作用。Rodell（2013）发现，亲社会认同感（Prosocial Identity）越强的员工，参与志愿活动的频率越大。

动机因素大致可以分为三类：其一，以自我为焦点的动机，即利己动机。包括寻求专业知识、专业发展和履历提升，获得组织认可，进行形象管理，增加社会互动和群体认同，获得自我满足等（Peloza 和 Hassay，2006；Dolnicar 和 Randle，2007）。其二，以社会为焦点的动机，即利他动机。包括为社会做贡献的动机，以及其他富有同情心的社区价值动机。这些动机随着时间推移而变化，随着志愿者在志愿项目中获得的经验而变得更加复杂（Haski－Leventhal 和 Bargal，2008）。其三，以组织为焦点的动机。以组织为焦点的动机涉及两种相反的逻辑：回报逻辑和补偿逻辑。在回报逻辑下，Greenhaus 和 Powell（2006），Slattery 等（2010）提出，当员工认为自己的工作有趣且具有挑战性时，可能会感激组织为他们提供了一份理想的工作，并可能通过参与组织内志愿服务来回报。在补偿逻辑下，Edwards 和 Rothbard（2000），Grant（2012）提出，当员工感知到他们的工作缺乏意义时，希望通过从志愿活动中获得意义来进行补偿。这两种逻辑的基本理念均是员工对工作积极或消极的态度可能会溢出到与工作间接相关，但仍与组织直接相关的行为中。Rodell（2013）的研究发现这两种逻辑都成立，感知到强烈的工作意义感的员工倾向于参与志愿服务，而感知工作意义不大的员工也愿意去参与志愿服务。

此外，还有少量研究关注组织支持所提供的志愿服务条件。Gomez 和 Gunderson（2003）发现，相对于常规的白班工作，选择分班或者远程办公可以增加志愿服务的可能性，因为后者提供了时间的灵活性。

（5）志愿服务的作用。在一个有序社会中，志愿者扮演着一种关键的、然而很少被关注的角色——解决社会问题的重要的且免费的资源（Rodell 等，2017）。

在社区中，志愿者担负重任：他们担任消防员，为无家可归者或贫困者送餐，提供医疗服务，维护社区和公园的整洁和安全，照顾有需要的动物，建设学校、推进教育等。他们使社区更强大、更安全，提升了企业部门之间的联系。在更广泛层面上，志愿者为全球经济做出了重大贡献，2014 年，6280 万美国志愿者合力贡献了 79 亿小时的志愿服务，约等于 1840 亿美元。志愿服务还可以帮助构建稳定的政治环境，组织和改善基础服务，促进社会发展，带来重大的社会变革。

3. 各种参与方式之间的区别与联系

（1）区别。以往亲社会行为方面的研究表明，个人在参与中预期付出的成本与其参与亲社会行为的意愿呈负相关关系（Piliavin 等，1975）。对于比较困难或者比较耗时的问题，人们不太愿意耗费精力去做。因此，在利益相关者参与行为矩阵中，浅层参与的成本较低，而深层参与的成本较高。

成本的差异直接导致了参与率的差距，即利益相关者更倾向于浅层参与，这可能是通过防御否认和中和化两种机制产生的。防御否认理论（Defensive Denial Theory）认为，如果帮助行为对于自身而言成本巨大，个体就可能会找理由去否认受益人的需求，以避免提供帮助（Schwartz 和 Howard，1980）。以往研究表明，当志愿服务成本过高时，个体会启动防御否认程序，重新定义（否认）志愿服务的重要性（Tyler 等，1982）。中和化理论（Neutralization Theory）阐述了类似的观点，解释了个体如何将与规范、价值观或先前言论相冲突的行为合理化。该理论通常用于解释非伦理行为的发生或亲社会行为的缺失（Copes，2003）。常见的合理化措施是否认某公益项目的重要性，淡化帮助的必要性等（Howie 等，2018）。

基于成本与效益对等原则，浅层参与和深层参与在效益上也有差距，即低成本的浅层参与产生了相对的低效益。Peloza 和 Hassay（2006）指出，与被动的慈善捐赠不同，志愿活动能够将员工和社区更紧密地结合在一起，成为一项社会需要的活动。Mogilner 和 Aaker（2009）认为，时间捐赠相比金钱捐赠更有意义。前者更能拉近人与人之间的关系，体现更多的关怀导向。因此理解人们在什么时候出于什么原因去实施特定的参与行为，对于消费者行为学、社会心理学的研究者和实践者而言都是十分重要的。

（2）联系。不同类型的参与活动之间具有密切的联系。研究发现，志愿者的捐赠概率是非志愿者的两倍。如果企业的志愿服务氛围有助于提高志愿服务的比例，那么也可以间接增加捐赠收入（Rodell 等，2017）。

1.4 本章小结

本章首先阐述了基于公益众筹平台的 Co - SR 相关概念，包括传统 CSR、价值共创、公益众筹平台、基于公益众筹平台的 Co - SR。随后，对比传统 CSR，阐明 Co - SR 的六大特点，包括：多边参与主体，兼顾“利他性”与“利己性”，“低门槛”的参与，参与者担当跨界角色，平台化、互动式、点对点的沟通，“互联网 + 公益”的创新与融合。最后总结了利益相关者参与 Co - SR 的方式，借鉴以往研究对利益相关者参与方式的分类，建立了利益相关者参与行为矩阵，着重对网络分享、志愿服务两种参与方式进行了详细描述，并解析了各种参与方式之间的区别与联系。

本书其他章节的安排如下：第 2 章分析了知名的国内外 Co - SR 案例，案例区分国外和国内分别按照时间先后排序。第 3、第 4、第 5 章以专题的形式探讨了利益相关者参与 Co - SR 的前因，包括：儒道佛思想渊源及融通专题，希望情绪驱动专题，以及员工与消费者互动专题。第 3 章儒道佛思想渊源及融通专题分别构建了 Co - SR 的儒家、道家、佛家思想理论框架，以及等差之爱与平等之爱的对比矩阵。第 4 章希望情绪驱动专题构建了希望情绪影响消费者网络分享意愿的双重条件化间接效应模型。第 5 章员工与消费者互动专题构建了以仁爱为导向的消费者期望收益矩阵和基于两阶段社会交换关系的信号传递模型。第6章从微观（消费者、员工），中观（非营利组织、企业）和宏观（社会）层面阐述了利益相关者参与 Co - SR 的益处（积极后果），并建立了 Co - SR 的钻石益处模型。第7章从与第6章完全相同的维度阐述了 Co - SR 实践中存在的问题（引发消极后果），并建立了 Co - SR 的钻石问题模型。第8章从扬长避短的角度（更侧重于“避短”）制定了改善 Co - SR 实践的策略，并建立 Co - SR 的钻石策略模型。本书所遵循的技术路线如图1.6所示。

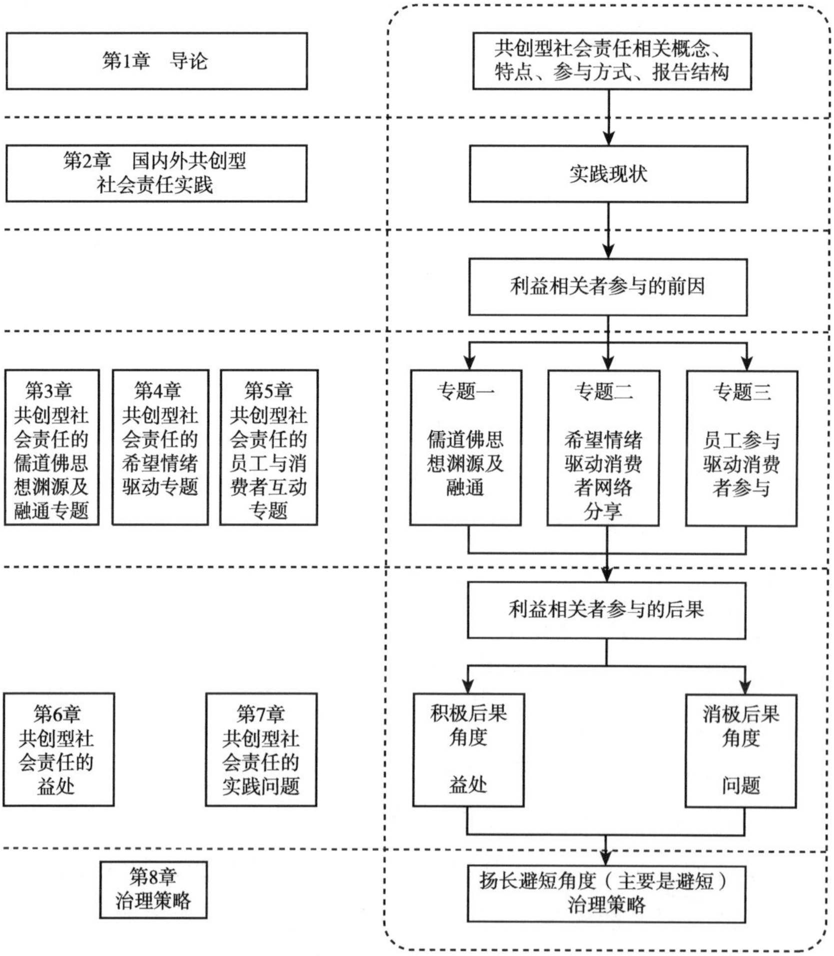

图1.6　技术路线图

第2章

国内外共创型社会责任实践

2.1　共创型社会责任的国外实践

2.1.1　美国运通“自由女神像修复”项目，“会员”项目，“保护主干道”运动和“青年导师”项目

美国运通（American Express）与消费者合作共创社会责任可以一直追溯到 1983 年的“自由女神像修复”项目。在该项目中，持卡会员每次使用信用卡时，美国运通都会向“自由女神像修复”项目捐赠 1 分钱。每一次用户申请新卡时，美国运通会向该项目捐赠 1 美元。最终，美国运通在 3 个月内为该项目筹集了 150 万美元，其信用卡使用率增加了 27%，新卡的申请率增加了 45%。该项目的成功一方面得益于创新的想法，另一方面得益于美国运通在数据管理、信用卡支付方面出色的技术能力。该项目被认为是善因营销的起源，美国运通也因此将自身定位为善因营销的创新领导者。

2007 年，美国运通公司发起了一项“会员”项目（The Members Project）。该项目邀请持运通信用卡的会员通过网站提交项目想法，主题囊括艺术和文化、环境、教育、社区发展、卫生五个方面。随后，其他会员可以登录网站投票选举他们最喜欢的想法。最终胜出的项目将获得美国运通提供的 250 万美元支持资金。例如，2007 年胜出的是一个清洁饮用水倡议，2008 年则是一项阿兹海默病（Alzheimer）的研究项目。负责网络沟通的运通副总裁说：“我们的焦点是在我们的消费者感兴趣的公益领域造成影响，我们发现这是一种既能与客户联系又能造福世界的好方法。”

2018 年美国运通发起的“保护主干道”运动（Partners in Preservation: Main Streets）也体现了与消费者合作共创社会责任的思想。该运动是一项以社区为基础的公益运动，旨在提高民众对美国主干道的保护意识，同时为保护做出实质行动。20 个美国历史街区参加了全民在线投票，11 个主要街道遗址被选出，它们总计获得了 160 万美元的捐款，用于街道保护。此外，每个参与竞赛的遗址在活动开始时都获得了 2 万美元捐款，以提高人们对历史遗迹的保护

意识。最终捐款总额达 200 万美元。

除与消费者合作外，美国运通也与员工合作开展员工志愿活动，提升社区福利。2018 年，该公司与奋斗上大学（Strive for College）合作推出了“青年导师”项目（Youth Mentoring Program）。奋斗上大学是一个全国性的非营利组织，它通过在线平台——美国奋斗虚拟导师平台（UStrive Virtual Mentoring Platform），为贫寒、困难学生提供大学入学、上学、毕业、就业的全流程服务。其宣传网页如图 2.1 所示。通过一对一的免费辅导，该非营利组织具体提供以下帮助：进行大学入学申请；在入学前和入学后指导学生申请经济援助；制定一个时间管理计划，协调其他策略来支持学生完成大学课程并毕业；为实习和工作提供建议和机会。虚拟导师平台具有如下优势：其一，保证安全的沟通；其二，保证多方法的沟通，学生可以通过在线平台向导师发送消息，与导师语音通话或视频聊天；其三，除与导师进行有意义的互动外，平台还允许学生之间建立联系，通过平台的社区功能，学生可以进行深入沟通。事实上，通过虚拟导师平台建立的联系可以持续终生，受益终生。平台鼓励成功的、符合条件的学生完成从学生到新任导师的身份转换。美国运通 2018—2019 年的 CSR 报告显示，公司不仅为该项目提供了 50 万美元的捐赠，而且动员了数百名符合条件的美国运通员工成为项目导师。导师除提供辅导外，也提供经济援助。目前，经过辅导培训的学生，其大学入学率高达 97%，其中有 91% 的学生成功申请到了助学金。除美国运通外，奋斗上大学的合作伙伴还包括：德勤事务所（Deloitte）、安进基金会（Amgen Foundation）、帕洛阿尔

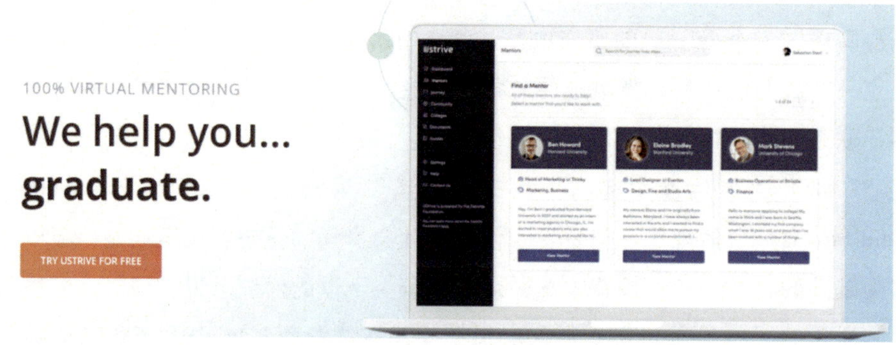

图 2.1 “奋斗上大学”的宣传网页

资料来源：Ustrive 官网 https：//ustrive. org。

托公司（Palo Alto）、美国联合包裹运送服务公司（United Parcel Service，UPS）、瑞银集团（United Bank of Switzerland，UBS）等。

2.1.2　再生银行“垃圾回收”项目

2002 年，垃圾回收公司再生银行（Recycle Bank）在美国成立。该公司的主营业务本质上是一项旨在帮助消费者通过增加回收行为来获得奖励的忠诚计划。具体而言，首先，再生银行为用户家庭免费提供一个再生垃圾桶，该垃圾桶被嵌入了无线射频识别技术（Radio Frequency Identification Devices，RFID）。无线射频识别技术是一种自动识别技术，采用无线射频方式进行非接触的双向数据通信，对记录媒体进行读写。基于该技术，用户投放再生资源的时间、重量都被精准记录并储存下来形成物联网的数据基础。随后，再生银行根据回收的再生资源重量奖励会员积分，并将其存储在专门银行卡中，这些积分可以兑换多个合作企业的产品折扣和奖励。再生银行网页如图 2.2 所示。

该项目一举五得：①对于合作企业而言，加入该项目为其带来了更多的客流量，因为再生银行的消费者们会优先选择合作企业进行消费，以便享受折扣优惠或获取奖励。同时再生银行也为合作企业提供了一种以符合社会价值观的方式来经营的机会。以卡夫食品公司为例，该公司 2007 年开始与再生银行合作，2008 年成为其官方食品赞助商。卡夫食品公司可持续发展部的高级董事 Jeff Chahley 表示：“以尊重环境、社会和经济责任交叉的方式来开展业务是一件正确的事，这在商业上很有意义”（Ferguson 和 Goldman，2010）。目前，这种创新的、以奖励为基础的项目设计吸引了可口可乐（Coca - Cola）、卡夫（Kraft）、希尔斯百货（Sears）、全食超市（Whole Foods Market）、家得宝家居连锁（The Home Depot）等顶级品牌的加入。②对于消费者而言，他们可以获得回收带来的“真金白银”的利益。例如，2004 年创办之初，用户每回收 10 磅垃圾，再生银行就为其兑换 5 美元，这在当时相当于一杯星巴克咖啡的价格。为此，再生银行还发布了一则著名的广告标语“我们离星巴克有多远——10 磅垃圾”。此外，用户还在此过程中培养了可持续的生活方式。③对于再生银行而言，它发现了经济利益和社会利益的交叉点。它的利润主要有三大来源：其一，将回收的再生资源贩卖后营利；其二，政府补贴；其三，合作企业将持卡用户的消费金额按照一定的百分比返还给再生银行。④对于政府而言，政府以较少的成本极大提升了垃圾处理的效率，节约了大额的垃圾处理市政开支。⑤对于环境而言，再生银行将有用物资从垃圾填埋场拯救出来，极大提高了垃圾回收率，减少了环境破坏。

总之，正如再生银行的首席执行官 Morley Ivers 所述："我们的经营理念是，你可以通过做好事来获得成功（Do Well by Doing Good）"。这对再生银行的每一方参与者都适用。

图 2.2　再生银行网页

资料来源：Recycle Bank 官网 https：//recyclebank. com。

2.1.3　苹果"红色产品"项目

2006 年至今，苹果公司与"红色产品"（PRODUCT RED）品牌合作推出了"红色产品"系列，包括手机及配件、手表、表盘等，示例如图 2.3 所示。"红色产品"在功能上与苹果的普通产品别无二致，二者唯一的区别体现在外观上，"红色产品"颜色鲜红，背面印有"红色产品"品牌。

"红色产品"是流行歌手、慈善家 Bono 与慈善家 Bobby Shriver 于 2006 年共同创立的品牌。该品牌以拯救非洲生命为宗旨，主要服务于抵抗艾滋病。“红色产品”将重心放在消费者上，认为消费者是主导“红色运动”的中坚力量。该品牌发布的“红色宣言”（The Red Manifesto）称：“作为第一世界的消费者，我们拥有巨大的力量，我们共同选择购买或者不购买，可以改变这个星球上的生活和历史进程。我们相信，当消费者拥有慈善选项，并且产品符合他们的需求时，他们会选择‘红色产品’。如若消费者倾向于选择‘红色’而放弃‘非红’，那么更多的企业也会随之做出相应的选择，更多的生命也即将被拯救。”由于“红色产品”具有鲜明的标识，所以消费者所穿戴、使用的“红色产品”自然而然地成为伦理消费的徽章。相同的颜色提升了消费者的认同感和团结感。

“红色产品”在选择合作企业时遵循着谨慎性和广泛性的原则。在每个行业中，该组织只挑选一个企业进行品牌授权。除苹果之外，“红色产品”的合作企业还包括盖普（Gap）、匡威（Converse）、美国运通（American Express）、戴尔（Dell）、阿玛尼（Emporio Armani）、星巴克（Starbucks）、微软（Windows）、贺曼（Hallmark）等多家世界领先企业。这些企业均创建了“红色产品线”，并承诺将该类产品的一定比例的销售利润捐赠出去。环球基金（Global Fund）是“红色产品”合作的主要非营利组织。该基金是世界上最大的艾滋病、结核病和疟疾的预防、治疗和护理基金。需要注意的是，“红色产品”并不是一家慈善机构，它是一个品牌，一种有道德的商业模式（Ethical Business Model）。Magubane（2008）评价称：“‘红色产品’是消费主义与众筹的完美结合”。

图 2.3　苹果公司“红色产品”系列

资料来源：百度图片 https：//image. baidu. com。

“红色产品”不仅切实提高了非洲艾滋病患者的健康状况和生活水平，而且显著改善了非洲政府对艾滋病管理和教育的态度（Davis，2010）。苹果公司官网显示，与“红色产品”合作的15年来，苹果公司通过销售“红色产品”系列已经筹集了近2.7亿美元的善款。这些善款为1100多万艾滋病患者提供了护理和支持服务，提供了超过1.92亿次的艾滋病病毒（HIV）检测，使1380多万患者获得了救命的抗逆转录病毒治疗。仅2020年一年，苹果公司通过销售“红色产品”筹得的善款就帮助超14.5万名艾滋病毒阳性的母亲阻断母婴传播。

从2020年开始，苹果公司将“红色产品”的收益部分转向了全球新冠肺炎（COVID－19）的抗击和应对。除购买“红色产品”外，消费者还可以通过使用苹果支付（Apple Pay）来帮助拯救生命。在2022年12月6日之前，所有使用苹果支付的消费都将可帮助抗击艾滋病和新冠肺炎。苹果公司将为在apple.com，苹果商城App（Apple Store App），以及线下苹果门店的每一笔购买捐赠1美元。

2.1.4 第一资本“无麻烦捐赠”项目

美国第一资本金融公司（Capital One）在2008年9月启动了一场“无麻烦捐赠”项目（No Hassle Giving）。该项目允许消费者从一个包含150万个非营利组织的庞大数据库中进行选择，利用他们在第一资本的信用卡或奖励积分轻松地进行捐赠。“我们致力于回报社区，无论是在金钱上还是在志愿者时间上”第一资本的营销副总裁Shane Holdaway如是说，“我们通过信用卡捐赠项目帮助客户来解决社会问题，创造一个永久的三赢局面，即非营利组织、消费者和企业的共赢。”与此同时，第一资本还发起了“无麻烦里程”项目。消费者可以将使用第一资本信用卡刷卡消费的金额转化为航空里程，进而去兑换相应的免费机票（Au和Kauffman，2008）。

2.1.5 富士斯巴鲁“分享爱”项目

2008年末，日本机械制造商富士斯巴鲁公司（Subaru）推出“分享爱”

(Share the Love) 假日促销活动。公司每卖出 5 辆车，消费者就可以通过富士斯巴鲁“分享爱”网站这一公益众筹平台参与 Co – SR 活动。消费者从 5 种受益人中选择 1 种，随后公司为消费者选择的受益人捐赠 250 美元。项目宣传网页如图 2.4 所示。

至今，“分享爱”项目仍在持续，并向更多的国家和领域扩展。在美国，消费者的选择范围扩大到 4 个全国性公益项目和 1610 个地区性公益项目。地区性公益项目种类繁多，主题涉及救灾、为陷入困境的孩子提供辅导、修缮社区房屋等。4 个全国性公益项目如下。

(1) 与美国爱护动物协会合作的动物保护子项目。美国爱护动物协会 (American Society for The Prevention of Cruelty to Animals, ASPCA) 成立已逾 150 年，是一家为动物发声、拯救动物生命、提供动物保护和照顾的非营利组织。该组织通过推进保护动物的人道主义立法、帮助建立动物收容所、进行动物保护的宣传教育、救济受虐待的动物、促成流浪动物的收养等方式履行职责。富士斯巴鲁是 ASPCA 最大的企业捐赠者。在“分享爱”项目中，富士斯巴鲁与 ASPCA 合作，已经成功救援了超过 74000 只动物。

(2) 与许愿基金会合作的重病患儿圆梦子项目。许愿基金会 (Make A – Wish) 是一家旨在帮助生命垂危的儿童达成心愿的全球性非营利组织。许愿基金会认为，愿望实现可以有效激发孩子与重病作斗争的身体和精神力量。具体而言，愿望可以帮助孩子用信心代替恐惧，用欢乐代替悲伤，用希望代替焦虑，使孩子和其家人相信未来会更美好。在“分享爱”项目中，富士斯巴鲁与许愿基金会合作，已经满足了超过 2700 个重病患儿的人生愿望。

(3) 与上门送餐机构合作的上门送餐子项目。上门送餐机构 (Meals on Wheels) 是一家美国的非营利组织，致力于为老者、退伍军人、无家可归者等特殊群体提供健康的一日三餐。在“分享爱”项目中，富士斯巴鲁与上门送餐机构合作，已经为美国的老者送出了超过 250 万份餐食。

(4) 与美国国家公园基金会合作的公园保护子项目。美国国家公园基金会 (The National Park Foundation) 是一家全国性的非营利机构，它与美国国家公园管理局合作，致力于保护野生动物和公园土地，保护历史与文化。在“分享爱”项目中，富士斯巴鲁与美国国家公园基金会合作，为保护 400 个美国国家公园提供资金。

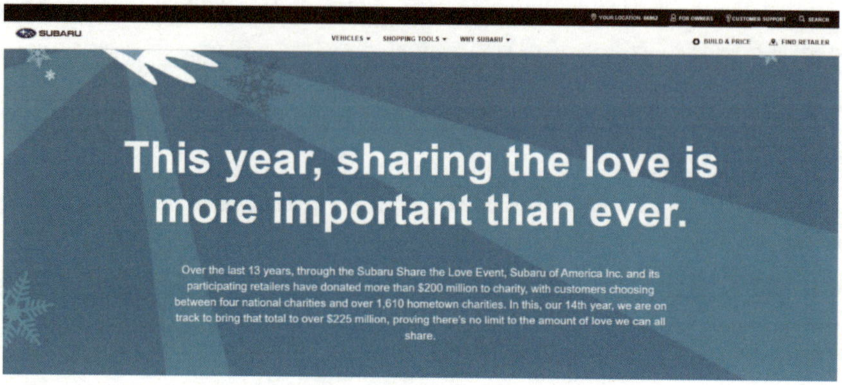

图 2.4　富士斯巴鲁“分享爱”项目网页

资料来源：Subaru 官网 https：//www. subaru. com。

2.1.6　塔吉特“靶心捐赠”项目和“骄傲”运动

2009 年 5 月，美国大型零售商塔吉特公司（Target）推出“靶心捐赠”项目（Bullseye Gives Campaign）。在塔吉特公司的脸书（Facebook）页面上，消费者可以进行投票，以决定如何将 300 万美元的捐款分配给 10 个不同的慈善机构，项目为期 2 周。该项目名称中的“Bullseye”取自塔吉特公司的吉祥物——一只名为 Bullseye Puppy 的白色英国斗牛犬，其左眼绘有塔吉特公司的标识。塔吉特公司 2009 年发布的 CSR 报告中展示的吉祥物形象如图 2.5 所示。

图 2.5　塔吉特公司的吉祥物 Bullseye Puppy

资料来源：Target 2009 年《企业社会责任报告》。

2015 年 6 月——美国的性少数群体骄傲月（LGBT Pride Month），塔吉特公司在社交网站上发起了“骄傲”运动（Take Pride Campaign）。该运动旨在支持性少数群体（LGBT）。LGBT 是女同性恋（Lesbian）、男同性恋（Gay）、双性恋（Bisexual）和跨性别者（Transgender）的简称。LGBT 以彩虹作为标识，以彰显多样性和包容性。在该运动中，塔吉特公司网站推出了“彩虹系”产品，包括 T 恤、背心、鞋和配饰，代表性产品如图 2.6 所示。塔吉特会将“彩虹系”产品的部分利润捐赠给相关公益组织。公司明确表示“塔吉特骄傲的与 LGBT 站在一起”，并且呼吁消费者全年（而不只是少数群体骄傲月）都应支持性少数群体。

图 2.6　塔吉特网站售卖的“彩虹系”产品

资料来源：Target 官网 https：//www. target. com/。

2.1.7　百事“焕新”项目

2010—2012 年，世界领先的饮料和休闲食品公司百事公司（PepsiCo Inc）推出了一个 Co - SR 项目——百事“焕新”项目（Pepsi Refresh Project）。

该项目的口号是“帮助那些有能力、有想法的组织或个体，实现有社会价值的项目，让世界更美好”。这与百事公司的愿景——“不断改善世界的各个方面，包括环境、社会和经济，从而创造一个比今天更美好的明天”相契合。百事公司的副总裁 Peter Land 表示，“百事‘焕新’项目是一个很重要的机会，通过这个项目，我们想做一些可以真正影响美国的、与众不同的事”。

项目涵盖健康、环保、教育、社区、食物与住所、艺术文化 6 个公益领域。个人和组织可以在百事“焕新”项目网站这一公益众筹平台上提交社会责任策划案，随后百事公司的消费者在该平台上投票选择任何其希望百事公司支持的社会责任项目（Kotler 等，2012）。项目网页如图 2.7 所示。每月有 32 组优胜提案获得百事公司的社会责任基金，金额在 0.5 万至 25 万美元不等。百事公司借助社交媒体，如脸书（Facebook）和推特（Twitter）来宣传项目消息。那些提交策划案的策划者也利用社交媒体来“拉选票”。

公众对该项目反响热烈。在活动启动当天，不到 24 小时内，提交的策划案就达到了当月允许提交数量的上限——1000 份。到 2010 年底，累计有逾 7000 个项目获得了超 5100 万张选票。百事公司声称，此次项目吸引了 24000 多名志愿者和 200 多个社区参与。

该项目也受到一些批评。有人指责百事公司大肆宣扬公益活动，其项目推广花费不菲，这是一种“花钱告诉别人我在捐钱”的行为。此外，众筹平台的技术支持、可疑的投票策略等也受到了质疑。

图 2.7　百事“焕新”项目网页

资料来源：https：//www. refresheverything. com。

2.1.8　帕尼罗“爱心社区咖啡馆”项目与“日终食物捐赠”项目

美国的烘焙咖啡连锁企业帕尼罗面包公司（Panera Bread Co.）于 2010 年创办了帕尼罗“爱心社区咖啡馆”（Panera Cares Community Cafes），如图 2.8 所示。

帕尼罗“爱心社区咖啡馆”采用了“随你付”（Pay What You Want，PWYW）的定价策略。具体而言，咖啡馆中并无明码标价的菜单，取而代之的是，每个商品旁边标注的建议捐赠金额。咖啡馆中也并不设置收银机，取而代之的是捐款箱。消费者可以有四种选择：第一，免费拿走食物；第二，以少于建议捐赠金额的价格拿走食物；第三，以等于建议捐赠金额的价格拿走食物；第四，以高于建议捐赠金额的价格拿走食物。前两种选择可以保证囊中羞涩甚至完全无力支付的贫困饥饿人群获得廉价甚至免费的食物。“爱心社区咖啡馆”中的全部收入被归入慈善账户，捐献给慈善机构。据帕尼罗公司统计，60% 的消费者将做出第三种选择（平价捐赠）；20% 的消费者会做出第一、第二种选择（低价捐赠或免费）；而其余 20% 的消费者会做出第四种选择（高价捐赠）。

图 2.8　帕尼罗“爱心社区咖啡馆”

资料来源：百度 https：//www. baidu. com。

除“爱心社区咖啡馆”项目外，帕尼罗面包公司还推出了“日终食物捐赠”项目。该项目有一个非常有创意的英文名“Day – End Dough – Nation Program”，其中“Dough”意为面团，而“Nation”意为国家，两个单词联合缩写后是“Donation”，意为捐赠。项目名称具有三重含义：其一，结合了面包店的主营业务；其二，有为国家、国民做贡献的隐意；其三，明确了公益捐赠的性质。消费者和非营利组织可以通过帕尼罗社区网站来申请加入该项目，如图2.9所示。

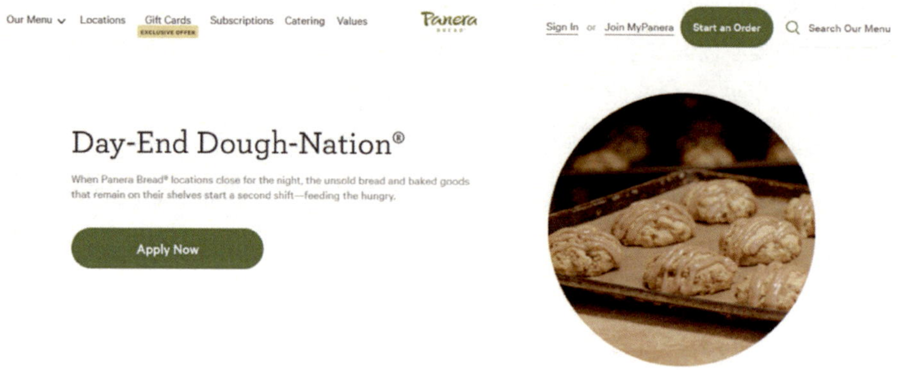

图2.9　帕尼罗“日终食物捐赠”项目网页

资料来源：帕尼罗面包店官网 https：//www. panerabread. com。

帕尼罗面包公司的网站上发布着一段令人感动的推介：随着夜幕的降临，位于佛罗里达州（Florida）彭萨科拉市（Pensacola）的帕尼罗面包店即将在5分钟后打烊。此时面包店的经理发现，店内仍充满未售卖的诱人的食物，肉桂脆面包圈、松饼、全麦面包、潮湿的双层软糖布朗尼等。帕尼罗面包店一直致力于销售新鲜的烘焙食品，食品只允许在货架上摆放一天，因此这些食物不允许在第二天售卖，但扔进垃圾桶又十分可惜。这时，经理和他的同事们小心翼翼地将未售卖的食物包装起来，随后交给当地非营利组织的志愿者们，由志愿者捐赠给有需要的“邻居”。这些非营利组织包括食品救援机构、食品储藏室、救济厨房、收容所、送餐机构、长者中心、学校或宗教组织。而有需要的“邻居”通常是贫病者、无家可归者、难以自食其力的老者和幼童。

该项目可谓一举多得：既保证了帕尼罗面包店每天向消费者提供新鲜的面包；又将当天未出售的面包捐赠给当地有需要的饥饿人群，帮助扶贫；同时避免了食物浪费。“日终食物捐赠”项目使帕尼罗面包店的员工产生了一种特别的自豪感，员工谈到，“有些食品公司会在第二天以折扣的方式出售不新鲜的食物，但我们不会。我们公司可以在为顾客提供新鲜食物的同时帮助社区中需要帮助的人，这使我感觉很好。”

2.1.9　古驰“希望响钟”运动

2013 年，意大利奢侈品牌古驰（Gucci）发起一场名为“希望响钟”（Chime for Change）的运动。该运动的主旨是促进世界各地女性（包括成年女性与女童）的健康、教育、公正。具体的子项目举例是：帮助霍梅拉（Humaira Bachal）在卡拉奇（Karachi）郊区建立梦想的模范街道学校，支持劳拉（Laura Bates）的“日常性别歧视”抗击项目，通过巢基组织（Nest Foundation）帮助杰西卡（Jessica）等人口贩卖的幸存者，通过尼日利亚（Nigeria）的库迪拉特民主组织（Kudirat Initiative for Democracy，KIND）培养下一代女性领导者。项目宣传网页如图 2.10 所示。

2014 年 5 月，古驰香水在“希望响钟”平台（Chime for Change Platform）推出了 5 款古驰香水，每款香水都拥有独特的代码。购买香水后，消费者可以在该平台输入一种代码来兑换 5 美元的捐款。捐款将用于女性权益保护。

随后，运动持续扩展壮大，至今依然具有强大的生命力和持续的影响力。截至 2017 年，该运动已经资助了 86 个国家的 400 多个项目，惠及全球数十万女性（Armitage 等，2017）。截至 2022 年，该运动已经筹集了 1900 多万美元，使 89 个国家 63 万名女性和她们的家庭受益。其生命力和影响力主要归功于运动的宣传推介和利益相关者合作。

宣传推介方面，该运动通过社交媒体推广，“顶流”明星“站台”，高调的现场活动等取得了出色的营销效果。例如，2013 年在伦敦举办的“希望响钟”音乐会，活动邀请到流行天后碧昂斯（Beyonce Knowles - Carter）等著名歌手参加。2022 年 5 月，“希望响钟”运动与流星（The Meteor）合作举办了一词虚拟峰会，名为“女性主义未来的愿景”，峰会的主要参加者是记者、艺术家等，议题包括气候变化、民主、生育自由、难民危机等。此外，运动还衍生了“希望响钟故事平台”和《响钟杂志》。2013 年 7 月，“希望响钟故事平台”上线，旨在分享世界各地勇敢女性的动人故事。通过短片和新闻内容的结合，这些故事生动而有力地展现了主人公的生活，以此来提升全球观众的性别平等意识，揭露和谴责女性面临的暴力和歧视，激发对于女性话题的讨论，促进对于相关公益项目的社区参与意识。为纪念“希望响钟故事平台”的启动，平台的创立委员会发布了 5 部原创短片，通过富有创造力的电影镜头讲述不为人知的、引人入胜的女性故事。2019 年《响钟杂志》（Chime Zine）被推出，旨在解决最紧迫的不平等问题。比如 2022 年杂志的主题囊括：肥胖与污名，酷儿文化（Queer Culture），性别与残疾交叉议题，跨性别运动等。

利益相关者合作方面，该运动的主要战略合作伙伴主要包括：①开云基金会（Kering Foundation）。它的宗旨是反对针对女性的暴力，保障女性权益，鼓励员工参与提升世界女性福利的事业。②比尔和梅琳达·盖茨基金会（Bill & Melinda Gates Foundation）。该基金会致力于以创新技术来解决人类健康、发展领域的不平等。③脸书（Facebook）。它是世界知名的社交媒体。④赫斯特杂志（Hearst Magazines）。赫斯特杂志归属于美国最大的多元化通信公司——赫斯特公司。赫斯特杂志是美国最大的月刊出版商。⑤投石机众筹平台（Catapult）。Catapult 是全球第一个致力于改善女性生活的公益众筹平台。⑥全球女性基金（Global Fund for Women）。该基金会致力于全球的性别平等、女性保护。⑦查恩意大利（Chayn Italia）。它是一个为意大利遭受性别暴力的妇女提供在线培训的非营利组织。⑧全球公民组织（Global Citizen）。它是一个致力于解决极端贫困问题的非营利性组织。⑨即刻平等（Equality Now）。该组织从法律平等、终止性剥削和性虐待、终止性暴力、终止伤害行为 4 个方面来推进性别平等。事实上，“希望响钟”运动合作的非营利组织逐年递增，2017 年数量是 144 个，2022 年已经达到 180 个。

图 2.10　古驰“希望响钟”运动网页

资料来源：凤凰网 https：//finance. ifeng. com。

2.1.10　亚马逊“微笑”项目

2014 年，全球电子商务零售巨头亚马逊公司（Amazon）推出了一个公益众筹平台——亚马逊“微笑”平台（Amazon Smile Platform），消费者需要在该平台上购买符合条件的商品（标注“Eligible for Amazon Smile Donation），然后可以运用搜索功能，从近百万个选项中选择希望捐赠的公益项目。随后商品总金额的 0.5% 将自动捐赠给顾客选定的公益项目。项目网页如图 2.11 所示。

图 2.11　亚马逊“微笑”项目网页

资料来源：亚马逊微笑官网 https：//www. amazonsmile. com。

需要强调的是：其一，亚马逊“微笑”是与亚马逊相互独立的两个平台，但无论商品、价格、服务等内容，两个平台都别无二致，区别只在于亚马逊“微笑”平台具有公益选项。其二，亚马逊“微笑”平台不向慈善机构或捐赠者收取任何额外服务费。其三，亚马逊“微笑”项目的捐赠资金和交易成本由亚马逊“微笑”基金会（Amazon Smile Foundation）管理，该基金会是亚马逊公司成立的专门基金会。

亚马逊“微笑”项目与各个非营利组织有广泛合作。例如，2022 年 5 月，该平台首页上重点推送了以下三个项目：①小学生成长项目。亚马逊“微笑”项目向卡斯卡迪亚（Cascadia）小学的家庭教师协会（Parent – Teacher Association，

PTA）进行捐赠，支持学生成长。该基金为1—5年级的500多名学生提供从书籍到乐器，从教师课堂到社区活动的各项支持。学生可以通过特别项目参与园艺、歌曲创作和志愿者项目。②宠物保护项目。在亚马逊“微笑”平台项目的帮助下，奥斯汀宠物收容所（Austin Pets Alive!）建立了新生小猫托儿所，白血病猫收养中心，狗行为研究计划。③乡村扶贫项目。在亚马逊“微笑”平台项目的帮助下，国际小母牛组织（Heifer International）为贫困农村社区提供牲畜和培训，帮助他们摆脱饥饿和贫困。只需要120美元就可以给一户家庭购买一只山羊，让他们走上繁荣和自给自足的道路。

2.2　共创型社会责任的国内实践

2.2.1　当当网“百万捐书计划”

2012年4月，当当网与中国宋庆龄基金会联合发起“百万捐书计划”，如图2.12所示。用户可以在当当网下单，在20所中国宋庆龄基金会指定的贫困学校中选择收货人。当当网列出了“专家推荐中小学图书馆建馆书目”为用户提供捐书参考，包括：少儿类、中小学课外阅读类、科普类、外语类、青春励志类、手作休闲类、文艺类、社科类、经管类读物。活动采取企业与用户1∶1等额配捐的形式，即在用户完成捐赠后，当当网会向这20所贫困学校等额配捐图书。配捐完成后，若每所学校收到的捐赠图书不足1万册，当当网会补足差额。此外，为增加影响力，该计划还发起了征集公益大使的活动，邀请用户作为公益大使参与其中。

当当网“百万捐书计划”有助于填补不同地域、不同收入群体之间的阅读鸿沟。当当网相关负责人将其比喻为“梦想的种子”“孩子心中的一扇窗”，认为该项目可能对儿童的成长和未来产生决定性的影响。

事实上，当当网一直致力于与图书相关的爱心公益活动，有代表性的项目包括：“八万种电子书免费畅读”“二手书漂流公益项目”“博爱图书十年百馆”“100个愿望”“同享蓝天、放飞希望赠书活动”“彩虹图书馆计划”“高海拔阅览室”“一起进宫品书香，关爱自闭症儿童”等。

图 2.12　当当网“百万捐书计划”网页

资料来源：中国宋庆龄基金会官网 https：//www. sclf. org。

2.2.2　今日头条“头条寻人”项目和“感光计划”

2016 年 2 月，字节跳动旗下的公司今日头条发起了“头条寻人”公益项目，如图 2.13 所示。该项目旨在架起一座连接被找寻者（走失的老人、儿童，精神分裂症患者等）和找寻者（亲人）的“桥梁”，使大海捞针式的寻人在科技的助力下变的易如反掌。《2018 字节跳动（中国）CSR 报告》显示，“头条寻人”利用定位和弹窗功能，将寻人启事以弹窗形式精准推送给走失位置附近的用户。随后，庞大的今日头条用户群体会充当志愿者，帮助快速找寻到走失者。今日头条 APP 显示，截至 2022 年 6 月 7 日，“头条寻人”项目已经累计找到走失者 18944 人，包括 7.8% 的未成年人，37.4% 的老年人和 54.8% 的成年人。最多一天寻回 59 人次，最快寻回时间是 60 秒，最长失联时间为 57 年，最年长和最年轻的被寻回走失者分别是 101 岁和 3 个月。

除“找人”之外，“头条寻人”还秉承一帮到底的原则，提供了深层次、可持续的帮助。在 2019 年发起的“找到你”子项目中，“头条寻人”为有多次走失记录的老人（特别阿尔兹海默症患者）免费提供了防走失手环。2021 年“头条寻人”建立了“扶危济困专项基金”，旨在帮助被找到的贫病走失

图 2.13　今日头条“头条寻人”网页

资料来源：今日头条官网 https：//www.toutiao.com。

者，根据困难程度为他们提供 1 万元到 5 万元不等的捐款。

“头条寻人”还从单一的“寻找走失者”目标扩展到广义的、多元化的寻人寻亲，启动了“两岸寻亲”“寻找革命烈士后人”“无名患者寻亲”“头条追逃”（帮助公安机关追捕在逃罪犯）“灾后紧急寻人”“寻找老战友”“华人寻根”等子项目。值得一提的是，《2019 字节跳动（中国）CSR 报告》显示，在新冠肺炎大流行期间，“头条寻人”曾帮助寻找与确诊患者乘坐同一交通工具的乘客。

2019 年 11 月，“头条寻人”上线了“识脸寻人”模块，正式开启了“AI + 寻人”模式，其宣传标语是“科技让寻人更有力量”。对于患有阿尔兹海默症、自闭症、精神分裂症或有语言障碍的走失人群而言，清晰陈述自己的姓名、家庭住址、家庭成员联系方式等信息是比较困难的。而“识脸寻人”技术可以“让照片说话”，极大减轻了寻人的阻碍。并且，“头条寻人”所建立的走失人员数据库可以进行寻亲信息与走失者人脸的精准匹配。此外，AI 跨年龄的人脸识别技术可以帮助寻回走失多年之人。

《人民日报》评论称：“‘弹窗寻人’不妨再多些。”网友的赞誉也接踵而来：“头条将公益做成了产品”“体现出明显的效率优势，‘让最可能帮忙的人看到寻人启事’的分发机制，确保了每一条有效的寻人启事得到发布，且被推送到最可能帮忙的人手机中”“‘头条寻人’体现了互联网平台的两大优势，分别是连接效率和规模效应”“头条在做一件高尚的事，一件脱离了低级趣味的事，一件有益于人民的事”“科技拉近了团圆的距离”“这是一个互联网平台、专业机构、社会组织、用户、亲属的五方联动的过程，可以激活大量的隐藏信息，喷发出难以想象的社会能量”。

2018 年 7 月，今日头条与中国社会福利基金会、中国摄影家协会、中国人口福利基金会、中华少年儿童慈善救助基金会联合发起“感光计划”，如图 2.14 所示。该计划招募摄影师作为“追光人”拍摄求助者的图片、影像，并将其分发给潜在施助者。《2018 字节跳动（中国）CSR 报告》显示，当年“感光计划”共帮扶了 144 个大病家庭，与 66 名公益摄影师建立了合作，收到 38 万人次爱心捐款。《2019 字节跳动（中国）CSR 报告》显示，2019 年当年，“感光计划”共帮扶了 1427 个大病家庭，筹集逾 4000 万元善款。

2.2.3　蚂蚁金服公益“蚂蚁森林”项目

2016 年 8 月，蚂蚁金服在支付宝平台上推出“蚂蚁森林”项目。“蚂蚁森林”为每一个参与者建立碳账户，将个人的低碳行为通过一套成熟的算法换算成绿色能量，该项目支持的低碳行为如表 2.1 所示。用户可以收集绿色能量，运用该绿色能量在“蚂蚁森林”的虚拟社区种树。随后“蚂蚁森林”及其合作的非营利组织（如阿拉善 SEE 基金会、中国环境保护基金会、中国扶贫基金会、中国青少年发展基金会等）就会在内蒙古、甘肃、青海、山西等地种下真实的树。这些树木主要包括梭梭树、柠条、沙柳、红柳、榆树、樟子松、胡杨、花棒、杨柴等，具有防风固沙、固碳产氧、水土保持等作用。《支付宝 2016—2017 可持续发展报告》宣称：“‘蚂蚁森林’的个人碳账户是全球

图 2.14　今日头条“感光计划”网页

资料来源：今日头条官网 https：//www. toutiao. com。

范围内第一次‘自下而上’地对数亿人的低碳行为进行正向激励，这显著区别于以往‘自上而下’的节能减排模式。”

“蚂蚁森林”在“互联网 + 公益”模式的基础上还融合了社交模式和游戏模式。社交模式方面，“蚂蚁森林”支持好友之间“组团合种”树木，网友的评论可以弹幕形式发出，还可以收取好友的绿色能量。在“公益林”模块中，可以品牌、学校、机构、城市为单位种植公益林。在游戏模式方面，用户可以在蚂蚁庄园中喂养小鸡并收取鸡蛋，种植果树并收获水果，摆摊收豆，还可以使用各种道具和装扮。

“蚂蚁森林”是一个极具扩展性的平台，本章将其扩展性总结为社会责任领域的可扩展性、碳账户模块的可扩展性、合作商户的可扩展性、参与方式的可扩展性四个方面：①社会责任领域的可扩展性。“蚂蚁森林”从最初只关注环保领域逐渐向扶贫等领域扩展。平台种植的梭梭树除防风固沙外，还能嫁接珍贵药材肉苁蓉；平台帮助平武保护地的蜂农售卖平武蜂蜜，将销售收入返还给当地建设现代化的养蜂示范基地；平台帮助山西和顺保护地的绣娘售卖牵绣挂件；平台自主开发了生态产品“Ma 沙棘”饮料。这些扶贫项目都切实提升了就业率，帮助当地居民脱贫增收，蚂蚁集团认为这是一种“靠山吃山的新‘吃’法”。在《支付宝 2019—2020 可持续发展报告》中，蚂蚁集团董事长井贤栋评论称，“‘蚂蚁森林’从原先的种树治沙、生态治理，到生态治理和脱贫相结合，让用户关注到保护地上的大自然馈赠，绿水青山就有可能变成金山银山。”除社会责任大领域的扩展外，环保的子领域也从最初的植树造林扩展到保护地认领，再到海域修复。②碳账户模块的可扩展性。碳账户模块根据实际情况更新迭代，并留出了扩展延伸的空间。比如“减少出行”模块目前设置了“网购火车票”等 9 个栏目，页面显示“更多低碳场景敬请期待”。再如“绿色包装”是“减纸减塑”模块中新上线的栏目。③合作商户的可扩展性。越来越多的商户加盟了“蚂蚁森林”，成为其合作伙伴。比如“公共充电桩”栏目中，目前支持商家是新电途、特来电、小桔充电、星星充电、蔚来加电、万马爱充、开迈斯，页面显示“更多商家正在接入中”。④参与方式的可扩展性。“蚂蚁森林”会随着情境的变更来革新用户参与方式。例如，在 2019 年支付宝的新春集五福活动中，用户可以通过给“蚂蚁森林”浇水、喂养蚂蚁庄园的小鸡、回答“答答星球”上的金融安全教育题目来收集福卡。“蚂蚁森林”网页图片合辑如图 2. 15 所示。

“蚂蚁森林”在环保和扶贫领域取得了举世瞩目的成绩。《支付宝 2019—2020 可持续发展报告》显示：“到 2019 年 4 月底，已有 5 亿人用 3 年时间在‘蚂蚁森林’的平台上种下 1 亿棵树、造林 140 万亩、18 万人次依靠植树重新就业。”联合国环境署执行主任英格尔 · 安德森（Inger Andersen）评论称：“‘蚂蚁森林’是一个令人激动的创新，它让数亿人行动起来，去了解我们面临的环境挑战，以及我们可以为环境做些什么。人们甚至可以通过手机随时查看自己种的树。‘蚂蚁森林’用科技把人和环境连接起来，让每个个体都能参与到保护地球的行动中，这将产生巨大的影响。”为此，“蚂蚁森林”荣获了 2019 年“地球卫士奖”和全球应对气候变化最高奖项——“灯塔奖”。普通民众也十分认可“蚂蚁森林”的表现。网友评论称，“‘蚂蚁森林’让用户收获了成就感”“‘蚂蚁森林’所做的也许就像他们的广告语所说的，为世界带来微小而美好的改变”“‘蚂蚁森林’鼓励用户选择绿色的生活方式，养成绿色的生活习惯”（见表 2.1）。

图 2.15 “蚂蚁森林”网页图片合辑

资料来源：支付宝 APP 蚂蚁森林应用截图整合。

表 2.1　“蚂蚁森林”支持的低碳行为

模块	具体行为	说明
绿色出行	行走	集成了“行走捐”模块
	共享单车	支持哈喽单车，哈喽助力车
	公交出行	扫码乘公交
	地铁出行	扫码乘地铁
	新能源汽车	“蚂蚁森林”合作的新能源汽车，要求在纯电模式下
	公共充电桩	支持新电途等 7 家商家
减少出行	网购火车票	12306 平台购票
	网络购票	目前支持淘票票平台，只限电影票
	绿色政务	在市民中心使用带“绿色能量”标识的政务服务，进行线上缴税等公共支付
	生活缴费	水、电、燃气、物业等线上生活缴费
	绿色医疗	网络挂号、查询检验结果
	绿色办公	在钉钉上使用视频会议、电话会议、电子审批、电子日志
	车辆停驶	加入绿色车主计划，每周少开一天车
	绿色银行	线上开通网上银行账户
	信用卡还款	线上还款
循环利用	绿色回收	旧衣回收、旧书回收、手机回收、大家电回收，还可领取额外奖励
	绿色入住	入住酒店不使用牙膏、牙刷、梳子、肥皂 4 小件
减纸减塑	绿色包装	补充装/替换装洗衣液，FSC 森林管理委员会认证的纸盒包装商品，再生塑料包装商品
	线下支付	线下电子支付
	电子小票	不打印纸质购物小票
	电子发票	电子发票取代传统纸质发票
	绿色外卖	在饿了么 APP，盒马 APP 下单选择“无需餐具”
	环保减塑	不购买门店塑料袋
	环保杯	使用自带杯、马克杯替代一次性纸杯，使用直饮杯不用吸管，不用打包袋
	直饮水	减少瓶装水塑料消耗
	扫码点单	汉堡王等门店，减少纸张消耗
	扫码购票	景区购票，减少纸质门票消耗
	网上寄件	减少纸质面单消耗
	电子签名	支持 e 签宝
	电子保单	支持蚂蚁保车险平台
	信用住	支持芝麻信用
	国际退税	减少税单纸张
	无纸化阅读	支持书旗小说支付宝小程序

续表

模块	具体行为	说明
高效节能	ETC 缴费	减少等待时间和额外油耗
	共享充电宝	减少新充电宝生产
	停车缴费	支持无感停车，有效减少闸口等待
	绿色家电	在天猫购买带有“绿色家电”标识的电器

2.2.4 京东公益“旧衣新生”项目

2016 年 10 月，京东公司依托以“物爱相连”“暖冬公益”为主题的京东公益互联网募捐信息平台发起了名为“旧衣新生”的闲置衣物回收计划，如图 2.16 所示。该计划采用了“一键捐赠、物资直送”的模式，操作简单易行。捐赠者只需打包好衣物，然后在京东 APP 搜索京东公益，找到该项目并点击“我要捐赠”，在线填写上门取衣信息。随后，京东快递小哥将免费上门收取衣物。捐赠成功后，捐赠者还会收到衣物优惠券作为奖励。捐赠成功的旧衣有以下两种去向：第一，再利用。八成新以上，并且没有明显破损、污渍的旧衣将在分拣、消毒、打包之后送到需要的人手中，或者面向外来务工者、低收入群体进行低价义卖。第二，拆解。破旧衣物将拆解成原材料出售。需要说明的是，义卖或拆解出售获得的资金也将用作公益活动。该计划最初在北京、上海、广州、深圳、沈阳、成都、西安、武汉 8 座城市开展，后续扩展到天津、太原、南宁等近 50 个城市。

平台显示，首批“旧衣新生”项目成功募捐到 30746 件衣服，100% 完成了筹衣目标。《京东集团 CSR 报告 2013 - 2017》显示，截至 2017 年 11 月，京东公益互联网募捐信息平台共募集了 160 多万件物资。“旧衣新生”项目利用京东优质的物流体系，很好地践行了京东集团“技术引领、正道成功”的战略。

世界自然基金会（World Wide Fund for Nature or World Wildlife Fund，WWF）中国首席代表、总干事卢思骋肯定了“旧衣新生”项目在环保、资源节约、可持续方面的功效：“在中国每年大约有 2600 万吨旧衣服被扔进垃圾桶，废旧衣物的再利用率非常低，这不仅造成资源浪费，更为环境带来巨大的压力。京东利用强大的物流体系和创新性思维开发的京东公益‘物爱相连’平台，可以

图 2.16　京东公益“旧衣新生”项目网页

资料来源：京东公益官网 https：//gongyi. m. jd. com。

让消费者一键呼叫快递人员免费上门回收闲置衣物，仅这一项，就可以让更多用户都成为参与环保的公益人士。我们期待与京东同行，在京东的平台上与更多消费者联动，在废弃品的回收再利用，可持续森林产品等方面，更多发挥京东的平台优势和科技力量，共同推动环保公益创新。”网友评论称：“希望通过京东的渠道和支持，让我们做到物尽其用”“闲置变爱心”“‘旧物新生’让闲置的物品重新焕发价值，资源再利用，京东的社会公益活动，好接地气”“能用京东的资源解决无处捐赠的问题和运费问题”。

2. 2. 5　轻松筹“童行动，同行动”项目

2017 年“六一”儿童节，轻松筹联合中国华侨公益基金会，北京微爱公益基金会，以及全国 15 省 37 家医院在轻松筹平台发布“童行动，同行动”项目。该项目旨在帮助大病患儿实现愿望，鼓励和帮助大病患儿绽放笑容、战胜

病魔。在医护人员的帮助下，项目共收集了 1559 名大病患儿的“愿望清单”，爱心人士在轻松筹进捐赠，随后志愿者为这些患儿送去了实现愿望的礼物，比如一盒彩笔、一本书、一个变形金刚或一个洋娃娃。

自 2017 年发起后，该项目一直持续。最新一期“童行动，同行动”项目发起于 2021 年 2 月 10 日，计划截至 2022 年 12 月 31 日。截至 2022 年 6 月 9 日，该项目已经筹得善款 257519.06 元，捐款人次达 19603，转发次数达 373 次，如图 2.17 所示。

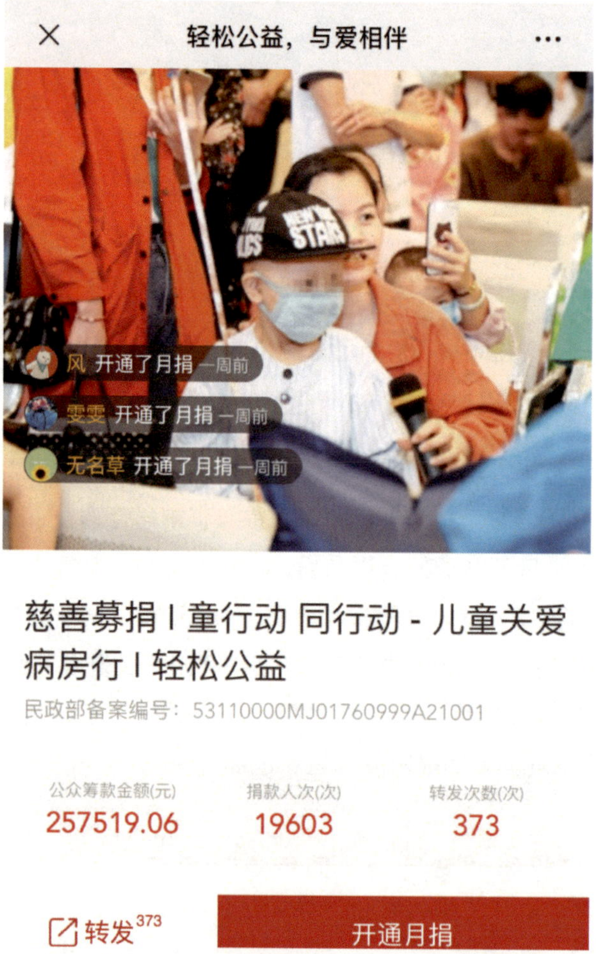

图 2.17　轻松筹“童行动，同行动”项目

资料来源：轻松筹 APP。

事实上，轻松筹关爱儿童的项目从未间断，其他著名的项目有针对罹患疾病儿童的“手拉手益起走”儿童捐助项目、“病房图书馆”项目，旨在关爱孤儿的“万家灯火”活动和“NO CHILD ALONE－我想有个家”活动。

2.2.6 腾讯公益“小朋友画廊”活动

2017 年 8 月，腾讯公益联合深圳市爱佑未来慈善基金会和 wabc 无障碍艺途公益机构发起了“小朋友画廊”活动，如图 2.18 所示。活动依托于微信平台，展示了 36 幅由自闭症儿童创作的高清电子画作。消费者最低可以捐出 1 元人民币来购买 1 幅电子画作，随后有权将画作分享到微信朋友圈或作为手机壁纸。每 1 幅电子画作都伴随一段创作者的感谢语音。活动所筹得的善款将用于障碍人群艺术关怀课程建设、城市公益艺术中心建设等。

该活动迅速风靡微信朋友圈，形成“最美刷屏”，吸引了 580 多万名捐款者，在上线 24 小时内就达到了 1500 万元人民币的筹款目标。网友评论，“这些画作温暖了我”“这些美丽的画作深深地打动了我”“捐款是我对孩子们的鼓励，我对他们表达的是欣赏而非同情”“这种方式仪式感好、互动性强，将电子画作用于手机屏保很有成就感，适合社交分享炫耀”“色彩和笔法的运用类似于梵高（著名荷兰印象派画家）”。事实上，活动所采用的背景音乐正是美国歌手唐·麦克莱恩（Don Mclean）创作并演唱的《Vincent》，这是一首用于纪念梵高的曲目。

腾讯公司的主要创始人之一、被誉为“中国互联网公益教父”的陈一丹评价称：“该项目不仅在筹款效率和规模上超过了许多传统慈善项目，在参与人数上也超过了一些中小基金会。事实证明，互联网和慈善事业之间存在着明显的‘化学反应’，具有爆炸的潜力”。“慈善始于社会痛点”，“小朋友画廊”解决了以下三个社会痛点：其一，公益供给与需求的断裂。腾讯公益及相关非营利组织充当了“信息搬运工”，让潜在捐赠者通过微信朋友圈轻而易举地寻找到了感兴趣的捐赠项目，将供给与需求联结起来。其二，公益信息传播不畅。低调做公益、做慈善的后果是公益慈善项目缺乏关注度，难以薪火相传。互联网平台解决了公益信息传播不畅的问题，唤起了每一个体参与的激情。其三，公益的高门槛。“1 元买画”的模式廉价且新颖，让公益融入日常，成为一种社交方式和生活方式（见图 2.18）。

图 2.18　腾讯公益“小朋友画廊”活动

资料来源：百度图片 https：//image. baidu. com。

2.2.7　新浪微博“熊猫守护者”项目

2017 年 12 月，新浪微博与中国绿化基金会联合，依托新浪微公益平台发起“熊猫守护者”项目，如图 2.19 所示。微博用户可以在虚拟空间饲养名为滚滚，属性为“吃货”的熊猫，并种植虚拟的竹子进行喂养。当用户的“微力值”达到 1000 时，即可兑换一棵真实的竹子。“养成秘籍”中显示用户可以通过完成以下 8 种任务来获取“微力值”：分享活动、刷微博、关注博主、发原创微博、转发微博、评论、点赞、微博运动打卡。在所有任务完成 24 小时之后，“微力值”产生，用户需要及时收集，否则 48 小时之后“微力值”将会消失。

“熊猫守护者”项目具有明显的社交属性。其一，用户可以通过浇水将自己的“微力值”赠予好友，每天至多可给同一好友浇水 3 次。用户可以去“粉丝”那里采集其尚未收集的“微力值”。其二，用户可以开通“一起种”明星公益林，与“爱豆”（Idol，偶像）互动。其三，用户可以在熊猫社区进行浏览、发帖、评论等社交活动。

该项目也具有明显的游戏属性。一方面，活动主界面中有 3 种道具：生长液、防护罩和浇水神器。生长液可以直接增加“微力值”；防护罩可以保护

图 2.19　新浪微博“熊猫守护者”用户主页

资料来源：新浪微博 APP。

“微力值”在 30 小时之内不被他人收取；浇水神器（亦称打榜催化剂）可以使今日的浇水上限增加到 10 次。生长液可以通过分享活动和关注博主来获取；防护罩可以通过邀请好友和唤回好友来获取；浇水神器可以通过刷热门公益微博来获取。另一方面，点击熊猫头像可以进入森林驿站模块。在该模块中，熊猫滚滚会召唤老虎、狐狸等小动物来到森林驿站，用户可以通过向这些小动物投喂能量来收集爱心。具体操作是，首先，用户可以通过做任务来领能量，这些任务包括登录绿洲客户端，转发热门公益微博，刷微博，进行评论、点赞等微博互动，在森林小课堂答题等。其次，这些小动物每消耗 500g 能量，用户就能收集一颗爱心。最后，每集齐 5 颗爱心即可进行公益捐赠，拯救濒危野生动物。捐赠的主题包括：“让珊瑚赋活原色”“守护山区中华蜜蜂的花路”“关注长江江豚和它的伙伴们”“给丹顶鹤宝宝一个家”等。森林驿站还可以使用加速卡和竹子两种道具。加速卡可以加快动物“吃能量”的速度，从而加快爱心收集的速度，喂熊猫竹子则可增加 10% 的爱心值。

图 2.20　新浪微博“熊猫守护者”捐赠网页

资料来源：新浪微博 APP。

除固定的参与模式外，“熊猫守护者”项目还不定时推出“多彩滚滚梦”“熊猫去旅行”“9 天 9 城‘滚亮中国’”等“微博超话”，极大拓展了参与的方式。如果用户认为种植虚拟竹子喂养熊猫等过程稍显烦琐，也可以在微博的微公益平台搜索“熊猫守护者”，进入如图 2.20 所示的捐赠页面，直接进行现金捐赠。

凭借其社交联结的属性和轻松有趣的游戏参与方式，“熊猫守护者”已经成为微博上最热门、参与人数最多的公益活动之一。截至 2022 年 6 月 9 日，

“熊猫守护者”官方微博“粉丝”数量达到 1970.4 万，“熊猫守护者”社区发帖量达 58.6 万，已经筹集到 1197814.64 元人民币，累计捐款人次达 793927。除保护熊猫、保护野生动物、保护生态等环保作用外，该项目还雇佣熊猫栖息地的当地居民进行竹子种植、养护，帮助其创收，实现了扶贫目标。网友评价称，“这是史上最浩荡的大熊猫保护行动”“它开启了全民守护大熊猫栖息地元年”“公益变得更有趣和轻量化了”。

2.2.8　小米公司“声音配型捐赠”项目和“《SUPER PEOPLE》纪录片”项目

2022 年 5 月，小米公司发起“声音配型捐赠”项目，为语言障碍（以下简称“语障”）用户定制“自己的声音”。该项目是小米产品无障碍功能的进一步完善，是在满足语障用户基本需求的基础上进一步提升其沟通体验的一次有益尝试。小米公司首先在公司内部招募了 200 名员工作为志愿者进行声音捐赠，随后面向“米粉”进行志愿者招募，如图 2.21 所示。

在“声音配型捐赠”项目中，小米采用的创新技术包括：声纹适配算法、超级拟人语音合成技术等。首先，利用声纹适配算法将志愿者与受益人的声音进行匹配，选取最合适的志愿者声音作为基础音色；其次，使用超级拟人语音合成技术对基础音色进行声学参数调整和训练，最后形成独一无二的定制声音，替代了千篇一律的电子 AI 语音。

事实上，从 2013 年开始，小米公司就一直秉承“让全球每个人都能享受科技带来的美好生活”的初心，基于包容、开放、平等的理念，致力于为障碍人群（包括听力障碍人群、语言障碍人群、视觉障碍人群、肢体障碍人群等）提供无障碍支持，帮助他们跨越数字鸿沟，打破信息壁垒，实现平等沟通，流畅地享受科技进步的成果。小米公司 2020ESG 报告显示，在“声音配型捐赠”项目发布之前，小米公司已经在无障碍方面做了诸多努力，包括：开发小米闻声这一听力辅助工具，提供了实时语音文字转换功能，帮助听力障碍用户进行无障碍交流；开发 AI 通话功能帮助听力障碍人士自动接听电话；开发语音控制、手势导航功能帮助肢体障碍人士操作手机；开发触感辅助读屏技术帮助视觉障碍人士读取信息等。

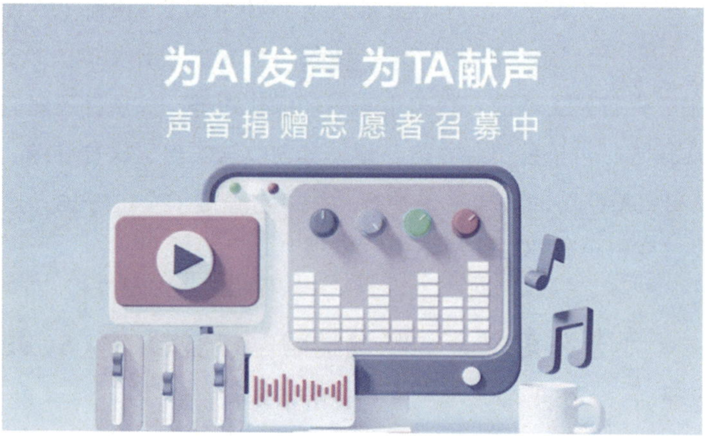

图 2.21 小米公司“声音配型捐赠”项目志愿者招募图

资料来源：小米社区 https：//web. vip. miui. com。

2020 年 10 月，小米公司依托小米社区和其他社交媒体，联合餐饮企业 ZOO COFFEE 和非营利组织守护荒野共同发起了“《SUPER PEOPLE》纪录片”项目，图 2.22 是微博发布的《SUPER PEOPLE》纪录片截图。该项目召集“米粉”作为志愿者参与拍摄以保护自然生态和野生动物为主题的纪录片。这些纪录片会通过小米社区、微博等社交媒体播放。截至 2022 年 6 月，该项目一共发布了 5 期视频，标题分别是：她在动物园养熊猫、她在动物园养獐子、她在动物园养尾獴、她在动物园养考拉和她在动物园养猩猩。

图 2.22 微博小米社区公众号发布的《SUPER PEOPLE》纪录片截图

资料来源：微博小米社区 https：//weibo. com。

2.3　本章小结

2.3.1　纵向分析

纵向来看，很多国内外企业平台的 Co - SR 项目都具有较好的延续性和扩展性。以腾讯为例，腾讯以“未来可期，道阻且长”来描述其社会责任态度。除上文详细介绍的腾讯公益“小朋友画廊”活动外，多年来，腾讯还发起过一系列有影响力的 Co - SR 活动，具有代表性的是：QQ 邮箱“暖灯行动”、腾讯棋牌“智慧的力量”项目、QQ“老有所衣”项目和“全城助力”项目、腾讯电脑管家“一键清理三江源”项目、微信“为盲胞读书”项目和“捐赠步数”项目、腾讯公益“小红花集市”员工义卖活动等。根据腾讯社会责任报告（2020），2021 年，腾讯将战略升级为“可持续社会价值创新”，为此，腾讯专门设立“可持续社会价值事业部”（Sustainable Social Values Division，SSV）来适应升级后的战略。

2.3.2　横向分析

横向分析关注国内外项目的差别与共性，以及项目之间的传播、合作与互鉴。国内基于公益众筹平台的 Co - SR 项目基本爆发在 2016 年，2016 年也被称为“互联网公益元年”。与国外相比，国内相关实践起步较晚，然而却呈现出更为多元化的发展态势。国外项目很大程度上还停留在“捐钱”上，而国内项目则扩展到“捐物”（当当网“百万捐书计划”、京东公益“旧衣新生”项目、轻松筹“童行动，同行动”项目）、“捐照片”（今日头条“感光计划”）、“捐行为”（今日头条“头条寻人”项目、蚂蚁金服公益“蚂蚁森林”项目、新浪微博“熊猫守护者”项目）、甚至“捐声音”（小米公司“声音配型捐赠”项目）、“捐视频”（小米公司“《SUPER PEOPLE》纪录片”项目）。中国的平台企业赋予了 Co - SR 项目更多的科技元素、更大的创新程度、更丰富的想象力、更多样化的参与方式和更强的生动性。

由于制度和文化的差异，国内外 Co – SR 项目的主题也有所区别。鉴于国外种族矛盾的突出以及民众对种族问题的敏感性，以种族平等为主题的公益项目甚为流行。同时，鉴于国外在“性”的问题上更为开放的态度，以维护性少数群体（LGBT）合法权益的公益项目更为盛行。而中国在相关问题上则表现地更为含蓄、委婉。

在饥饿、扶贫、教育、环保等共性问题上，国内外都保持着较高的关注度和努力。此外，国内外都设有“公益日”，比如英国的“红鼻子日”（Red Nose Day），美国的“星期二回馈日”（Giving Tuesday）等。“99 公益日”是中国影响力最大的公益日，“99”一语双关，首先它是日期的缩写，公益日设定为每年 9 月 9 日，首届“99 公益日”为 2015 年 9 月 9 日；其次，有“久久公益”的寓意，寄托公益活动持久发展的希冀。

除差异和共性外，国内外项目的联系也需要关注，包括传播、合作与互鉴。就传播而言，国内外项目相连在一起形成了“公益全球化”，与经济全球化相比，“公益全球化”所受的关注显然不高，但它也是全球化中的重要部分。多年来，很多项目从国外传播到国内。比如，“地球一小时”项目是世界自然基金会（World Wild Fund For Nature，WWF）发起的一项全球性节能活动，其宗旨是应对全球气候变化。该项目号召全球家庭、商户、政府组织等在每年 3 月的最后一个周六的 20：30 开始熄灯一小时。该项目始于 2007 年并风行至中国。中国的“地球一小时”通过“人人网”走进校园，引起极高的关注度和参与。再如，“冰桶挑战赛”也是享誉全球网络的 Co – SR 项目。它由美国波士顿学院前棒球选手于 2014 年发起，旨在引起世界对一类罕见病人群——“渐冻人”（全称为肌肉萎缩性侧索硬化症）的关心和帮助。项目要求参与者在网络上发布自己被冰水浇遍全身的视频，随后可以要求好友来参与活动。受邀者需要在 24 小时内接受挑战，如若无法做到则需要向对抗渐冻症的公益项目捐赠 100 美元。受邀者也可以选择参加挑战并捐款。该项目疾速蔓延至中国，多位政界要员、慈善家、互联网企业 CEO 参与了该挑战。

就合作而言，很多富有感召力、影响力的项目是由多家平台共同发起的。比如“和再障说分手”项目同时发布在新浪微公益、支付宝公益、腾讯公益网络募捐平台，分别如图 2.23、图 2.24、图 2.25 所示。再如，“爱满之屋”项目是由轻松筹和腾讯公益携手完成的。

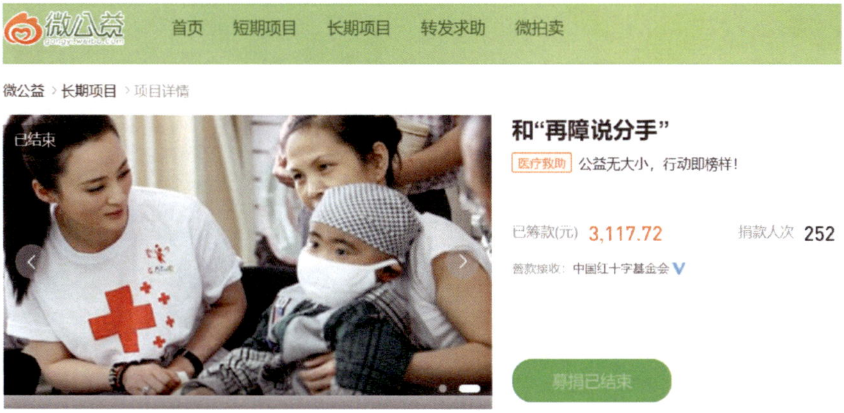

图 2.23　新浪微公益平台“和再障说分手”项目网页

资料来源：新浪微公益官网 https：//gongyi. weibo. com。

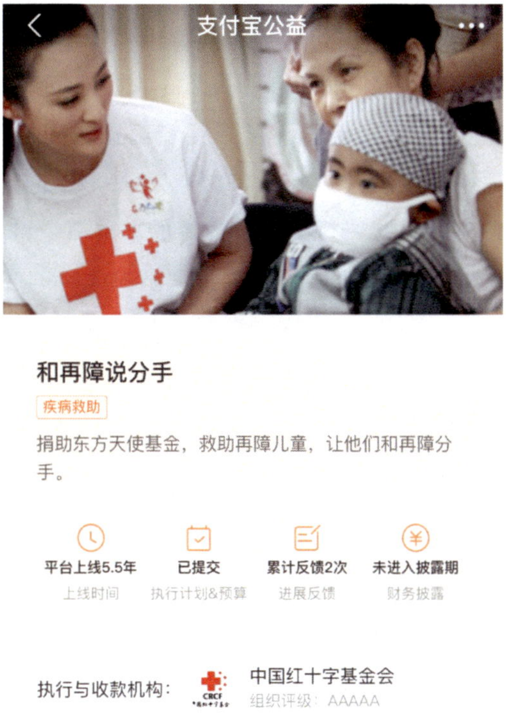

图 2.24　支付宝公益平台“和再障说分手”项目网页

资料来源：支付宝 APP。

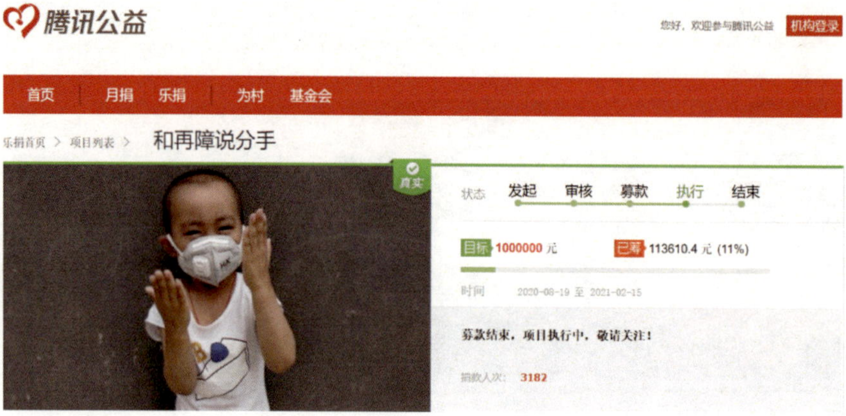

图 2.25　腾讯公益网络募捐平台“和再障说分手”项目网页

资料来源：腾讯公益官网 https：//gongyi. qq. com。

就互鉴而言，很多平台发起的项目在理念和设计上都体现了相互学习的元素。比如蚂蚁金服公益“蚂蚁森林”项目是在虚拟空间种树，平台将其变为真实的树；新浪微博“熊猫守护者”项目是在虚拟空间种竹子，平台将其变为真实的竹子。并且二者都有非常鲜明的游戏元素和社交元素。再如，微信运动的“捐赠步数”，支付宝的“行走捐”二者的本质都是将健康生活方式与公益勾联在一起。微信的“为盲胞读书”项目和小米的“声音配型捐赠”项目，二者的捐赠标的都是声音。今日头条“头条寻人”项目、腾讯的“QQ 全城助力”和“优图天眼公益寻人”都是寻人类公益项目。

第3章

共创型社会责任的儒道佛思想渊源及融通专题

3.1　引言

国家文化背景可以显著影响身处其中的个体对社会责任信息的感知和加工过程（Kim 等，2010；Mueller 等，2012）。然而，当前有限的关于 Co－SR 的研究几乎都是在西方情境中进行的，缺乏对中国文化的关注；并且研究较为零散，缺乏系统性的理论架构。鉴于此，本专题从儒道佛这三种主导性的中国传统文化出发，探讨了 Co－SR 的儒道佛思想渊源及融通。借鉴中国传统文化思想，一方面有助于构建本土化理论，缓解新理论发展停滞的困境（Colquitt 和 Zapata－Phelan，2007；王馨和李平，2017）；另一方面可以为 Co－SR 的政策实践提供中国方案（王名等，2020）。

本专题首先基于性善论、忠恕思想和等差之爱构建了 Co－SR 的儒家思想理论架构；基于天道均平观、德性观、周穷救急观和善恶报应观构建了 Co－SR 的道家思想理论架构；基于缘起观、慈悲观和因果业报观构建了 Co－SR 的佛家思想理论架构。在此基础上，围绕异同之辩与是非高下之争，阐明了儒道佛在“劝善”“乐善”功效上的同归和“行善”方式上的殊途。研究结果表明：既能够秉承非人类中心主义和普世主义的平等、包容，又具有当仁不让的主体意识和脚踏实地的现实路径是 Co－SR 中可采取的最优战略。本专题的主要理论贡献是：第一，帮助构建本土化的 Co－SR 理论。2020 年 8 月，习近平总书记在经济社会领域专家座谈会上指出：“新时代改革开放和社会主义现代化建设的丰富实践是理论和政策研究的‘富矿’”，希望广大理论工作者“从国情出发，从中国实践中来、到中国实践中去，把论文写在祖国大地上，使理论和政策创新符合中国实际、具有中国特色”。本专题响应这一号召，基于儒道佛思想构建本土化的 Co－SR 理论，最终帮助指导中国的 Co－SR 实践。第二，构建等差之爱与平等之爱的对比矩阵，对儒道佛思想进行了历史延续与时代更新。在文化传承中，民众既要礼赞和继承优秀传统文化，又需严格审视和超越传统文化。因时而变、因势而变才能“继往圣，开来学”（《朱子全书·道统一·周子书》），同时启发民众的文化自觉，建成文化强国。

3.2 共创型社会责任的儒家思想渊源

“孔子贵仁”（《吕氏春秋·不二》），儒学以仁为核心。本专题将仁作为Co－SR的儒学根基，原因是：其一，仁者“从人二”（《说文解字》），仁学彰显了以人为本的人文价值与人文精神（陈梦熊，2019），Co－SR的主旨亦为对弱势群体的人文关怀。其二，仁为“全德之名”，即“统摄诸德，完成人格之名”（蔡元培，1910），与Co－SR同属伦理道德的研究范畴。“仁者若何?”孔子认为有以下三重境界：“仁者爱己”“仁者爱人”“仁者自爱”（《荀子·子道》）。自爱可解为在爱人的过程中对爱己的升华。性善论、忠恕思想、等差之爱不仅沟通了爱己与爱人的完整脉络，而且对其两端进行了有序延展。因此，本专题以仁为统摄，基于性善论、忠恕思想、等差之爱构建了Co－SR的儒家思想理论架构：性善—爱己—“亲亲”—“仁民”—“爱物”，如图3.1所示。它为Co－SR开拓了一条“能近取譬”（《论语·雍也》）、不断外推的实践之路；同时也为之开启了一场“行有不得，反求诸己”（《孟子·公孙丑上》）的心灵之旅。

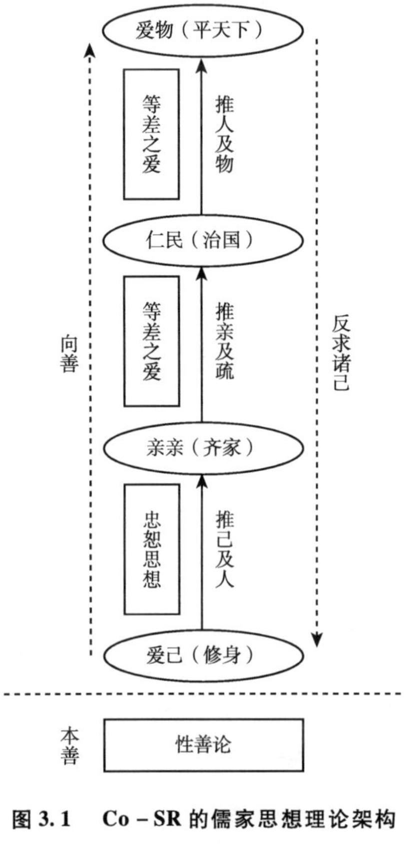

图3.1 Co－SR的儒家思想理论架构

3.2.1 性善论

孟子主张“人之初，性本善”（《三字经》），性善是向善的逻辑基础（董卫国，2019）。所谓性，是指生性、本性，所谓善，是指善良、恻隐之心。孟子以“孺子将入于井”的故事来“即情以言性”地引出恻隐之心，“今人乍见孺子将入于井，皆有怵惕恻隐之心；非所以内交于孺子之父母也，非所以要誉于乡党朋友也，非恶其声而然也。由是观之，无恻隐之心，非人也……恻隐之心，仁之端也……”（《孟子·公孙丑上》）。

《孟子·告子上》以几个生动的比喻来进一步阐释性善论。以水流、麦子、树木喻人性。“人性之善也，犹水之就下也。人无有不善，水无有不下。”性善就像水流向下一样自然。“今夫麦，播种而耰之，其地同，树之时又同，浡然而生，至于日至之时，皆熟矣。”性善就像麦子播种成熟一样顺理成章。“牛山之木尝美矣，以其郊于大国也。”性善就像牛山的树木一样丰美茂盛。并且，性善具有普遍性和固有性。就普遍性而言，“非独贤者有是心也，人皆有之”；就固有性而言，“仁义礼智，非由外铄我也，我固有之也。”

然而，先天禀赋并不能完全决定后天表现，仍以水流、麦子、树木喻之。对于水流，若“搏而跃之”“激而行之”，则可改变其顺势而下的本性，使其高过额头，引上高山。孟子诘问：“是岂水之性哉？”他自答道：“其势则然也。”人性向恶与水流因势而变同理，“人之可使为不善，其性亦犹是也”。对于麦子，如若良莠不齐，那是因为施肥、雨露、农人的辛勤与惫懒差异所致，“虽有不同，则地有肥硗、雨露之养、人事之不齐也。”对于树木，若“旦旦而伐之”“牛羊又从而牧之”，就会从繁茂变得光秃。人心向恶则“犹斧斤之于木也，旦旦而伐之，可以为美乎？”因此，善是“操则存，舍则亡”的。所谓“苟失其养，无物不消”，只有专注修身，先天的本善之心才“能勿丧耳”，继而后天的向善之路才能开启。“何谓身？心之形体运用之谓也……何谓修身？为善而去恶之谓也”（《王阳明全集·大学问》）。修身是每一社会单元都应重视的道德实践，“自天子以至庶人，壹是皆以修身为本”（《礼记·大学》）。修身也是齐家、治国、平天下的基础。《礼记·大学》有云：“古之欲明明德于天下者，先治其国；欲治其国者，先齐其家；欲齐其家者，先修其身；欲修其身者，先正其心；欲正其心者，先诚其意；欲诚其意者，先致其知，致知在格物。物格而后知至，知至而后意诚，意诚而后心正，心正而后身修，身修而后家齐，家齐而后国治，国治而后天下平。”

3.2.2 忠恕思想

《论语·里仁》记载了一则孔子与曾参的对话，“子曰：‘参乎，吾道一以贯之。’曾子曰：‘唯。’子出，门人问曰：‘何谓也?’曾子曰：‘夫子之道，忠恕而已矣。’”此处“一以贯之”之“贯”可有两层理解。

其一，连贯。忠即“中心”，心灵中正、无偏无私；恕即“如心”，待人如待己之心。忠恕之道，一言以蔽之：“施诸己而不愿，亦勿施于人”（《礼记·中庸》）；或言“己欲立而立人，己欲达而达人”（《论语·雍也》）。就逻辑关系而言，“忠”是“恕”的前提和基础，只有先“中心”“正心”，“忖我以度于人”的“如心”才有意义。可见，忠恕“连贯”的是己与人，缩小到仁的范畴内，则是爱己与爱人。爱己是向善之路的起点，儒家认为，爱己的核心方式即为“修身”。由爱己发端，外推到爱人则是向善之路的开显与通达。

其二，贯穿。《卫灵公第十五》载：“子贡问曰：‘有一言而可以终身行之者乎?’子曰：‘其恕乎！己所不欲，勿施于人。’”如能“强恕而行”，那就“求仁莫近焉”（《孟子·尽心上》）。就整体结构而言，忠恕本为一体，“方忠时，未见得恕；及至恕时，忠行乎其间”（《朱子语类》），在谈到“恕”时，已然默认了“忠”的满足。可见孔子将忠恕作为“贯穿”终生的行事准则。

忠恕的连贯性保证了仁之思想的系统性。正是由于推己及人，个体才会对他人的苦难感同身受，产生己溺己饥的同理心，从而愿意以解除人民疾苦为己任，主动参与Co-SR。《孟子·离娄下》载：“禹思天下有溺者，由己溺之也；稷思天下有饥者，由己饥之也，是以如是其急也。”而忠恕的贯穿性则保证了仁之行为准则的一致性。正是由于始终如一，个体才能在参与Co-SR的过程中确立长期、稳定、明确的人生目标。

3.2.3 等差之爱

与西方契约社会不同，传统中国社会是典型的宗法社会，仁是建立在宗法社会人伦关系之上的（肖瑛，2020）。因此，从爱己发端来推己及人的过程中，首先“及”的是“亲”，“亲亲”是“仁者爱人”的发轫。《国语·晋语一》载："爱亲之谓仁"。《孟子·尽心上》载："仁者无不爱也，急亲贤之为务。"《礼记·中庸》载："仁者，人也，亲亲为大。""亲亲"具体可以释为孝悌之情，正所谓"孝弟也者，其为仁之本与"（《论语·学而》）。孝悌之情是人从孩童之时就能自然而然生发的感情，"孩提之童，无不知爱其亲者；及其长也，无不知敬其兄也。亲亲，仁也；敬长，义也"。"亲亲"是"仁"之"进路"上的"近路"，"人人亲其亲、长其长而天下平"（《孟子·离娄下》）。然而在上下求索中，世人往往舍近务远、弃易求难，"道在迩而求诸远，事在易而求之难"（《孟子·离娄下》），实是走了坎坷弯路！"亲亲"能够达到父慈子孝、兄友弟恭的"齐家"结果，由此，爱己到"亲亲"也是"修身"到"齐家"的过程。

"亲亲"只是仁者推己及人的第一个"中点"，而远非"终点"。《孟子·尽心上》载："亲亲而仁民"，"推亲及疏"是继"推己及人"之后又一重要的"仁之方"。用孟子之言即"无他，达之天下也"，仁道没有其他奥妙，只需把"亲亲"推及天下足以。推亲及疏之法简单易行，"老吾老，以及人之老；幼吾幼，以及人之幼"（《孟子·梁惠王上》）；或言"弟子，入则孝，出则悌……泛爱众，而亲仁"（《论语·学而》）；或言"是故亲吾之父，以及人之父，以及天下人之父，而后吾之仁实与吾之父、人之父与天下人之父而为一体矣；亲吾之兄，以及人之兄，以及天下人之兄，而后吾之仁实与吾之兄、人之兄与天下人之兄而为一体矣"（《王阳明全集·大学问》）。治国之道在于推行仁政，以达到"出入相友，守望相助，疾病相扶持，则百姓亲睦"（《孟子·滕文公上》）的和谐治世。由此，从"亲亲"到"仁民"也是"齐家"到"治国"的过程。

"仁民"亦是仁者推己及人的又一"中点"，"仁民而爱物"（《孟子·尽心上》），继"推己及人"和"推亲及疏"后，"推人及物"成为仁道大而廓之的又一"仁之方"。"爱物"即仁爱宇宙万物，它使 Co－SR 的主题不再狭限于人与人之间的关怀，而是万物之间的资源共享与平衡。从"仁民"到"爱物"也是"治国"到"平天下"的过程。天下代表的是全球甚至宇宙，"聚人而为家，聚家而为国，聚国而为天下"（《六韬·武韬》）。爱物则"能尽物之性"（《礼记·中庸》），从而"与天地参"（《礼记·中庸》），进而实现"天下归仁"（《论语·颜渊》）。

宇宙万物不仅包含生命体，也包含非生命体。对于生命体而言，儒者的分析思路大致可以分为两种：以人观天和以天鉴人。以人观天，“天地之大德曰生”（《周易·系辞传》），此处的“生”可释为“生命”，天地最大的恩德是创造生命并使其安身立命，继而繁衍生息。这与俗语流行的“上天有好生之德，大地有载物之厚”（《论语·颜渊》）的观点相契。北宋理学家周敦颐则采用了更为直观的表述，将天道的生生之德径直界定为仁：“天以阳生万物，以阴成万物。生，仁也……天道行而万物顺”（《通书·顺化》）。南宋理学家朱熹延续了这一观点，提出，“仁者，在天地则盎然生物之心”（《朱文公文集》）。因此，生生之德也被称为“元善”：“万物之生意最可观，此元者善之长也，斯所谓仁也”（《二程遗书·卷十一》）。以天鉴人，人要遵循天道，“与天地合其德”（《周易·文言传·乾文言》）。首先在态度上要珍惜生命、敬畏生命，见“鸟兽之哀鸣觳觫”“草木之摧折”就如同见“孺子之入井”一般怜悯体恤（《王阳明全集·大学问》）。其次，在行为上要尊重生命的规律，做到取用有时、取用有法、取用有节。取用有时也即做到“与四时合其序”（《周易·文言传·乾文言》），要求“斧斤以时入山林”（《孟子·梁惠王上》）“禽兽以时杀焉”（《礼记·祭义》）。若无法做到以上两点，在“草木荣华滋硕之时”以斧斤砍伐，或者“鼋鼍鱼鳖鳅鳣孕别之时”以“罔罟毒药入泽”则会“夭其生，绝其长也”（《荀子·王制》）。取用有法则是指取用要有法度，不滥取滥用。在捕食鱼鳖时，不用密网：“数罟不入洿池”（《孟子·梁惠王上》）。在射取鸟类时，不射归巢的飞鸟：“弋不射宿”（《论语·述而》）。取用有节则是指取用有所节制，不放纵、不过度、不暴殄天物，不采用“涸泽而渔”“焚林而猎”（《淮南子·难一》）等杀鸡取卵式的做法。生命体的分析思路可以类推到非生命体上。以人观天，“天地之大德曰生”（《周易·系辞传》），此处的“生”亦可释为“生成”“生生不息”。此种阐释相比“生命”的阐释更为宏大、深刻。其余对于“好生”“生生”“生物”“生意”之“生”的解释莫不同此理。以天鉴人，首先要做到态度上敬畏自然（不仅是生命），对于“瓦石之毁坏”也要有顾惜之心（《王阳明全集·大学问》）。其次在行为上要尊重自然（不仅是生命）的规律，对于“枯槁之物”“阶砖”“竹椅”的使用都要遵循其理（《朱子语类·卷四·性理一》），对于不可再生的资源也要取用有节，可持续发展。“爱物”的具体动因有三。

第一，从人与物的共性诠释，朱熹提出“人物之性一源”。人与物均是秉承“天地和平之气”而生，人与物天赋的理、气“未尝不同”，物我之隔天然不存在，“爱物”自然理所应当。所谓的“理”即形而上的万物运行本质规律，而“气”则是形而下的构成万物的质料。理在先，气在后，理为主，气为次：“未有此气，已有此理”。理与气在造物上是浑然统一的：“二物浑沦，不可分开”，理依气而生物（《朱子语类·卷四·性理一》）。

第二，从人与物的个性诠释，朱熹提出“天之生物也，一物与一无妄。天下无无性之物。盖有此物，则有此性；无此物，则无此性。”“无妄”是指真实、自然之性。更为通俗的阐发是“天地间非特人为至灵”“天下之物，至微至细者，亦皆有心”“万物皆有灵，草木亦有心”“自家心便是鸟兽草木之心”。鉴于此，“爱物”便可不拘一格地发挥万物的个性，发扬其独特的价值（《朱子语类·卷四·性理一》）。

第三，从人与物的相对关系诠释，北宋理学家张载提出“民胞物与”，认为人与物都是天生地养，应将他人视为同胞，将万物视为伙伴。“乾称父，坤称母……民吾同胞，物吾与也”（《西铭》）“兔死狐悲，物伤其类”（《三国演义》），动物尚且会对伙伴的遭遇感到同情：“刳胎杀夭则麒麟不至郊，竭泽涸渔则蛟龙不合阴阳，覆巢毁卵则凤凰不翔”（《史记·孔子世家》）。人若将万物作为伙伴，更应当“爱物”。虽为伙伴，但依然是“身外之物”，明代哲学家王阳明以宋儒程颢、程颐等前人观点为基础，提出“万物一体之仁”，将万物视为与自己一脉相连、痛痒相关、休戚与共、祸福相依的有机整体，从而将物我关系诠释到极致。“仁者以天地万物为一体，莫非己也”（《二程集》）。能否“以天地万物为一体”是区分“大人”与“小人”的标准。“大人”能够物我合一，浑然一体，不分彼此，不分内外远近，认为万物莫不是自己：“大人者……其视天下犹一家，中国犹一人焉……其心之仁本若是”。因此，“大人”能够“此心常与天地通”（《常自在歌》），爱物如同爱护手足，视“生民之困苦荼毒”（《王阳明全集·大学问》）为切身之痛，正所谓“知其皆我，何所不尽”（《二程集》）。相反，“小人”则是“间形骸而分尔我者”，会在“动于欲，蔽于私，利害相攻”之时，“戕物圮类，无所不为”，“甚至骨肉相残”（《王阳明全集·大学问》）。

3.2.4 儒家思想在共创型社会责任中的作用

性善—爱己—“亲亲”—“仁民”—“爱物”的逻辑链条如此自然简明，揭示了一种似乎不证自明、显而易见的常识；同时，该逻辑链条又是如此缜密，揭示了一种环环相扣、大而廓之的“仁”之进路，其中结点缺一不可、次序不容颠倒。沿着该逻辑链条，个体铢积寸累、逐步实现修身、齐家、治国、平天下的人生理想。该逻辑链条具有极强的可伸缩性：得志则“进可攻”，即“泽加于民”“兼善天下”；不得志也应“退可守”，即艰苦奋斗、“独善其身”（《孟子·离娄下》）。具体而言：

对于低收入群体，至少应做到“独善其身”。即采取“天行健，君子以自强不息”（《周易·象传》）式的锐意进取，而非“躺平”。原因在于：第一，帮助“躺平者”将扭曲 Co－SR 的信号机制。信号被定义为市场中一方参与者的某种行为或属性，它可以有意或无意地向市场另一方参与者传递信息并改变其信念（Bergh 等，2014）。帮助“躺平者”将向其他求助者传递可以不劳而获、坐享其成的信号，纵容、培养更多的“懒汉”。第二，帮助“躺平者”将扭曲 Co－SR 的激励机制。施助者非常关注帮助行为的公正性。比如对于自甘堕落的吸毒成瘾者，潜在施助者认为其厄运是咎由自取，因而不配得到帮助；并且道德认同感高的潜在施助者对公正性的重视度更高（Lee 等，2014）。因此，帮助“躺平者”将对潜在施助者形成负面反馈，挫伤他们的公正感，降低其后续帮助意愿。进一步，当为数众多的“躺平者”混淆视听，使潜在施助者难以判断求助者的应得性时，他们会选择一视同仁地“捂紧口袋”，从而导致“劣币逐良币”，最终伤害真正积极进取并亟须帮助的群体。第三，帮助“躺平者”将扭曲 Co－SR 的福利机制。基于资源基础观，人们用于社会福利的财务资源、信息资源、影响力资源等是有限的（Huang 和 Knight，2017）。人们希望福利资源得到最优配置从而达成“真正改善世界”的目标。若受助者一味“躺平”，而不“自立”“自力”，援助亦将徒劳，进而导致福利资源的浪费，最终社会整体福利非但没有提升，反而下降。正如《孟子·告子上》所载：“今之为仁者，犹以一杯水救一车薪之火也；不熄，则谓之水不胜火。”

对于高收入群体，则应努力做到“兼善天下”。企业家作为典型的高收入群体，是造福社会的中坚力量（Henderson，2018），也是决定收入分配平衡或失衡的重要因素（Farber 等，2021）。通过“兼善天下”，企业家可以同时达到“内圣”与“外王”的境界，获得内在道德品质和外在社会影响力的统一。从“内圣”角度，孟子提出思与行之道（王开元，2021）。思即思考、反思，“心之官则思，思则得之，不思则不得也。”思亦被称为“求放心”，即寻求迷失的本心的过程。孟子感叹，鸡犬走失后，人们知道去寻找，“人有鸡犬放，则知求之”（《孟子·告子上》），然而更为重要的人心失落之后却不知寻找，“有放心，而不知求”（《孟子·告子上》）。企业家若“弗思耳矣”“放其心而不知求”，则易趋为富不仁（《孟子·告子上》）。思之重点有二：其一，思诚。《孟子·尽心上》载，“反身而诚，乐莫大焉”，只要至诚而思，就能获得真理，打动所有人，即所谓“至诚而不动者，未之有也；不诚，未有能动者也”（《孟子·离娄上》）。其二，摆正“大体”（人心）和“小体”（感官欲望）的位置，秉承养心为先的秩序。具体而言，修身养性以养心为先，因为“即心言性”“心善故性善”（杨少涵，2015）。人心被称为“大体”，而感官欲望则被称为“小体”，也就是“口之于味也，目之于色也，耳之于声也，鼻之于臭也，四肢之于安佚也”（《孟子·尽心下》）。世人往往被感官欲望蒙蔽，受感官欲望而驱使来行事，忽略了心的修养。正所谓“耳目之官不思，而蔽于物，物交物，则引之而已矣”（《孟子·告子上》），一旦耳目感官被外物诱惑，被欲望蒙蔽，被利益牵引则很可能误入歧途。因此，只有做到“先立乎其大者”“无以小害大”，才能“其小者弗能夺也”。正如《礼记·大学》所载：“物有本末，事有终始；知所先后，则近道矣”。基于此，企业家不应囿于纯粹的逐利中而迷失本心，以致本末倒置、因小失大。有“知”后还须“行”，才可知行合一，保证道德意识和道德践履的统一。行善其实非常简单，“亦为之而已矣。”比如通过捐赠、成立慈善基金会、关爱企业内部的弱势群体、参与社区志愿服务等各种方式来行善。“行”之简易性也为 Co－SR 的全民参与奠定了基础，只要“服尧之服，诵尧之言，行尧之行”，则“人人皆可为尧”（《孟子·告子下》）。相反，“服桀之服，诵桀之言，行桀之行”就会堕为不贤之桀（《孟子·告子下》）。从“外王”角度，事实上围绕“企业是否应当加入社会舞台”这一问题，学术界曾有过旷日持久的争论。新古典经济学派认为，现代市场经济的基本经济哲学之一是，通过创造财富，商业组织已经履行了他们对社会的责任，社会问题应当留给政府去关注和解决（Kohls 和 Christensen，2002）。而福利经济学派则认为，企业家既是经济人，也是社会人。一方面，自由市场中的资本主义需要监管，社会责任可以作为一种监管措施或纠正手段，最小化企业自身的负外部性问题；另一方面，作为政治经济体中的独特成员，在创造价值之外，企业负有额外的责任帮助实现世界财富的公平分配。显然，儒家“兼善天下”的社会理想更契合福利经济学派的观点。通过加入社会舞台，企业家也可获得相应的地位、影响力和尊重，“故大德必得其位，必得其禄，必得其名，必得其寿”（《礼记·中庸》）。“德必配位”亦符合儒家出世的哲学定位。

3.3　共创型社会责任的道家思想渊源

道家“尊道贵德”（《道德经·第五十一章》）。“道”是宇宙运行的最高法则：“人法地，地法天，天法道，道法自然”（《道德经·第四十二章》）。人尊道、循道、辅道即为有“德”，它规范了人类世界运转的秩序。而 Co－SR 着眼于伦理秩序的构建。归根结底，三者均以秩序作为出发点和归宿，这是“道”“德”作为 Co－SR 的道家思想根基之由。鉴于“道”是一种涵盖面极广的宽泛法则（陈霞，2016），本专题以价值共创的公平原则为导向将天道均平观纳入分析。同时，形而上的“德”较为抽象，而周穷救急观和善恶报应观由于其通俗、直接的教义在公益慈善范畴内具有广泛且深刻的民众基础。因此，本专题从天道（天道均平观）、人道（德性观）、人道的通俗生发（周穷救急观、善恶报应观）构建 Co－SR 的道家思想理论架构，如图 3.2 所示。

3.3.1　天道均平观

天道均平观认为天道公正无私。天降甘霖时能自然平均播撒，并不厚此薄彼，“天地相合，以降甘露，民莫之令而自均”（《道德经·第三十二章》）。天道均平亦如弯弓射箭，“高者抑之，下者举之，有余者损之，不足者与之，天之道损有余而补不足”（《道德经·第七十七章》）。弓箭举的过高时应当压低，过低时则应抬高；弓弦拉的过满时应当放松，过松时则应补足。天道均平亦可见于苍天、大地对万物的包容、托付，“天无不覆，地无不载”（《庄子·德充符》）“天无私覆，地无私载”（《庄子·大宗师》）。

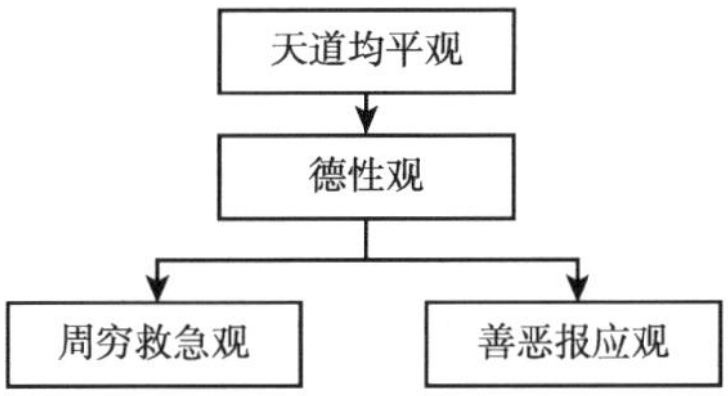

图 3.2　Co－SR 的道家思想理论架构

3.3.2　德性观

“古之真人……以德为循”（《庄子·大宗师》）。德性观规范了人之道，而人之道应当取法于天之道，“孔德之容，惟道是从”（《道德经·第二十一章》）。天道均平，能够“损有余而补不足”，人道效法天道也应如是，然而现实中人道却常常倒行逆施，“损不足而奉有余”，从而导致“朱门酒肉臭，路有冻死骨”（《自京赴奉先县咏怀五百字》）的贫富分化、社会撕裂。Co－SR 正是以人道法天道来纠正不均平的重要举措。

人道效法天道可以达到以下三重境界：其一，返璞归真、万物规律运转的自然境界，“候王若能守之，万物将自宾”（《道德经·第三十二章》）。由此人民安居乐业，自然地朝着共同富裕目标扎实迈进。其二，“天人合于道”的和谐境界，“夫明白于天地之德者，此之谓大本大宗，与天和者也；所以均调天下，与人和者也。与人和者，谓之人乐；与天和者，谓之天乐”（《庄子·天道》）。由此社会矛盾消解，不同阶层、不同收入群体“并怡然自乐”（《桃花源记》）。其三，万物一体、命运共同的至臻境界，“天地人民万物，本共治一事，善则俱乐，凶则俱苦，故同忧也”（《太平经·第五十三卷》）。由此个体将致力于社会福利的整体提升，“共爱利之”（《太平经·第四十五卷》），善待他人、万物、自然如同善待自己。

3.3.3 周穷救急观

周穷救急观是德性观的通俗生发，体现了道家的财富观。首先，关于财富的来源，《太平经·第六十七卷》载："此财物乃天地中和所有。"财富本身是天地中和而来，而不是单凭一己之力创造的。正如改革开放初期，我国提出"允许一部分人、一部分地区先富起来"的口号，"先富起来"更多借助的是时代、政策的红利，个人不应贪功居功。其次，关于财富的所有权，道家认为富人并非财富的所有者，只是受命于天对财富进行临时保管，如其违背天道，只知聚敛财货为己有，则如"仓中之鼠，常独足食"，将"与天为怨，与地为咎""与天地和气为仇""罪不除也"（《太平经·第六十七卷》）。再次，关于财富的使用权，"少内之钱财，本非独以给一人也，其有不足者，悉当从其取也"（《太平经·第六十七卷》）。最后，关于财富的用途，应当用于滋养万民，使其生生不息，"中和有财，乐以养人"（《太平经·第六十七卷》）。因此，高收入群体作为财富的临时保管者，理应遵循天道将由天地中和而来的财富用之于民，周穷救急，使饥者食之，寒者衣之。

3.3.4 善恶报应观

善恶报应观同样是德性观的通俗生发，它通过强调行为与后果的对应关系来劝善抑恶，"善者致善，恶者致恶，正者致正，邪者致邪"（《太平经·第一百八卷》）"祸福无门，唯人自招；善恶之报，如影随形"（《太上感应篇》）。并且此对应关系是"自然之术，无可怪也"（《太平经·第一百八卷》）。然而现实中，善行与善报，恶行与恶报很难出现这种明确的正向对应关系，有时甚至会反向对应，譬如民间俗语所称："好人不长命，祸害遗千年。"对于理论与现实的相悖，道家进一步提出"承负说"来自圆其说。所谓承付，"承者为前，负者为后。承者，乃谓先人本承天心而行，小小过失，不自知，用日积久，相聚为多，今后生人，反无辜蒙其过谪，连传被其灾。负者，乃先人负于后生者也"（《太平经·第三十九卷》）。据此，善恶将触发代际效应，先人善行将恩泽子孙，恶行则会殃及后人。

3.3.5　道家思想在共创型社会责任中的作用

道家采用自上而下的思维模式搭建了天道均平观—德性观—周穷救急观、善恶报应观的理论架构，帮助解析了 Co－SR 的动因、受益范围、公平原则、定位以及利他和利己兼顾的双重向度目标。

天道均平阐明了 Co－SR 的动因和受益范围。“损不足以奉有余”是一种具有内在不稳定性的分配模式。如果多数人为了给少数特权阶层提供更多利益而遭受苦难，那么多数人就很可能去寻求经济和政治权力的替代配置（Askland，2002）。市场机制是造成这种内在不稳定的要素，完全遵循效率原则必然会导致利益分配、积累到数量有限的个体手中。因此，尽管市场机制作为经济运行的核心机制已经获得了广泛认可，它依然需要被政府机制和社会道德机制所约束和调和，此即 Co－SR 的本质动因。并且，社会稳定的隐含假设是：必须有足够多的人从当前的分配模式中受益，从而使大多数人关注当前模式被破坏的风险，而非试图在其他分配模式中寻求更多的利益。因此，在一种可接受的分配模式下，受益面应足够大，甚至上升到全体人民。

德性观启发公众在 Co－SR 中理应遵循公平的天道，以便达到“无为而治”“天人合于道”“万物一体”的境界。公平贸易运动是遵循公平天道的一个典型例证。在传统贸易活动中，大部分销售利润流向批发商、零售商、市场营销者和投机者，只有很少一部分流向了农民。此时，交易的互惠互利就出现了问题，很多农民陷入贫困，甚至不足以支付基本生活成本。公平贸易致力于帮助解决贸易负担和利益的公平分配问题，它绕过剥削性的中间商，直接与农民合作，削减成本并将更大比例的零售价格返还给农民（Aguinis 和 Glavas，2019）。公平贸易首先使农民的经济条件得到了直接改善；同时，公平贸易组织帮助产地建设公共交通路线、玉米加工厂、农业推广和培训项目等，农民的社区条件得到了全方位的提升。随之而来的是农民生产力、附加值、创新程度的大幅度增长，合作者也因此受益匪浅，良性循环效应自然发生。公平行为很大程度上依赖于企业和非营利组织的牵头运作；而公平观念、意识、习惯的培养则有赖于社会文化、伦理氛围的潜移默化，“行不言之教”（《道德经・第二章》）方可“无为而无不为”（《道德经・第三十七章》）。

周穷救急观申明了财富的本质和经济学的归宿，帮助我们找到了 Co - SR 的准确定位。Kohls 和 Christensen（2002）指出，经济是嵌入社会规范中的，而不是独立于社会规范的。财富的本质是服务于善的工具，从这个意义上讲，经济学归根结底是伦理学（Booth，1994）。由此，我们将 Co - SR 定位为实现第三次分配和共同富裕的重要举措。

善恶报应观基于“种善因，得善果”的简单逻辑展开，体现了东方朴素的互惠主义观念，从施助者的角度阐释了 Co - SR 利他与利己兼顾的特点。关于“公益慈善的动机究竟是利他还是利己”一直是学者们争议的焦点。古典亲社会行为学驳斥利己动机，将公益慈善置于“神圣而不容玷污的”道德高地。古典亲社会行为学的支持者们主张真正的道德行为应当是由纯粹的道德动机或利他动机驱动的，即不受自身利益“污染”的动机（Dubbink 和 Van Liedekerke，2020）。基于此，哪怕是最微小的自利行为也会被认为是对道德价值的破坏。相反，新古典经济学则将公益慈善视为企业实现利润最大化的工具（Breeze 和 Wiepking，2020）。因此，古典亲社会行为学和新古典经济学都认为自利与利他（道德）是水火不容的，这种观点被称为互斥论（Exclusion Thesis）或不相容论（Incompatibility Thesis）。事实上，纯粹利他和纯粹自利的观点只是对人类复杂自然属性的极端简化（王汉瑛等，2018b）。利他和利己的双重向度目标才可导向“可持续的善行”。然而，在现实中人们经常无意识地带入纯粹利他或纯粹自利的观点，如果企业在“做好事”的同时牟取了利益，那么就可能遭受冷嘲热讽。

3.4 共创型社会责任的佛家思想渊源

佛家以慈悲为怀，将慈悲视为最高道德准则（彭瑞花，2020）。慈悲旨在令一切众生离苦得乐，这与 Co - SR 的时代目标相统一，即满足人民日益增长的美好生活需要，解决其与不平衡不充分的发展之间的矛盾，实现全体人民共同富裕。缘起观是慈悲的哲学根基。因果业报观则是佛家慈善体系中潜在的价值规约和支配法则，切实勉诫人们自律向善，与慈悲观相互支撑。要言之，缘起是诸善之本，慈悲是诸善之王，因果业报是诸善之乡。因此，本专题以缘起观为哲学基础，以慈悲观和因果业报观为支柱构建 Co－SR 的佛家思想理论架构，如图 3.3 所示。

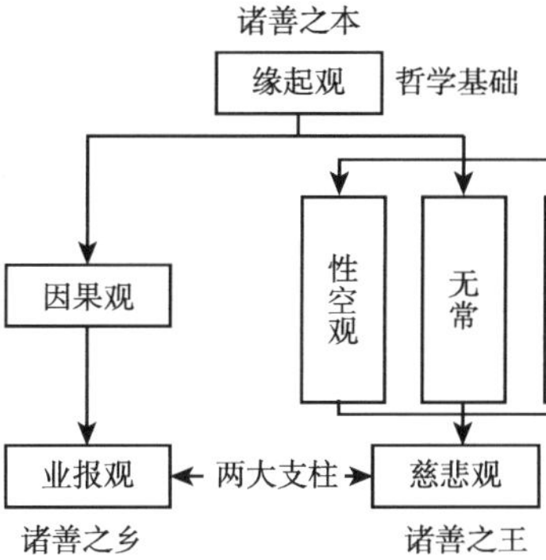

图 3.3　Co－SR 的佛家思想理论架构

3.4.1　缘起观

“云何为缘起?”佛陀[①]如是说：“初谓依此有故彼有，此生故彼生”（《缘起经》）。万物因缘而生，一缘生发会使另一缘随之而生发，一缘寂灭也会使另一缘随之而寂灭。佛家提出十二因缘：“无明”“行”“识”“色”“六处”“触”“受”“爱”“取”“有”“生”“老死”。通俗而言依次是迷惑无知，前世造业，神识，躯体精神，眼、耳、鼻、舌、身、意，接触，感受，沉迷，获取，拥有，受生，身心老死。十二因缘彼此联结为一个互为因果，跨越三世的循环，“所谓无明缘行，行缘识，识缘名色，名色缘六处，六处缘触，触缘受，受缘爱，爱缘取，取缘有，有缘生，生缘老死”（《缘起经》）。通俗而言，由于迷惑无知导致前世造业，化为今生神识，躯体和精神由此生发，随后眼、耳、鼻、舌、身、意六处俱全，胚胎萌生后可以接触外界，感受外物，有感受而致沉迷，进而想要获取，不愿断、舍、离，以致执着拥有，从而形成来世业因，随即来世生受，以致老死。

从缘起的本质延伸，由于诸法皆因缘而生，“未曾有一法，不从因缘生，

① 佛陀指佛教创始人释迦牟尼，也指圆满觉悟真理者。

是故一切法，无不是空者”（《中论·观四谛品》），所以诸法本“无自性”（《般若经》）。“无自性”即“自性空”，空为空寂、空无，是佛法的核心概念（刘小兵，2021）。佛家常讲“四大皆空”（《四十二章经·第二十章》），“四大”是构成世界的地、水、火、风四大基本元素，“四大皆空”即宇宙万物均“无自性”。基于此，万物平等，并无高低贵贱之分，一切“名相”诸如珍宝财富、锦衣玉食、声色犬马、功名利禄皆为虚妄，“悟诸色性，以从不净白骨微尘，归于虚空，空色二无”（《楞严经·卷五》）。只有“愚痴凡夫”，才会“随名相流”（《楞伽经·卷四》），从而“欲海漂沦具众苦”（《华严经·世主妙严品第一之三》）。性空观的平等论是慈悲的基础之一。

从时间维度对缘起进行延伸，宇宙间万事万物皆因缘而起，缘尽而灭，缘起缘尽，生灭无常。无常即世间诸法都处于不断变化之中，“其变宁唯一纪二纪，实为年变；岂唯年变；亦兼月化；何直月化；兼又日迁；沉思谛观，刹那刹那；念念之间，不得停住”（《楞严经·卷二》）。无常即世间诸法都会经历成、住、坏、空四个阶段，终归于灭坏。[①] 正如《金刚经·第三十二品》所述：“一切有为法，如梦幻泡影，如露亦如电，应作如是观。”无常是苦的根源，因为人性中有追求恒常、圆满的倾向，譬如奢求青春常驻、腰金衣紫、财富绵延。在无常之下，一切“名相”不仅虚妄不实，而且转瞬即逝。无常是慈悲的基础之二，因为无常，所以“众生皆苦”，才需以悲天悯人的慈悲之心渡之，“众生罪恶深可怖，于百千劫不见佛，漂流生死受众苦，为救是等佛兴世”（《华严经·世主妙严品第一之三》）。

从空间维度对缘起进行延伸，在一刹那的时间里，无数缘起链相互交织成为宇宙的大缘起网。在大缘起网中，万物互联互依成为一个不可分割的整体，从而揭示了宇宙万物的同一性、共生性、命运共同性。能领悟到此点，便能“感而遂通天下”（《周易·系辞传》），意识到利他即是利己，损他即是自损。全息观是共生观的进一步哲理性阐发。全息观认为宇宙中的任意一部分，小到一粒尘埃、一个毛孔都蕴含着宇宙整体的信息和运行法则，“芥子容须弥，毛孔收刹海”（《祖堂集·归宗和尚》）。《梵网经·卷上》云：“卢舍那佛坐千叶

① 参见《俱舍论·第十二卷》，原文为：“成中初劫起器世间。后十九中有情渐住。坏中后劫减器世间。前十九中有情渐舍。如是所说成住坏空。”

大莲花中，化出千尊释迦佛，各居千叶世界中，其中每一叶世界的释迦佛，又化出百亿释迦佛，坐菩提树”。《摩诃止观·卷五上》载：“夫一心具十法界，一法界又具十法界，百法界，一界具三十种世间，百法界即具三千种世间。此三千在一念心，若无心而已，介尔有心，即具三千。”既然一花中有一世界，一叶中有一菩提，一念中具三千法界，人们对世间万物都应给予尊重敬畏（《摩诃止观·卷五上》）。基于全息共生，佛陀升起“同体大悲”之心（《摩诃止观·卷六上》），全息共生是慈悲的基础之三。

3.4.2　慈悲观

“菩萨发心，慈悲为首”（《发菩提心论·劝发品》）“慈悲是佛道之根本。所以者何？菩萨见众生老、病、死苦，身苦、心苦，今世、后世苦等诸苦所恼，生大慈、悲，救如是苦，然后发心求阿耨多罗三藐三菩提；亦以大慈、悲力故，于无量阿僧祇世生死中，心不厌没；以大慈悲力故，久应得涅槃而不取证。以是故，一切诸佛法中，慈、悲为大；若无大慈、大悲，便早入涅槃”（《大智度论·第二十七卷》）。分言之，慈指“爱念众生”之心，“大慈以喜乐因缘与众生”（《大智度论·第二十七卷》），惟愿“一切世间咸慰安”（《华严经·世主妙严品第一之三》）；悲指“愍念众生”之心，“大悲以离苦因缘与众生”（《大智度论·第二十七卷》），惟愿“世间忧患悉使除”（《华严经·世主妙严品第一之二》）。合言之，慈悲指利益众生之心，实乃一体两面，正如《法华经·譬喻品》所云：“大慈大悲，常无懈怠，恒求善事，利益一切。”

“慈悲心有三种，众生缘、法缘、无缘。凡夫人众生缘；声闻、辟支佛及菩萨，初众生缘，后法缘；诸佛善修行毕竟空，故名为无缘”（《大智度论·第四十卷》）。按境界来分，慈悲可以被分为众生缘慈悲、法缘慈悲和无缘慈悲三种依次提升的境界。众生缘慈悲是为凡夫俗子所经历的生、老、病、死、求不得、怨憎会、爱别离、五阴炽盛这人生八苦而产生的慈爱悲悯之心。法缘慈悲是为众生无法勘破缘法的“自性空”，陷入虚妄的“名相”之中不可自拔所产生的慈爱悲悯之心。无缘慈悲是为世间万物（无论天神、修罗、畜牲、饿鬼、地狱、人间；胎生、湿生、卵生、化生；人类、微生物、无情有性的草木瓦石等）产生的无条件的、无差别的慈爱悲悯之心。众生缘慈悲凡人亦可产生，为小慈悲；法缘慈悲是菩萨的慈悲，为中慈悲；无缘慈悲则是佛的慈悲，也是绝对的慈悲，为大慈大悲，也就是佛门中人常说的“无缘大慈，同体大悲”。

慈悲为怀者，不仅要有慈悲之心，而且要有慈悲之行。四摄法是慈悲之行的方法，包括：布施、爱语、利行、同事。布施即施与众生恩惠，爱语即善言抚慰众生，利行即为众生利益服务，同事即与众生同甘共苦。在 Co－SR 中涉及的慈悲之行不仅包括外财施（捐赠财物），更包括内财施（为公益项目的提质增效提供专业知识等）、爱语（对受助者进行安慰和鼓励）和利行（志愿服务）。

3.4.3　因果业报观

缘起阐明了十二因缘的因果链条，是因果业报观的基础。因果描述了宇宙运行的自然法则：个体的善行或恶行，都会在随后的生命历程中获得相应的积极或消极的结果（Kopalle 等，2010）。因果本身并不涉及奖惩，它只是简单地重新平衡了由个人行为所影响的宇宙能量（Kulow 和 Kramer，2016）。

沿着十二因缘的因果链条，个体将陷入由生入死、从劫至劫，无有穷尽的循环之中，在此期间遍尝“生、老、病、死、求不得、怨憎会、爱别离、五阴炽盛”的人生八苦。[①] 为了从这苦难的因果循环中解脱，佛陀劝诫世人“放下”。《五灯会元·卷一》载有一则关于“放下”的小故事，“世尊因黑氏梵志运神力，以左右手擎合欢、梧桐花两株，来供养佛。佛召仙人，梵志应诺。佛曰：‘放下著。’梵志遂放下左手一株花。佛又召仙人：‘放下著。’梵志又放下右手一株花。佛又召仙人：‘放下著。’梵志曰：‘世尊，我今两手皆空，更教放下个甚么？’佛曰：‘吾非教汝放舍其花，汝当放舍外六尘、内六根、中六识。一时舍却，无可舍处，是汝免生死处。’梵志于言下悟无生忍。”佛经中亦有“放下屠刀，立地成佛”的偈语在世间广为流传。[②] 世人“放下”的是“贪、瞋、痴、欲”，是“我执”。“放下”之后才能抛却一切烦恼，将终生奉献给众生的福利事业，从无休止的苦难轮回中解脱，达到“一念放下，万般

① 参见《大般涅槃经·卷第十二》，原文为：“八相名苦。所谓生苦老苦病苦死苦爱别离苦怨憎会苦求不得苦五盛阴苦。”

② 参见《五灯会元·卷十九》，原文为：“扬下屠刀，立地成佛”，后演化为：“放下屠刀，立地成佛”。

自在”的禅境。而“放不下”则会迷失本心，在幻影中沉沦，“念无始来，失却本心，妄认缘尘，分别影事”（《楞严经·卷二》）。

牵动因果两端的是业与报，业为因，报为果。《楞严经·卷一》载：“一切众生，从无始来，种种颠倒，业种自然，如恶叉聚。”《华严经·世主妙严品第一之二》亦载：“众生业惑所缠覆。”佛家阐释了“造业”—“业力”—“业报”的逻辑关系，“造业”行为会在时空内引发能量的改变，成为“业力”，最终带来“业报”。从效价维度，“造业”可分为善业、恶业和不动业。《成实论·第八卷》载：“善业得乐报，不善业得苦报，不动业得不苦不乐报”。从时间维度，“业报”可分为现报、生报和后报，并称三报：“业有三报，一曰现报，二曰生报，三曰后报。现报者，善恶始于此身，即此身受。生报者，来生便受。后报者，或经二生、三生、百生、千生，然后乃受”（《三报论》）。将效价与时间结合，行善业可能在今生获得善报，或者在后世进入人道、天道中；作恶业则会在今生招致灾殃困厄，或在后世堕入畜生、饿鬼、地狱道中。并且，业与报的关系具有必然性（林志刚，2012），“不思议业力，虽远必相牵，果报成熟时，求避终难脱”（《根本说一切有部毗奈耶·第四十六卷》）。因此，因果业报观具有直接的劝善去恶作用，佛陀说：“诸恶莫作，众善奉行，自净其意，是诸佛教。”①

3.4.4　佛家思想在共创型社会责任中的作用

正因为一切平等（性空观）、众生皆苦（无常）、命运共同（全息共生），所以从佛的角度审视众生，能够“慈爱众生如己身”（《大宝积经·卷第八十五》）；而从众生的角度审视佛，可见“一切众生，皆具如来智慧德相”②，或称“一切众生悉有佛性，如来常住无有变易”（《大般涅槃经·第六卷》）。而有佛性者，皆可成佛，人人都应如佛一样慈爱众生，此即人人参与 Co－SR 的

---

① 参见《增一阿含·第一卷》。后相传过去七佛以此偈作为戒行原则，故此偈被称为“七佛通戒偈”，参见《法华玄义·卷第二上》，原文为：“又七佛通戒偈云：诸恶莫作，众善奉行，自净其意，是诸佛教。”

② 参见《华严经·卷第五十一》，原文为：“奇哉！奇哉！此诸众生云何具有如来智慧，愚痴迷惑，不知不见？”后演化为：“一切众生，皆具如来智慧德相。”

禅意所在。具体而言：一方面，Co－SR 的施助者并不局限于高收入群体和非营利组织，其他群体也应在力所能及的范围内承担相应责任；另一方面，Co－SR 的受益面不应局限于“一隅”与“一时”，而是着眼于“全局”与“大势”，致力于全国甚至全球总体福利的持久提升。同时从施助和受益角度，Co－SR 应当是一场“人人奉献，人人受益”的社会运动（白光昭，2020；李实，2021）。“人人奉献，人人受益”亦符合马克思主义哲学所揭示的权利与义务的对等性，即没有无义务的权利，也没有无权利的义务。在科技向善的理念下，当前“互联网＋公益”“指尖公益”的模式为全民参与提供了良好契机。参与者可以借助移动终端等平台实现“一键捐赠、物资直送”，使 Co－SR 不再被信息鸿沟、地理偏僻、操作烦琐等问题困扰（王汉瑛等，2020）。

慈悲之行的四摄法启示我们，Co－SR 远不限于解围纾困式的慈善捐赠（外财施的范畴），它的主题更为深刻，标的更为多样化。主题方面，Co－SR 不应再困囿于输血式的“授人以鱼”，而是更多关注造血式的“授人以渔”，普惠性金融、教育投入，“双碳”目标下自然资源的优化、升维利用等可以从根本上促进落后、高污染地区的经济转型和高质量发展。以教育为例，教育的开放性、辐射性、正反馈自循环性可以极大地推动社会进步。具体而言，首先，学校是一个开放式的系统，它从外部环境中输入物质、信息、文化等资源，经过加工生成知识、能力再返回到外部环境（Stukalina，2008）。基于此，社会与教育可以形成“互哺”作用。社会将资源配置向教育领域倾斜，从输入角度提升了教育质量，平衡了教育资源；随后经过加工，教育开始“反哺”社会，向社会输出素质更高的人才，更多的创新技术等。尤其是落后地区的教育投入可以全面提升当地的人才水平、创新能力、精神风貌。其次，教育具有广泛的辐射性，它可以同时显著推进经济、社会、政治、伦理等领域的发展，并使这几个领域发挥正向协同效应。最后，教育具有正反馈自循环效应，比如经济发展会激发人们对教育的更大的兴趣（Wright，1995），而教育水平的提升会进一步刺激经济发展。将分析范围缩小到更具体的领域，比如就业。学校是向学生传达显性或隐性价值观的专业机构，它既是个体学习发展的“第二阵地”（家庭为“第一阵地”），也是个体转向职业角色的重要社会媒介（Tuliao 和 Chen，2019）。教育对就业的促进作用有着扎实的数据支持。在 20 世纪六七十年代，男性的受教育程度与就业基本无关；自 20 世纪 70 年代以来，教育对就业的影响越来越强；在 1980 年，受过大学教育的男性就业率比高中及以下男性高约 10 个百分点。时至今日，这一差距已经扩大到 22 个百分点（Bayer 和 Charles，2018）。可见，近几十年来，教育的投资回报率已经大幅度增加。标的方面，Co－SR 也不再单纯关注物质捐赠，而是加入了精神文明的考量，个体的内隐知识、技能、观点、洞见、时间、行为、影响力等是比物质更为稀缺、宝贵的财富（刘培林等，2021）。

因果业报观与道家的善恶报应观有相似之处，而前者更有宿命感。人们常会通过善行来进行“因果投资”，以求得余生或后世的善报（Converse 等，2012）。此外，因果业报观提出了“共业”的概念。全民参与 Co－SR 不仅是单纯的造善业，还是一种“共业”，它带来的善报也是一种“共报”。即全民参与可发挥合力，人心齐则泰山移，“多助之至”则“天下顺之”（《孟子·公孙丑下》），这与恩格斯的“意志合力论”不谋而合。

3.5　共创型社会责任的儒道佛思想融通

在 Co－SR 下，儒道佛各自成一套完整的理论架构，形成“三足鼎立”之势，深刻启发、影响着国人的思维与行为。在聚讼纷纭中，三种思想体系又不可避免地碰撞、沟通、杂糅，焦点无外乎异同之辩。Co－SR 的儒道佛思想，其“术”相异但其“道”相同。正如庄周梦蝶，时而“栩栩然胡蝶也”，时而“蘧蘧然周也”，不知是“周之梦为胡蝶与”还是“胡蝶之梦为周与”，庄周与蝴蝶其形相异但其神相同（《庄子·齐物论》）。

3.5.1　共创型社会责任的儒道佛思想之“同”

自其同者视之，儒道佛在“劝善”“乐善”方面是“道通为一”的。“通则同，同则一者”（《杨氏易传·卷十三》）。正因其“通”与“同”，三者才能够“道并行而不相悖”（《礼记·中庸》），共同推进 Co－SR。

首先，儒道佛均具“劝善”作用。从社会规范视角，儒道佛对民间伦理道德、适宜的行为和应尽的义务均作出了规范。这些规范框定了种种“应该”，敦促人们帮助那些需要帮助的人，而不考虑社会交换（Schwartz，1975）。儒家以仁为本，劝人秉性善而循向善之路，“君子莫大乎与人为善”（《孟子·公孙丑上》）。道家劝人法天道，执守慈爱法宝，“我有三宝，持而保之：一曰慈，二曰俭，三曰不敢为天下先”（《道德经·第六十七章》）。佛家以慈悲为怀，劝人行善积德，“如来希有大慈悲，为利众生入诸有，说法劝善令成就，此目光天所了知”（《华严经·世主妙严品第一之二》）。此外，“劝善”而非“逼善”也契合 Co－SR 的自愿性特点。

在“劝善”基础上，儒道佛还有启迪“乐善”的作用。从价值共创、积极互惠、消极互惠视角分析，Co－SR 都是一种“自利利他”（《佛遗教经》）式的分享共赢，而不是“劫富济贫”式的剥夺。从价值共创视角，Co－SR 可以帮助企业家寻找新的价值创造契机，做大价值的“蛋糕”。以社会创业为例，社会创业者从具有正外部性，但被市场和政府同时忽略的问题中寻找创业机会，显然这些问题属于第一次和第二次分配的盲点。虽然社会创业与传统商业创业所遵循的价值创造逻辑迥然不同，前者是以社会福利最大化为目标，而后者是以经济利益最大化为目标，但伴随着社会福利的整体提升，社会创业者也获取了相应的经济利益（Estrin 等，2016）。从积极互惠视角，“做好事”会同时赢得外部和内部奖赏。《礼记·曲礼上》载：“往而不来，非礼也；来而不往，亦非礼也。”外部奖赏包括提升个人和企业的声誉、形象；在“用手投票”和“用脚投票”中博得资本、人才、技术等支持；改善营商环境等。正如《道德经·第六十二章》所载：“美言可以市尊，美行可以加人。”内部奖赏则包括提升自我价值感、幸福感和健康状况，减轻内疚感等。儒家有“里仁为美”（《荀子·乐论》）“美善相乐”（《论语·里仁》）之辞；道家有“圣人不积，既以为人己愈有，既以与人己愈多”（《道德经·第八十一章》）之论；佛家有“若自饶益，亦饶益他，饶益多人……求安隐快乐者，此人于彼人中极为第一”（《中阿含经·卷一》）之偈。从消极互惠视角，“不做好事”除无法获得奖赏外，还可能损害经济、政治、社会环境。贫富进一步分化将引起经济系统性风险上升、民粹主义思潮泛滥、社会矛盾激化。皮之不存，毛将焉附？覆巢之下焉有完卵？家国情怀和大局意识的缺失必将使身处其中的高收入群体有倒悬之危、累卵之急。此外，“乐善”而非“伪善”也契合 Co－SR 的自觉性特点。

3.5.2　共创型社会责任的儒道佛思想之“异”

儒道佛于同中亦有异，差异主要体现在“行善”方法上，儒家认为爱有等差，而道佛主张爱无等差。自其异者视之，难免有是非高下之争，即孰是孰非，孰高孰下。譬如道家认为“道德”的地位在儒家的“仁爱”之上，所以“失道而后德，失德而后仁”（《道德经·第三十八章》）。仁义恰似五指之外旁出的指节，是完全多余的，“多方骈枝于五藏之情者，淫僻于仁义之行”（《庄子·骈拇》）。受仁爱束缚则无法自然逍遥，达到“道”的境界。《庄子·大宗师》中描述了一段意而子与许由的对话。许由曰：“尧何以资汝?”意而子曰：“尧谓我：‘汝必躬服仁义而明言是非’。”许由曰：“而奚来为轵？夫尧既已黥汝以仁义，而劓汝以是非矣，汝将何以游夫遥荡姿睢转徙之途乎?”道家认为推崇仁义是对道德的毁损，是违背自然的：“及至圣人，蹩躠为仁，踶跂为义，而天下始疑矣……白玉不毁，孰为珪璋！道德不废，安取仁义！……毁道德以为仁义，圣人之过也”（《庄子·马蹄》）。而儒家则认为道家的“道德”是空谈、无实，“仁之实，事亲是也”（《孟子·离娄上》）。“无实便于己不切，即非心德”（《读四书大全说》）。

然而，是非高下之争实无必要，因为绝对的是非高下并不存在，非要争论出一个结果必然会陷入二元对立的误区，“是非之彰也，道之所以亏也”（《庄子·齐物论》）。即便争论中分出了胜负，那也可能是言语巧讷所致，胜者的观点不一定就正确，而败者的观点也不一定错误，“既使我与若辩矣，若胜我，我不若胜，若果是也，我果非也邪？我胜若，若不吾胜，我果是也，而果非也邪？其或是也，其或非也邪？其俱是也，其俱非也邪”（《庄子·齐物论》）？究其本质原因，从“反者道之动”的角度，万物“是”的一面其实也是“非”的一面，“高”的一面其实也是“下”的一面，被“赞扬”的一面其实也是被“批评”的一面，“物无非彼，物无非是。自彼则不见，自知则知之。故曰：彼出于是，是亦因彼……因是因非，因非因是”（《庄子·齐物论》）。是与非、高与下、批评与赞扬是对立统一、相互依存的。儒家等差之爱与道佛平等之爱的对比矩阵如图 3.4 所示。

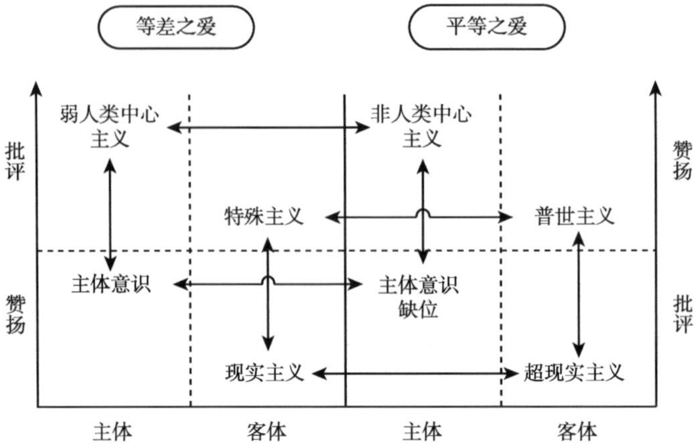

图 3.4　等差之爱与平等之爱的对比矩阵

1. 等差之爱的弱人类中心主义

儒家思想属于“弱人类中心主义”的伦理（洪修平，2021）。“仁者，人也”（《礼记·中庸》）“言仁必及人”（《国语·周语下》）。虽然弱人类中心主义关注以人为主体对万物的道德关怀，显著不同于西方人类中心主义下以人为主体对万物的肆意取夺，但依然体现了“天地之性人为贵”（《孝经·圣治章》）的优越感。具体而言，无论是伙伴关系还是一体关系，都隐含着人相对于物的优越性。从伙伴关系来讲，“知觉运动，人能之，物亦能之”“物物运动蠢然”，表面看起来好像与人无异，然而，“人之仁义礼智之粹然者，物则无也”，即便有一些，“岂能全之乎！”朱熹认为，由此可得出“人之为贵，非物之所能并”的结论。从一体关系来讲，王阳明视天地为“一身”，视人为“天地之心”，视万物为“四肢百体”。相比“四肢百体”，“天地之心”具有统摄作用：“没这人时，天地便没人管”（《朱子语类·卷四十五·论语二十七》），如果统摄作用没有发挥好，会导致“四体不仁”，四肢百体的疾痛“累其心”（《二程集》）。因此，“人者，天地万物之心也；心者，天地万物之主也”（《王阳明全集·答季明德》）作为天地之主，人类应当当仁不让、履行道义、承担责任、泽被万物。

在这种人本位的自命不凡和自以为是下，人类对万物的道德关怀是以自身意志而非被关怀者意志为出发点的，采用的是“以我观物”而非“以物观物”

的视角。诚如北宋理学家邵雍所述："以物观物，性也；以我观物，情也。性公而明，情偏而暗"（《邵雍集》）。"以我观物"未免过于霸道，导致人给予万物的可能不是其真正需求的，从而出现资源错配。《庄子·达生》载："昔者有鸟止于鲁郊，鲁君说之，为具太牢以飨之，奏九韶以乐之，鸟乃始忧悲眩视，不敢饮食。"庄子评价其为"以己养养鸟也"。若是"以鸟养养鸟者"，则应"栖之深林，浮之江湖，食之以委蛇"。

将物我关系收缩到人己关系，忠恕之道强调"己所不欲，勿施于人"，其根本出发点依然是"己"，而未过多考虑"人"。在当今社会，在人己关系中更强调感知和尊重他人（田一等，2021）。由此"己所不欲，勿施于人"的观念产生了差异化的生发：其一，"己所不欲，而人所欲者，施于人"。很多以"旧书捐赠""旧衣捐赠"等为主题的公益项目即是此观念的体现，旧书或旧衣虽是"己所不欲"，但也是资源匮乏地区的"人所欲者"，将其"施于人"是资源的合理流转、再利用过程。其二，"己所欲者，亦人所欲者，施于人"。比如以"大病救助""救灾"为主题的公益项目中，金钱与物资是全人类所共同需要的资源。其三，"己所欲者，人所不欲，勿施于人"。Co－SR 的实施主体不应把自己的观点、喜好强加给受用客体，体现的是对受助者的尊重。其四，"人所欲者，勿施于人"。前一个"人"指社会地位高的参与主体，后一个"人"指普通参与主体。Co－SR 过程应当是平等的，不应以意见领袖的观点来绑架"草根"参与者。

2. 等差之爱的主体意识

弱人类中心主义的优越感和当仁不让的主体意识是共轭的。正因其自命不凡，人在关怀万物，"己"在关怀他人方面是责无旁贷、义不容辞的。主体意识的觉醒促使潜在施助者主动崛起，成为实施 Co－SR 的中坚力量；同时鼓励脱困的求助者完成向施助者角色的转换。《论语·泰伯章》载："士不可以不弘毅，任重而道远。仁以为己任，不亦重乎？死而后已，不亦远乎？"仁人志士应当"铁肩担道义"（《杨忠愍公集》），具备"天下兴亡匹夫有责"（《日知录·正始》）的社会责任感；"先天下之忧而忧"（《岳阳楼记》）的忧国忧民的情怀；"苟利国家生死以，岂因祸福避趋之"（《赴戍登程口占示家人》）的奉献精神；"如欲平治天下，当今之世，舍我其谁也"（《孟子·公孙丑下》）的担当气概。

3. 等差之爱的特殊主义

除了在实施主体方面受到弱人类中心主义的指摘，等差之爱在受用客体方面也受到伦理特殊主义的批评。特殊主义要求 Co - SR 的受益者按亲疏、远近排序，助长“按关系分配”，缩小了 Co - SR 的受益面。

相比秉承伦理普遍主义的平等之爱，厚此薄彼的等差之爱本身是狭隘的。城市化和全球化的推进虽然在很大程度上冲破了传统宗法社会的藩篱，但植根于宗法社会而深入人心的等差之爱却依然难以跳出“小爱”的窠臼。比如轻松筹等互联网公益平台正是借助“熟人社交”进行推介。如何更好地从“小爱走向大爱”，不受限于亲疏、远近、国界来按需分配公益资源，是亟须思考的问题。

伦理特殊主义容易催生世俗伦理困境。比如当父母、兄弟违背道义而伤害广大人民的利益时，是应当选择“亲亲”还是“仁民”？若选择“亲亲”则是为“小爱”舍“大爱”，难免受到偏私包庇的指责；若选择“仁民”也难免承受忽视血脉亲情、罔顾伦理纲常的压力，从而陷入进退两难的伦理困境。儒家典籍对这一问题也缺乏明确、统一的解答。支持选择“小爱”的言论有：“门内之治，恩掩义”（《礼记·丧服四制》）。“叶公语孔子曰：‘吾党有直躬者，其父攘羊，而子证之。’孔子曰：‘吾党之直者异于是：父为子隐，子为父隐，直在其中矣’”（《论语·子路》）。“父子将狱，是无上下”（《国语·周语》）“隐而任之，如从己起”（上博简《内礼》）。相反支持选择“大爱”的言论有：“父母之行，若中道则从，若不中道则谏”（《礼记·内则》）“石碏纯臣也，恶州吁，而厚与焉。大义灭亲，其是之谓乎”（《左传·隐公四年》）。

4. 等差之爱的现实主义

等差之爱特殊主义的缺陷中辩证地隐藏着现实性的优点。亲疏有间、人物有别才是天经地义、符合人之常情的；而一视同仁、等量齐观未免强人所难、不通人情。等差之爱为 Co - SR 的实施提供了一条循序渐进的“絜矩之道”。冰冻三尺非一日之寒，大同社会的理想亦非一日达成。空谈误国、实干兴邦，如若一步到位地发下平等、博爱的宏愿，则可能使宏愿流于空谈。只有在向善的絜矩之道上一步一个脚印地拾级而上才是实现社会理想的正道通途，“能近取譬”则是这条絜矩之道上的阶梯和扶手。简言之，儒家的等差之爱是一种情理圆融的人性之爱，是把人当作人去看待、要求；而道佛的平等之爱则是一种理想主义的神性之爱，把人当作圣、佛去看待、要求。

5. 平等之爱的非人类中心主义

与等差之爱的弱人类中心主义视角不同，平等之爱采用的是非人类中心主义视角，消弭了人本位的优越感，因而在境界上更高一筹，也更为符合当代平等观念。作为一种“情投意合”的关怀方式，更容易达成 Co - SR 中资源与需求的匹配。

对比儒家人贵物贱的观点，道家提出：“以道观之，物无贵贱；以物观之，自贵而相贱”（《庄子·秋水》）。人“自贵”是因为“以物观之”而非“以道观之”，此乃大谬。从本质上看，人是自然造化中微不足道的一员，“号物之数谓之万，人处一焉……此其比万物也，不似豪末之在于马体乎”（《庄子·秋水》）？人应当与“万物群生，连属其乡”（《庄子·马蹄》）。

佛家也谦逊地认为“我”是很渺小的，“反观父母，所生之身，犹彼十方，虚空之中，吹一微尘，若存若亡，如湛巨海，流一浮沤，起灭无从”（《楞严经·卷三》）。个体犹如十方虚空中的一粒尘埃，与世间所有微尘等无差别；又如浩瀚大海中的一个泡沫，随时会湮灭。佛家甚至提出了“无我”的观点，从根本上否定了“我”之概念，“如来说有我者，即非有我。而凡夫之人，以为有我”（《金刚经·第二十五品》）。

6. 平等之爱的主体意识缺位

非人类中心主义带来了一个不可回避的问题——主体意识缺位。若言主体意识觉醒体现了儒家入世的态度，那么主体意识缺位则体现了道家避世和佛家出世的人生哲学。主体意识缺位使 Co - SR 的潜在施助者采取事不关己的态度，逃避、推诿责任。

道家认为平等之爱中居于主体地位的是“道”而非人，人只是处于一个辅助地位，“以辅万物之自然而不敢为”（《道德经·第六十四章》）。人只需要尊道、循道、辅道就能实现“万物将自宾”的井然有序。因此，道家强调：“致虚极，守静笃”（《道德经·第十六章》）。“无为而尊者，天道也；有为而累者，人道也”（《庄子·在宥》）。“无为”虽非“不作为”，但也在很大程度上丧失了主观能动性。庄子甚至提出“弃世”的观点：“夫欲免为形者，莫如弃世。弃世则无累，无累则正平，正平则与彼更生，更生则几矣”（《庄子·达生》）。通过“弃世”以求“乘天地之正，而御六气之辩，以游无穷”（《庄子·逍遥游》）的忘我逍遥。这种消极态度难免招致“蔽于天而不知人”（《荀子·解蔽》）的指责。

佛家则认为平等之爱中居于主体地位的是“佛法”而非人。“佛告须菩提：‘凡所有相，皆是虚妄。若见诸相非相，即见如来’”（《金刚经·第五品》）。“有我”则有我执，包括“我相、人相、众生相、寿者相”，合称我人四相。佛家既讲“无我”，则不再强调“我”之主体意识，消解了“我”为主体的执着、进取、刻意为之。

7. 平等之爱的普世主义

平等之爱不仅在实施主体方面采用了非人类中心主义，消弭了人本位的优越感，而且在受用客体方面采用了普世主义，消弭了偏私，利于在全球视野下公平地践行 Co－SR 的宏大主题。

道家提出“天道无亲，常与善人”（《道德经·第七十九章》）。《庄子·天运》载：“商大宰荡问仁于庄子。庄子曰：‘虎狼，仁也。’曰：‘何谓也?’庄子曰：‘父子相亲，何为不仁?’”庄子认为，若以“亲亲”论之，那么虎狼也有舐犊之情。仁的最高境界应是“至仁无亲”（《庄子·庚桑楚》）。譬如列子“为其妻爨，食豕如食人。于事无与亲，雕琢复朴，块然独以其形立”（《庄子·应帝王》）。列子于性别、物我、亲疏都没有了分别心，可以称为真人，“故无所甚亲，无所甚疏，抱德炀和以顺天下，此谓真人”（《庄子·徐无鬼》）。

佛家主张佛法对世间万物的平等照拂和启迪，“我”之不存，更无所谓“亲”。信奉佛法的修行之人被称为“出家人”，由此宗法伦理当中“亲”的根基——“家”的概念土崩瓦解。佛家的平等可从三个方面阐述：其一，佛的平等。《华严经·世主妙严品第一之三》提出诸佛共用一个法身，不分彼此，“一切诸佛一法身，真如平等无分别。”无论过去佛、现在佛还是未来佛都无差别，“我念三世一切佛，所有境界悉平等”（《华严经·世主妙严品第一之二》）。因此“遍周法界”才能够“无边色相，圆满光明……等无差别”（《华严经·世主妙严品第一之一》）。其二，众生平等。佛法可比作大云，“普覆一切”（《法华经·药草喻品》），也可比作雨水，“雨之所润，无不丰足……一雨所及，皆得鲜泽”（《法华经·药草喻品》）。佛光普照众生，平等均匀，“汝观如来自在力，十方降现罔不均，一切众生咸照悟，此妙光明能善入”（《华严经·世主妙严品第一之三》)。其三，一切平等。“一切”不局限于人，亦不局限于动物，甚至不局限于生物、微生物，宇宙中的山川流水、瓦砾草芥等尽皆囊括。所谓“青青翠竹尽是法身，郁郁黄花无非般若”（《荷泽神会禅师语录》）“所有一切众生之类，若胎生，若卵生，若湿生，若化生，若有色，若无色，若有想，若无想，若非有想，若非无想，我皆令入无余涅槃而灭度之”（《金刚经·第三品》）“我观一切，普皆平等，无有彼此，爱憎之心”（《法华经·药草喻品》）。如果能够“善知一切佛平等法”，就是“已践如来普光明地”（《华严经·世主妙严品第一之一》）。

8. 平等之爱的超现实主义

对于平等之爱的受用客体而言，普世主义和超现实主义构成一体两面，前者是积极面，后者是消极面。超现实主义易使 Co - SR 陷入坐而论道、纸上谈兵的困境。

在意识形态方面，道家思想难免形而上。“道”是非常抽象难解的。对于“何为道”，老子提出：“有物混成，先天地生。寂兮寥兮，独立而不改，周行而不殆，可以为天地母。吾不知其名，强字之曰：道……道之为物，惟恍惟惚”（《道德经·第二十五章》）。可见“道”本身是无声无形、难以捉摸的。故而老子评价“道”是“玄之又玄，众妙之门”“微妙玄通，深不可识”（《道德经·第十五章》）。庄子评价“道”是“可传而不可受，可得而不可见”（《庄子·大宗师》）。佛法的深奥相比“道”有过之而无不及。佛法无边，往往蕴含着艰深的哲理，极具神秘主义色彩，“诸佛智慧甚深无量，其智慧门难解难入”（《法华经·方便品》）。对于佛法洞见的获取讲究开悟、顿悟、大彻大悟，“于法自在能开悟”“净眼谛观能悉了”（《华严经·世主妙严品第一之二》）。而悟的过程既讲慧根又讲机缘，条件十分苛刻。众生往往不具备明心见性的慧根，“众生愚痴所覆障，盲暗恒居生死中”“众生迷惑常流转，愚痴障盖极坚密”“众生痴翳常蒙惑，佛光照现安隐道”（《华严经·世主妙严品第一之三》）。同时悟道的机缘也十分难得，即便能悟，很多也只可意会而不可言传；即便能言传，所传也难及原法的万一，有似是而非之感：“如来所说法，皆不可取，不可说。非法，非非法”（《金刚经·第七品》）。总之，佛法“甚深广大不思议”“一切众生莫能测”（《华严经·世主妙严品第一之二》）。

在操作性方面，道家也谈从小到大的积累过程，“合抱之木，生于毫末”，以及由易到难的渐进过程，“图难于其易，为大于其细”（《道德经·第六十三章》）。然而，与儒家的忠恕之道相比，依然缺乏切实可行的进阶之路。并且，“道”的理想几乎被寄托在了圣人的身上。《道德经·第四十九章》载：“善者，吾善之；不善者，吾亦善之，德善。”“德善”相比孔子“以直报怨，以德报德”的境界更高远，但也更为天真和理想化。佛家在操作性上也有诸多超现实的问题：第一，所见皆空、放下欲望、超脱生死在一定程度上是反人性的。俗语常言：“眼见为实”，而佛家却认为眼见皆空，“云何见所见，中间无实性”（《楞严经·卷二》）。人的欲望是出于自然天性，所谓“食色，性也”（《孟子·告子上》），然而佛家却主张“无眼耳鼻舌身意，无色声香味触法”（《心经》）。至于生死，“夫人情莫不贪生恶死”（《汉书·司马迁传》），佛家却认为生死是妄念，“皆由执此生死妄想，误为真实，是故汝今虽得多闻不成圣果”（《楞严经·卷一》）。第二，因果业报观将今生无法证悟的现象转移到后世，这与道家以代际承付为基础的善恶报应观相比更缺乏可验证性，佛家劝诱世人将对幸福的希望寄托在虚妄的后世，未免有蒙蔽世人之嫌。

3.6 本专题结论

3.6.1 研究结论

本专题从传统文化视角来探究 Co－SR 的儒道佛思想渊源，首先分别构建了 Co－SR 的儒道佛思想理论架构；在此基础上围绕异同之辩与是非高下之争，对 Co－SR 的儒道佛思想进行融通。研究得出以下富有启发的结论。

（1）儒道佛均具有“劝善”和“乐善”的功效，因此在推进 Co－SR 上是同归的。具体而言：

①“劝善”。东西方文化、宗教的类别和流派纷繁复杂，其典籍论著卷帙浩繁，已经远超出了本专题探讨的范畴。然而，就塑造社会规范而言，东方文化和西方宗教在“劝善”方面很大程度上是相通的。宗教是价值观形成的基础，而价值观则是判断是非的基础（Parboteeah 等，2008）。例如，天主教的教义宣称，“无论兄弟姐妹住在哪里，我们都是他们的守护者，我们是一个人类大

家庭”；清教徒信奉，“将财富服务于公共利益具有道德重要性”；犹太教赋予犹太人一种义务，“修善世界以帮助实现世界的完美”（Kohls 和 Christensen，2002）。这些劝世良言具有积极的教化作用。《宋史》载：“法令禁于一时，而教化维于可久。”它们潜移默化而根深蒂固地影响着人们的观念与行为。

②“乐善”。西方新古典经济学研究习惯将市场价值与社会价值对立起来，认为对弱势群体的帮助阻碍了经济自由。因此市场价值与社会价值之间只能是一种权衡关系，社会福利的获取是以牺牲一部分经济利益为代价的（Askland，2002）。“乐善”观点的提出反驳了这种权衡关系，认为市场价值与社会价值是可以“双赢”的。特别是价值共创的视角提示企业去寻找“做生意”（市场）与“做公益”（社会）的交叉点，进而创新福利模式。事实上，捐赠或生活补贴等传统的人道主义救济很难帮助弱势群体有效融入主流经济。另外，“乐善”观点的提出也反驳了重商主义哲学（Mercantilist Philosophy）下，对于经济活动是一种完全零和博弈的界定。自 Adam Smith 的经济学理论提出以来，重商主义哲学一度盛行，它认为在经济博弈中个体或组织只能通过夺取他人的财富来增加自己的财富（Kohls 和 Christensen，2002）。然而，经济活动远非零和博弈，它可以致力于无限扩大全人类的财富。此时财富也不再被狭限为私人的物质享受，而应当被定义为公共商品和服务。在价值共创理念下对社会需求进行持续探索，尤其是服务于数十亿金字塔底部人民的未被满足的社会需求，可以发掘出被忽视的新市场，做大价值的“蛋糕”。Porter 和 Kramer（2011）指出，社会需求是巨大的——为人类提供更营养的食物和更好的居住环境，帮助老龄化群体，保障金融安全与稳定，减少环境污染等是全球经济中最大的、未被满足的需求。在商界，企业家花费数十年的时间研究如何分析和制造经济需求，却忽略了最重要的社会需求。企业应当明确但一直忽略的一个最基本的问题是：企业的产品对客户有什么好处。对社会需求的持续探索将使企业发现对传统市场进行差异化和重新定位的机会，并认识到以前被忽视的新市场的潜力。

（2）儒道佛具有差异化的“行善”方式，因此在推进 Co－SR 上是殊途的。比照异同来评判其绝对的是非高下实为舛误，“是亦彼也，彼亦是也。彼亦一是非，此亦一是非”（《庄子・齐物论》）。我们理应遵循“圣人不由而照之于天”（《庄子・齐物论》）的原则，直达事物的本然，摒弃对某种传统文化推崇备至甚至全盘接受的偏执做法，采用批判性学习和动态创新的态度，采取互鉴、互补的思路，对传统文化进行去芜存菁的扬弃。基于等差之爱与平等之爱的对比矩阵，Co-SR中可采取的最优战略是：既能够秉承非人类中心主义和普世主义的平等、包容，又具有当仁不让的主体意识和脚踏实地的现实路径。

①非人类中心主义。企业的传统履责模式集中体现了人类中心主义思想，它是完全以“己”为中心的，忽略了消费者、员工的感知及受益人的需求。由于缺乏参与感、透明度和深入沟通，消费者经常发出“漂CSR”的质疑（Pope和Wæraas，2016）；员工也经常将企业的履责动机看作合规需要，甚至逢场作戏或沽名钓誉（Afridi等，2020）；受益人则会发现所得非所需，出现资源错配。

②普世主义。Berrone等（2016）指出，重大挑战，即巨大的、复杂的、尚未解决的社会问题，在本质上是全球性的。康德的资本主义理论认为，世界应当致力于构建一个道德世界共同体（Moral World Community）。可见，无论从问题的普世性还是解法的普世性上，以上观点都与本专题不谋而合。然而，普世主义的践行存在诸多操作性难题。Kohls和Christensen（2002）指出，当我们基于全球共同利益而非国家共同利益讨论时，问题会变得极为复杂。除个体偏好的影响外，差异化的国家伦理标准会造成模糊化的、难以调和的行为指令，比如某些在发达国家不被允许的行为，在发展中国家可能是被允许的。此外，在国家范围内政府可以激励甚至在一定程度上强制企业为公共利益服务；跨国企业却没有为国际公共利益做出贡献的道德义务。

③主体意识。在“共建、共享、共赢”的发展理念下，越来越多的普通公民将自我定位从社会问题的“受众”和“旁观者”转换到解决问题的“主人翁”。从“董事长决策”到“员工决策”“消费者决策”“共同决策”的转变唤醒了普通公民的主体意识。并且，微观个体的合力具有塑造宏观环境、牵引社会变革的巨大力量。以公平贸易为例，员工提出市场应该重视产品的社会和环境成本，并将这一理念传递给了消费者，消费者倒逼企业注重公平贸易，一个全新的市场环境得以塑造（Aguinis和Glavas，2019）。

④现实路径。比如员工、消费者志愿项目提供了普通人参与Co-SR的现实路径。员工志愿项目可以分为组织内志愿项目和组织外志愿项目。前者是雇

主组织、发起、认可并鼓励员工参与的志愿服务；后者是雇主支持员工在当地社区提供志愿服务（Knox，2020）。例如星巴克推出的“星巴克 V2V”网站旨在为员工提供合适的志愿服务机会，让他们共同努力改善社区（Rodell 等，2020）。消费者志愿项目则是员工志愿项目向消费者的扩展。例如迪士尼公司策划组织了一个名为“付出一天，得到一个迪士尼日”的消费者志愿项目。100 万名游客在完成一天的志愿工作后将获得迪士尼主题公园的门票作为回报。

3.6.2　政策建议

本专题得出以下有价值的政策建议。

（1）发扬儒道佛“劝善”的教化作用，从而塑造人人“向善”的文化氛围，并将其深刻固化到社会规范之中，形成 Co－SR 的道德教科书。其一，“建本者尚德化”（《三国志》）“本立而道生”（《论语・学而》），发挥儒道佛“劝善”的教化作用来固本培元，为 Co－SR 奠定扎实的文化基础。其二，“教化可以美风俗”（《明州慈溪县学记》），尤其在重商主义思潮盛行之地更应推崇儒道佛“劝善”的经典教义，从而帮助移风易俗，逐步树立社会主义新风尚。可采取的具体措施是，在基础教育和高等教育阶段融入不同层次的儒道佛“劝善”思想，作为思政教育的关键组成部分。

（2）结合儒道佛“乐善”的思想，摒弃西方新古典经济学中经济价值与社会价值二元对立的狭隘思维，扭转重商主义哲学下将经济活动看作完全零和博弈的短见，明确 Co－SR 的宏大主题：一方面，阐明“德必配位”“美善相乐”等传统互惠观念。2020 年鸿星尔克公司在河南水灾中慷慨解囊，公众投桃报李，使企业线下门店和直播间一度“卖断货”。另一方面，鼓励企业秉承价值共创的发展理念，发掘商业和社会利益的交叉点和盲点，利用技术和服务创新、供应链升级、跨边界合作等方式来满足未被满足的社会需求。

（3）秉承道家“以道观之”和佛家“无我”等认知视角，遵循非人类中心主义的“行善”准则。建议采取的策略有：第一，利用网络平台、社交媒体的及时性和互视可见性，促进 Co－SR 的各方参与者进行去中介化、互动式、点对点的沟通。这些参与者包括企业高管、普通员工、消费者、非营利组织、受益人，充分了解各方参与者的想法与需求，促进深度参与。第二，建立及时反馈机制，对 Co－SR 项目的进展、结果、可持续性、需求等关键问题进行及时反馈，并以此对方案进行及时调整。

（4）结合道家“至仁无亲”和佛家“众生平等”等观念，摒弃狭隘民族主义思潮，明确推行普世主义的“行善”方式。可采取的策略如下。

第一，跨国公司在保护知识产权的前提下分享知识和技术，帮助欠发达国家的基础建设。正如蚂蚁集团 CEO 井贤栋所言：“数字技术没有国界，数字技术驱动下的普惠、绿色、可持续的生活，同样没有国界。它一点不遥远，不虚幻，真实具体并带着温度。”腾讯公司堪称以普世主义理念“行善”的表率。腾讯基金会一直以“放眼全球、躬耕本土”作为自我要求。早在 2010 年腾讯公司就发起了“腾讯开源项目”。开源项目旨在以开放、包容的态度让全球共享代码，进而促进技术的协作、应用、进步，最终帮助建设“全球技术共同体”。腾讯开源项目的推介语是：“在腾讯，开发者使用开源软件，也创造开源软件，期待你的参与。”例如，2020 年 3 月，腾讯健康的新冠疫情模块国际版正式开源，为全球抗击新冠疫情贡献科技力量。其他著名的开源项目有：基于参数服务器（Parameter Server）理念开发的高性能分布式机器学习平台 Angel，微信团队针对中英文面对面沟通场景开发的流式语音翻译小程序 Face2FaceTranslator，高性能神经网络前向计算库 FeatherCNN 等数近百个项目。腾讯还向多个国际顶级开源基金会捐赠了 6 个开源项目，其中 TencentOS Tiny（物联网终端操作系统）和 TKEstack（一款集强壮性和易用性于一体的企业级容器编排引擎）入选国内首个开源基金会首批捐献项目。在著名代码托管平台 GitHub 上，腾讯开源项目的“Star 数”（关注数）每年均增长约 30%。在 OpenJDK、KVM 等多个顶级开源社区贡献榜中，腾讯均排国内第一。

第二，建立权威的国际机构来协调跨国企业为国际共同利益做出贡献。例如 2015 年 9 月，在联合国大会第七十届会议上，联合国 193 个成员国一致通过了《2030 年可持续发展议程》。该议程制定了适用于所有国家的 17 个可持续发展目标，描绘了未来 15 年人类的共同愿景。这 17 个目标包括：在全世界消除一切形式的贫困，实现性别平等，增强所有妇女和女童的权能，采用可持续的消费和生产模式等。

第三，在充分沟通的基础上对国家间差异化的伦理标准求同存异，达成公益慈善共识。

（5）弘扬儒家“当仁不让”等观念，唤醒民众“行善”的主体意识。《论语·卫灵公》载：“人能弘道，非道弘人。”明朝政治家张居正解释说：“非道弘人，则人不可自诿矣。”对于受助者，不仅应当锐意进取，而且应当在“被扶起”之后，完成受助者向新的帮助者的角色转变，将善传递下去。对于“躺平者”应当建立评估、甄别、追溯机制，比如设置相应黑名单。对于潜在帮助者，一方面要强调“我欲仁，斯仁至矣”（《论语·述而》）的自觉、自律性；另一方面也要强调合作者的“他觉”“他律性”。比如在员工志愿活动中，非营利组织作为合作者，其行为的公正、公开、透明也是决定志愿项目成功的关键。

（6）基于儒家“能近取譬”的“絜矩之道”，开辟“行善”的现实路径。对于企业家，力所能及的措施是：其一，关爱公司内的老弱病残孕特殊群体，比如启动婴幼儿托管、互助项目，推行健康计划等。事实上，很多公司曾经试图将“昂贵的”的医疗保险成本降到最低，甚至完全取消医疗保险。然而，欠佳的员工健康状况给企业造成的损失远比支付医疗保险更大。2020 年 12 月，饿了么外卖平台的一位“骑手”在送餐途中猝死，而饿了么平台宣称该骑手为众包骑手，与平台没有雇佣关系，平台没有为其缴纳保险和赔偿的义务。该事件引发了社会对众包员工福利的关注，以及对饿了么平台的严厉声讨。无独有偶，2022 年 2 月，字节跳动公司有一位 28 岁的员工猝死，同样引起了舆论对互联网公司压榨劳动力、无节制加班、盲目推崇“996”“007”的谴责。因此，近年来企业家对压低工资水平、减少福利等的诉求逐渐降低，他们已经开始认识到开展内部社会责任活动（保障员工的安全、健康，为员工提供培训和晋升机会等）对提高生产力和降低成本的积极影响。例如，美国强生公司（Johnson & Johnson）开展员工戒烟运动等健康计划。该计划不仅提升了员工健康状况，而且为企业节约了大量医疗成本。到 2011 年，强生的健康计划已经节约了 2.5 亿美元的医疗保健费用。京东集团于 2022 年 4 月宣布，为切实保障职工合理工时和休息休假权益，营造和谐劳动关系，切实告别超时加班制度。一旦员工发现超时加班，可以通过拨打相关电话、论坛发帖、发邮件等方式进行投诉反馈。其二，加大科技创新，将公益嵌入企业主业中，利用核心能力来解决能源、饥饿、贫困等问题。其三，成立 Co－SR 和共同富裕基金。2021 年 9 月阿里巴巴投入 200 亿元人民币成立共同富裕发展基金，助力共同富裕。

3.6.3 局限性和未来展望

（1）除“光明面”外，Co－SR 亦可能存在的“阴暗面”。比如企业可以利用慈善捐赠作为“献金”，换取表面上中立、不结盟的非营利组织的公开支持（Bertrand 等，2021）。再如员工志愿项目中，扮演员工和志愿者双重角色的个体可能体验到严重的工作—公益冲突，从而引发情绪衰竭以及幸福感、满意度、工作效率的下降。未来研究可将视角转向 Co－SR 中的伦理困境。

（2）本专题所隐含的假设是，Co－SR 的参与者数量和效用之间存在单调正向关系。然而，当考虑参与者之间的竞合博弈时，该假设可能被打破。以非营利组织为例，基于经济地理学的研究认为，非营利组织密度的增加有助于发挥区域集聚效应、示范效应和社会学习效应，从而在解决社会问题时导向更高的专业化和更大的合作效率（Berrone 等，2016）。但是，密度的增加也会造成非营利组织对捐款、志愿者、关注度等稀缺资源的竞争加剧；进而导致其将部分资源从公益项目本身转移到筹资和营销活动上，以确保组织的生存和继续运营；最终造成公共资源浪费。未来研究可以更细粒度地考查假设放宽条件下传统文化对 Co－SR 的复杂作用。

第4章

共创型社会责任的希望情绪驱动专题

4.1 引言

中共十九大报告提出"保证全体人民在共建共享发展中有更多获得感",因而在新时代共享经济和价值共创的发展浪潮中,所有社会单元都具有担当社会责任、体现自我价值的伦理诉求,从而使单边主导的传统 CSR 开始向 Co - SR 转变(Luu,2019)。Co - SR 是由企业识别并满足消费者的伦理诉求,邀请其共同参与社会责任活动(Lane 和 Devin,2018)。作为一场由企业和消费者共同完成的"爱心接力",Co - SR 可以同时达到"三赢"的结果:对于企业而言,能够提升其声誉,输出核心能力,获得利益相关者的互惠性回馈;对于消费者而言,能够践行"文明""友善"的社会主义核心价值观;对于社会而言,能够提升和谐共融,增进民生福祉,完善社会治理体系,推进第三次分配和共同富裕。

与滞后的学术研究相比,Co - SR 在实践中正借助公益众筹平台蓬勃发展。如 2016 年京东公益物资募捐平台发起主题为"旧衣新生"的闲置衣物捐赠项目,截至 2017 年已累计募集超过 100 万件衣物。2017 年腾讯公益平台发起主题为"小朋友画廊"的自闭症儿童关爱活动,迅速在微信朋友圈形成"最美刷屏",并最终募集到超过 1500 万元人民币善款。然而,与成功案例相比,更多的平台项目却寂寂无声,其关注度和参与度均不理想,这不仅不利于平台企业的发展,而且妨害了消费者伦理需求的满足,甚至阻碍了社会治理体系的完善和共同富裕时代目标的实现。

造成以上差异的原因在于 Co - SR 沟通策略的选择。作为一种全新的履责模式,Co - SR 彻底颠覆了传统 CSR 的沟通方式:首先,它打破了以企业为中心的、自上而下的模式,变为以消费者为中心的、交互的社会责任模式(Grönroos 和 Voima,2013)。此时,消费者参与成为了沟通成功的关键。其次,消费者参与的方式是多样化的。相比备受关注的"捐与不捐",在"互联网 + 公益"的环境中,网络分享(Online Sharing)的作用不容忽视(张祖平,2015)。"小朋友画廊"和"旧衣新生"活动正是在社交媒体中形成"病毒式传播"才获得了良好的募捐效果。最后,网络分享往往是"情绪化的"(Berger 和 Milkman，2012)。由实际案例窥知，希望情绪（Hope Emotion）很可能是一种高效的 Co－SR 沟通策略。“小朋友画廊”项目向用户展示了自闭症儿童所创作的 36 幅绘画作品，网友评价这些“线条或简单或奇特，颜色或单纯或绚烂的绘画作品”是“充满希望”的。同样“旧衣新生”项目所采取的“一键捐赠、物资直送”模式中高透明度和反馈性的沟通也很好地激发了消费者的希望情绪。

鉴于此，本专题聚焦于 Co－SR 的沟通策略，探讨平台项目激发的希望情绪能否提升中国消费者的网络分享意愿，在此基础上进一步厘清其认知机制和文化情境。为此，从实际例证出发，采用跨学科范式，根据社会直觉模型、情绪传播理论、积极心理学、需求层次理论、计划行为理论和文化维度理论构建了一个双重条件化间接效应模型并采用准实验研究法进行实证检验。研究证实了激励希望情绪是一种有效的 Co－SR 沟通策略；希望情绪提升网络分享意愿的双重认知机制是自我实现感（Self－actualization）和反应效能感（Response Efficacy），其相应的文化情境是集体主义倾向（Collectivistic Orientation）和不确定性规避倾向（Uncertainty Avoidance Orientation）。本专题构建了本土化的 Co－SR 理论，并帮助消费者向上向善，完善社会治理体系，进而推进共同富裕。

4.2 文献述评、理论分析与研究假设

4.2.1 文献述评

Co－SR 是价值共创理念在公益领域的应用。与实践相比，关于 Co－SR 的研究稀缺且滞后。聚焦于 Co－SR 的沟通策略，相关研究存在以下局限：第一，通常将消费者参与作为一个综合的、笼统的构念进行研究，或仅关注“捐与不捐”，忽略了网络分享这种重要参与行为。网络分享亦称网络口碑，是指消费者在线分享与产品、品牌、活动相关的正面信息的行为。第二，集中关注定价高低、价格支付模式、项目可选择性等传统的社会责任沟通策略，而忽略了网络环境中的情绪、认知等心理因素对消费者参与的作用（Gneezy 等，2010；Kull 和 Heath，2016)。第三，平台化的 Co－SR 本质上是一个跨学科的

问题，涉及金融、商业伦理、营销、心理、传播等领域，然而现有研究通常限于金融或营销范式，论证缺少跨学科的交流。同时，研究方法也囿于规范分析和案例研究，缺乏实证研究。第四，忽略了个体文化价值观对消费者伦理决策的影响。然而，文化价值观可以渗透、融合到人们的共同期望中，并深刻影响身处其中的每个个体的伦理思想和行为（王汉瑛等，2018a）。公益与商业、文化的频繁互动不可避免地带来了慈善模式的颠覆性变革和慈善秩序的重构（姚俭建，2015）。因此，针对现有研究局限，本专题将采用跨学科范式，根据社会直觉模型、情绪传播理论、积极心理学、需求层次理论、计划行为理论和文化维度理论，采用准实验研究法，揭示 Co - SR 项目激发的希望情绪对网络分享的影响以及认知机制和文化情境。

4.2.2　理论分析与研究假设

1. 社会直觉模型

社会直觉模型（Social Intuitionist Model）（Haidt，2001）是现代道德心理学（亦称伦理心理学）中最著名的模型之一，也是道德决策制定（亦称伦理决策制定）中应用最广泛的框架之一（Evans，2008）。

社会直觉模型认为，道德决策制定可以分为两个步骤：道德直觉程序和道德推理程序。前者是情感和情绪主导的程序，作为一个自动过程，它帮助人们在面对外部刺激时做出快速反应。后者是认知思维主导的程序，作为一个受控过程，它帮助人们在面对外部刺激时做出审慎分析（Dane 和 Pratt，2007）。传统意义上的审慎推理主要是指成本效益分析。然而，审慎推理绝不仅是简单的成本效益权衡，其实际程序要甚为复杂。比如搜寻额外信息（查找伦理或非伦理行为的合法性），质疑自己或他人的判断，分析个人动机，对情绪的自律，对行为的短期和长期潜在后果进行预测等（Mumford 等，2008）。社会直觉模型强调道德直觉在道德决策中先于道德推理出现。Haidt（2001）运用“情感狗”（道德直觉）和“理性尾巴”（道德推理）的比喻来直观阐述道德直觉在前、道德推理在后的道德决策制定。

社会直觉模型与进化心理学、神经科学中著名的双系统理论（Dual System Theory）相契合。双系统理论认为，人类的大脑并不是一个类似于电脑的、精确的、简单的解决问题的装置，而是为保障生存、适应和繁衍而拼接的复杂器官，它并不能时刻进行理性分析。人类天然有两套信息处理系统（Kahneman，2003；Evans，2008），系统 1 被称为经验系统（Experiential System），系统 2 被称为理性系统（Rational System）。经验系统是由大脑中部边缘系统、中脑多巴胺系统及皮层控制的；而理性系统是由大脑侧前额叶皮层、后顶叶皮层控制的。经验系统主导直觉、情绪、情感模块，负责以图片或故事的形式编码信息，倾向于获取及时奖励，是一种快速的、无意识的、反射性的、自动的、本能的启发性程序，因而也被称为“热系统”（Hot System）。而理性系统主导规则、文化和社会学习模块，负责以正式的、集成的逻辑思维来编码信息，倾向于获取延时满足，是一种缓慢的、下意识的、逻辑性的、受控的、反思式的推理性程序，因而也被称为“冷系统”（Cold System）。人类的决策和行为往往是双系统共同作用的结果（Olsen，2008；Raval，2018）。

总之，在道德决策的框架内，根据社会直觉模型，审慎的理性思维往往在感性思维之后出现，因此情绪反应可以激发认知推理（Haidt，2007）。情绪反应符合“热系统”，而认知推理符合“冷系统”（Zollo，2021）。

2. 希望情绪与网络分享

希望情绪是一种由事件触发的、被可能达成的目标所唤起的、面向未来的积极情绪（MacInnis 和 De Mello，2005）。根据情绪传播理论（Emotional Broadcaster Theory），首先情绪具有信息价值。Patten（2008）、Cuypers 等（2016）、Bilgili 等（2017）发现，情绪是投资者推断公司慈善活动动机的重要信息来源，当管理者在慈善活动中明确表达了相关情绪感受时，在投资者眼中，管理者更富有利他动机和同情心。Barasch 等（2014）通过 6 个实验研究表明，情绪是一种直接的、诚实的信号，表明捐赠者是真正关心他人的。实验中被试阅读捐赠者对慈善捐赠的回应，然后分享其对捐赠者动机的看法。结果显示，被试者认为表达情绪的捐赠者更为真诚，他们的动机也较少被怀疑。Dang 和 Nguyen（2021）手工收集了 2014—2018 年这 5 年窗口期的企业慈善新闻样本，研究发现管理者的情绪表达越强烈，股票回报的累计异常值越高；并且当投资者注意力更集中时，情绪的影响越大；投资者注意力的增强效应在无丑闻的公司比有丑闻的公司更显著。Hsee 和 Rottenstreich（2004）发现，情感丰富的演讲可以显著增加人们对拯救濒危大熊猫项目的捐赠意愿。反之，Butler 等（2003）的研究表明压抑情绪（Emotion Suppression）会引起旁观者对行为人动机的怀疑。其次，人们能够敏感地捕捉到情绪信息。Friedman 和 Riggio（1981）研究发现，当三个陌生人面对面静坐时，三人之中情绪最为明显的人会把情绪传递给其余二人。从神经科学视角，“人际淋巴调节器”在此过程中发挥了作用。即情绪信号默默地改变了接收者体内的激素分泌、心血管功能、睡眠规律、甚至免疫功能。最后，接收到情绪信息之后，人们会将其传播出去。传播情绪是人的内在的、自适应的需求。人类天然有欲望和冲动来分享情绪事件，从而得到情感共鸣，并减少失调感，同时加深社会联系（Harber 和 Cohen，2005）。互联网空间既是一种技术关系，也是一种社会关系（曹东勃和王佳瑞，2018），虚拟网络环境及 Co – SR 中的体验式和交互式参与会放大情绪等心理因素的作用，导致情绪事件会像新闻一样通过讲述者的社交网络形成辐射式传播。

从积极心理学（Positive Psychology）角度也可以得出相似结论。积极心理学关注人类生活中有价值的积极情绪体验，包括过去维度的幸福、满意和满足，当前维度的快乐，未来维度的希望和乐观（王汉瑛等，2018a）。作为一种面向未来的、富有建设性的积极情绪，希望情绪不等于盲目乐观、幻想、白日梦，它能够帮助人们有意识地为改善现状而付出持续努力（Nelissen，2017）。现有关于希望情绪的研究主要集中在生物学、护理学、心理学和社会学领域（Du 和 King，2013）。无论是在学术研究还是临床应用中都已经证实了希望情绪的“治愈”力。具体而言，希望情绪在维护自身身心健康、帮助问题行为矫正、促进个体适应、激发个人成长、提升主观幸福感等方面具有积极作用（谢丹等，2016；Cohen – Chen 等，2017）。除改善自身状况外，希望情绪还可提升个体的认知灵活性、创造力，增强其解决社会问题的能力，提升其社会幸福感（姚若松等，2018）。Halperin 和 Gross（2011）研究发现，在“巴以冲突”中，希望情绪与向巴基斯坦公民提供人道主义援助的意愿正相关。综上所述，希望情绪可以推动亲社会行为意愿付诸实践，促进 Co – SR 项目信息的扩散。根据以上分析，本专题提出如下假设：

H1：Co – SR 项目唤起的希望情绪越强，消费者的网络分享意愿越强。

3. 自我实现感的中介作用

根据 Maslow（1943）的需求层次理论（Hierarchy of Needs Theory），个人

需求可以被分为五个层次：生理、安全、爱和归属感、自尊、自我实现需求。其中，自我实现被置于需求层次模型的最顶层，是指个体对于成就感和满足感的追求。它通常体现在两个方面：其一是对自身天赋和潜能的充分发掘；其二是对社会责任的积极承担。尽管哲学家亚里士多德认为践行美德才是通向自我实现的真正途径，但伦理维度的自我实现并未被充分研究（Guillén 等，2015）。

预期希望情绪可以促进自我实现感的生成。首先，希望情绪往往导向有意义的生活目标（Cavanaugh 等，2015），而自我实现则是一个意义寻找、体验、维护的过程（Alok，2017；Hwang 和 Kim，2018）。并且，希望情绪所导向的目标是一种内在（自主）目标，即在非受控条件下由内在价值观触发的目标；而非外在（受控）目标，即在受控条件下由外部因素触发的目标。以往研究证实，内在（自主）目标更容易被个体接受、内化，从而被视为自我提升、自我实现的机会（Oarga 等，2015）。此外，希望是一种面向未来的积极情绪，而自我实现是一种长期导向的需求，二者在时间维度上匹配（Spassova 和 Lee，2013）。

参与亲社会行为是自我实现的重要方式之一（Atkinson，2012）。首先，“做好事”能够带来内在奖励，它帮助行为人传达自身的价值观，满足其伦理诉求，获取高度的自我认同感和持久的幸福感（Cha 等 2016）。其次，“做好事”能够获得外在奖励，包括展现个人形象、提高个人声誉、获取更高的关注度和社会认同等（Hwang 和 Kim，2018）。Berger（2014）研究发现，消费者常常出于自我展示的目的在社交媒体上分享信息。并且，数字平台具有高度的互视可见性，可使参与者清楚了解他人的推介活动和捐赠额，一方面加强了参与者的归属感和社会联系，另一方面可使其感知来自同伴的社会压力，从而增强自我实现感（Saxton 和 Wang，2014）。根据以上分析，本专题提出如下假设：

H2：自我实现感在希望情绪和网络分享间起到中介作用，希望情绪可以通过增强自我实现感来促进网络分享。

4. 反应效能感的中介作用

Ajzen（1991）提出的计划行为理论（Planned Behavior Theory）认为个体感知的行为控制对其行为意愿具有显著影响，并且感知的行为控制与效能感是两个可以互换的概念。基于计划行为理论，学者们研究了反应效能感和自我效能感作为一组描述效能感的概念对个体决策的影响。其中，前者是指个体预期其行为有效性的信念；后者是指个体对其执行能力的信念（Bandura，1982）。基于以下原因本专题关注反应效能感而非自我效能感：其一，二者在决策中具有非对称性作用，即前者起主导作用，后者起次要作用（Han等，2016）。例如当个体认为其可以很容易地参与某公益众筹项目时（高自我效能感），他仍希望得知该项目成功的概率（反应效能感）；相反，当个体得知项目成功率很高时（高反应效能感），无论其执行力如何（自我效能感），他都可能去参与。其二，鉴于公益众筹项目的“低门槛”性，消费者进行诸如网络分享之类的浅层参与行为十分便捷，因而具有普遍较高的自我效能感。

Shepherd和Smith（2017）指出将情绪因素纳入计划行为理论的重要性。响应这一号召，本专题提出公益众筹项目所激发的希望情绪对反应效能感的促进作用。具体而言：首先，作为一种由生理、心理、社会资源共同构建的情绪网络，希望与掌控力、精神力密切相关（Scioli等，2011）；而反应效能感也体现出个体对周围环境进行控制，确保其行为能够产生影响的信念（Sharma和Morwitz，2016）。其次，已有研究证实，当个体准备采用以情绪为焦点的应对策略时，反应效能感被激活（Han等，2016）。最后，反应效能感体现了决策者在预期收益和预期成本之间的权衡（Ryan，2005）。根据目标导向模型，希望情绪可以显著增加个体达成特定目标水平的期望（McKechnie等，2018），从而在既定的预期成本下增加预期收益，继而提升反应效能感。

个体行为是预期结果的函数（Eccles和Wigfield，2002）。在公益诉求中，当个体的反应效能感较低时，他们往往认为自己对现状无能为力，从而容易选择袖手旁观。Hamby（2016）发现，在做出捐赠决策时，捐赠者往往会评估其捐赠行为能否实现既定目标。Howie等（2018）提出个体在亲社会行为决策中的防御否认程序。该程序本质上是一种自我辩解策略，通过启动防御否认程序，个体为自己的“不作为”寻找合理的借口，从而在不参与亲社会行为的同时，不产生任何负面感受，它被描述为“鱼与熊掌兼得”。当反应效能感低时，个体很容易启动防御否认程序，给出诸如“即使我贡献一份力量，该项目也很难成功”的理由，从而在置身事外的同时降低道德义务感。所以，较低的反应效能感可以抑制网络分享。根据以上分析，本专题提出如下假设：

H3：反应效能感在希望情绪和网络分享间起到中介作用，希望情绪可以通过增强反应效能感来促进网络分享。

5. 集体主义倾向的调节作用和条件化间接作用

Hofstede（1985）提出的文化维度理论（Cultural Dimensions Theory）在文化和行为领域的研究中被广泛应用。该理论将文化价值观划分为五个维度：个人主义/集体主义、权力距离、不确定性规避、男性化/女性化和长期导向。文化维度理论主要应用在国家层面，然而国家层面的文化价值观难以反映公民文化价值取向的多样性（Bullough 等，2017），因此本专题关注个体层面的文化价值观。其中，个人主义/集体主义是处理个体与群体之间横向关系的一种广泛应用的文化价值观。

对具有高集体主义倾向的个体，在社会意识方面，他们倾向于将社会看作一个紧密联系的网络体系，因而更注重集体目标的达成；在自我意识方面，他们倾向于以“我们”的视角来看待和处理问题，因而具有较强的团结、合作意愿（Yu 等，2018）。据此，公益众筹项目激发的希望情绪帮助框定了一个有意义的集体目标，从而使“我们”（具有高集体主义倾向的个体）更愿意通过团结、合作行为（网络分享）来共同推进集体目标，在此过程中获得成就感和满足感（自我实现）。此时，对于具有高集体主义倾向的个体，希望情绪通过增强自我实现感来促进网络分享的作用更强。

然而，相反的逻辑可能存在。尽管具有高个人主义倾向的个体不在意服务社会中的自我实现，但注重展现个人能力中的自我实现。对于该类群体，亲社会行为可以帮助其提升个人声誉、成为意见领袖、增加政治筹码（Li 和 Liang，2015）。具体而言，在社会意识方面，他们倾向于将社会看作一个松散的结构框架，因而更注重个人目标的达成；在自我意识方面，他们倾向于以“我”的视角来看待和处理问题，因而更注重个人影响力（Bullough 等，2017）。据此，公益众筹项目激发的希望情绪帮助框定了一个有意义的个人目标，从而使“我”（具有高个人主义倾向的个体）更愿意通过具有个人影响力的行为（网络分享）来推进个人目标，在此过程中获得成就感和满足感（自我实现）。此时，对于具有高个人主义倾向的个体，希望情绪通过增强自我实现感来促进网络分享的作用更强。根据以上分析，本专题提出如下竞争性假设：

H4a：消费者的集体主义倾向越高，希望情绪与自我实现感之间的正向作用越强，希望情绪通过增强自我实现感来促进网络分享的间接效应越强。

H4b：消费者的个人主义倾向越高，希望情绪与自我实现感之间的正向作用越强，希望情绪通过增强自我实现感来促进网络分享的间接效应越强。

6. 不确定性规避倾向的调节作用和条件化间接作用

作为 Hofstede（1985）提出的五种文化维度之一，不确定性规避在研究中所受的关注度明显小于个人主义/集体主义。不确定性规避是指人们在不确定性、模糊性的情境中感受并回避威胁的程度。基于前景理论的研究认为，不确定性规避倾向高的消费者具有较高的风险厌恶程度，从而更偏好低风险选择（Sharma，2010）。在网络分享决策中，消费者会面临一定的心理风险和社会风险。其中，前者是指由于分享不当信息、收到负面评价而产生的衰竭、紧张甚至抑郁；后者是指不当社交活动对他人造成冒犯进而对社会关系造成不良影响（DE Bellis 等，2015）。并且在线上环境中，对于不确定性规避倾向高的消费者，其低风险偏好可能更甚。原因在于：首先，相比容易接触、感知、评估的线下环境，虚拟的线上环境会增加该类消费者对风险、威胁的敏感性（Tang，2017）；其次，网络公益众筹中非结构化、非正式、不完善的监管和审查程序导致消费者、平台、受益人之间的信息不对称和有限信任，从而使该类消费者更偏向保守决策。基于低风险偏好，不确定性规避倾向高的消费者会积极寻求并依赖具有可预测性和可信性的信号（Johnston 等，2018）。此时，希望情绪可以起到这种信号传递功能：一方面，希望情绪会显著影响对目标障碍的知觉，传达出“只要付诸努力就能得到有价值的结果”的积极信号（Cavanaugh 等，2015）；另一方面，希望具有信息价值，它所涵盖的明确的目标、实现路径、结果反馈等信息可以作为判断项目内部质量的具体信号（Makarem，2016）。

基于以上分析，对于不确定性规避倾向高的消费者，希望情绪在其网络分享决策中会起到更为显著的作用。具体而言，希望情绪传达出的具有可预测性和可信性的信号增强了该类消费者预期其行为有效性的信念（反应效能感），满足了规避心理风险和社会风险的偏好，从而增强了网络分享意愿。相反，对于不确定性规避倾向低的消费者，希望情绪在其网络分享决策中的作用较弱。因为该类消费者乐于接受和承担风险，从而容易忽略希望情绪的信号传递作用，进而减弱了希望情绪对反应效能感和后续分享意愿的推进作用。据此，本专题提出如下假设，构建的双重条件化间接效应理论模型如图 4.1 所示。

H5：消费者的不确定性规避倾向越高，希望情绪与反应效能感之间的正向作用越强，希望情绪通过增强反应效能感来促进网络分享的间接效应越强。

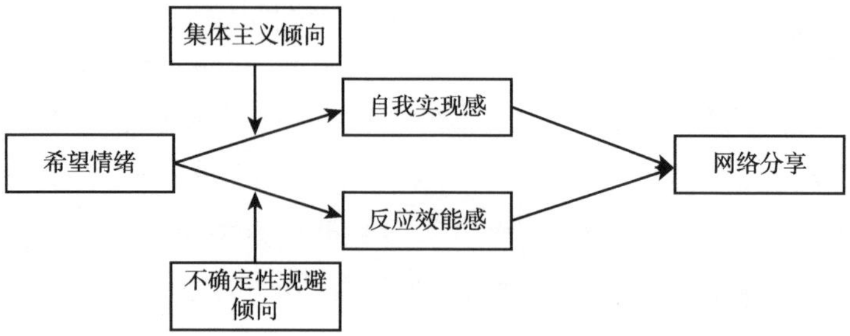

图 4.1　理论模型

4.3　研究设计

4.3.1　准实验设计

本专题采用准实验法，操控了公益众筹项目唤起的希望情绪（高 vs. 低），同时测量了被试的集体主义倾向和不确定性规避倾向。准实验法灵活多变，外部效度较高，但也具有较难消除混淆变量和替代解释，内部效度较低的固有缺陷。

4.3.2　刺激物设计

1. 平台名称选取

基于真实公益众筹平台进行研究易受平台熟悉度、忠诚度、依恋等关系变量的影响，同时对相关经历的追溯容易引起被试的记忆偏差和回应偏差，所以本专题选用了虚拟的平台名称。为增强被试的真实感，2 名企业管理领域的博士生通过头脑风暴法初步拟定了 5 个虚构的平台名称，按英文字母排序为，积善、涓涓筹、享爱、心·予、援梦。25 名普通消费者经过讨论后，最终选取了心·予（Heart Give）作为平台名称，因为该名称被认为较强的文化兼容性和综合性，适合在国内、国外发布各类公益项目。

2. 项目选取

为避免项目本身引起的天花板效应和地板效应，本专题通过阅读文献、浏览各大公益众筹平台的项目，初步列示了 8 类最常见的公益活动：大病救助，绿色环保，青少年和儿童文化教育，关爱鳏寡孤独、残疾人、退役军人、下岗工人、留守儿童等特殊群体，扶贫，艾滋病、宫颈癌、乳腺癌等重大疾病的研究，动物救助，抗震救灾。然后，以问卷调查的形式（30 名会计专业本科生，7 点 Likert 量表）要求大众对这些公益活动的熟悉度和重要性评分。熟悉度由高到低依次为：大病救助、抗震救灾、关爱特殊群体、扶贫、儿童文化教育、绿色环保、动物救助、重大疾病研究。重要性由高到低依次为：绿色环保、儿童文化教育、关爱特殊群体、重大疾病研究、扶贫、大病救助、抗震救灾、动物救助。可见，大众对关爱特殊群体、扶贫、儿童文化教育的熟悉度和重要性评分都较高，因此，我们综合选取关爱贫困残疾儿童作为研究所用的公益项目。该项目不像动物救助和艾滋病治疗一样在实践中存在较大争议；也不像宫颈癌、乳腺癌等疾病研究主要针对女性群体，因而不会影响准实验研究结果的推广性。

3. 刺激材料

情绪可以通过反思式写作、浏览广告页、观看视频等方式进行诱导（Cavanaugh 等，2015）。为操控与公益众筹项目直接相关的希望情绪，而非日常生活情境中的一般希望情绪，本专题设计了两个项目页面，高希望情绪的操控材料如本章附录图 A4. 1 所示，低希望情绪的操控材料如本章附录图 A4. 2 所示。

高希望情绪的操控材料中描述了一个以“梦想行动”为主题的公益平台众筹项目，该项目将收集广西 28 个国家级贫困县的 14 周岁以下残疾儿童的一个可行愿望，号召资助者参与现金、物品捐赠及志愿活动，帮助受助者实现梦想。项目着重强调受益者现在与未来的对比，并描述了受益者的电子感谢卡片、个人和家庭状况简介、联系方式、物流信息等具体反馈方式，并对过去曾经开展的类似活动进行了描述。低希望情绪的操控材料中描述了一个以“愿望行动”为主题的公益平台众筹项目，该项目将收集西部省份残疾儿童的一个愿望，号召资助者参与现金、物品捐赠及志愿活动，帮助受助者实现愿望。项目着重强调受益群体与其他群体的对比，并描述了以受益者的电子感谢卡片作为反馈方式。

高、低希望情绪操控页面的不同之处是：第一，由于生动的色彩在诱导积极情绪时更为有效，所以前者多用明亮的色系，后者多用暗淡的色系；第二，前者的标语是，“想给你一个未来让全世界都知道”，后者的标语是，“想给你一个拥抱让全世界都知道”；第三，前者的项目名称为“梦想行动”，而后者则为“愿望行动”。第四，在具体的项目描述中，前者注重现在与未来的对比，后者则注重受益群体与其他群体的对比；并且由于希望涉及对目标实现概率的理性判断（Cohen - Chen 等，2017），所以前者描述了项目的具体实施范围、路径和反馈；后者则只做了一个大致描述；同时由于个体经常根据过去的结果来判断未来成功的可能性，所以前者有对过去成功开展类似活动的描述，而后者则不涵盖此信息。为排除其他干扰因素，两个页面所用的版式完全相同。

4.3.3 变量测量

（1）希望情绪（Hope）。所采用的量表来自 Cavanaugh 等（2015），共包含 3 个题项，分别是，“该项目让我感觉充满希望”“该项目让我感觉很乐观”“该项目让我感觉备受鼓舞”。

（2）网络分享（OS）。来自 Strizhakova 等（2012）和 Boerman 等（2017），共包含 3 个题项，根据中国的社交媒体状况和研究情境对原题项进行了微调。分别是，“我认为该项目值得与他人分享”“我将通过微信、QQ、微博等网络社交媒体将这个项目分享给大家”“我将在微信、QQ、微博等网络社交媒体发布我对该项目的积极评论和体验”。

（3）自我实现感（SA）。来自 Hwang 和 Kim（2018），共包含 4 个题项，分别是“参与该项目有利于我的成长”“参与该项目有利于我的进步”“参与该项目有利于我的发展”“参与该项目有利于增加自我满足感”。

（4）反应效能感（RE）。来自 Hamby（2016）及 Sharma 和 Morwitz（2016），共包含 4 个题项，分别是，“你认为你的参与可以在多大程度上为该项目增加价值”“你认为你的参与可以在多大程度上促成该项目”“你认为你的参与可以在多大程度上为受益人提供帮助”“你认为你的参与可以在多大程度上产生影响力”。

（5）集体主义倾向（CO）。来自 Chan（2001），包含 3 个题项，分别是，

“我们应该为集体目标而努力，即使这些努力并不能提高个人的认可度”“个人应当合作参与集体活动”“我们应当乐于帮助需要帮助的人”。

（6）不确定性规避倾向（UAO）。来自 Sharma（2010），包含 5 个题项，分别是“我会尽量避免和陌生人说话”“我喜欢不变的生活方式，不喜欢变化莫测的生活方式”“我不是一个敢于冒险的人”“为了避免犯错误，我不喜欢冒风险”“我对于如何花钱很谨慎”。

（7）社会赞许性（SD）。用自我报告的问卷来测量与伦理相关的敏感问题时，可能存在社会赞许性偏差。社会赞许性是指，人们感知到社会压力，并按照社会可接受的方式做出回应。本专题采用 Ashton 和 Lee（2009）开发的诚实—谦卑量表中的真诚子量表来度量社会赞许性，共包含 3 个题项，分别是“我不会用奉承别人的方式来获得升职或加薪，即使我认为这种方式非常有效”“如果我想从某人那里得到什么，那么即使他讲最不好笑的笑话，我也会笑”“我不会为了让别人帮忙而假装喜欢他”。

研究所用量表均为 7 点 Likert 量表。

4.3.4　前测

1. 关于测量工具适用性的前测

在正式准实验前，我们选取 48 名资产评估专业的本科生进行了前测，以确保测量工具具有较高的清晰度和可涉入度。首先，根据被试所提意见，对刺激材料和问卷的措辞进行了修改和完善。其次，我们用两个题项来测量被试对刺激材料的可涉入度。第一个题项是，“该公益项目的描述是现实的”（1 = 非常不现实，7 = 非常现实）。第二个题项是“我可以想象自己处在该情境中并做出决策”（1 = 非常困难，7 = 非常简单）。结果表明，刺激材料具有较高的可涉入度（$M_{现实性}=5.23$，$M_{想象性}=5.75$）。

2. 操控检验

我们采用独立样本 T 检验来检测希望情绪的操控是否成功，借鉴 Tong 等（2010）通过直接询问参与者“你现在感觉到的希望有多大”来测试被试当前的希望情绪体验。结果显示，高希望组中被试体验到的希望情绪要显著高于低希望组［$M=5.30$ vs. $M=3.23$，$t(58)=6.745$］。

4.3.5 准实验的过程和参与者

本专题招募320名来自某综合性大学的MBA学生作为被试。为避免选择偏差，被试被随机分配到两个准实验组中，每个准实验组包含160名被试。首先，主试向被试发放并宣读书面指导。其次，主试向被试发放刺激材料，要求被试仔细阅读后填答与希望情绪、集体主义倾向、不确定性规避倾向、网络分享以及干扰题项相关的问卷。此外，参照Lei等（2012），为增强真实感，被试被告知该公益众筹平台刚刚进入中国市场，因此他们尚不熟悉该平台。再次，主试收回以上问卷，并发放与自我实现感、反应效能感、社会赞许性、人口统计学相关的问卷，要求被试仔细填答。最后，主试收回第二批发放的问卷，解释真正的实验目的，并对被试表示感谢。包括刺激物设计、前测、准实验等在内的系列工作在2018年3月到6月完成。最终成功收回有效问卷275份，有效问卷回收率为85.938%。

以问卷调研为基础的准实验设计可能存在需求特性、社会赞许性、启动效应问题，从而对准实验结果形成“噪音”干扰，降低准实验效度。为此我们采取一系列措施加以控制：①需求特性。当被试能够猜测研究的意图，并故意按照所猜测的意图而非真实想法作答时，会出现需求特性问题。为控制需求特性，我们做了以下两项工作：第一，向被试申明研究的目的是针对平台设计征集消费者的意见，以方便其在国内的推广。第二，在呈现刺激材料后，要求被试回答与版式设计相关的三个问题作为干扰题项。②社会赞许性。当被试感知到一般的社会规范，并故意按照一般社会规范作答而非真实想法作答时，会出现社会赞许性问题。为进一步控制社会赞许性，本专题在准实验的书面指导中写明参与的自愿性、匿名性和保密性；向被试强调，答案只用于科学研究，并没有对错之分；向被试承诺数据分析只在总体层面而非个体层面上进行。③启动效应。当之前所提问题能够直接暗示被试如何去回答之后的问题时，会出现启动效应。现有研究通常会将启动效应当作研究局限看待（Goodstein等，2016）。借鉴这种观点，本专题虽然已经采取了一定措施来控制启动效应，即将中介变量自我实现感和反应效能感放在因变量网络分享之后去测量，但我们认为它依然对研究构成一种潜在限制。

4.4　实证结果

4.4.1　描述性统计和相关分析

描述性统计和相关分析结果如表 4.1 所示。由表 4.1 可见，集体主义倾向的均值较大（M = 4.158），符合中国是一个集体主义社会的描述。而不确定性规避倾向的均值较小（M = 3.985），这与以往的认知存在差异。Li 等（2015）的研究可以对此进行解释，他提出中国人已经越来越喜欢冒险，在日常的概率判断时，中国人甚至表现出比美国人更强的冒险精神和过度自信。相关分析结果表明，集体主义倾向越高，网络分享意愿越强（$r = 0.149$，$p < 0.01$）；而不确定性规避倾向与网络分享间的负向关系并不显著（$r = -0.082$，n. s.）。此外，社会赞许性与自我实现感呈现显著正相关性（$r = 0.127$，$p < 0.05$），说明社会赞许性可能存在影响，但由于相关性小于 0.2，说明影响可以忽略。

表 4.1　描述性统计和相关分析结果

变量	均值	标准差	1	2	3	4	5	6	7
1. 希望情绪	3.887	1.326	1						
2. 自我实现感	3.882	1.239	0.170***	1					
3. 反应效能感	3.807	1.339	0.319***	0.199***	1				
4. 集体主义倾向	4.158	1.229	0.011	0.028	0.110	1			
5. 不确定性规避倾向	3.985	1.322	−0.142*	0.065	0.037	−0.059	1		
6. 网络分享	4.170	1.236	0.241***	0.211***	0.309***	0.149**	−0.082	1	
7. 社会赞许性	3.592	1.308	0.072	0.127*	0.078	−0.081	−0.035	0.092	1

注：*，**，*** 分别代表在 0.05，0.01，0.001 的显著性水平下显著，下同。

4.4.2　信、效度检验

验证性因素分析结果呈现在表 4.2 中，由表 4.2 可见本专题所采用的六因子模型拟合效果最佳（CMIN/DF = 1.158，GFI = 0.935，AGFI = 0.915，NFI = 0.918，TLI = 0.985，RMSEA = 0.024），表明量表具有良好的判别效度。信度分析结果显示，希望情绪、自我实现感、反应效能感、集体主义倾向、不确定性规避倾向、网络分享和社会赞许性的 Cronbach's α 分别为 0.744、0.849、0.890、0.728、0.893、0.792 和 0.804，证明量表具有较高的内部一致性信度。

表 4.2　　　　验证性因素分析结果

模型	CMIN/DF	GFI	AGFI	NFI	TLI	RMSEA
零模型	11.850	0.440	0.386	0.000	0.000	0.199
单因子模型	9.185	0.549	0.454	0.299	0.246	0.173
二因子模型	5.694	0.686	0.619	0.567	0.567	0.131
三因子模型	4.938	0.716	0.651	0.628	0.637	0.120
四因子模型	2.974	0.823	0.780	0.779	0.818	0.085
五因子模型 1	2.042	0.876	0.843	0.852	0.904	0.062
五因子模型 2	2.224	0.866	0.829	0.838	0.887	0.067
五因子模型 3	1.963	0.884	0.853	0.857	0.911	0.059
六因子模型	1.158	0.935	0.915	0.918	0.985	0.024
高阶潜因子模型	1.175	0.928	0.902	0.910	0.981	0.025

注：零模型中变量间无关，二因子模型中希望、网络分享、反应效能感、自我实现感、集体主义合一个因子，三因子模型中希望、网络分享、反应效能感、自我实现感合一个因子，四因子模型中希望、网络分享、反应效能感合一个因子，五因子模型 1 中希望和网络分享合一个因子，五因子模型 2 中反应效能感和网络分享合一个因子，五因子模型 3 中反应效能感和希望合一个因子，本专题所用模型为六因子模型，高阶潜因子模型中加入社会赞许性。

4.4.3　共同方法偏差检验

共同方法偏差是测量误差的重要来源之一。为控制共同方法偏差，本专题首先采用经典 Harman 单因素法进行检测发现，KMO 值为 0.803，Bartlett 的球形度检验的近似 X^2 为 2655.808（$df = 231$，$p < 0.001$），未旋转的因素分析呈现 6 个因素，且第一个因素可以解释总方差的 20.176%。初步证明共同方法偏差不会构成实质影响。然后参照 Podsakoff 等（2003），在本专题所用的六因子模型的基础上加入社会赞许性构造高阶潜因子模型做了进一步检验，结果呈现在表 4.2 中。结果显示，与六因子模型相比，高阶潜因子模型整体拟合优度略微变差（CMIN/DF = 1.175，GFI = 0.928，AGFI = 0.902，NFI = 0.910，TLI = 0.981，RMSEA = 0.025），进一步排除了共同方法偏差的严重影响。

4.4.4　假设检验

本专题用分层次多项式回归来检验主效应、中介效应和调节效应，结果呈现在表 4.3 中。

(1) 主效应分析。由表 4.3 可见，希望情绪对网络分享具有显著正向影响（M7，β = 0.297，t = 4.095），H1 得到验证。

(2) 中介效应分析。①自我实现感在希望情绪和网络分享间的中介效应。首先，希望情绪对自我实现感（M1，β = 0.211，t = 2.855）和网络分享（M7，β = 0.297，t = 4.095）具有显著正向影响；其次，自我实现感对网络分享具有显著正向影响（M8，β = 0.210，t = 3.566）；最后，希望情绪和自我实现感同时对网络分享回归时，自我实现感的影响仍显著（M9，β = 0.175，t = 2.979），希望情绪的影响显著变小（M9，β = 0.260，t = 3.586；Sobel Test，z = 2.056；Aroian Test，z = 1.997；Goodman Test，z = 2.119），说明自我实现感在希望情绪和网络分享间存在部分中介作用，H2 得到验证。②反应效能感在希望情绪和网络分享间的中介效应。同理，首先，希望情绪对反应效能感（M4，β = 0.427，t = 5.563）和网络分享（M7，β = 0.297，t = 4.095）具有显著正向影响；其次，反应效能感对网络分享具有显著正向影响（M10，β = 0.286，t = 5.377）；最后，希望情绪和自我实现感同时对网络分享回归时，反应效能感的影响仍显著（M11，β = 0.239，t = 4.312），希望情绪的影响显著变小（M11，β = 0.195，t = 2.628；Sobel Test，z = 3.420；Aroian Test，z = 3.3861；Goodman Test，z = 3.455），说明反应效能感在希望情绪和网络分享间存在部分中介作用，H3 得到验证。

(3) 调节效应分析。①集体主义倾向对希望情绪和自我实现感的调节效应。首先，希望情绪和集体主义倾向共同对自我实现感回归时，希望情绪显著正向影响自我实现感（M2，β = 0.211，t = 2.846），而集体主义倾向对自我实现感的影响不显著（M2，β = 0.033，t = 0.444）。其次，当加入希望情绪与集体主义倾向的交互项后，交互项的回归系数显著（M3，β = 0.232，t = 3.203）。并且，相比模型 2，模型 3 的解释力得到显著改善（$\Delta R^2 = 0.035$，ΔF = 10.26），说明集体主义倾向可以加强希望情绪与自我实现感之间的正向关系。H4a 得到部分验证，H4b 没有被验证。②不确定性规避倾向对希望情绪和反应效能感的

表 4.3　　分层次多项式回归结果

变量	自我实现感			反应效能感			网络分享				
	模型 1	模型 2	模型 3	模型 4	模型 5	模型 6	模型 7	模型 8	模型 9	模型 10	模型 11
自变量											
Hope	0. 211 ***	0. 211 ***	0. 187 **	0. 427 ***	0. 443 ***	0. 458 ***	0. 297 ***		0. 260 ***		0. 195 ***
中介变量											
SA								0. 210 ***	0. 175 ***		
RE										0. 286 ***	0. 239 ***
调节变量											
CO		0. 033	0. 035								
UAO					0. 112	0. 113					
交互项											
Hope × CO			0. 232 ***								
Hope × UAO						0. 192 ***					
常量	3. 882 ***	3. 882 ***	3. 879 ***	3. 807 ***	3. 807 ***	3. 834 ***	4. 170 ***	3. 353 ***	3. 492 ***	3. 082 ***	3. 259 ***
R^2	0. 029	0. 03	0. 065	0. 102	0. 109	0. 131	0. 058	0. 045	0. 088	0. 096	0. 118
F 值	8. 152	4. 162	6. 289	30. 951	16. 582	13. 574	16. 768	12. 715	13. 062	28. 914	18. 223
ΔR^2			0. 035			0. 022					
ΔF			10. 26			6. 846					

调节作用。同理，希望情绪可显著提升反应效能感（M5，β = 0.443，t = 5.723）；并且，希望情绪与不确定性规避倾向的交互项也可显著提升反应效能感（β = 0.192，t = 2.616）；同时与模型 5 相比，模型 6 的解释力显著改善（ΔR2 = 0.022，ΔF = 6.846）。可见，不确定性规避倾向可以加强希望情绪和反应效能感之间的正向关系，H5 得到部分验证。

4.4.5　条件化间接效应分析

参照 Edwards 和 Lambert（2007），本专题用 Bootstrap5000 次的计算结果来分析自我实现感和反应效能感的条件化间接效应。自我实现感的条件化间接效应呈现在表 4.4 中，反应效能感的条件化间接效应呈现在表 4.5 中。差异化集体主义倾向下希望情绪与自我实现感的关系如图 4.2 所示，差异化不确定性规避倾向下希望情绪与反应效能感的关系如图 4.3 所示。

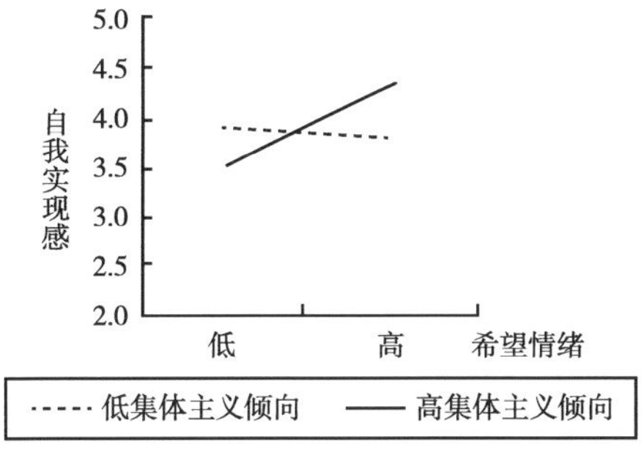

图 4.2　差异化集体主义倾向下希望情绪对自我实现感的影响

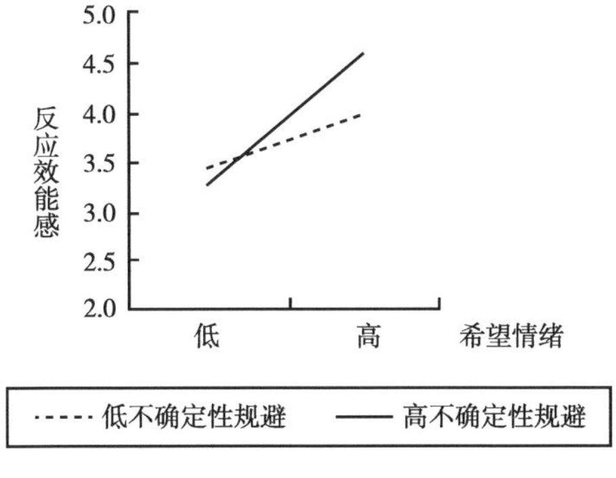

图 4.3　差异化不确定性规避倾向下希望情绪对反应效能感的影响

（1）自我实现感的条件化间接效应。由表 4.4 可见，在高集体主义倾向下，希望情绪对网络分享的直接效应（$r=0.455$，$p<0.001$）和通过自我实现感影响网络分享的间接效应（$r=0.068$，$p<0.01$），以及总效应（$r=0.523$，$p<0.001$）均显著；而在低集体主义倾向下，直接效应、间接效应和总效应均不显著。可见，对具有高集体主义倾向的个体，希望情绪可以直接提升网络分享，也可以通过增强自我实现感来提升网络分享；而对具有低集体主义倾向的个体，希望情绪既不能直接提升网络分享，也不能通过增强自我实现感来提升网络分享，H4a 进一步被验证。

（2）反应效能感的条件化间接效应。由表 4.5 可见，在高不确定性规避下，希望情绪对网络分享的直接效应（$r=0.335$，$p<0.001$）和通过反应效能感影响网络分享的间接效应（$r=0.162$，$p<0.001$），以及总效应（$r=0.497$，$p<0.001$）均显著；而在低不确定性规避下，直接效应和总效应虽不显著，但间接效应显著（$r=0.053$，$p<0.01$），并且明显弱于（$\Delta r=0.109$，$p<0.05$）高不确定性规避组。可见，对具有高不确定性规避倾向的个体，希望情绪可以直接提升网络分享，也可以通过增强反应效能感来提升网络分享；而对于具有低不确定性规避倾向的个体，希望情绪可以通过增强反应效能感来提升网络分享，但其提升作用弱于具有高不确定性规避倾向的个体，H5 进一步被验证。

表 4.4　自我实现感的条件化间接效应

调节变量	希望情绪（X）→自我实现感（M）→网络分享（Y）				
	阶段		效应		
	第一阶段	第二阶段	直接效应	间接效应	总效应
	P_{MX}	P_{YM}	P_{YX}	$P_{YM}P_{MX}$	$P_{YX}+P_{YM}P_{MX}$
高集体主义倾向	0.418***	0.162*	0.455***	0.068**	0.523***
低集体主义倾向	-0.045	0.118*	0.02	-0.005	0.015
差异	0.463***	0.045	0.434***	0.073**	0.508***

表 4.5　反应效能感的条件化间接效应

调节变量	希望情绪（X）→反应效能感（M）→网络分享（Y）				
	阶段		效应		
	第一阶段	第二阶段	直接效应	间接效应	总效应
	P_{MX}	P_{YM}	P_{YX}	$P_{YM}P_{MX}$	$P_{YX}+P_{YM}P_{MX}$
高不确定性规避倾向	0.650***	0.250***	0.335***	0.162***	0.497***
低不确定性规避倾向	0.267**	0.199**	0.058	0.053**	0.11
差异	0.383***	0.051	0.277*	0.109*	0.387***

4.5　本专题结论

4.5.1　研究结论

依托网络环境和数字平台，Co - SR 是一场全民参与、全民受益的公益事业，它为中国消费者“达则兼善天下”“我欲仁而仁至”的道德理想和社会理想提供了方便通达的路径。然而如何将呈燎原之势的“爱心之火”点燃和传递？其关键问题是如何与众多网民进行高效的 Co - SR 沟通，从而使他们完成由“观众”“监督者”到“参与者”的角色转换。对此，本专题从现实例证出发，将研究焦点从定价策略等传统沟通策略转向了情绪策略，关注平台项目激发的希望情绪对网络分享的影响，及其认知机制和文化情境。研究得出以下富有启发的结论。

（1）平台项目唤起的希望情绪可以有效促进网络分享意愿。该结论与我国 Co - SR 的特点相契合：目前我国仅有《中华人民共和国慈善法》《公开募捐平台服务管理办法》《慈善组织互联网公开募捐信息平台基本技术规范》《慈善组织互联网公开募捐信息平台基本管理规范》四部法规对平台公益项目进行规范，而它们对平台筹资者的资质并无明确限制；同时平台审核机制、社会信用体系、信息共享机制等极不健全，从而导致消费者被淹没在众多公益请求中。此时，富有希望的项目一方面可以吸引消费者的注意和参与；另一方面，由于希望不是“盲目”产生的，它往往涉及较高透明度和反馈性的信息披露，因而可以作为一种信息甄别机制发挥作用，帮助消费者在一定程度上避免被“投机者”利用，防止“众筹爱心”演变为“消费善意”。

（2）希望情绪提升网络分享的双重认知机制是自我实现感和反应效能感。该结论响应了 Lee 等（2014）关于“关注消费者在捐赠中的心理过程”的呼吁。并且自我实现感的中介作用揭示了“利他”行为中“自利”的一面。事实上，社会心理学和人格心理学中的一个普遍共识是，人是自利的。这一共识植根于诸多概念中，包括自我意识、自我欺骗、自我评价、自我监控、自相矛盾、自我肯定等。Batson（1987）提出，即使最无私的行为也会带来自利的好处。类似地，Fisher 等（2008）也提出了“助人者自助”的观点，即我们在帮助别人的同时也帮助了自己。帮助行为可以减轻施助者在他人遭受痛苦之时感知的不安、不适、悲伤、内疚感，改善施助者的情绪（Smith 等，1989），并提升其自尊感。可视化的帮助行为还可以给他人留下良好的印象。因此帮助行为的利他性和利己性是交织在一起、不可分割的。因此，在现实中，慈善捐赠呼吁既可以受益人为焦点，也可以施助者为焦点（Nelson 等，2006）。例如，红十字会的献血呼吁可以强调鲜血挽救事故中的生命，也可以强调帮助他人的贡献和幸福。而反应效能感的中介作用则揭示了，在亲社会行为决策中人们会像财务决策中一样权衡成本效益，而非盲目投入有限资源，若预计效果不佳，他们会吝于耗费其网络和关系资本。

（3）消费者的集体主义倾向越高，希望情绪通过增强自我实现感来提升网络分享的效应越强，并且该间接效应只在具有高集体主义倾向的组群中成立。“希望焦点”的引入可帮助解释反向逻辑未成立的原因。以内部/外部维度将希望情绪进行划分，以内部为焦点的希望将自身视为目标实现的关键，而以外部为焦点的希望则将他人视为目标实现的关键，如家人、朋友甚至超自然力。“众筹”之“众”强调大量参与者和巨大资金池的必要性，因此其激发的希望情绪是以外部为焦点的，而以外部为焦点的希望在集体主义文化中的作用更强（Kim 和 Johnson，2013）。

（4）消费者的不确定性规避倾向越高，希望情绪通过增强反应效能感来提升网络分享的效应越强。并且该间接效应在具有高、低不确定性规避倾向的组群中均成立。该结论补充了投资、储蓄、消费等财务决策中不确定性规避作用的研究，揭示出不确定性规避倾向高的个体也倾向于做出保守的亲社会行为决策，以规避非财务风险。

4.5.2 理论贡献

本专题的理论贡献是：

（1）基于价值共创理念，将研究焦点从单边主导的传统 CSR 转向基于公益众筹平台的 Co - SR，拓展了 CSR 和价值共创的研究框架。

（2）采用跨学科范式，构建一个交叉性理论体系，解析了消费者参与 Co－SR 时的情绪、认知和行为，从而将传播学、认知和社会心理学以及文化领域的理论，包括社会直觉模型、情绪传播理论、积极心理学、需求层次理论、计划行为理论、文化维度理论在商业伦理和金融创新专业领域进行沟通、延展和深化。

（3）以往关于伦理决策的研究主要被限定在理性框架内，较少关注感性因素的作用（Weaver 等，2014；Kish－Gephart 等，2014）。伦理决策中应用最广泛的模型基本都是理性决策模型，如 Rest 和 Barnett（1986）的四要素模型、Jones（1991）的伦理决策问题权变模型、Tian 和 Peterson（2016）的个体—环境互动模型等。然而，人类决策产生的过程会不可避免地融合非理性因素，越来越多的学者们也开始意识到，占主导地位的理性框架已经不能完全解释真实的伦理行为（De Klerk，2017；Yacout 和 Vitell，2018；Chatzidakis 等，2021）。尤其在高频交互和高速传播的网络情境中，情绪因素甚至可能取代认知因素在个体行为决策中的主导作用。本专题关注希望情绪作为一种感性因素在 Co－SR 参与决策中的关键作用，拓展了伦理决策的理性框架。

（4）建立双重条件化间接效应模型，识别出希望情绪影响网络分享的双重认知机制是自我实现感和反应效能感，响应了以往学者关于“探索具体的积极情绪体验对消费者亲社会行为的特定影响机制”的呼吁（Makarem，2016）。

（5）从“微观”层面识别出希望情绪影响网络分享的双重文化情境是集体主义倾向和不确定性规避倾向，补充了文化维度理论“宏观”层面的研究。

4.5.3　管理启示

本专题得出以下有价值的管理启示：

（1）在高速、快捷、廉价、虚拟的网络环境中，希望情绪唤起是一种高效的 Co－SR 沟通策略。①在策略制定阶段，平台应警惕采取过度“卖惨”的方式来博得消费者的同理心（Empathy）。同理心亦名移情，它被定义为感知他人的情绪状态，并做出有效回应的能力或倾向（Munro 等，2005）。站在他人的角度考虑问题（换位思考）和对他人需求的感知是引发同理心的两个关键条件。通俗而言，同理心被喻为“把自己的脚放进别人的鞋子里”。根据同理心—利他假设，同理心帮助建立自我与他人的联系，从而使我们对他人的苦难感同身受，进而产生利他动机，促进亲社会行为（Hwang 和 Kim，2018）。反言之，同理心促使个体感知到提供帮助的道德义务，此时，如若袖手旁观，个体会陷入自我谴责中，感到羞愧或内疚，或者陷入对遭受社会谴责的担忧之中。然而，Smith 等（1989）指出，相比缺乏同理心的人，富有同理心的人提供帮助的概率并未显著提升。其原因在于，同理心虽隶属于积极情绪范畴，但同理心的唤起一般伴随着悲伤、痛苦、心烦、惊恐、不安、忐忑、担心等负面感受。过度“卖惨”导致同理心被过度唤起（Empathic Overarousal），从而使潜在施助者体验到更强烈的悲伤、痛苦，甚至压力和厌恶（Powell，2018），继而产生以下四种可能的回应：第一，沉溺。强烈的悲伤容易使人陷入一种沉浸式认知中，此时人们更关注自身的感受而容易忽略他人的感受（Lyubomirsky 和 Nolen - Hoeksema，1995）。因此，潜在施助者沉溺在悲伤、痛苦等负面情绪中无可自拔，丧失了实施亲社会行为的能力。其二，逃避。潜在施助者可以通过无视捐赠诉求、转移到其他网页、听令人开心的歌曲等方式来逃避负面情绪。以往研究发现，当帮助动机更趋于利己而非利他时，人们更倾向于逃避所厌恶的刺激，而非实施帮助（Fisher 等，2008）。此外，不同积极情绪的生理唤起或激活度有所不同（Smith 和 Ellsworth，1985）。希望是一种高激活态的情绪，而同理心及其伴随的悲伤情绪都是一种低激活态的情绪。高激活态的情绪能够促进传播和分享；反之，低激活态的情绪能抑制传播和分享（Berger 和 Milkman，2012）。据此，一个极度悲伤的请求虽然能够激发潜在施助者的同理心，但也能够激发无能为力感。潜在施助者为此可能放弃采取积极措施。其三，质疑或反感。一种过于强烈的悲情表达可能显得很虚伪，从而容易引发反感（Small 和 Verrochi，2009）。因此，过度“卖惨”可能会被潜在施助者解读为富有欺骗性。尤其是在我国有限信任和信息不对称的环境中，由于对公益众筹平台监管不力、对筹资者审核不严等原因，大量平台出现“诈捐”丑闻，频陷信任危机。Foreh 和 Grier（2003）的研究表明，当消费者感觉到被欺骗时，会给予 CSR 沟通消极反应。其四，同理心崩溃。人们的同理心资源是有限的，悲惨的量级或遭受困苦的人数增加时，人们的关注反而下降。原因在于悲伤或痛苦突破了人们承受的范围，使其开始麻木不仁。在面临巨大灾难时，人们往往容易同理心崩溃。其五，感性让位于理性。审慎思维可能会打断情绪过程，进而减弱甚至抵消情绪的影响（Wilson 等，2000）。据此，虽然“卖惨”会激发同理心，但当消费者冷静下来，陷入一种更为审慎的理性思维过程时，可能会推翻其情绪反应。比如当个体认为捐赠无法改变求助者的悲惨现状时，他们极有可能选择袖手旁观。因此，单纯的同理心是无济于事的。本专题认为，平台应反其道行之，借助希望情绪来传递“正能量”。②在策略实施阶段，应当借助社交媒体实时监测消费者的在线希望情绪。③在策略实施后阶段，应当向消费者及时反馈具体行动和建设性成果，以避免“希望破灭”导致的网络口碑瞬间逆转甚至失控，谨防出现类似“水滴筹”的“扫楼式”营销危机，进而损害公益众筹平台的整体公信力。

（2）结合消费者的集体主义倾向，提升其自我实现感是推进网络分享的有效路径之一。理念上，平台应当抛弃传统的“二八定律”，转而奉行“长尾理论”，关注并鼓励正态分布曲线“尾部”（普通消费者）的参与。操作上，平台可以故事或真实案例的形式展现“众人拾柴火焰高”的集体力量，帮助参与者获得经邦济世的自我实现感。

（3）结合消费者的不确定性规避倾向，提升其反应效能感是推进网络分享的有效路径之二。除激发希望情绪作为一种隐式的信号传递策略之外，平台还可以采取其他显式的信号传递策略。例如，完善结构化的监管、审核策略；进一步革新技术，利用去中心化、多方维护、不可篡改的区块链技术增加信息的真实性；采取明确提升反应效能感的标语“您的分享将使筹款成功”等。

4.5.4　局限性和未来展望

（1）除即时情绪体验外，希望情绪也可以是一种潜在的、长期的、稳定的特质情绪。未来研究可以探讨特质希望对网络分享的影响。此外，大多数关于伦理决策和行为的研究关注的均是单一的、孤立的情绪。然而，在现实情境中，人们往往可以同时体验多重情绪（Chapman 和 Anderson，2011）。探究情绪体验的内在多样性对理解伦理决策和行为的复杂性具有重要意义。未来研究可以关注多重情绪在 Co－SR 项目参与决策中的差异影响、关联作用及序列作用，从而阐明情绪影响网络分享等参与行为的复杂过程。

（2）鉴于情绪体验和心理认知无法用二手数据进行测量，同时各种积极情绪所引起的面部表情变化和神经系统反应极易混淆，因而也无法用功能磁共振成像技术进行测量，所以本专题采用了以语言为基础的测量方式。在研究与心理因素无关的 Co－SR 问题时，未来研究可以采用多种测量方式，以形成数据和方法的多方印证。

（3）未来研究可将研究对象转向员工等其他利益相关者，并进一步探讨消费者参与和员工参与的联合效应和相互影响。虽然员工参与是组织研究领域的一个经典话题，但很少有学者探讨其在 CSR、公益慈善当中的作用（Raub，2017）。员工切实地参与 Co－SR 项目（比如参与受益人选取、项目设计、规划等过程）可以向外部利益相关者展示企业履责的真诚性，从而增加外部利益相关者的参与意愿。同时，消费者和员工的成功合作也可以增强供应商、非营利组织等加入的信心。

（4）遵循惯例做法，本专题根据特定研究内容选择适当文化维度作为情境变量，未来研究还可关注其他个体层面的文化价值观，如长期导向、面子意识、中庸、因果信念等。

（5）网络分享应当是辐射式的，然而受限于所采用的准实验研究法，本专题只能测量第一阶段的网络分享，未来研究可以采用数值模拟或田野实验法来测量后续阶段的网络分享以及捐赠。后续阶段的网络分享、捐赠等参与行为可能会受到重要他人行为的显著影响，但影响的结果可能因人而异，产生道德分化现象（Moral Differentiation）。道德分化是指个体受他人伦理或非伦理行为的影响程度有差异。具体而言，可能包括以下几种情境：其一，模仿重要他人的网络分享和捐赠行为，做出同等程度的分享和捐赠行为。该情境可以用社会说服理论和社会学习理论来解释。Zollo（2021）指出，社会说服是社会直觉模型中最重要的元素之一。人们往往对群体规范具有高度的趋向性（Cherrier，2007；Kim 和 Johnson，2013），因此，即使没有正式的劝说，他们也会受到朋友、伙伴、熟人的道德判断的影响（Haidt，2001）。换言之，焦点个体的伦理决策将影响其周围个体的伦理决策。社会学习理论则认为人们经常“有样学样”（Monkey See，Monkey Do）（O'Fallon 和 Butterfield，2011），通过观察和模仿来学习他人的行为（Bandura，1977）。其二，无视重要他人的网络分享和捐赠行为，将自身与重要他人行为进行负面的差异化，不进行网络分享和捐赠。

该情境可以用道德失明（Moral Blindness）理论来解释。道德失明也称伦理失明，是指决策制定者暂时无法看到决策的道德或不道德因素（Palazzo 等，2012）。De Klerk（2017）指出，即使是一个理性的、具有正确道德价值观的个体也可能经历短暂的道德失明。道德失明会造成“有样不学样”（Monkey See，Monkey Don't）的情况。其三，将自身与重要他人行为进行正面的差异化，进行更高水平的捐赠和更高频、更广泛地分享。该情境可以用社会比较理论来解释，基于社会比较理论，自我增强偏差（Self – Enhancement Bias）普遍存在于商业伦理领域，该偏差是指大多数人认为自己相比其同伴更富有道德（Pfeffer 和 Fong，2005）。未来研究可以基于社会说服理论、社会学习理论、道德失明理论、社会比较理论来阐明道德分化的具体情境和原因。并且，Woiceshyn（2011）、Albert 等（2015）指出，社会直觉模型关注伦理决策背后的内在心理机制，却恰恰缺乏对于“社会”因素的关注。未来研究可以更多考虑在后续阶段的网络分享以及捐赠中，被试与分享者的人际社会关系、被试对分享者的态度、被试与分享者的社会共识等因素在后续网络分享以及捐赠中的作用。

（6）尽管意图和行为之间具有显著的正相关关系（Ajzen，1991；Webb 和 Sheeran，2006），但这两个概念并不能完全替代。并不是所有的意图都会被付诸实践，从而成功转化为行为。未来研究可以在现实网络情境中采用田野实验方法来测试真实的网络分享行为，以弥补网络分享意愿与网络分享行为之间的偏差。

（7）基于输入—加工—输出的逻辑链条，本专题更多关注消费者参与的输入环节，即是否参与，而对加工环节，即参与过程中的方式和体验，以及参与的输出环节，即参与的结果与结果评价、反馈缺乏探讨。输入、加工、输出也可以依次被称为参与前、参与中、参与后环节。希望情绪不仅会影响输入环节的消费者参与意愿，而且可能影响加工环节的参与积极性、参与体验，以及输出环节的参与结果和评价。并且，反向因果可能出现，即随着参与的推进，消费者的希望情绪会根据参与体验和结果进行实时调整。以参与后的建设性反馈（Developmental Feedback）为例。它被定义为员工向消费者提供的及时的、定期的反馈，这些反馈使消费者充分地了解到他们的参与如何被用来改善 CSR（Kohli 和 Jaworski，1994）。相关文献表明反馈对于社会资本和关系资本获取具有重要意义（Oldham 和 Hackman，2010）。收到参与的建设性反馈时，消费者会认为自己付出的时间和精力没有被浪费，消费者对其参与重要性和积极影响的信念得到加强。基于公平理论（Equity Theory）（Folkes，1984），建设性的反馈还增加了公正感，使消费者感知到自身的努力得到了公平的回报，自身的付出亦没有被企业视为理所当然。Auh 等（2019）指出，消费者的满意度在收到更多与参与有关的建设性反馈时得到了增强；相反，如果企业剥夺了消费者对参与结果的知情权，消费者会感觉到“一直身处黑暗中”，闭目塞听，进而感觉到沮丧和茫然。因此建设性反馈可能增加消费者的希望情绪，并增加其后续的参与意愿。未来研究可以探讨希望情绪在加工、输出环节的作用和再参与中的作用，以及希望情绪在参与推进中的演变。

（8）本专题选取关爱贫困残疾儿童作为 Co－SR 项目的主题，现实中企业可能开展各式各样的 Co－SR 活动，项目主题囊括环境保护、性别平等、灾难救援等。未来研究可以针对不同主题的 Co－SR 项目来复制当前研究，验证本专题结论的外部效度。

本章附录

图 A4.1　高希望情绪的操控材料

资料来源：作者自绘。

图 A4.2　低希望情绪的操控材料

资料来源：作者自绘。

第5章

共创型社会责任的员工与消费者互动专题

5.1　引言

《孟子·尽心上》有云：“穷则独善其身，达则兼善天下”。自古以来，博施济众就是国人追求的道德理想和社会理想。得益于互联网技术、数字经济、人工智能的蓬勃发展，越来越多的利益相关者通过企业构建的公益众筹平台履行 Co－SR，从而有了实现理想的便捷途径（王汉瑛等，2020；邢小强等，2021）。

全体中华儿女勠力同心、和衷共济地承担社会责任可以达到“多赢”的局面，在共建共享发展中产生更多获得感：对于受益者，可解燃眉之急，增进民生福祉；对于消费者，可帮助其实现“仁者自爱”和“仁者爱人”的双重伦理诉求（《荀子·子道》）；对于员工，可增强其组织认同和组织承诺，提升工作意义感，获得“低成本的培训机会”（Caligiuri 等，2013；Hejjas 等，2019）；对于平台企业，可帮助其“拥抱”社会问题，做大价值“蛋糕”，构建良好声誉（Estrin 等，2016）；对于社会，可凝聚人心、汇聚民力，助力第三次分配，促进共同富裕（王汉瑛等，2022）。

尽管学术研究依然沉浸在传统 CSR 的窠臼之中，Co－SR 的实践却已经完全颠覆了传统 CSR 的履责范式，从企业单边主导变为以企业为平台的多边合作（肖红军，2017；阳镇和陈劲，2021）。此时，单纯的“消费者中心视角”或“员工中心视角”已不再适用，取而代之的应当是“利益相关者整合”（Stakeholder Integration）视角。利益相关者整合被定义为跨利益相关者群体建立合作关系（Sharma 和 Vredenburg，1998）。此时，消费者的角色转变为企业的“准兼职员工”，其参与意愿很大程度上取决于“现有员工”向外发送的信号。在信号容易失真的线上沟通中（Lee 和 Tao，2020；陈岩英等，2020），“行动”可能是相比“言论”更加昂贵、真实、有效的信号。所谓“诚于中，形于外”（《礼记·大学》）“在心为德，施之为行”（儒郑玄注《周礼》），行动是“不言之言”，可以“闻于雷鼓”（《管仲》）。

鉴于此，本专题基于利益相关者整合视角，探讨 Co－SR 中消费者感知的员工参与行为对其参与意愿的影响。本专题提出，消费者与员工合作关系的建立取决于以下三个过程：员工与企业的社会交换，企业与消费者的社会交换，员工向消费者的信号传递。在员工与企业的社会交换中，基于显性、隐性契约，员工进行角色内、外参与，因此本专题具体关注 Co－SR 中消费者感知的员工角色内、外参与程度与对其参与意愿的影响。在企业与消费者的社会交换中，我们将儒家仁爱观整合到社会交换理论中，建立了“以仁爱为导向的消费者期望收益矩阵”，帮助阐明中国消费者参与 Co－SR 时的期望收益。在此基础上，将信号理论整合到社会交换理论中，建立了“基于两阶段社会交换关系的信号传递模型”，指出员工角色内、外参与作为信号联结了两阶段社会交换过程，从而解析了消费者在参与决策中的完整心理过程。

基于 473 个样本的实验研究发现：消费者感知的员工角色内或角色外参与程度越高，消费者的参与意愿越强。消费者感知的员工角色内、外参与程度越一致，消费者的参与意愿越强，且二者在高水平上的一致比在低水平上的一致更能提升消费者的参与意愿。当消费者感知员工的角色内、外参与程度不一致时，与角色内参与度高于角色外参与度相比，角色外参与度高于角色内参与度时，消费者的参与意愿更强。消费者感知的员工角色内、角色外参与程度的联合作用通过消费者信任来影响其参与意愿。本专题帮助构建了利益相关者整合视角下的本土化 Co－SR 理论，揭示了在 Co－SR 中应树立“以人为本”的沟通理念，重视员工角色内、外参与行为的作用，做好“由内而外”的“行动式”沟通。

5.2 理论分析与研究假设

5.2.1 理论分析与模型构建

1. 社会交换理论

在 Co－SR 中，全新的合作关系可能完全重塑利益相关者在传统 CSR 中的心理决策过程。与企业单边主导的传统 CSR 不同，合作是建立在社会交换基础之上的（Di Domenico 等，2009）。社会交换理论（Social Exchange Theory）是 20 世纪 20 年代起源于人类学、社会学和社会心理学中的理论（Blau,

1964）。该理论最初被用于解释人际关系的维护和发展，后来被广泛扩展到管理和组织行为领域（Cropanzano 和 Mitchell，2005）。

资源是社会交换的标的，资源的稀缺性促成了社会交换（Levine 和 White，1961）。在社会交换中，有形或无形、实质性或象征性的资源在两个或多个社会行动者之间转移（Bagozzi，1978）。Cropanzano 和 Mitchell（2005）提出六种交换资源，分别是：爱、地位、信息、金钱、商品和服务。Huang 和 Knight（2017）将交换资源分为财务资源和社会资源两类。其中，财务资源是指那些具有直接的、可衡量的财务价值的资源；而社会资源是指那些虽然缺乏明确的财务估值，但对特定交换伙伴有价值的资源。Adler 和 Kwon（2002）将社会资源分为信息资源、影响力资源和团结资源。在公益领域中，参与者捐赠的金钱、物资是典型的财务资源；对于改进 Co－SR 项目设计、流程所提供的知识和建议属于信息资源；参与者通过微信朋友圈、微博等个人社交网络对项目进行推介时所动用的资源是影响力资源；参与者们精诚合作，共同努力完成“下一件大事”时所贡献的资源是团结资源（Shepherd 和 Zacharakis，2001；Cohen 和 Dean，2005）。

互惠是社会交换中的核心原则（Lioukas 和 Reuer，2015；凌文辁等，2019）。基于互惠原则，社会交换是由两种因素共同塑造的：其一，交换各方输出的价值；其二，交换各方预期从交换中获取的收益。互惠规范并非明确的“讨价还价”，但交换双方心里都有“一杆秤”，用以进行成本与收益权衡。互惠规范具有深厚的中国文化渊源（赵旭东，2018；蔡玉程等，2020），正如《礼记·曲礼上》所载，“礼尚往来，往而不来，非礼也。”

员工与企业的社会交换是通过显性契约和隐性契约来实现的（Hannan 和 Freeman，1984；Freeman，1999）。前者是正式的雇佣合同，它受到法律、公司治理的保护，其执行具有强制性；而后者是非正式的心理合同，其执行缺乏强制性，需要契约双方自觉维护（Zhang 等，2022）。基于显性契约，员工获得企业支付的薪酬，相应地需要完成角色内行为作为交换。角色内行为是指员工在工作职责要求内做出的行为（Katz，1964）。基于隐性契约，员工若感知到企业的公平对待，会倾向于实施角色外行为作为交换。角色外行为是员工超越工作职责要求做出的、对企业有利的自由裁量行为（Maxham 等，2008）。在 Co－SR 范畴内，本专题将员工角色内参与定义为员工在角色内参与 Co－

SR 项目，将员工角色外参与定义为员工在角色外参与 Co－SR 项目。

在 Co－SR 中，消费者并未与企业签订显性契约，二者间的社会交换只通过隐性契约来实现。基于隐性契约，消费者输出了财务、信息、外显与内隐知识、洞见、技术技能、影响力、时间等稀缺资源（Adler 和 Kwon，2002；Cropanzano 和 Mitchell，2005；Huang 和 Knight，2017），并期望获取相应收益作为交换。然而，相比员工与企业的社会交换，消费者的期望收益并不明确。同时，与站在“内部人”立场上，拥有“特权视角”的员工相比，处于信息劣势的消费者如何判断能否获得该期望收益的心理过程亦不明确。此两项关键问题将直接影响交换达成与否，进而决定合作关系的建立（参与）或搁浅（不参与）。对此，本专题首先将儒家仁爱观整合到社会交换理论中，建立了“以仁爱为导向的消费者期望收益矩阵”，帮助阐明中国消费者参与 Co－SR 时的期望收益，如图 5.1 所示。随后将信号理论整合到社会交换理论中，建立了“基于两阶段社会交换关系的信号传递模型”，如图 5.2 所示，帮助解析消费者判断其能否获得该期望收益的潜在心理过程。

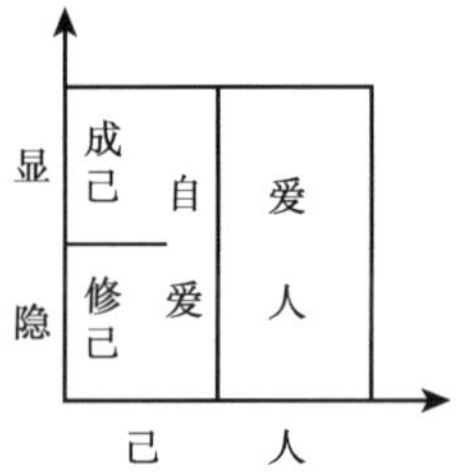

图 5.1　以仁爱为导向的消费者期望收益矩阵

2. 儒家仁爱观和以仁爱为导向的消费者期望收益矩阵

儒家思想在中国传统文化中占据主导地位，深刻影响着国人的思维与行为（王汉瑛等，2018a）。儒学以仁为本，“君子务本，本立而道生”（《论语·学而》）。仁与爱紧密关联，“爱，仁也，不爱不仁”（《郭店楚简》）。本专题以仁爱为导向建立消费者期望收益矩阵，原因在于：其一，“仁者，人也”（《礼记·中庸》），仁爱观集中体现了以人为本的人文主义精神，这与社会责任的主旨——扶危济困、周穷救急的人文主义关怀相契。其二，仁爱观并不止步于认知，更鼓励“仁以为己任”（《论语·泰伯章》）“思行合一”（《孟子·告子上》）地践行仁道，这与共创的核心——参与相契。

儒家仁爱观具有“为人”和“为己”的双重向度（涂可国，2018）。《荀子·子道》载：“子路入，子曰：‘由，仁者若何?’子路对曰：‘仁者使人爱己。’子曰：‘可谓士矣。’子贡入，子曰：‘赐，仁者若何?’子贡对曰：‘仁者爱人。’子曰：‘可谓士君子矣。’颜渊入，子曰：‘回，仁者若何?’颜渊对曰：‘仁者自爱。’子曰：‘可谓明君子矣。’”要言之，爱人体现了“为人”的向度，自爱体现了“为己”的向度。爱己与自爱一脉相承，而后者的境界更高，在爱人过程中爱己可以升华为自爱。具体而言：

其一，仁者爱人（“为人”向度）。儒家仁之思想具有利他主义的价值取向，其基本精神要义是为他人福利而奉献自我。《论语·颜渊》载：“樊迟问仁，子曰：爱人”。《荀子·议兵》载：“仁者爱人，义者循理”。孟子认为这种“爱人”思想生发于人本性中的“不忍人之心”，“人皆有所不忍，达之于其所忍，仁也……人能充无欲害人之心，而仁不可胜用也”（《孟子·尽心下》）。将这种“爱人”思想放诸整个社会，形成了儒家泛爱、博爱的思想。正所谓“鸟兽不可与同群！吾非斯人之徒与而谁与”（《论语·微子》）？在以集体主义价值观为导向的中国社会，泛爱、博爱的思想深入人心。孔子提出：“弟子，入则孝，出则弟，谨而信，泛爱众，而亲仁”（《论语·学而》），即“亲亲之爱”可以被泛化到“人人之爱”，进而成为“博爱”。孔子给予了博爱极高的道德评价，认为博爱之人可以超凡入圣。《论语·雍也篇》载：“子贡曰：‘如有薄施于民而能济众，何如?可谓仁乎?’子曰：‘何事于仁?必也圣乎！尧舜其犹病诸！夫仁者，己欲立而立人，己欲达而达人。能近取譬，可谓仁之方也已。’”儒家的追随者们也对博爱思想推崇备至。西汉贾谊提出：“德莫高于博爱人”（《新书·修政语上》）。与其同时代的儒者董仲舒认为博爱的对象应当是全人类，“仁者，所以爱人类也”（《春秋繁露·即仁且智》）。宋儒欧阳修将博爱界定为“大仁”：“臣闻愚诚虽微而苟至，可以动天；大仁博爱而无私，未尝违物”。清代学者阮元主持校刻的《十三经注疏》指出博爱是君子的品质，“君子尊贤而容众，或博爱众人也。”清代学者、教育家李毓秀编纂的《弟子规》从需求的角度提出：“凡是人，皆须爱，天同覆，地同载。”民国时期，民主革命的先驱孙中山先生从大公无私的角度阐述了博爱的本质，与其“天下为公”革命思想相统一，“博爱云者，为公爱而非私爱。即如天下有饥者，由己饥之；天下有溺者，有己溺之意。与夫爱父母妻子者有别，以其所爱在大，非妇人之仁可比，故谓之博爱，能博爱，即可谓之仁”（《孙中山全集》）。正是受泛爱、博爱思想的感召，中国人民热衷于扶危济困、博施济众，崇尚“一方有难、八方支援”。儒家将泛爱、博爱的思想达之天下万物，得出了“天下归仁”（《论语·颜渊》）“天下万物一体之仁”（《王阳明全集》）的终极社会理想，希望通过践行“爱人”来平治天下。

其二，仁者自爱（“为己”向度）。“爱人”是从“自爱”的本源发轫的，“自爱”是“爱人”的逻辑起点，二者是“源”与“流”的关系。正如郭店竹简《尊德义》所载，“察诸出所以知己，知己所以知人，知人所以知命，知命而后知道，知道而后知行。”如若儒家仁爱观仅有“爱人”维度，那么“爱人”将顿失强大而持久的内驱力和生命力；相反，如若仁爱观仅停留在“自爱”上，那么“自爱”将陷入狭隘、偏私的困境。“自爱”的境界比“爱人”更高一筹，孔子用士、士君子、明君子依次来形容“爱己”“爱人”“自爱”，可见其对“自爱”的认可与推崇。本专题从“修己”（隐）和“成己”（显）两个方面来阐释“自爱”。

儒家将“修己”作为实现心灵超越、追求理想人格、臻于仁道极致的必由之路。《论语·宪问》载：“子路问君子。子曰：‘修己以敬。’曰：‘如斯而已乎？’曰：‘修己以安人。’曰：‘如斯而已乎？’曰：‘修己以安百姓。修己以安百姓，尧舜其犹病诸？’”本专题从仁与美、仁与乐、仁与寿三个方面来阐述践行仁爱在“修己”上的利得。①仁与美。儒家对仁爱的追求是一场审美体验。善与美总是相伴相生、相辅相成：“移风易俗，天下皆宁，美善相乐”（《荀子·乐论》）。《论语·里仁》载：“里仁为美”，认为心灵居仁爱之乡是一种非常美好的体验。《论语·宪问》将君子之学的目的界定为“以美其身”，即个体道德修养和人格的完善和提升，同时将小人之学的目的界定为“以为禽犊”，即案牍劳形、取悦于人。②仁与乐。仁的审美体验自然生发出一种道德感官（Moral Sense）的愉悦。相比视觉、听觉、味觉、嗅觉等外在的快感而言，道德感官所触发的德性之乐是一种内在的、更为强烈和持久的快乐（刘云超，2020）。儒家将这种快乐界定为一种自然生发的、“良知”合一的“孔颜之乐”。《郭店竹简》载：“不恋不悦，不悦不戚，不戚不新（亲），不新（亲）不爱，不爱不仁”，又载：“君子无中心之忧则无中心之智，无中心之智则无中心之悦，无中心之悦则不安。不安则不乐，不乐则无德。君子无中心之忧则无中心之圣，无中心之圣则无中心之悦，无中心之悦则不安，不安则不乐，不乐则无德。”可见仁爱与悦、乐紧密相联。仁爱可喻为儒者的饕餮盛宴，践行仁道以飨自心能感知内心的安乐和精神的无限满足。反言之，践行仁道也是心灵救赎的解忧过程。《孟子·告子上》提出：“仁，人心也；义，人路也。舍其路而弗由，放其心而不知求，哀哉！人有鸡犬放，则知求之，有放心而不知求。学问之道无他，求其放心而已矣。”“求放心”的过程也即自我救赎，返璞归真的过程，从而帮助达到“仁者不忧”的境界（《论语·子罕》）。③仁与寿。践行仁道不仅可以触发心灵的美感与愉悦，也可滋养仁人志士之身。所谓“富润屋，德润身，心广体胖”（《大学》）。披德润身者体常舒泰，自然容易达到“仁者寿”（论语·雍也》）。东汉儒士荀悦探究：“或问：仁者寿，何谓也?”“曰：仁者内不伤性，外不伤物，上不违天，下不违人，处正居中，形神以和，故咎征不至而休嘉集之，寿之术也”（《申鉴·俗嫌篇》）。即仁者既不伤害本性，也不伤害外物，对上不违天道，对下不悖人伦，为人处事公正，形与神协调统一，所以外邪不侵、疾病不染、美好汇聚，这就是长寿的原因。北宋儒士邢昺则从清心寡欲的角度解读了“仁者寿”的原因，“仁者寿者，言仁者少思寡欲性常安静，故多寿考也”（《论语注疏》）。

仁爱的“为己”向度不仅体现在“隐”的“修己”上，也体现在“显”的“成己”上。《中庸》所谓“成己，仁也。”仁者所显扬的是令名，即高尚之名。孔学之仁“乃全德之名。”“君子去仁，恶乎成名?”（《论语·里仁》），即君子如果离开仁德，那怎么成就他的名声呢？关于“成己”，儒家提出了良贵说和天爵说。①良贵说。孟子曰：“欲贵者，人之同心也。人人有贵于己者，弗思耳矣。人之所贵者，非良贵也。赵孟之所贵，赵孟能贱之。《诗》云：‘既醉以酒，既饱以德。’言饱乎仁义也，所以不愿人之膏粱之味也；令闻广誉施于身，所以不愿人之文绣也”（《孟子·告子上》）。孟子正视和承认人皆有尊贵之心，但他认为加官进爵式、腰金衣紫式世俗意义上的尊贵并非真正的尊贵。“既饱以德，饱乎仁义”才是真正的尊贵，即“良贵”。若能“广誉施于身”，则珍馐佳肴会淡然无味，华服锦衣亦黯然失色。②天爵说。孟子曰：“有天爵者，有人爵者。仁义忠信，乐善不倦，此天爵也；公卿大夫，此人爵也。古之人修其天爵，而人爵从之。今之人修其天爵，以要人爵；既得人爵，而弃其天爵，则惑之甚者也，终亦必亡而已矣。”孟子认为有两种爵位存世，一种是德高望重的天爵，另一种是位高权重的人爵。人爵无须刻意追求，当获得天爵时，人爵自然随之而来。但世人往往本末倒置，追求人爵而放弃天爵。唐朝诗人白居易诗云：“身闲当贵真天爵，官散无忧即地仙”（《池上即事》）。清朝思想家、政治家、文学家魏源在《默觚上·学篇二》提出：“克己之谓强，天爵之谓贵。”

基于此，本专题从己—人和显—隐两个维度提出以仁爱为导向的消费者期望收益矩阵，如图5.1所示。该矩阵认为，消费者在参与Co－SR时，期望从社会交换中满足“爱人”与“自爱”（包括“修己”与“成己”）的双重伦理诉求。该双重诉求一体内外、显隐和衷。

3. 信号理论和基于两阶段社会交换关系的信号传递模型

信号理论（Signal Theory）认为信号接收者会根据可观测的信号来甄别“商品”的真实质量（Bergh等，2014）。信号被定义为市场中一方参与者的某种属性或行为，它可以有意或无意地向市场另一方参与者传递信息并改变其信念。质量是满足信号接收者需求的潜在的、不可观测的因素。例如，求职者不可观测的能力作为潜在质量可以通过学历、培训证明等信号传达出去。再如，公司不可观测的、未来获取现金流的能力作为潜在质量，可以通过财务结构或管理激励等信号传达出去。

信号理论的前提是“内部人”与“外部人”之间存在信息不对称。由于信息不对称，真实的质量信息是隐藏的，“外部人”只能依赖于“内部人”向外发送的信号对质量进行判断（Stiglitz，2002；Sanders和Boivie，2004；Zhang和Wiersema，2009；Lev等，2010）。

Spence（1974）提出的“昂贵的信号成本模型”被公认为信号理论的主导范式。该模型认为，昂贵的信号才是有效的信号。因为只有昂贵的信号可以明确区分潜在高质量与低质量的“商品”，达到分离均衡（Separating Equilibrium）（Bergh等，2014）。当信号昂贵时，“商品”潜在质量低的企业无力发送信号。换言之，“商品”潜在质量低的企业必须投入与收益不成正比的高额成本，才能发送与“商品”潜在质量高的企业同样的信号。而当信号廉价时，“商品”潜在质量低的企业可以选择伪造信号，具体而言：

在 Spence（1974）的开创性研究中，他将信息不对称引入劳动经济学模型，模拟和阐述了培训认证的信号功能，阐明了信号理论为信号发送者和接收者提供最优决策方案时的效用。该研究涉及一个假设的劳动力市场，在该劳动力市场中有三个参与者，分别是雇主 A、潜在工人 B 和潜在工人 C。假设雇主 A 愿意为一个高素质（低素质）的员工支付 200（100）美元来完成一项工程。劳动力市场中有潜在工人 B 和潜在工人 C 可以被雇佣，但是雇主 A 缺乏关于求职者真实素质的信息，直到有人真正被雇佣并开始工作后才能确定他们的素质是高或低。为了避免“向低素质的工人支付高价”的风险，雇主 A 可以选择向任一被雇佣的工人支付低价，即 100 美元。然而这样做很可能导致低素质的工人被雇佣，因为高素质的工人不太可能接受低工资。此时，雇主可以将应聘者是否具备相关培训认证作为一个甄别信号。对于两个潜在雇员而言，认证的成本并不相同。高素质的工人可以通过参加一次课程而获得认证（价值 60 美元），而低素质的工人则必须参加两次课程（价值 120 美元）。如表 5.1 所示，对于高素质的工人而言，获得认证是经济的（获得认证后他将获得 140 美元的净收益，而未获认证他将获得 100 美元）；而对于低素质的工人，获得认证是不经济的（获得认证后他将获得 80 美元的净收益，而未获认证他将获得 100 美元）。

表 5.1　Spence（1974）劳动力市场分离均衡　　单位：美元

工人	认证成本	薪酬	差异
高素质	60	200	140
高素质	0（放弃认证）	100	100
低素质	120	200	80
低素质	0（放弃认证）	100	100

可见，培训认证作为一个信号，为参与各方创造了一个分离均衡。只要雇主和工人都是理性的，高素质的工人就会选择获得认证，而低素质的工人则不会。因此，从雇主的角度，工人是否取得认证作为一个有效信号将高素质和低素质的工人区分开来，达到了“分离”状态。如果高素质的员工在被雇佣后满足了雇主的预期并获得了相应的报酬，那么信号被确认，稳定的“均衡”状态达成，均衡解是帕累托最优解。

相比成本低廉、苍白无力、易于粉饰的语言，行为是更为昂贵的信号。因此，信号理论关注信号发送者的行为（Connelly 等，2011）。以管理层持股为例，管理层持股行为可以向企业外部的潜在投资者传达以下双重信号：其一，企业具有较高的价值、盈利能力和乐观的发展前景（Connelly 等，2010）；其二，作为“内部股东”的管理层倾向于做出与“外部股东”偏好一致的决策（Jensen 和 Meckling，1976；Filatotchev 和 Bishop，2002）。管理层持股的信号是昂贵的，因为在企业具有较低的价值、盈利能力和悲观的发展前景时，如果管理层选择持股作为信号，那么一旦企业的“真实”情况被揭穿，管理层将面临“真金白银”的财富损失（Johnson 和 Greening，1999）。再如，发行新股通常被认为是一个负面信号，它传达出的信息是管理层认为公司股价被高估（Myers 和 Majluf，1984）。企业发行新股的行为与企业家在公开场合发表公司股价被低估的言论相比，显然前者更为可靠。同样，公司长期向投资者支付股息也是一个有效信号，因为只有高质量的公司才有能力长期支付股息；而低质量的公司无力发出这种信号。获得 ISO9000 认证也是有效信号。与高质量的制造商相比，低质量的制造商通过该认证的成本更为昂贵。因为 ISO9000 认证过程耗时且严谨，在认证过程中舞弊十分困难，为此低质量的制造商需要付出极大努力做出颠覆性变革才能达到认证标准，从而通过认证（Connelly 等，2011）。

鉴于此，本专题关注员工行为的信号作用，员工作为企业的“代言人”通过其行为向外界传达着企业的形象、合法性等（Aldrich 和 Herker，1977；Bettencourt 等，2005）。具体到 Co-SR 情境中我们关注员工的角色内参与行为和角色外参与行为。二者作为信号媒介联结着两阶段的社会交换过程，第一阶段是企业与员工（“内部人”）的社会交换，第二阶段是企业与消费者（“外部人”）的社会交换。员工的角色内和角色外行为既是第一阶段社会交换的结果，也是第二阶段社会交换的前因。据此，本专题构建了基于两阶段社会交换关系的信号传递模型（见图 5.2）。结合以仁爱为导向的消费者期望收益矩阵和基于两阶段社会交换关系的信号传递模型，消费者通过员工角色内和角色外行为所传达出的信号来判断其参与 Co-SR 项目能否满足“爱人”与“自爱”的双重伦理诉求，从而决定是否达成社会交换，建立合作关系。

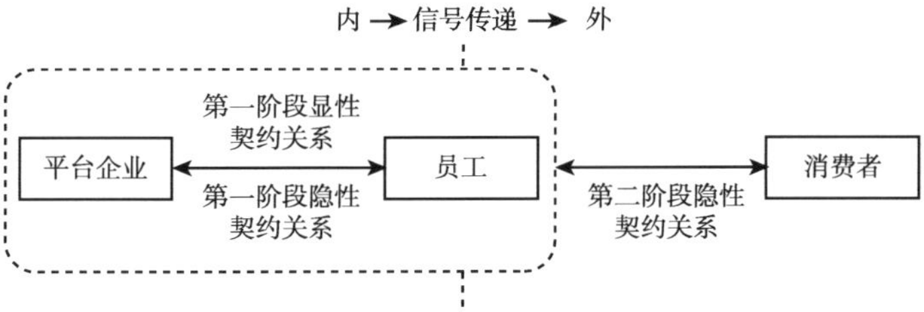

图 5.2　基于两阶段社会交换关系的信号传递模型

5.2.2　研究假设

1. 员工角色内参与对消费者参与意愿的影响

高度的员工角色内参与向消费者传递了以下信号：Co－SR 深度嵌入了企业与员工的显性契约中，具有较高的价值性、专业性和可持续性。在价值性方面，嵌入性突破了经济价值与社会价值二元对立的狭隘思维模式，证明在 Co－SR 项目选取阶段，企业经过深思熟虑后发现了“做生意”与“做公益”的交叉点和盲点。在专业性方面，利用在主业中积累的核心专业能力可以保证项目实施阶段的战略导向，避免了“东一榔头，西一棒槌”式的失序和低效。在可持续性方面，经济回报将持续哺育公益项目，使之层层递进、一以贯之，避免沦为“无源之水，无本之木”。事实上，近年来越来越多的学者和企业家已经意识到将社会责任活动与日常运营相结合的重要性（McShane 和 Cunningham，2012）。尤其在解决复杂社会问题、应对重大社会挑战时，具有价值性、专业性和可持续性的社会责任活动发挥着至关重要的作用（Bapuji 等，2020）。

基于价值性、专业性和可持续性信号，消费者判断参与该项目更容易达到预期的社会目标（“爱人”）；同时能获得宝贵的学习和成长机会（Kolk 等，2016）（“修己”）；并为个人履历“镀金”，完善其人力资源管理规划（“成己”）。据此，本专题提出如下假设：

H1：在 Co－SR 项目中，消费者感知的员工角色内参与程度越高，消费者的参与意愿越强。

2. 员工角色外参与对消费者参与意愿的影响

高度的员工角色外参与向消费者传递了以下信号：员工与企业签订了高质量的隐性契约，员工感知到了较强的组织公平和组织支持。在公平性方面，组织公平被认为是积极的组织—员工交换关系之基（Zhao 等，2022）。只有员工自身得到公平待遇时，他们才会通过角色外行为来“投桃报李”（Zapata 等，2016）。在支持性方面，诸如带薪休假、弹性工作制等时间支持政策可以帮助员工协调角色冲突，减缓角色压力；财务支持政策为员工的角色外参与提供了设施、设备、赞助、交通补贴等物质基础；心理支持政策帮助员工处理工作—公益冲突，减轻情绪衰竭，克服社交恐惧，提升参与的热情、意义感和幸福感（Rodell 等，2016；Aguinis 和 Glavas，2019）；舆论支持政策可以防止员工参与被“污名化”，杜绝给参与员工恶意“贴标签”（“软柿子”“滥好人”“多管闲事”等）的行为。

基于公平性和支持性信号，消费者作为拟加入的“兼职员工”，预期能够在参与中得到尊重和支持，拥有愉悦的参与体验（“修己”）；其个人的建议能够得到应有重视，完成自我实现（“成己”）；同时，公平的参与程序也提高了项目的成功率，增强了参与者的反应效能感，即预期其参与行为有效的信念（“爱人”）。据此，本专题提出如下假设：

H2：在 Co－SR 项目中，消费者感知的员工角色外参与程度越高，消费者的参与意愿越强。

3. 员工角色内、角色外参与对消费者参与意愿的联合作用

信号的有效性很大程度上取决于信号的一致性（Connelly 等，2010；Celani 和 Singh，2011；Jakob 等，2022）。基于详尽可能性模型（Elaboration－Likelihood Model，ELM），信息主要通过两种路径处理：中央路径或外围路径（Petty 和 Cacioppo，1990）。由于一致性信号具有交叉验证作用，所以容易激活自发的、简化的信息加工程序——外围路径，使信号接收者几乎不假思索地信赖信号所承载的信息（Lamberg 等，2009；Connelly 等，2011；Stern 等，2014）。基于此，员工的角色内、角色外参与在高水平上的一致共同传达出了高质量的组织—员工交换信号。此时，消费者更可能启动外围路径对信号进行处理，推测其在参与中同样可与企业建立高质量的交换关系，满足“爱人”与“自爱”的双重伦理诉求。据此，本专题提出如下假设：

H3：在 Co－SR 项目中，消费者感知的员工角色内、角色外参与程度在高水平上的一致比在低水平上的一致更容易提升消费者的参与意愿。

相反，不一致的信号则容易激活中央路径，使信号接收者陷入缜密的逻辑推理程序（Jakob 等，2022）。动机归因是理性解读不一致信号的关键（Berscheid 等，1976；Feldman，1981；Allen 和 Rush，1998；Dang 和 Nguyen，2021），也是影响 CSR 发挥积极作用的关键因素（颜爱民等，2020）。首先，根据归因的折扣原则（Discounting Principle），不一致的信号互为“噪音”，干扰、削弱了原信号的影响（Kelley，1973）。其次，基于消极偏见（Negativity Bias），人们对消极信号更敏感，因而会在决策中赋予其更大权重。最后，消极信号占据“上风”，导致信号接收者对积极信号的真实动机产生怀疑，使其不仅难以传达积极属性，而且产生了适得其反的作用（Cording 等，2014；Stern 等，2014）。

员工的角色内参与度高而角色外参与度低时，消费者不仅认为 Co－SR 项目缺乏公平性和支持性，而且倾向于将高角色内参与的动机归因为“唯利是图”。正如 Chun 和 Giebelhausen（2012）研究发现，在营销人员的劝说性尝试中，不一致的信息会引起额外的关注和思考，使消费者怀疑绿色营销策略仅仅是为了增加销售额而非保护环境。相反，员工的角色外参与度高而角色内参与度低时，消费者不仅认为 Co－SR 项目缺乏价值性、专业性和可持续性，而且倾向于将高角色外参与的动机归因为“沽名钓誉”。正如 Vergne 等（2018）、Zhu 等（2022）所述，消费者经常怀疑企业打着美德的旗号来“粉饰门面”。并且，共创性也容易被解读为企业既想展现社会责任关注，又吝于投入资源（Rodell 等，2020）。归因会塑造消费者的后续行为，降低其参与意愿（Dang 和 Nguyen，2021）。以员工角色内参与度为横坐标，以员工角色外参与度为纵坐标的企业类化矩阵如图 5.3 所示。据此，本专题提出如下假设：

H4：在 Co－SR 项目中，消费者感知的员工角色内、角色外参与程度越一致，消费者的参与意愿越强。

当消费者感知的员工角色内参与和角色外参与度不一致时，我们预期差异化的不一致方式会产生非对称效应：相比员工角色外参与度高于角色内参与度，角色内参与度高于角色外参与度时，消费者的参与意愿更强。原因在于，相较于“唯利是图”，消费者可能更反感“沽名钓誉”。因为“唯利是图”的

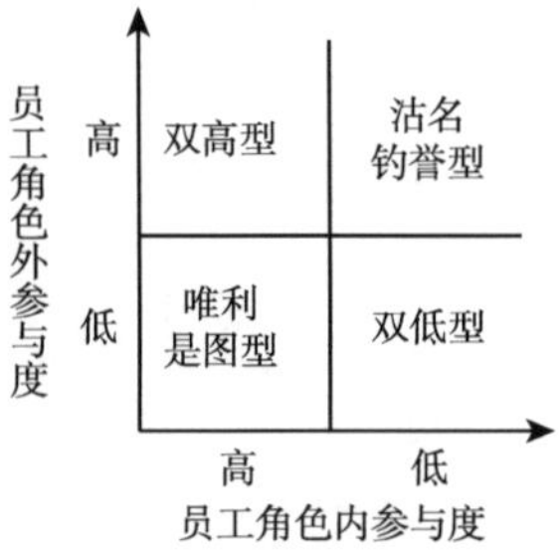

图 5.3　企业类化矩阵

企业起码真正拥有“硬实力”，具备工具性功能；而“沽名钓誉”的企业则只具备一定象征性功能（Lievens 和 Highhouse，2003；Connelly 等，2018）。前者被认为是寻找称职潜在合作伙伴的支配性属性（Kong 等，2014）。据此，本专题提出如下假设：

H5：在 Co－SR 项目中，当消费者感知员工的角色内、角色外参与程度不一致时，与角色外参与程度高于角色内参与度相比，角色内参与程度高于角色外参与程度时，消费者的参与意愿更强。

4. 消费者信任的中介作用

信任是达成社会交换和建立合作关系的基础（Blau，1964）。它被定义为一方对另一方做出预期行为、展现预期品质、达成预期目标的信心（Hart 和 Saunders 1997；Sirdeshmukh 等，2002）。信任绝非轻信，消费者对企业能力、善意态度以及正直的感知是信任形成的关键条件（Butler，1991；Mayer 等，1995；Dunn 和 Schweitzer，2005）。本专题认为，员工角色内和角色外参与度越一致，参与水平越高时，消费者对企业的信任越强。具体而言：首先，高度的员工角色内参与传达出的价值性、专业性和一致性的信号展现了企业的能力；其次，高度的员工角色外参与传达出的公平性和支持性信号展现了企业的善意；最后，一致的信号避免了“唯利是图”“沽名钓誉”的机会主义动机归因，展现了企业的正直（Connelly 等，2018）。

《论语·阳货篇》载：“信则人任焉”，任可解为任用。作为一个未来导向的构念，信任可以有效促进合作（De Dreu 等，2000）。其原因在于，信任提高了消费者的安全感，减少了他们的自我防御和自我保护（Tan 和 Lim，2009；

Kong 等，2014；Afridi 等，2020）；并鼓励其在面临不确定性和模糊性时，始终坚持合作精神（Das 和 Teng，2002）。简言之，信任可以被看作“合作许可证”（Cowton，2002）。据此，本专题提出如下假设：

H6：在 Co – SR 项目中，消费者感知的员工角色内、角色外参与程度的联合作用通过消费者信任来影响其参与意愿。

5. 消费者预期自豪的中介作用

预期自豪描述了个体从准组织成员身份中获取的愉悦感和自尊感（Jones，2010）。它植根于个体的自我提升动机，即个体在社会比较中努力提升其自我评价和社会评价的倾向（Ng 等，2019）。具体而言，自豪同时具有成就导向、关怀导向和道德导向（Antonetti 和 Maklan，2014；Septianto 等，2021a）。加入一个能力非凡的、关怀型、有道德的组织将触发有利的社会比较，使个体沉浸在群体荣耀的“光环”之中，产生预期自豪（Boezeman 和 Ellemers，2008；Jones 等，2014；De Roeck 等，2016）。高度的员工角色内参与、角色外参与及一致性分别侧重于传达企业能力、关怀和道德的信号。据此，我们预期员工的角色内、角色外参与度一致，参与水平越高，越容易触发消费者有利的社会比较，满足其自我提升动机。

预期自豪具有吸引效应、亲社会效应、激活效应和自我调节效应，四种效应均可促进消费者参与 Co – SR。其一，吸引效应。预期自豪会触发接近性动机（Approach Motivation），吸引个体实施引发该情绪的行为（Thrash 等，2010），加入可强化自身积极形象的社会群体中（Tyler，1999；Helm，2013）。其二，亲社会效应。作为一种积极的道德情绪，预期自豪与使命感、责任感相关，它激励个体实施慈善捐赠、志愿服务等提升社会整体福利的亲社会行为（Kim 和 Johnson，2013；Zollo，2021）。其三，激活效应。从进化心理学视角，自豪可以增加心血管输出量和肾上腺活性，从而有效激活个体的兴趣、活力、热情，提高其注意力和认知能力（Fourie 等，2011）。因此，自豪可以向个体的“能量银行”存储“能量资源”，进而为参与行为提供充足的“燃料”（Quinn 等，2012；Zipay 等，2021）。其四，自我调节效应。自豪可以作为一种积极的自我调节或自律机制，帮助个体管理其社会行为（Webster 等，2003；Tracy 和 Robins，2007；Spraggon 和 Bodolica，2015）。其原因在于，自豪往往与力量感、优越感、自信心、乐观、自我效能感和内在动机相伴相生，它们激励个体通过积极行为来控制、影响积极结果（Kraemer 等，2020）。总之，预期自豪是一种重要的心理资源（Kraemer 等，2020），吸引效应、亲社会效应从“我要”的角度来提升消费者的参与意愿，而激活效应和自我调节效应则从“我能”的角度来提升消费者的参与意愿。据此，本专题提出如下假设：

H7：在 Co－SR 项目中，消费者感知的员工角色内、角色外参与程度的联合作用通过消费者预期自豪来影响其参与意愿。

5.3 研究设计

5.3.1 实验组设计

本专题设计了一组 2（感知的员工角色内参与度：高 vs. 低）×2（感知的员工角色外参与度：高 vs. 低）的组间实验，检验在 Co－SR 项目中，消费者感知到的员工角色内、外参与程度对消费者参与意愿的影响，以及消费者信任和预期自豪在其中所起的中介作用。与组内设计相比，组间设计可以有效减少传递效应（包括练习效应和疲劳效应）和需求特性。

5.3.2 刺激物设计

1. 平台企业名称与规模

为排除品牌熟悉度可能带来的噪音干扰，本专题采用了虚拟的企业名称。为增强被试的身临其境感，我们舍弃了 A、ABC 之类的简化名称。本领域内的 5 位硕士生和 1 位博士生采用头脑风暴法拟定了以下 18 个企业名称：星火、启善、向善、乐善、臻善、小善大爱、缘·援·圆、善缘、共济、兼济、聚爱、大爱无疆、益心、泰山、合和、仁人、益拉灌、有为。20 名普通消费者经过讨论后，决定选取“泰山”作为实验的企业名称。首先，“泰山”同时作为企业名称和公益众筹平台名称均无违和感；其次，泰山有否极泰来和“人心齐，泰山移”的双重含义，不仅迎合了公益众筹的美好希冀，而且强调“众”力；再次，泰山地处山东省，与儒家文化渊源颇深，契合中国情境；最后，该名称表述简洁、易于传播。

Howard 和 Serviss（2022）指出，中、小型组织往往面临资源匮乏的窘境，其发起或参与 CSR 项目很容易被烙上“要面子不要里子”的标签，因此本专题将泰山公司界定为一个大型企业。

2. 共创型社会责任项目主题

通过阅读相关文献并浏览国内外各大公益众筹平台，本专题初步筛选出 10 大类 Co－SR 项目，按英文首字母排序如下：动物保护（如新浪微博“熊猫守护者”项目）、儿童关爱（如腾讯公益“小朋友画廊”活动）、扶贫（如帕尼罗咖啡馆“日终食物捐赠”项目）、环境保护（如再生银行“垃圾回收”项目）、疾病救助（如“冰桶挑战”）、教育（如运通公司“青年导师”项目）、女性权益保护（如古驰“希望响钟”运动）、特殊人群关爱（如小米公司“声音配型捐赠”项目）、文化（如运通公司“保护主干道”运动）、性少数群体（LGBT）支持（如塔吉特“骄傲”运动）。当然这 10 大类项目之间有一定重叠，比如残障女童可能同时是女性权益保护、特殊人群关爱、儿童关爱、教育类项目的受益人，但这些项目的侧重点各异。

然后，通过问卷星向 49 名市场营销专业的本科生发放问卷，要求他们对以上 10 类项目的重要性和熟悉度进行排序，有效问卷回收率为 63.265%。调查结果显示，重要性由高到低为：儿童关爱、扶贫、环境保护、女性权益保护、疾病救助、教育、特殊人群关爱、动物保护、文化、性少数群体支持。熟悉度由高到低依次为儿童关爱、动物保护、扶贫、环境保护、疾病救助、教育、女性权益保护、特殊人群关爱、文化、性少数群体支持。问卷调查结果与 Nesbit 等（2012）的研究结论一致，鉴于大部分家庭都“下有小”，与儿童相关的公益项目一直备受欢迎。Breeze 和 Wiepking（2020）指出，与大多数人生活息息相关的项目会引发集体同理心，从而被广泛认为是重要的、有价值的。因此，本专题将 Co－SR 项目主题设定为童书捐赠（儿童关爱类）。

此外，根据社会心理学的接近性假设，“善行往往发生在家附近”（Boschma，2005；李彬等，2019）。出于地理空间的邻近，被试对国内项目更容易产生亲近感。反言之，如果将受益人设定在国外，被试不仅无法获得本土合法性，而且容易担忧其“舍近求远”的援助会引起“媚外”的指责，从而对实验结果造成干扰。因此，本专题将 Co－SR 项目的受益人框定在国内。

3. 虚拟场景开发与变量操控

本专题参照 Spiller（2000），Shen 和 Zhu（2011）、Gond 等（2011）、McShane 和 Cunningham（2012）、Kolk 等（2016），以及当当网“百万捐书计划”、轻松筹“病房图书馆”项目、京东公益“旧衣新生”项目、运通公司“青年导师”项目等现实案例来开发虚拟场景，进行变量操控。使用虚拟场景可以减少社会赞许性等反应偏差，也允许研究者向被试呈现标准化刺激，从而消除现实生活经历可能带来的潜在混淆（Robert 等，2009；Lee 和 Tao，2020）。

4 位本领域的硕士研究生采用头脑风暴法提出了以下 8 个项目名称：“让书籍走进大山”“盖一所‘黄金屋’”“书香暖人”“让书籍行走”“真情速递，书途童归”“知识留已心，书籍赠小童”“绿书成荫”“书香漂流，梦想启航”。1 位商业伦理领域和 1 位金融领域的副教授经过讨论后决定采用“真情速递，书途童归”作为 Co－SR 项目名称。

项目的背景信息是：泰山公司是一家大型零售电商，泰山公益是泰山公司成立并运营的网络公益众筹平台。项目的共同描述是：泰山公司联合中华少年儿童慈善救助基金会、中国青少年发展基金会依托泰山公益平台发起名为“真情速递，书途童归”的旧书捐赠项目。本项目旨在为我国贫困山区儿童撒播知识的种子，打开心灵的窗户，点亮希望的明灯，守护精神的家园！您只需要将旧书打包好，点击“立即捐赠”，在线填写相关信息即可。为提升捐赠效率、节约公益成本，单次捐赠不少于 5 本，请尽量保持图书整洁。符合要求的图书将被送到贫困山区儿童手中，不符合要求的图书将被拆解出售以避免浪费。本项目的所有费用由泰山公司承担，所有收益将用于改善贫困山区儿童的教育条件。变量操控材料如下。

（1）员工角色内参与度高的场景。员工角色内参与度高的场景如本章附录图 A5.1 所示，具体描述为：秉承科技赋能公益的理念，泰山公司员工在工作职责内深度参与本项目。依托优质的自营物流，大数据、云计算、人工智能等企业核心技术，以及企业在图书管理方面长期积累的专长和经验，泰山公司员工将负责图书的清洁、修补、分类、筛选、匹配和全程物流跟踪。企业已经建立了正式的社会责任部门来管理和协调各职能部门员工的职责。本场景的标语是：专业，意义，持续！

（2）员工角色内参与度低的场景。员工角色内参与度低的场景如本章附录图 A5.2 所示，具体描述为：泰山公司将与 5 家物流公司合作完成上门取书服务。图书将被统一打包送往合作的非营利组织仓库，并由非营利组织进行清洁、修补、分类、筛选。泰山公司员工在工作职责内参与本项目，负责将图书和受益人进行匹配，之后再由物流公司打包派送给受益人。本场景的标语是：爱心，暖心，热心！

（3）员工角色外参与度高的场景。员工角色外参与度高的场景如本章附录图 A5.2 所示，具体描述为：秉承全员参与、全过程参与的理念，泰山公司员工还在工作职责之外自愿参与本项目。公司所有部门的员工参与了项目提案、投票、策划（包括编制策划案、拟定图书捐赠标准、选择合作的非营利组织等）。员工还成立了泰山志愿者协会，志愿者除捐赠图书外，还在项目执行期间提供协调、沟通等义务服务，并通过线上、线下渠道参与本项目的"朗读活动""一对一导师辅导""国学经典导读"。企业为参与员工提供统一着装，并制定了专门的工作与生活平衡计划。本场景的标语是：鼓励员工在工作职责外全员参与、全过程参与！

（4）员工角色外参与度低的场景。员工的间接参与（亦称被筛选的参与、被过滤的参与）和阶段性参与容易被解读为象征性或边缘性的（Liu 等，2010）。据此员工角色外参与度低的场景如本章附录图 A5.1 所示，具体描述为：泰山公司的员工还在工作职责范围之外自愿参与本项目。公司管理层负责拟定合作的非营利组织候选名单，由各部门的主管自愿投票选出合作的非营利组织。各部门推选 1—3 名员工代表参与到项目的协调、沟通等义务服务中。企业为参与员工提供统一着装。本场景的标语是：鼓励员工在工作职责外参与！

5.3.3　变量测量

除人口统计学变量外，其余变量均采用 7 点 Likert 量表来测量，得分越高表示消费者感知的员工角色内、角色外参与度越高，消费者的信任、预期自豪、参与意愿越强。本专题对原始量表进行了适当改编以适应研究情境。

（1）员工角色内参与度（Perceived Employee's Level of In – Role Participation，PEIR）。采用 Williams 和 Anderson（1991）开发的量表，包含 3 个题项"泰山公司的员工在工作职责范围内参与该项目的程度""泰山公司的员工在岗位描述的责任范围内参与该项目的程度""基于预期工作任务设定，泰山公司的员工参与该项目的程度”。

（2）员工角色外参与度（Perceived Employee's Level of Extra – Role Participation，PEER）。采用 Netemeyer 等（2005）的量表，包含 3 个题项“泰山公司的员工超出工作职责范围参与该项目的程度”“泰山公司的员工超出工作要求自愿参与该项目的程度”“在该项目中，泰山公司的员工帮助解决超出公司预期或要求的问题的程度”。

（3）消费者信任（Consumer Trust，CT）。来自 Sichtmann（2007），被 Hur 等（2020）等后续研究广泛采用，包含 3 个题项“我认为该项目是可靠的”“我认为该项目是可信任的”“我认为该项目是值得信赖的”。

（4）消费者预期自豪（Consumer Anticipated Pride，CAP）。采用 Ng 等（2019）开发的量表，包含 4 个题项“我会为参与这个项目而感到自豪”“我会自豪地告诉别人我将参与这个项目”“与这个项目建立个人联系会使我感到自豪”“我会为自己即将成为这个项目团队的一员而感到自豪”。

（5）消费者参与意愿（Consumer Participation Intention，CPI）。量表来自 Grau 和 Folse（2007），共有 3 个题项“我愿意参与这个项目”“我考虑通过参与该项目为贫困山区的儿童提供帮助”“我很可能通过参与该项目为贫困山区的儿童做出贡献”。

（6）社会赞许性（Social Desirability Bias，SD）。由于本专题的关键变量均涉及消费者知觉，所以宜采用自我报告的数据。然而，自我报告的数据会不可避免地产生社会赞许性偏差，即被试根据一般社会价值倾向来刻意自我粉饰而产生的偏差（Randall 和 Fernandes，1991；Chung 和 Monroe，2003；Auger 和 Devinney，2007）。简言之，被试的答案是“投其所好”而非自我真实观点的表达。在敏感的伦理场景中，社会赞许性偏差的影响尤甚（王汉瑛等，2018a）。社会赞许性量表来自 Hays 等（1989），被 Hur 等（2020）等后续研究广泛采用，共包含 5 个题项“即使对不友好的人，我也是彬彬有礼”“我有时会利用别人（R）”“我有时会试图报复，而不是选择原谅或忘记（R）”“当我不能如愿以偿时，我会感到愤恨（R）”“不管谁与我说话，我总是一个好的倾听者”。

（7）其他控制变量。参照 Lee 等（2019）、Hur 等（2020），本专题将消费者的年龄（Age）、性别（Gender）作为控制变量。

5.3.4　前测

1. 关于测量工具适用性的前测

在正式实验前，本专题选取 35 名市场营销专业的本科生进行测量工具清晰度和有效性的前测。首先，根据被试提出的意见，对实验材料的表意不清和烦琐之处进行了修改，修改后的问卷和刺激材料呈现出了较高的清晰度（$M_{清晰度}=6.029$，1 = 非常不清晰，7 = 非常清晰）。其次，参照 Dabholkar 和 Bagozzi（2002），Cha 等（2016），用 2 个题项来检验刺激材料的有效性：其一，场景描述是现实的（现实性）；其二，我不难想象自己处于该情境中（可涉入度）。刺激场景呈现出较高的现实性（$M_{现实性}=5.114$，1 = 非常不现实，7 = 非常现实）和可涉入度（$M_{可涉入度}=5.743$，1 = 非常困难，7 = 非常容易）。

2. 关于样本适用性的前测

正式实验拟采用 MBA 学生作为被试。Jakob 等（2022）指出，信号的有效性不仅取决于发送方和信号的特征，也受接收方影响。为此，本专题招募了 42 位 MBA 学生来测试样本是否适用。Donia 等（2019）提出，只有意识到社会责任重要的消费者才会对相应刺激做出回应，因此本专题询问被试对“在我看来，组织或个人参与社会责任活动非常重要”的同意程度（7 点 Likert 量表，1 = 完全不同意，7 = 完全同意）。调查表明 MBA 学生普遍认识到了社会责任的重要性（$M_{重要性}=6.024$），这可能源于 MBA 学生接受过系统的商业伦理和 CSR 课程教育，该群体可以作为实验样本。

3. 半结构化访谈

为了初步验证理论模型的科学性，本专题在正式实验前对 20 位普通消费者（10 位男性、10 位女性，老年、中年、青年龄分布均匀）进行了半结构化访谈。我们明确列示了基于公益众筹平台的 Co－SR 的概念和 3 个实例，并指出主要的参与方式是捐钱、捐物、转发到社交媒体、意见反馈、志愿活动等。要求被试回答是否参与过基于公益众筹平台的 Co－SR？参与的动因是什么？不参与的原因是什么？

结果显示，14 位被试曾参与过此类活动。参与的动因主要包括：帮助和关怀他人；获得满足感、安心感、意义感、价值感；感到快乐、兴奋、自豪、幸福，享受参与的过程；减轻犯错之后的内疚感；在“朋友圈”获得关注、赞赏、尊重，积累“谈资”；建立社交关系；建立和拓展技能、经验；从疲倦的日常生活中暂时抽离出来。这些动因可以被分类归集到爱人和自爱（修己、成己）维度，初步验证了“以仁爱为导向的期望收益矩阵”的合理性。不参与的原因主要是：担心企业诚信，担心被“诈捐”；自戴“怀疑滤镜”，质疑企业发起 Co – SR 项目只是为了“作秀”或“圈钱”；担心企业能力不足；担心项目是“拍脑袋的”；担心企业“三分钟热度”，项目杂乱无章；认为受益人选择不合理；认为企业员工付出过少，心理不平衡；公益众筹诉求过多，导致无所适从；担心参与其中无助于个人经验积累和技能提升；担心参与过程不愉快，无法获得良好对待；工作或家庭比较繁忙，担心自身难以协调时间。可见不参与的原因是多元化的，既有自身原因也有企业原因，但后者居多。不参与的企业原因也是多元化的，但所有的担心和质疑无不暗含着信息不对称假设；同时消费者透露出了对员工行为的关注；并且他们已然不再执着于社会责任活动的纯粹利他性，转而强调企业的“硬实力”，初步证明了“基于两阶段社会交换关系的信号传递模型”的恰当性。

5.3.5 正式实验

正式实验招募了 560 位来自“双一流”大学的 MBA 学生。被试被随机分配在 4 个实验组中，每个实验组包含 140 位被试。首先，主试向被试发放并宣读实验的书面指导。其次，主试向被试发放实验背景信息和刺激材料，要求被试仔细阅读并填答与员工角色内参与度、角色外参与度、消费者参与意愿、性别、年龄、社会赞许性相关的题项并收回。最后，要求被试填答与消费者信任、预期自豪相关的题项并收回。最终收回有效问卷 473 份，有效问卷回收率为 84.464%。

为减少社会赞许性的潜在影响，主试告知被试参与的自愿性、匿名性和保密性（He 等，2019），并强调答案没有正误之分（Taoketao 等，2018）。除社会赞许性外，需求特性也容易造成被试的偏好伪装，即被试根据其对实验目的的猜想故意做出与假设一致或相反的答案。除采用组间设计外，本专题还采取了以下措施控制需求特性：其一，主试并不知晓实验目的；其二，主试告知被试实验目的是为某公益众筹平台的后续推广做前期调研；其三，实验要求被试回答 3 个与刺激材料版式设计相关的问题作为干扰题项。此外，启动效应普遍存在于伦理研究中，对研究结论的有效性构成潜在威胁（Kammeyer - Mueller 等，2012）。启动效应是指人类拥有一种潜意识的学习过程，因此先前提出的问题可能暗示被试如何回答之后的问题。本专题将中介变量放在因变量之后测量以控制启动效应。

5.4　实证结果

5.4.1　描述性统计和相关分析

变量的描述性统计和相关分析结果如表 5.2 所示，员工角色内参与度（$r = 0.259$，$p < 0.01$）、员工角色外参与度（$r = 0.488$，$p < 0.01$）与消费者参与意愿均显著正相关，初步证明了 H1 和 H2。同时，消费者信任（$r = 0.469$，$p < 0.01$）、预期自豪（$r = 0.153$，$p < 0.01$）与消费者参与意愿也显著正相关。此外，社会赞许性与消费者参与意愿显著正相关（$r = 0.093$，$p < 0.05$），说明社会赞许性对消费者的伦理决策确实造成了一定影响，但相关系数小于 0.2，因此影响可以忽略。

表 5.2　　描述性统计和相关分析

变量	均值	标准差	1	2	3	4	5	6	7	8
1. 员工角色内参与度	3.953	1.463	1							
2. 员工角色外参与度	3.944	1.434	0.027	1						
3. 消费者参与意愿	3.603	1.131	0.259***	0.488***	1					
4. 费者信任	3.663	1.161	0.298***	0.394***	0.469***	1				
5. 消费者预期自豪	3.668	1.078	0.068	0.093**	0.153***	0.209***	1			

续表

变量	均值	标准差	1	2	3	4	5	6	7	8
6. 社会赞许性	3.720	1.109	0.076*	0.066	0.093**	0.061	-0.005	1		
7. 年龄	32.004	4.040	-0.011	-0.017	-0.066	0.020	0.017	-0.018	1	
8. 性别	0.427	0.495	-0.007	0.027	0.045	-0.006	0.039	0.014	-0.036	1

注：*，**，*** 分别表示在0.1，0.05，0.01的显著性水平下显著，下同。

5.4.2 信、效度检验

员工角色内参与度、员工角色外参与度、消费者参与意愿、消费者信任、消费者预期自豪和社会赞许性的 Cronbach's α 分别为 0.810、0.834、0.788、0.848、0.853 和 0.795，说明量表具有较高的内部一致性信度。验证性因素分析结果如表 5.3 所示，与零模型、单因子模型、二因子模型、三因子模型和四因子模型相比，本专题所采用的五因子模型拟合效果最佳（$X^2/DF = 1.575$，RMSEA = 0.035，NFI = 0.956，RFI = 0.936，IFI = 0.983，TLI = 0.976，CFI = 0.983），表明量表具有良好的判别效度。

5.4.3 操控检验

为检验变量操控是否成功，本专题进行了操控检验。方差分析结果表明在员工角色内参与度高的组中（M = 4.916，SD = 1.155），被试感知到的员工角色内参与度显著高于（F = 363.980，P < 0.01）员工角色内参与度低的组（M = 2.986，SD = 1.042）。同时，在员工角色外参与度高的组中（M = 5.032，SD = 0.958），被试感知到的员工角色外参与度显著高于（F = 578.198，P < 0.01）员工角色外参与度低的组（M = 2.905，SD = 0.965）。

表 5.3　验证性因素分析

模型	X^2/DF	RMSEA	NFI	RFI	IFI	TLI	CFI
零模型[a]	24.736	0.224	0.000	0.000	0.000	0.000	0.000
单因子模型[b]	18.554	0.193	0.426	0.250	0.440	0.260	0.434
二因子模型[c]	11.495	0.149	0.648	0.535	0.669	0.558	0.665

续表

模型	X^2/DF	RMSEA	NFI	RFI	IFI	TLI	CFI
三因子模型[d]	7.610	0.118	0.772	0.692	0.795	0.722	0.793
四因子模型[e]	4.365	0.084	0.873	0.824	0.899	0.858	0.898
四因子模型[f]	4.144	0.082	0.879	0.832	0.906	0.868	0.905
五因子模型[g]	1.575	0.035	0.956	0.936	0.983	0.976	0.983
加入潜因子模型[h]	1.490	0.032	0.941	0.917	0.980	0.971	0.980

注：a 中所有变量之间没有关系；b 将所有题项合为一个因子；c 将消费者参与意愿、消费者信任、员工角色外参与度、员工角色内参与度合为一个因子；d 将消费者参与意愿、消费者信任、员工角色外参与度合为一个因子；e 将消费者参与意愿、消费者信任合为一个因子；f 将消费者参与意愿、员工角色外参与度合为一个因子；g 是研究所用的模型，包含员工角色内参与度、员工角色外参与度、消费者参与意愿、消费者信任、消费者预期自豪；h 加入社会赞许性作为潜因子。

5.4.4　共同方法偏差检验

本专题采用 Harman 单因素检验和加入高阶潜因子的模型来检验共同方法偏差。Harman 单因素检验结果显示 KMO 值为 0.827，Bartlett 球形度检验的近似 X^2是 3311.318（$DF=120$，$P<0.01$），未旋转的因子分析呈现 5 个特征值大于 1 的因子，第 1 个因子可以解释总方差的 29.466%（<50%），初步表明共同方法偏差不构成实质影响，如表 5.4 所示。Harman 单因素检验只是一种初步检验，为进一步排除共同方法偏差的影响，本专题在五因子模型的基础上加入社会赞许性作为高阶潜因子，结果如表 5.3 所示。结果表明，与本专题所采用的 5 因子模型相比，加入潜因子模型的部分拟合度指标改善（$X^2/DF=1.490$，$RMSEA=0.032$）；同时其余拟和度指标变差（$NFI=0.941$，$RFI=0.917$，$IFI=0.980$，$TLI=0.971$，$CFI=0.980$）；并且题项在高阶潜因子上的载荷均不显著，在其他因子上的载荷显著，进一步说明共同方法偏差不构成实质性威胁（Podsakoff 等，2012）。

表 5.4　　Harman 单因素检验

指标	因子 1	因子 2	因子 3	因子 4	因子 5
初始特征值	4.715	2.576	2.178	1.214	1.006
方差的百分比	29.466	16.101	13.610	7.586	6.289

5.4.5 假设检验

1. 多项式回归和响应面分析

本专题采用多项式回归和响应面分析技术来检验两个自变量（员工角色内参与度、员工角色外参与度）与一个因变量（消费者参与意愿）之间的三维立体关系，多项式回归方程是：

$$CPI_i = \beta_0 + \beta_1 PEIR_i + \beta_2 PEER_i + \beta_3 PEIR_i^2 + \beta_4 PEIR_i \times PEER_i + \beta_5 PEER_i^2 + \sum_{j=6}^{n} \beta_j Control_{i,j} + \varepsilon_i \quad (5.1)$$

分层次多项式回归分析的结果呈现在表 5.5 中。模型 1 探讨消费者感知的员工角色内、外参与度以及二者的交互项、平方项与中介变量消费者信任之间的关系。模型 2 探讨消费者感知的员工角色内、外参与度以及二者的交互项、平方项与中介变量消费者预期自豪之间的关系。模型 3 探讨消费者感知的员工角色内、外参与度与因变量消费者参与意愿之间的关系。模型 4 在模型 3 的基础上加入员工角色内、外参与度的交互项，检验交互项对因变量的影响。模型 5 在模型 4 的基础上加入员工角色内参与度的平方项和员工角色外参与度的平方项，检验平方项对因变量的影响。模型 6 在模型 5 的基础上加入中介变量消费者信任，检验消费者信任对消费者参与意愿的影响，初步探究消费者信任的中介效应是否存在。模型 7 在模型 5 的基础上加入中介变量消费者预期自豪，检验消费者预期自豪对消费者参与意愿的影响，初步探究消费者预期自豪的中介效应是否存在。

由表 5.5 的模型 3 可见，员工角色内参与度对消费者参与意愿具有显著正向影响（$\beta = 0.275$，$P < 0.01$），H1 得到验证。同时，员工角色外参与度对消费者参与意愿具有显著正向影响（$\beta = 0.540$，$P < 0.01$），H2 得到验证。由模型 4 可见，加入交互项后，模型的解释力有显著改善（$\Delta F = 118.632$，$P < 0.01$），并且交互项对消费者参与意愿具有显著正向影响（$\beta = 0.396$，$P < 0.01$）。由模型 5 可见，加入平方项后，模型的解释力显著改善（$\Delta F = 37.022$，$P < 0.01$），同时，员工角色内参与度的平方项对消费者参与意愿具有显著负向影响（$\beta = -0.245$，$P < 0.01$），员工角色外参与度的平方项对消费者参与意愿也具有显著负向影响（$\beta = -0.136$，$P < 0.01$），初步证明两个自变量与因变量之间可能存在非线性关

系。同理，模型 1 和模型 2 中，部分交互项和平方项的回归系数显著，初步表明两个自变量与两个中介变量之间也可能存在非线性关系。

表 5.5　　多项式回归分析

变量	消费者信任	消费者预期自豪	消费者参与意愿				
	模型 1	模型 2	模型 3	模型 4	模型 5	模型 6	模型 7
常数项	3.888 *** (9.996)	3.654 *** (8.311)	3.896 *** (10.163)	4.068 *** (11.860)	4.536 *** (14.005)	4.192 *** (11.795)	4.371 *** (12.599)
PEIR	0.396 *** (8.814)	0.097 * (1.906)	0.275 *** (6.274)	0.285 *** (7.284)	0.354 *** (9.450)	0.319 *** (7.916)	0.349 *** (9.304)
PEER	0.394 *** (8.897)	0.081 (1.611)	0.540 *** (12.334)	0.468 *** (11.817)	0.456 *** (12.347)	0.421 *** (10.587)	0.452 *** (12.224)
PEIR × PEER	0.279 *** (6.704)	0.103 ** (2.188)		0.396 *** (10.892)	0.451 *** (13.037)	0.427 *** (11.822)	0.447 *** (12.847)
$PEIR^2$	−0.250 *** (−6.215)	−0.025 (−0.559)			−0.245 *** (−7.303)	−0.223 *** (−6.412)	−0.244 *** (−7.272)
$PEER^2$	−0.066 (−1.442)	−0.0978 * (−1.894)			−0.136 *** (−3.575)	−0.130 *** (−3.430)	−0.131 *** (−3.448)
CT						0.088 ** (2.298)	
CAP							0.045 (1.327)
SD	−0.017 (−0.422)	−0.021 (−0.471)	0.043 (1.078)	0.027 (0.763)	0.005 (0.149)	0.006 (0.194)	0.006 (0.178)
Age	0.005 (0.440)	0.005 (0.449)	−0.015 (−1.391)	−0.019 * (−1.952)	−0.019 ** (−2.155)	−0.020 ** (−2.211)	−0.020 ** (−2.184)
Gender	−0.013 (−0.149)	0.086 (0.865)	0.071 (0.803)	0.067 (0.855)	0.090 (1.226)	0.091 (1.247)	0.086 (1.173)
R^2	0.347	0.031	0.305	0.446	0.522	0.527	0.524
$adjR^2$	0.336	0.014	0.297	0.439	0.514	0.518	0.515
F	30.849 ***	1.833 *	40.941 ***	62.484 ***	63.363 ***	57.430 ***	56.611 ***
ΔF				118.632 ***	37.022 ***	5.282 **	1.760

注：括号中为 t 值。

为进一步刻画消费者感知的员工角色内、外参与度和消费者参与意愿之间的三维立体关系，本专题进行了响应面分析。当员工角色内、外参与度完全匹配时（PEIR = PEER），方程（5.1）变形为：

$$CPI_i = \beta_0 + (\beta_1 + \beta_2) \times PEIR_i + (\beta_3 + \beta_4 + \beta_5) \times PEIR_i^2 + \sum_{j=6}^{n} \beta_j Control_{i,j} + \varepsilon_i \tag{5.2}$$

当员工角色内、外参与度完全不匹配时（PEIR = −PEER），方程（5.1）变形为：

$$CPI_i = \beta_0 + (\beta_1 - \beta_2) \times PEIR_i + (\beta_3 - \beta_4 + \beta_5) \times PEIR_i^2 + \sum_{j=6}^{n} \beta_j Control_{i,j} + \varepsilon_i \tag{5.3}$$

定义 $\alpha_1 = \beta_1 + \beta_2$，$\alpha_2 = \beta_3 + \beta_4 + \beta_5$，$\alpha_3 = \beta_1 - \beta_2$，$\alpha_4 = \beta_3 - \beta_4 + \beta_5$，$\alpha_1$、$\alpha_2$ 分别为 PEIR = PEER 时响应面的斜率和曲率，α_3 和 α_4 分别为 PEIR = −PEER 时响应面的斜率和曲率。响应面分析的结果如表 5.6 所示。响应面如图 5.4a 所示，分解到二维平面的图形如图 5.4b、图 5.4c 所示。

表 5.6　响应面分析

参数	消费者信任	消费者预期自豪	消费者参与意愿
α_1	0.787*** (12.780)	0.174** (2.498)	0.814*** (15.767)
α_2	−0.036 (−0.575)	−0.017 (−0.241)	0.068 (1.288)
α_3	0.001 (0.021)	0.014 (0.189)	−0.105* (−1.956)
α_4	−0.593*** (−7.743)	−0.222** (−2.559)	−0.830*** (−12.938)

注：括号中为 t 值。

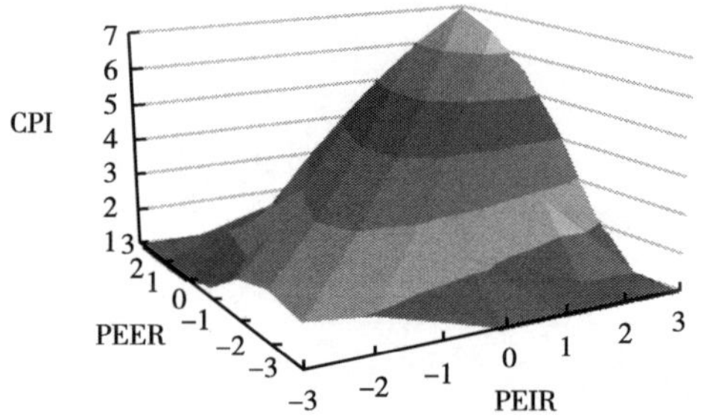

图 5.4a　员工角色内、外参与度与消费者参与意愿的响应面

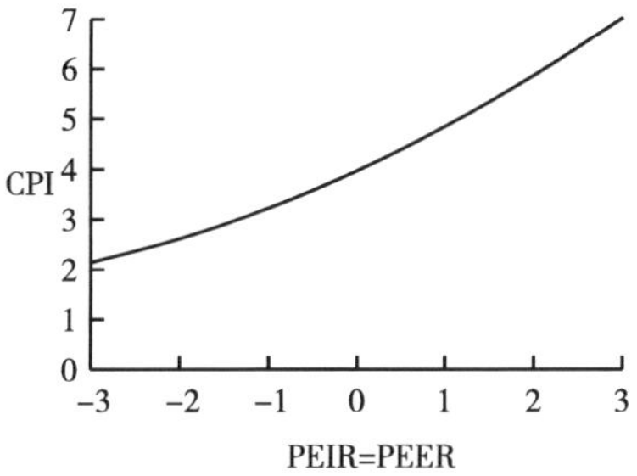

图 5.4b　员工角色内、外参与度一致匹配时的消费者参与意愿

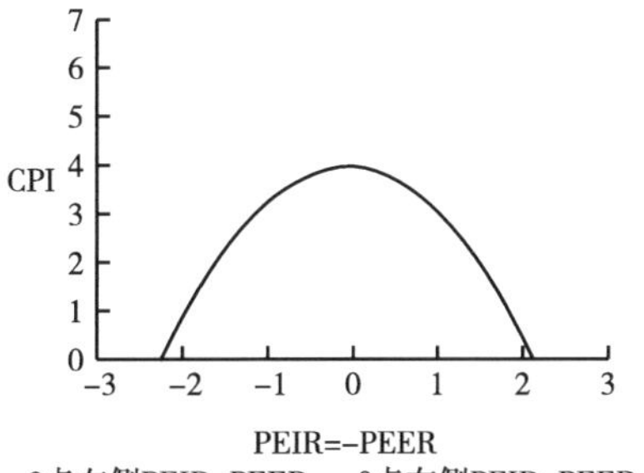

图 5.4c　员工角色内、外参与度不一致匹配时的消费者参与意愿

在员工角色内、外参与度与消费者参与意愿的响应面中，沿着不一致性匹配线 PEIR = －PEER，斜率显著为负（$\alpha_3 = -0.105$，$P<0.1$），曲率也显著为负（$\alpha_4 = -0.830$，$P<0.01$），表明存在凹型响应面，即响应面沿着不一致性匹配线 PEIR = －PEER 呈现倒“U”形。可见，员工角色内、外参与度越一致，消费者的参与意愿越强，H4 得到验证。并且当二者不一致时，员工角色内参与度 < 员工角色外参与度时（对比员工角色外参与度 > 角色内参与度），消费者的参与意愿更强，与 H5 恰好相反，H5 没有得到验证。PEIR = －PEER 时的平面如图 5.4c 所示。在 2c 中，在 0 点左侧，员工角色内参与度 < 员工角色外参与度，并且越接近 0 点，二者差异越小；在 0 点，员工角色内参与度 = 员工角色外参与度；在 0 点右侧，员工角色内参与度 > 员工角色外参与度，并且越接近 0 点，二者差异越小。沿着一致性匹配线 PEIR = PEER，斜率显著为正（$\alpha_1 = 0.814$，$P<0.01$），曲率不显著（$\alpha_2 = 0.068$，n. s.），表明存在正向线性关系，即响应面沿着一致性匹配线 PEIR = PEER 单调递增。可见，当员工角

色内、外参与度匹配时，随着参与水平的提高，消费者参与意愿增加，H3 得到验证。PEIR = PEER 时的平面如图 5.4b 所示。

然后分析员工角色内、外参与度与消费者信任的响应面。沿着不一致性匹配线 PEIR = -PEER，斜率不显著（$\alpha_3 = 0.001$，n. s.），曲率显著为负（$\alpha_4 = -0.593$，$P < 0.01$），说明当员工角色内、外参与度越一致，消费者的信任越强。然而，员工角色内参与度 < 员工角色外参与度和员工角色外参与度 > 角色内参与度相比，消费者信任并无显著差异。沿着一致性匹配线 PEIR = PEER，斜率显著为正（$\alpha_1 = 0.787$，$P < 0.01$），曲率不显著（$\alpha_2 = -0.036$，n. s.），表明当员工角色内、外参与度一致时，随着参与水平的提高，消费者信任增加。员工角色内、外参与度与消费者预期自豪的响应面与该响应面形态一致。

2. 基于块变量法的中介效应检验

本专题检验两个自变量通过中介变量对因变量产生的联合效应，逐步回归法等传统中介效应分析方法不再适用。借鉴 Cole 等（2013），基于块变量法进行中介效应检验。

首先检验消费者信任的中介效应。在构造块变量之前，需要初步探究中介变量在模型中的预测意义。表 5.5 的模型 6 在模型 5 的基础上加入消费者信任进行回归，结果表明消费者信任对其参与意愿具有显著正向影响（$\beta = 0.088$，$p < 0.05$）。然后以消费者信任为因变量，以员工角色内、外参与度以及二者的交互项、平方项为自变量进行回归，将原始数据与对应的回归系数加权求和构造出块变量。最后，建立以块变量为自变量，消费者信任为中介变量，消费者参与意愿为因变量的中介效应模型，采用 Bootstrap5000 次的计算结果进行参数估计，结果呈现在表 5.7 中。由表 5.7 可见，块变量对消费者参与意愿的直接效应为 1.069，它在 90%（置信区间为 [0.958，1.180]）、95%（置信区间为 [0.937，1.201]）和 99%（置信区间为 [0.895，1.243]）的显著性水平下均显著。同时，块变量通过消费者信任对消费者参与意愿的间接效应为 0.086，它在 90%（置信区间为 [0.021，0.153]）、95%（置信区间为 [0.011，0.166]）的显著性水平下均显著。说明消费者信任在员工角色内、外参与度对消费者参与意愿的联合效应中存在部分中介作用，H6 得到验证。

其次检验消费者预期自豪的中介效应。表 5.5 的模型 7 在模型 5 的基础上加入消费者预期自豪进行回归，结果表明消费者预期自豪对消费者参与意愿不具有显著影响（$\beta=0.045$，n.s.），初步表明预期自豪的中介效应可能不成立。然后以消费者预期自豪为因变量，以员工角色内、外参与度以及二者的交互项、平方项为自变量进行回归，将原始数据与对应的回归系数加权求和，从而构造出块变量。最后，建立以块变量为自变量，消费者预期自豪为中介变量，消费者参与意愿为因变量的中介效应模型，采用 Bootstrap5000 次的计算结果进行参数估计，结果亦呈现在表 5.7 中。由表 5.7 可见，块变量对消费者参与意愿的直接效应为 4.092，它在 90%（置信区间为［3.731，4.453］）、95%（置信区间为［3.662，4.523］）和 99%（置信区间为［3.526，4.659］）的显著性水平下均显著。块变量通过消费者预期自豪对消费者参与意愿的间接效应为 0.045，它在 90%（置信区间为［−0.014，0.128］）、95%（置信区间为［−0.029，0.145］）和 99%（置信区间为［−0.061，0.174］）的显著性水平下均不显著。说明消费者预期自豪在员工角色内、外参与度对消费者参与意愿的联合效应中不存在中介效应，H7 未得到验证。

表 5.7　　基于块变量法的中介效应分析

中介变量	效应	效应值	90% 置信区间	95% 置信区间	99% 置信区间
消费者信任	直接效应	1.069	[0.958，1.180]	[0.937，1.201]	[0.895，1.243]
	间接效应	0.086	[0.021，0.153]	[0.011，0.166]	[−0.015，0.191]
消费者预期自豪	直接效应	4.092	[3.731，4.453]	[3.662，4.523]	[3.526，4.659]
	间接效应	0.045	[−0.014，0.128]	[−0.029，0.145]	[−0.061，0.174]

注：为 Bootstrap5000 次结果。

5.5　本专题结论

5.5.1　研究结论

目前，人类正面临一系列全球性的重大社会问题，囊括贫困、饥饿、教育、金融稳定等各个方面（Rodell 等，2017）。这些社会问题很难通过单一个体或组织的努力得到解决，必须依赖于集体努力。在“共建、共享、共赢”的发展理念下，基于公益众筹平台的 Co－SR 为每一位中国公民实现“兼善天下”的道德理想和社会理想提供了“行远自迩、登高自卑”的“君子之道”(《礼记·中庸》)。而履责的关键在于复杂经济系统中以企业为核心的多参与主体的精诚合作（Barnett 等，2020）。本专题基于利益相关者整合视角，探讨合作模式下中国消费者感知的平台企业员工角色内、外参与度对其参与意愿的联合效应及中介机制。研究得出了以下富有启发的结论。

（1）在 Co－SR 中，消费者感知的员工角色内或角色外参与程度越高，消费者的参与意愿越强。

该结论揭示了在合作关系中，“己”的决策在很大程度上取决于“人”的行为。在践行仁道的过程中，儒家过分强调了“己”的作用，而忽略了“人”的作用。《论语·颜渊》载：“为仁由己，而由乎人哉?”《论语·述而》提出：“我欲仁，斯仁至矣”。二者都理想化地强调利他行为的自觉、自律性，认为仁道至简，从心所欲。然而在合作关系中，“他觉”和“他律性”亦是决定成功的关键。并且，儒家强调“正人先正己”“我不自正，虽然正人，弗以为义”(《春秋繁露·仁义法》)。然而在合作关系中，消费者的行为取决于平台员工的行为，消费者要先考虑“正人”，然后才需“正己”。否则，与错误的平台合作将造成资源浪费。进一步，儒家认为凡有失利要先“反求诸己”、自思己过。所谓“射有似乎君子，失诸正鹄，反求诸其身”(《孟子·离娄上》)；“射者，仁之道也。射求正诸己，正己而后发，发而不中则不怨胜己者，反求诸己而已矣”(《礼记·射义》)。以射箭来比喻仁道，如果射不中靶心，应当自我反思是否技不如人、用心不专，而非怨天尤人。“爱人不亲反其仁，治人不治反其智，礼人不达反其敬，行有不得者，皆反求诸己”(《孟子·离娄上》)揭示了相同的道理。然而，在合作关系中，“反求诸己”过于唯心，忽略了外界环境的制约和互动客体的影响。有时消费者不愿参与 Co－SR 不是由于自身德行有亏，而是由于欠缺高标准、高质量的平台项目。

该结论反映了普通员工在 Co－SR 中扮演的双重角色：行动者和代言人。从纵向关系来看，传统 CSR 通常是“自上而下”的（Top－Down）（Aguinis 和 Glavas，2019）。董事长、总裁、首席执行官、高管团队等高层领导会负责 CSR 战略的制定，随后将实施 CSR 的“命令”下达给普通员工（Agle 等，1999；Bansal，2003）。一直到 20 世纪 80 年代初，CSR 在很大程度上仍取决于首席执行官的慈善兴趣、关切和偏好（Breeze 和 Wiepking，2020）。然而，在

Co－SR 中，员工开始“自下而上”（Down－Top）地塑造企业整体的 CSR 战略。此时，员工依然扮演“行动者”的角色，但完成了从“被动行动者”到“主动驱动者”的转变。事实上，过去 10 年间员工参与 CSR 的频率越来越高，范围也越来越大，包括选择慈善受益人、组织和实施工作场所的筹款活动等。例如，在英国，选择“年度慈善”合作伙伴时，员工咨询、员工投票、员工慈善委员会等民主程序的使用频率几乎比过去翻了一番。从横向关系来看，传统 CSR 通常是由外而内（Outside－In）地回应来自外部利益相关者（如客户、供应商、投资者、政府、债权人、社区）的压力。然而在 Co－SR 中，我们更关注员工作为企业的大使、代言人，由内而外（In－Outside）地塑造外部利益相关者的认知（Aguinis 和 Glavas，2019）。

该结论揭示了 Co－SR 中“行动式”沟通的重要性。儒学“本质上是践行完满生命的学问，最真切的工夫是行”（陈声柏和张晓辉，2014）。所谓“力行近乎仁”（《礼记·中庸》），在 Co－SR 项目的发起和推进过程中，员工只有亲身践履，做到“知行合一、止于至善”（《传习录》），才能达到“体用一源，显微无间”的境界（《二程集·程氏易传》卷一），从而能向消费者传达出可信的信号。

（2）在 Co－SR 中，消费者感知的员工角色内、外参与程度越一致，消费者的参与意愿越强。

该结论揭示了企业的“善行不一定有善报”（邓新明等，2017），不一致的信号传递是“吃力不讨好的”。员工角色内、外参与应当作为一个信号集去分析。首先，单一信号无法达到半分离均衡状态（Semi－Separating Equilibrium）。半分离均衡，亦称部分分离均衡（Partially Separating Equilibrium），即 Co－SR 项目若只发出员工角色内参与度高或角色外参与度高的信号并不能被界定为“次优”级。其次，在信号集中，双重信号之间呈现信号协同关系，而非信号替代或称信号补偿关系。即高度的角色内参与信号无法弥补低度的角色外参与信号，反之亦然。

该结论强调了顶层设计的重要性。虽然 Co－SR 是一种自下而上的“草根”驱动的活动，但也离不开自上而下式的顶层设计。一方面，高度的员工角色内参与很大程度上依赖于企业选取兼具商业和社会价值的项目。另一方面，高度的员工角色外参与有赖于企业正式和非正式制度的推动。正如王汉瑛等（2021）所述，企业正式制度和非正式制度作为高阶因素可以充当“转换按钮”，显著影响身处其中的微观个体的行为。

以往关于信号不一致的研究主要集中在“言行不一”和“言言不一”方面。前者比如“说一套，做一套”的漂 CSR 行为，后者比如来自不同的信息源之间的 CSR 信息的不一致（Nyilasy 等，2014；Skard 和 Thorbjørnsen，2014）。本专题关注员工角色内、外参与的不一致，从“行行不一”方面补充了信号不一致的研究。

（3）在 Co－SR 中，消费者感知的员工角色内、外参与程度在高水平上的一致比在低水平上的一致更能提升消费者的参与意愿。

该结论揭示了在高水平上一致的员工角色内、外参与度是“最昂贵”的信号，它可以有效区分潜在高质量与低质量的信号发送者，达到分离均衡。该类项目被界定为“最优”级。该结论符合资源稀缺视角，即无论是微观层面的员工和消费者，还是中观层面的企业用于社会责任的资源是有限的，而社会需求是无限的，具体而言：

对于员工，他们并非不知疲倦的“石头”，其个人的时间、精力是有限的（Baer 等，2015）。在资源约束条件下，员工仍愿意同时保持高水平的角色内、外参与反映了员工对项目质量的认可。事实上，员工需要的不仅是一份工作，更是一个改变世界的机会（McShane 和 Cunningham，2012）。对于企业，能够同时激励并协调好员工的角色内、外参与需要良好的组织调度、流程设计及伦理氛围（Barnett 等，2020）。对于消费者，相比“旁观式”的传统 CSR，消费者在参与 Co－SR 时会输出更多的资源，因而在决策中会更为谨慎、理性。他们倾向于采用“疑罪从重”而非“疑罪从无”的原则，尽力避免一切被合作方的机会主义行为利用的风险，避免资源浪费导致的低效率和不经济。正如西汉刘向《说苑·杂言》所言：“夫君子爱口，孔雀爱羽，虎豹爱爪，此皆所以治身法也。”做出参与与否的决策之前，消费者必然经历一个“讨价还价”的潜在心理博弈过程，探寻合作方的诚意，甄选合作伙伴，谨慎“求偶”。另外，当员工角色内、外参与度任一信号显示对方诚意不足时，消费者都能找到合理的推脱借口，启动防御否认（Defensive Denial）或中和化（Neutralization Theory）此类“鱼与熊掌兼得”的程序，在避免参与的同时也能心安理得（Schwartz 和 Howard，1980；Howie 等，2018）。

（4）在Co-SR中，当消费者感知员工的角色内、外参与程度不一致时，与角色内参与度高于角色外参与度相比，角色外参与度高于角色内参与度时，消费者的参与意愿更强。

该结论与我们的假设完全相反。事实上，在传统CSR的研究中，学者们更多强调员工角色内行为的重要性。例如，Gwinner（1997）认为，组织与CSR计划之间的契合性或一致性意味着CSR计划与公司的核心业务、主要的消费细分市场和先前的企业形象之间是一致的。Beckman等（2009）提出，企业社会责任不应当停留在企业浅表、边缘、外围，沦为装腔作势的“面子工程”，而应当与组织的核心业务相结合，嵌入企业的“心脏”“血液”甚至“基因”中。只有当CSR活动处于企业的核心时，利益相关者认为它是真诚的。一个高度契合的CSR项目自然会被利益相关者期待，也更容易整合到现有的认知图式中（Sohn等，2012）。深度嵌入的CSR活动将企业的成功与社会发展联系起来，扩大市场，使其与众不同，并为市场提供新的价值（Porter和Kramer，2011）。以往研究更多强调员工角色外行为在帮助组织转型、创新，提高组织的适应能力等方面的直接作用（Afridi等，2020），其在CSR领域中所扮演的角色，尤其是信号角色被很大程度上忽略了。

然而，在Co-SR中，员工的高角色外参与度（相比高角色内参与度）对于消费者而言是更为“昂贵”的信号，这可以从信息和关系两方面去解释。首先，从信息方面，员工作为企业的“内部消费者”可以起到第一层次“信号过滤装置”的作用，因此高度的员工角色外参与作为自愿行为不仅意味着Co-SR项目的公平性和支持性，也隐含了它具有一定的价值性、专业性和可持续性。其次，从关系方面，高员工角色内、外参与度分别反映了企业的“硬实力”和“软实力”。然而“硬实力”也是“冷实力”，“软实力”也是“暖实力”。考虑文化因素的影响，中国社会是典型的以关系为导向的集体主义社会，中国的消费者对于高员工角色外参与度这种较为柔软、温暖的信号可能更为敏感。尤其是在以合作为特征的共创行为中，这种倾向得以突出。

（5）在Co-SR中，消费者感知的员工角色内、外参与程度的联合作用通过消费者信任来影响其参与意愿。

该结论揭示了取信于人并非易事。Searle和Ball（2004）指出，信任是脆弱的，尤其是在信任建立阶段，哪怕是潜在合作伙伴的一点可疑行动都可能使即将建立的信任土崩瓦解。信任的脆弱性本质符合计划行为理论，该理论认为决策者会做出理性、高效的选择，努力使预期收益最大化。只有存在足够的理由相信潜在合作伙伴称职可靠时，信任才会建立（Connelly 等，2018）。

并且，中国传统的高不确定性规避文化和当前的有限信任环境会加剧信任的脆弱性。高不确定性规避文化中，消费者厌恶风险，他们谨慎，多疑，苛刻（Talay 等，2019）。在有限信任环境中，所有行为都会受到严格审查（Marín 等，2016）。此外，近年来，Co－SR 当中丑闻频发，严重影响了企业的公信力。例如在 2019 年 11 月的水滴筹“扫楼门”事件，水滴筹员工以志愿者的身份在医院病房进行“地毯式”推广，以“拉客户”的形式劝说患者使用水滴筹平台进行筹款，《人民日报》评价其为“水滴掺水，爱心窝心”。在丑闻影响下，消费者难免会戴上“怀疑滤镜”。在 Co－SR 领域缺乏结构化的、正式的、完善的监管法规也是信任难以建立的主要原因之一。

（6）在 Co－SR 中，消费者感知的员工角色内、外参与程度的联合作用无法通过消费者预期自豪来影响其参与意愿。

本专题认为消费者预期自豪感的中介效应不成立可以从以下四个方面解释。

其一，在 Co－SR 中，消费者与企业之间只是一种不稳定的松散耦合关系。预期自豪更可能来自拟与企业建立稳定雇佣关系的准员工。事实上，正式员工非常关心他人对其所属组织的看法（John 等，2019），因为二者往往一荣俱荣、一损俱损（张倩等，2015）。而消费者则更可能经历一种自豪、崇敬、感恩糅合的复杂情绪体验，导致单一情绪体验的中介作用不显著。当消费者观察到他人行为非常善良和值得赞美时，崇敬情绪产生。当消费者意识到自己从他人或组织的昂贵的、有意的、自愿的行为中受益时，感恩情绪就会产生（Stellar 等，2017）。自豪、崇敬、感恩都会提升消费者参与亲社会行为的意愿（Septianto 等，2021b；Zollo，2021）。

其二，Haidt（2007）将情绪的焦点（自我 vs. 他人）和效价（积极 vs. 消极）维度相结合提出了四种道德情绪：自我意识情绪（Self－Conscious Emotions）、谴责他人情绪（Other－Condemning Emotions）、同情他人情绪（Other－Suffering Emotions）、赞颂他人情绪（Other－Praising Emotions）。自我意识情

绪是由自我评价和自我反思引起的，是一种以自我为焦点的道德情绪，包括积极的自我意识情绪，如自豪，也包括消极的自我意识情绪，如内疚、羞愧、尴尬。谴责他人情绪是由对他人行为或特征的负面感觉引起的，是一种以他人为焦点的消极道德情绪，如义愤、轻蔑、厌恶。同情他人情绪是由他人所经历的痛苦所唤起的，是一种以他人为焦点的积极道德情绪，如同理心。赞颂他人情绪则是由他人所采取的令人尊重的行为所引起的，是一种以他人为焦点的积极道德情绪，如崇敬、感激。作为一种自我意识情绪，预期自豪能捕捉到消费者参与 Co - SR 时的“修己”（提升社会比较中的自我评价）和“成己”（提升社会比较中的社会评价）的诉求，但遗漏了“爱人”这一关键诉求，从而可能导致预期自豪的中介效应不显著。正如 Lazarus（1991）所指，自豪是一种“膨胀”的自我意识情绪，对比幸福感等积极情绪，自豪与自我关注的相关性更强。

其三，自豪是一种“亦正亦邪”的竞争性道德情绪，它不仅能促进亲社会行为，而且可能激发反社会行为（Sanders 等，2018）。Cavanaugh 等（2015）提出，自豪是一种人际分离情绪（Interpersonally Disengaging Emotion）而非人际参与情绪（Interpersonally Engaging Emotion），它可以增加自我与他人之间的距离感。自豪中傲慢的特质将导致对他人的冷漠和剥削行为（Tracy 等，2009）。傲慢与诸如攻击和易怒等反社会人格特质正相关，而与诸如亲和性、责任心和自制力等亲社会人格特质负相关（Carver 等，2010）。类似地，Kitayama 等（2006）认为，自豪具有推脱效应，自豪的个体会产生强烈的优越感，认为自己“鹤立鸡群”，从而疏远社会群体。事实上，Salerno 等（2015）将自豪的竞争性推而广之到所有的自我意识情绪。该研究认为，所有自我意识情绪如何对随后的行为产生影响是不确定的。嫉妒是一种由与他人进行不利的社会比较而引发的情绪，它可能增加对困难任务的坚持，也可能减少对困难任务的坚持（Van de Ven 等，2011）。羞耻是一种由消极的自我评价引起的情绪，它可以增加亲社会行为，也可以减少亲社会行为（De Hooge 等，2008）。内疚是一种对罪行的自我反省引发的消极情绪，它可以增加享乐性消费（Goldsmith 等，2012），也可以减少享乐性消费（Zemack Ruga 等，2007）。

其四，文化作为高阶变量会显著影响身处其中的个体的心理决策过程（Singelis，2000）。先前的研究验证了情绪体验中的文化差异（Matsumoto，

1989；Markus 和 Kitayama，1991；Kitayama 等，2000、2006）。在个人主义文化中的成员倾向于关注其个人意识、内在状态与经历，从而更倾向于体验和表达以自我为焦点的情绪。相反，在集体主义文化中的成员则更注重与他人的关系、团结、和谐，因而则倾向于体验和表达以他人为焦点的情绪（Aaker 和 Williams，1998；Kitayama 等，2000、2006）。比如，Kitayama 等（2006）检验了日本和美国大学生的积极情绪体验的差异。研究要求美国和日本的大学生去回忆参与实验当天最情绪化的片段，日本大学生报告了更强烈的以他人为焦点的情绪体验，包括友好感觉、亲密感觉、尊重、同情、内疚、负罪感、羞耻、害怕给他人“添麻烦”；而美国大学生则报告了更强烈的以自我为焦点的情绪，包括自豪感、优越感、自尊、愠怒、挫败感和愤怒。再如，Dang 和 Nguyen（2021）通过针对美国和韩国参与者进行跨文化研究发现，以自我为焦点的道德情绪，比如自豪感对美国参与者的影响更大。而以他人为焦点的道德情绪，比如内疚，对韩国消费者的影响更大。中国是典型的集体主义社会，消费者对于自豪等自我意识情绪的关注本身有限，这可能导致预期自豪的中介效应不显著。

5.5.2 理论贡献

（1）本专题以利益相关者整合视角探讨企业、员工、消费者在 Co－SR 中的多边合作，拓展了 CSR 的研究框架。研究不仅避免了在企业一元主导的传统范式中，利益相关者角色被边缘化的问题（Derry，2012；Bondy 和 Charles，2020；Derakhshan，2022），而且弥补了在二元共创的逻辑架构内，利益相关者关系被极端简化的问题。

（2）以“中西合璧”为主旋律，将儒家仁爱哲学整合到社会交换理论中，提出了以仁爱为导向的消费者期望收益矩阵，明确了中国消费者参与 Co－SR 时希望满足“爱人”与“自爱”的双重伦理诉求。该双重伦理诉求是推动消费者参与 Co－SR 活动的“内在罗盘”（Internal Compass），员工参与行为则是罗盘上的指针。以传统文化哲学补充社会交换理论，一方面使社会交换理论得到了本土化延伸和完善；另一方面使儒家经典融入当代管理理论，提升中国文化的国际影响力。以仁爱为导向的消费者期望收益矩阵与西方学者所采用的功能主义视角（Functionalist Approach）有异曲同工之处（Clary 和 Snyder，1999）。功能主义视角认为利他行为可以为实施主体提供两类功能：自我导向功能和他人导向的功能。自我导向功能关注利他活动对实施主体的一系列潜在功能，如增加积极情绪、减少消极情绪、增加自尊、获取新的知识和技能、促进事业发展、维持社会关系（Omoto 和 Snyder，1995）。他人导向功能则关注利他活动对受益者的幸福感等（Clary 和 Snyder，1999）。自我导向功能与以仁爱为导向的消费者期望收益矩阵的“自爱”维度契合，他人导向功能则与该矩阵的“爱人”维度相契合。此外，西方道德心理学理论认为，每一个体心中都有一个“理想的自我”（Ideal Self），它规定了个体自我评价的道德标尺和努力追求的道德目标（Aquino 和 Reed，2002），这种“理想的自我”与儒家哲学的“修己”之说中的“圣人”或“君子”的境界不谋而合。

（3）将信号理论整合到社会交换理论中，构建了基于两阶段社会交换关系的信号传递模型，解析了消费者在 Co－SR 中的完整心理决策程序。Bordia 等（2010）呼吁研究者关注不同社会交换之间可能的复杂联系。本专题响应此呼吁，一方面通过信号传递连接了企业—员工间的内部社会交换和企业—消费者间的外部社会交换，提出了链式的社会交换；另一方面提出外部社会交换的顺利进行依赖于内部社会交换的结果，阐明了不通社会交换关系之间的依赖关系，从而深化了社会交换理论。

（4）现有基于信号理论的研究关注单一信号，忽略了信号集。然而，信号集中多重信号间的一致或冲突可能颠覆“傻瓜式”的单一信号加工程序（Drover 等，2018）。本专题关注员工角色内、外参与组成的信号集，细粒度地解析了一致或冲突的信号如何联合作用导向消费者的复杂信号加工程序和差异化的行为结果，发展了信号理论。

（5）以往研究经常简单假设信任来自社会交换关系本身，然而社会交换关系预测信任结果可能是在特定条件下出现的。Lioukas 和 Reuer（2015）呼吁清晰阐释信任建立的社会交换条件，以收紧信任理论的应用边界，推进理论进步。本专题响应这一呼吁，在 Co－SR 框架内建立了“高质量的企业与员工交换关系—信任—高质量的企业与消费者交换关系”的逻辑链条。信任作为认知机制联结了两段社会交换关系，该逻辑链条不仅申明了信任建立的社会交换条件，而且明确了信任预测的社会交换结果。

（6）以往关于情绪的研究主要聚焦于消极情绪。从进化论和功利主义的角度，消极情绪在帮助人类应对斗争、攻击等基本生存问题上具有直接价值（王汉瑛等，2018b）。然而，在基本生存问题解决之后，提高人们的生活质量、应对重大社会挑战、促进社会发展成了摆在全人类面前的重大课题，而积极情绪在此方面发挥着更为重要的作用。本专题关注预期自豪感作为一种积极道德情绪在员工角色内参与、角色外参与和消费者参与意愿之间的中介作用，将研究焦点转向了积极情绪，并且响应了学者们“考虑特定的积极情绪而非笼统的效价情绪在亲社会行为中的作用”（Winterich 和 Haws，2011；Cavanaugh 等，2015）。

5.5.3 管理启示

1. 树立“以人为本”的沟通理念

CSR 沟通是指，企业将自身的 CSR 努力通过合理设计的信息内容、渠道等向内部或外界进行沟通（Morsing，2006）。CSR 沟通向利益相关者展示了企业的社会责任价值观、信念和实践（Greening 和 Turban，2000；Jones 和 Murrell，2001），它暗示了企业与员工、消费者、社区、自然环境、竞争对手等利益相关者之间的关系（Carroll，1999；Jakob 等，2022）。

鉴于 Co－SR 中员工参与对消费者参与的推动作用，企业应当首先树立“以人为本”的 CSR 沟通理念，明确员工作为企业的内部利益相关者，也是企业最有价值的资产（De Roeck 等，2016）。企业不仅要与外部利益相关者建立合作关系，也要与内部利益相关者即员工建立合作关系。研究表明，良好的内部合作关系是企业的关键成功因素之一（Berger 等，2006）。

其次，传统的 CSR 沟通往往更注重“言论”的作用，比如 CSR 报告、广告、网站公告、分析师报告、企业宣传片等，忽略了“行为”的作用。事实上，大道至简，知易行难。与言论相比，行为是更有效的信号。儒家思想也强调谨言而躬行，诚如《论语·颜渊》所述：“司马牛问仁。子曰：‘仁者，其言也讱。’曰：‘斯言也讱，其谓之仁矣乎？’子曰：‘为之难，言之得无讱乎？’”孔子还提出，君子应当“敏于事而慎于言”“巧言令色，鲜矣仁”（《论语·学而》）“君子耻其言过其行”“其言之不作，其为之也难”（《论语·宪问》）

“古者言之不出，恐行之不逮也”（《论语 · 里仁》）“刚、毅、木、讷近仁”（《论语 · 子路》）。

再次，企业应当做好由内而外（Inside - Out）的 Co - SR 沟通。在沟通领域，学者们习惯将组织沟通分为内部沟通和外部沟通，组织行为学研究内部沟通对员工的影响，而营销学研究外部沟通对消费者的影响（Celsi 和 Gilly，2010）。类似地，社会责任领域的研究被分为内部社会责任和外部社会责任，忽略了内部社会责任外显化的过程和外部社会责任内隐化的过程（孟陆等，2021）。本专题建立的基于两阶段社会交换关系的信号传递模型将割裂的内、外部沟通，以及割裂的内、外部社会责任结合起来，提示企业要进行由内而外的 Co - SR 沟通。具体而言，由内而外的 Co - SR 沟通强调：第一，企业与员工进行内部 Co - SR 沟通，确保建立高质量的第一阶段的社会交换关系，激励员工的角色内、外参与。第二，企业与消费者进行外部 Co - SR 沟通，积极建立高质量的第二阶段的社会交换关系，激励消费者参与。第三，在外部沟通过程中企业应当充分意识到员工角色内、外参与的作用，注意避免无意中发出负面的角色内、外参与信号，与正面的有意信号产生潜在冲突（Spence，2002；Janney 和 Folta，2003）。为了做好以上三个要点，对员工进行相关培训是行之有效的方法之一。经过培训的员工能够更好地理解 Co - SR 的目的、目标、价值观、内涵、外延，以及其如何服务于企业战略目标等，并在参与中贯穿其理解，同时将相关内容传递给外部利益相关者，成为合格的 Co - SR 大使。基于网络平台搭建一个虚拟社区是行之有效的方法之二。让员工和消费者共同加入该虚拟社区，就 Co - SR 项目的观念、知识、进展、反馈等进行探讨。虚拟社区的构建和运营有助于员工和消费者对 Co - SR 项目产生共享愿景，达成共同理解，促进社会学习，提升沟通效率，并有助于监控网络舆情，治理网络谣言，及时遏制负面情绪传染。虚拟社区应当被着力打造成为 Co - SR 项目中常态化、成熟化、可操作化的子模块。需要注意的是，企业应当实时关注、评估、管理员工及其他利益相关者对 Co - SR 的看法，在出现偏差时进行及时沟通。

最后，领导作为“特殊”的员工，其身体力行地参与 Co - SR 具有以下三重效应：其一，与普通员工参与一样具有对外的信号作用，并且更能彰显企业的真诚。其二，发挥对内的信号作用。所谓“上人疑则百姓惑”（《礼记 · 缁衣》)，领导参与向内部员工明确传达了企业对社会责任的重视。其三，榜样作用。高阶梯队理论认为，领导的个人特质和行为将显著影响下属的态度、情绪和行为。Egri 和 Herman（2000），Groves 和 La Rocca（2011）提出，领导者的倡导会影响员工对 CSR 参与的意识和态度。Vlachos 等（2017）强调，领导者对 CSR 努力的归因会显著影响其追随者的归因，从而影响 CSR 倡议的响应。《论语·子路》载："其身正，不令而行；其身不正，虽令不从""苟正其身矣，于从政乎何有，不能正其身，如正人何"。《论语·雍也》载："夫仁者，己欲立而立人，己欲达而达人"。《论语·里仁》载："见贤思齐焉，见不贤而内自省也。"可见，中国企业中领导力和道德楷模的重叠将起到更好的表率、垂范作用，引导、激励更多的员工参与 Co – SR 活动。即所谓的"上好仁则下之为仁也争先，故长民者章志以昭百姓"(《礼记·缁衣》)。

2. 定位员工参与的"黄金象限"

平台企业应当评估其 Co – SR 项目中的员工参与度，并确定其处于以下哪一象限：高员工角色内参与度 & 高员工角色外参与度（黄金象限），低员工角色内参与度 & 高员工角色外参与度，高员工角色内参与度 & 低员工角色外参与度，低员工角色内参与度 & 低员工角色外参与度。

（1）黄金象限。当处于黄金象限中时，平台企业应当注重同步巩固员工的高角色内、外参与度，并努力发挥其信号作用。为此，员工需要具备执行各类任务的基本技能，比如熟悉创建个人账户、上传资料、搜索会员、撰写帖子等网络交流的基本规则，从而在参与中与外部利益相关者进行更好的沟通，扮演好企业大使、代言人的角色。

（2）低员工角色内参与度 & 高员工角色外参与度。当处于低员工角色内参与度 & 高员工角色外参与度的象限中时，企业应当致力于提升员工角色内参与度，使之与角色外参与度相匹配。可参考的措施是：设定一个正式的社会责任部门来进行项目管理。社会责任部门的员工不应当"坐在紧闭的门后"(Sit behind Closed Doors)，在统筹策划的同时，也应当"走出去"沟通协调各个部门的职员。具体措施是：在项目策划阶段，确保 Co – SR 项目与企业主业融合，与战略目标保持一致，同时向员工沟通经济目标与公益目标并不冲突、对立，二者具有协同效应。项目实施阶段，进行跨部门的沟通，统筹各个职能部门。具体而言，首先使项目跨越职能部门的边界，渗透到组织中所有的职能角色中；其次要求各个职能部门在项目中协调一致，从而达到在深度嵌入的基础上进行有机整合。项目考评阶段，将经济目标和社会目标的达成同时放入员工绩效评估和考核之中。

（3）高员工角色内参与度 & 低员工角色外参与度。当处于高员工角色内参与度 & 低员工角色外参与度的象限中时，企业应当致力于提升员工的角色外参与度，使之与角色内参与度相匹配。可采取的措施是：其一，提供经济支持。为参与员工提供餐补、交通补贴、志愿基金等资金支持，避免他们在角色外参与中需要“自掏腰包”。其二，提供精神和情感支持。企业应当营造良好的 Co-SR 氛围，鼓励全体员工在闲暇的时间做出额外的贡献，例如公开赞扬在 Co-SR 中做出突出贡献的员工，授予他们徽章、证书；为这些员工举办招待会、午餐会；公开宣读受益人的感谢信；撰写报纸文章或新闻通信予以表彰；提供带有公司标识的统一着装，增加员工的凝聚力。其三，提供时间支持。为参与员工提供弹性工作制，帮助他们处理工作—公益冲突。其四，企业可以保存员工技能、经验、特长的记录，帮助员工匹配最合适的角色外参与岗位。

（4）低员工角色内参与度 & 低员工角色外参与度。当处于低员工角色内参与度 & 低员工角色外参与度的象限中时，企业应当致力于同时提升角色内、外参与度。这需要给予员工“适度的自由”。给予员工过低的自由度将会直接限制其角色外参与度的提升；而给予员工过高的自由度，将 Co-SR 的“指挥棒”完全交与员工时，则可能带来“自由的混乱”，即 Co-SR 项目像“脱缰的野马”一样失控。例如当企业完全授权员工去选择 Co-SR 项目时，员工很可能会选择“非战略性”的项目。该类项目与企业主业脱节，与企业战略目标的契合度很低，将直接导致员工角色内参与度的降低。此外，过高的自由度还可能带来“自由的专制”（Iyengar 和 Lepper，2000），即员工可能被过度的自由所累，过多的选项：一方面会带来“信息过载”，导致他们眼花缭乱、无所适从；另一方面会增加“后悔机会”，反而使员工参与 Co-SR 项目的满意度、幸福感下降。因此，企业应当在“抓住缰绳”（选择与主业契合、与战略目标一致、具有连贯性的“战略性” Co-SR 活动）的基础上，给员工充分的自由。例如在 Co-SR 项目的选取中，社会责任委员会或战略委员会等可以根据公司战略先拟定项目的候选名单，然后再让员工进行投票。

3. 发出真实的信号

企业应当发出真实的员工参与信号，因为虚假的信号将使企业自食恶果，并贻害无穷。具体而言：首先，信号确认（Signal Confirmation）是达成分离均衡的关键条件。它是指信号的预期质量被后续的经验所验证。在 Spence（1974）的劳动力市场问题中，如果通过信号筛选出的高质量员工的工作表现与其200美元的薪金相符，这个信号就得到了确认。相反，信号失验将导致分离均衡被打破，员工行为的信号作用失灵。

其次，惩罚机制的作用。昂贵的证伪模型（Costly State Falsification Model）认为由于信号可以在事后验证，所以发送虚假信号的企业将承担惩罚成本。惩罚成本是加诸于错误信号之上的成本，是一种可以替代信号成本的负反馈形式（Gammoh 等，2006）。出于惩罚成本的约束和威慑效应，信号发送者会理性地意识到发送虚假信号的代价是高昂的，从而激励其发送真实的信号（Lacker 和 Weinberg，1989）。

最后，考虑重复博弈而非“一锤子买卖”。Saboo 和 Grewal（2013）提出的廉价的谈话模型（Cheap Talk Model）认为，当参与者处于高透明度、重复交换信息的情境中时，诚实的信号发送者会从诚实的声誉中获益。

4. 重视多边责任

基于 Co－SR 的“共创”本质，消费者与平台企业、员工在推进项目有序完成，建立健康的、可持续的、良性共生的社会交换关系方面的责任是多边的。换言之，不仅平台企业、员工应当在合作中投入资源、展现诚意，努力完成 Co－SR 项目，消费者同样也应当基于公平、互惠的原则来推进合作达成。以往传统 CSR 的研究更多关注企业、员工对消费者的责任和义务，却很少关注消费者对企业的责任义务（Goodstein 和 Wicks，2007）。

事实上，现实中合作的顺利进行是十分困难的。对此，Sulkowski 等（2018）提出了“摇摆的利益相关者”（Shaking Stakeholders）的概念。首先，多边合作比单边主导的关系更复杂、更不可控。合作关系的建立和每一次推进都需要各方共同努力，例如一方“摇摆不定”而另一方“剃头挑子一头热”将导致事倍功半，挫伤双方的积极性和信心。其次，合作不仅为参与者提供了相应的机会，也增加了很多不安全因素。例如，一方会担心被别有用心的另一方利用或“搭便车”，在这种猜忌心理下也容易左右摇摆、裹足不前。

5. 构建良性循环的社会交换关系

互惠规范仅仅是社会交换的启动机制（Blau，1964）。持续的交换关系维护将取决于交换双方对先前交换的满意度，以及随着时间推移所建立的关系承诺。总体而言，社会交换过程是一种“自我增强式”的循环过程，每一个循环都从一方行动开始，到另一方回应结束，周而复始。

具体而言，关系发展的过程类似于“爬梯子”，前一阶段努力所达到的高度将成为下一步发展的起点。平台企业与员工间的积极互惠促进了员工参与，员工参与向外部消费者传达了高质量的信号，进而增强了消费者对自身与企业之间积极互惠的信心，从而促进了消费者参与，第一轮合作达成。随着合作的达成，合作双方建立了关系承诺，随之有助于下一轮合作的开始。可见，良性循环的关系上升螺旋需要交换双方一步一个脚印拾级而上、徐徐图之。然而，关系的坍塌却可能十分迅速，其坍塌过程类似于多米诺骨牌效应（Domino Effect）。平台企业与员工间的消极互惠减少了员工参与，进而向消费者传递出低质量的信号，然后引发消费者对自身与企业之间消极互惠关系的担忧，继而减少消费者参与，合作关系破裂。

6. 建立制度化的信任

在社会交换关系中，信任一般作为一种非正式承诺存在。企业可以将这种非正式承诺制度化。在制度化信任（Institutionalization - Based Trust）中，合作伙伴之间的互惠被内化、规范化、制度化，从而规约合作各方参与利己主义和机会主义行为。以下可操作性的措施可以帮助建立制度化的信任。

第一，取得第三方“背书”。由信誉良好的第三方组织进行“背书”可以为平台项目编制一张“看不见的安全网”（Safety Nets）。第三方组织通常是一个或多个有声望的、有辨别力的中介机构或非营利组织（Pollock 等，2004），正如新创企业会去寻找知名的承销商或风险投资商进行支持（Bruton 等，2009），平台项目也可以与知名的非营利组织进行合作。在第三方“背书”的情况下，第三方机构将用其资本和声誉做出担保，承担大部分信号成本，也更容易达成分离均衡状态。因为信号接收者相信第三方机构具有独特的能力来鉴证平台项目质量。

第二，建立社会制裁机制。与发送虚假信号的惩罚机制类似，当信任被滥用时，社会制裁机制应当发挥应有的作用。社会制裁机制是在法律和合同之外的集体制裁机制。当社会制裁机制发挥作用时，所有成员（不仅是那些直接受害者）将“群起而攻之”，惩罚那些违规的参与者。社会制裁机制具体可以包括参与者之间的相互监督机制，企业的声誉传播机制，以及对机会主义行为的威慑机制。

7. 发挥优秀传统文化的积极作用

（1）宣扬“以仁为本”的思想。企业不仅要树立“以人为本”的观念，而且要宣扬“以仁为本”的思想。事实上，“人”与“仁”本就密不可分，《礼记·中庸》载：“仁者，人也”，认为人之所以为人是因为其具备仁心。本专题中，“以人为本”不仅强调员工的主体地位，将其推而广之后更强调每一社会单元都是实施 Co－SR 项目的主体。所谓“天下之本在国，国之本在家，家之本在身”（《孟子·离娄上》）。每一个人，每一个社会单元才是家、国、天下的根基所在。而“以仁为本”则强调行为的取向是仁。因此将“人”与“仁”“合而言之，道也”（《孟子·尽心下》），即每一社会单元践行 Co－SR 就是在奉行天道。道（天道）之道（道路）在于“行”，正如荀子所言，“道虽迩，不行不至；事虽小，不为不成。其为人也多暇日者，其出入不远矣。”总之，积累“善小”的力量，人人为仁，锲而不舍就能“积善成德而神明自得”，最终改变世界，同时“小我”也达到“人皆可为尧舜”的境界。

（2）发扬“性善论”。孟子以恻隐之心为例抒发了人性本善的观点，“人皆有不忍人之心。先王有不忍人之心，斯有不忍人之政矣。以不忍人之心，行不忍人之政，治天下可运之掌上。所以谓人皆有不忍人之心者，今人乍见孺子将入于井，皆有怵惕恻隐之心；非所以内交于孺子之父母也，非所以要誉于乡党朋友也，非恶其声而然也。由是观之，无恻隐之心，非人也……恻隐之心，仁之端也”（《孟子·公孙丑上》）。孟子认为，人都有悲天悯人之心，上古贤王正因为有悲天悯人之心，才会行仁政。以悲悯之心行仁政则天下归心，治理天下也就易如反掌。譬如若有人目睹幼童即将掉入深井，都会被激起恐惧警惕之心而施予援手。这是一种自然生发的情感，并不是出于想和幼童的父母“攀交情”，也不是出于想在同乡朋友之中博取“好名声”，更不是因为厌恶幼童的哭声。没有悲天悯人之心，人不足以为人，因此悲悯之心是仁德的发端。孟子总结“仁义礼智，非由外铄我也，我固有之，弗思耳矣”（《孟子·告子上》）。中国现代哲学家、哲学史家、新儒家的代表人物牟宗三先生也提出：

“仁与义非外在者，而备吾人之守之行之也……孟子即由此而言仁义内在，因而言性善。荀子于此不能深切把握也，故大本不立矣。”帮助国人正确学习和认识孟子的“性善论”，可以有效推动其参与 Co - SR 项目，参与正是“求在我也”（《孟子·尽心上）“反求诸己”（《孟子·公孙丑上》）的过程。

（3）提倡“修己”，肩负“弘道”责任。人性虽然本善，但也离不开主动、持续的滋养即“修己”。孔子说人心“操则存，舍则亡；出入无时，莫知其乡”（《孟子·告子上》）。他认为人心“操存舍亡”，需要勤加修养、把持。孟子表达了类似的想法，“求则得之，舍则失之，是求有益于得也，求在我者也。求之有道，得之有命，是求无益于得也，求在外者也。”即孟子认为德性仁心是“求得舍失”的，寻求在于自我，求索可以遵循一定的方法，但是否有所得则需要讲究机缘，如果执着于身外之物，往往容易一无所获。孟子把这种孜孜以求的过程类比于培育树木，“拱把之桐梓，人苟欲生之，皆知所以养之者。至于身，而不知所以养之者，岂爱身不若桐梓哉？弗思甚也”（《孟子·告子上》）。羸弱的桐树和梓树根苗，为使其向上生长，人们懂得去悉心培育它，然而对于自身品德却不知修养，这难道不是爱自己还不如爱树木吗？孟子也以养五谷作比，“五谷者，种之美者也，苟为不熟，不如荑稗。夫仁，亦在乎熟之而已矣”。他主张通过悉心呵护，让仁爱与五谷一样走向成熟，不断壮大。因此，养心如养桐梓，如养五谷，“苟得其养，无物不长；苟失其养，无物不消”（《孟子·告子上》）。

并且，个体不仅要主动滋养自身，还应主动帮助灌溉他人，承担“弘道”责任，诚如员工身体力行地参与 Co - SR 来感召消费者。《论语·卫灵公》载：“人能弘道，非道弘人”，展示了个体的主观能动性。宋代儒学集大成者、理学家朱熹注曰：“人心有觉，而道体无为；故人能大其道，道不能大其人也”（《论语集注》），他认为人心是有知觉的，道是无知觉的，所以只有人能够弘扬道，而不是道来掌控人。明朝政治家张居正解释：“孔子说，‘有此人，则有此道。道固不外于人，然人心有觉，而道体无为，故率其性分之所固有者，廓而大之，以修身齐家治国平天下，极之而至于参天地，赞化育，都是这个道理发挥出来，所以说人能弘道也。若道，则寓于形气之中，而泯乎见闻之迹，不得人以推行之，则虽有修齐治平之能，参赞弥伦之妙，亦无由而自见矣，道岂能弘人乎哉？’夫人能弘道，则道所当自尽，非道弘人，则人不可自诿矣。

然弘之一字，其义甚大。理有一之未备，不叫作弘。化有一之未达，不叫作弘，故语修己必尽陛至命，语功业必际天蟠地，斯足以尽弘字之义也，体道者可不勉哉?”除肯定人在弘道方面的主观能动性外，张居正还进一步主张在弘道之路上，个体应当仁不让，“不可自诿”，有“铁肩担道义”的品质，并且应当付出最大的努力“尽弘字之义”才能达到“参天地，赞化育”的极致境界。

（4）摒弃利他与利己二元对立的思维。儒学之仁也有自相矛盾之处。它更强调仁的利他主义，即“爱人”的一面，并驳斥利己主义，甚至会偏执地要求儒士成为殉道主义者，为他人利益而牺牲自我利益，从而人为地将利他与利己对立起来。荀子将私欲、私利视为洪水猛兽，“人生而有欲，欲而不得，则不能无求，求而无度量分界，则不能不争，争则乱，乱则穷”（《荀子·礼论》)。“治乱在于心之所可，亡于情之所欲”（《荀子·正名》)。以至于后世谈利己而色变，西汉思想家、政治家、教育家董仲舒提出：“是故《春秋》为仁义法，仁之法在爱人，不在爱我”（《春秋繁露·仁义法》)，将“爱人”与“爱我”明确对立。宋代理学家朱熹则主张“存天理、灭人欲”，进一步提出应当将私欲禁锢以至于泯灭。

事实上，仁学所推崇的“修己”和“成己”何尝不是利己主义的体现，只不过此“利己”非彼“利己”。用“拔一毛利天下而不为”和“人不为己，天诛地灭”等极端的利己主义为例来贬斥“利己”显然并不合适。王阳明提出“己私难克，奈何”（《传习录》)?说明“灭人欲”是十分反自然、反人类的。不能正视人的利己之心，而一味进行道德说教只能造成道德与道德主体的分离（王齐彦，1989)，使道德主体将一片拳拳“爱人”之心供奉在神龛上并束之高阁。本专题提出的以仁爱为导向的消费者期望收益矩阵是为“利己”正名，认为“爱人”（利他）与“自爱”（利己，包括“修己”与“成己”）本质上是辩证统一的。基于此，平台和社会应摈弃完全的道德说教，激发国民的道德审美，唤醒民众的道德自觉，培养参与者的“乐善”情怀，给予仁者“先难而后获”（《雍也》）的获得感，并不吝赋予其赞美、褒奖，使其令名显扬。

5.5.4　局限性和未来展望

1. 关注利益相关者之间的多边联动

考虑到研究主题的聚焦，本专题主要关注消费者这一类外部利益相关者。未来研究可以将焦点转向消费者之外的其他外部利益相关者，如供应商、债权人、投资者、非营利组织、政府等。进一步，不同的利益相关者会出于不同的动机与企业进行互动（交换），导致其对信号的解读、处理和反馈也大相径庭（Jakob 等，2022）。未来研究可以转换不同的外部利益相关者作为信号接收者，解读其差异化的信号解读、处理和反馈方式，进而明确其与企业的差异化社会交换过程。

未来研究也可将视野拓展到三种或三种以上的利益相关者群体，关注其多边联动。可以预见，随着多边利益相关者的加入，信号传递机制和社会交换过程将更为复杂。在信号传递机制方面，可能需要更多考虑信号集聚（Signal Aggregation）的问题，即将三个或三个以上参与者发出的信号片段归集为信号组合（信号集）的方式（Balboa 和 Marti，2006）。而在社会交换方面，多边利益相关者之间的社会交换不仅包括直接交换，还包括间接交换，即施与受之间缺乏明确的一对一关系，A 从 B 获取的资源或利益取决于 B 从 C 获取的资源和利益。这种看似杂乱实则有自然章法可循的交换关系可以被比作“星座”（Das 和 Teng，2002），其中“星象”的排列、联结需要更深入的探究。在这种复杂交换关系中，参与者之间的共享的信念和价值观对于维持稳定的社会交换关系可能尤为重要（Nord，1969）。同时，作为中介机制的信任可能会演变为一种“集体信任”（Collective Trust）。此外，中介机制也可被拓展。个体在间接交换中将承担更大的风险，随着时间的推移，他们倾向于在内群中形成高度的团结感（Solidarity）和社会支持感（Social Support）。

2. 加入时间维度的考量

在时间维度上信号的发送是辐射式的，限于本专题所采用的实验研究方法，我们只研究了第一阶段的消费者参与，对于后续阶段的参与则缺乏探讨。事实上，第一阶段参与的消费者和员工之间存在显著的信息不对称，消费者难以观测项目质量；然而在后续阶段的参与中，信息不对称的问题会在很大程度上得到缓解，因为第一阶段的消费者会成为新的“信息源”向其他的潜在参与者发送信号。因此，未来研究可以采用田野实验等方法来检验后续参与阶段中信号的传播和解读机制。

其次，员工行为作为有效信号可能只会导致短期的分离均衡，随着时间的推移演变为半分离均衡或混同均衡。混同均衡（Pooling Equilibrium）是指不同素质的信号发出者能以相同成本发出相同的信号。在这种情况下，我们无法阻止低素质的信号发出者模仿高素质的信号发出者，因为这种模仿行为对前者有利（Spence，2002）。在时间轴上，平台企业作为信号发送者会进入和走出各种均衡状态，包括分离均衡、半分离均衡、混同均衡。半分离均衡或混同均衡出现的原因之一是信号会随着时间的推移衰减（Janney 和 Folta，2003、2006），导致员工行为作为有效信号产生的分离均衡只是一个时点意义的稳态，而不是一个时间意义上的稳态。举例说明，一个学术部门中有一个或多个发表了高水平论文的研究人员，可以作为部门科研水平的信号。但如果研究人员随着年龄的增长不再积极从事研究，以往的发表记录也不再那么记忆犹新、印象深刻，曾经的分离均衡状态就会被削弱（Bergh 等，2014）。并且，不同信号衰减的速度、轨迹（例如线性还是指数）也可能截然不同。信号的半衰期和衰减轨迹值得未来研究做深入探讨。

最后，鉴于信号的衰减效应，平台企业不能只发送单独的信号“音符”，而需要增加信号的频率来提升信号的有效性。比如除了在项目发起阶段发送员工参与的信号，在项目实施和反馈阶段也可以发送员工参与的信号。在协调信号“音符”组成信号“和旋”和“曲调”的过程中，还需要考虑信号序列、信号分离、信号优先等复杂的问题：①信号序列（Signal Sequencing）。信号序列是指对不同信号进行排序的问题。②信号分离（Signal Separation）。信号分离是指信号序列中给定的信号在时间或顺序上与其他信号隔离的程度。③信号优先（Signal Precedence）。信号优先是指一个信号先于或跟随其他信号的程度。此外，平台企业作为信号发送者还需要找到信号频率和信号持续时间的平衡，权衡不同类型的信号之间相互作用的问题。以上关于信号序列、信号分离、信号优先、信号平衡、信号相互作用的问题共同组成了信号模式，描述了信号发送者如何组织、协调、管理信号片段或子信号的过程。

3. 研究信号的解读与反馈是否因人而异

本专题并未检验信号接收者特质的影响，然而信号的关注、解读、加工、反馈可能因人而异。不同的信号接收者可能人为校准信号，赋予相同信号不同的强度甚至不同的内涵（Branzei 等，2004）。Rynes 等（1991）描述了求职者如何利用招聘者发出的信号来推断组织质量，求职者可能根据预先设定的重要性对信号施加权重，或在认知上扭曲信号，使信号含义偏离招聘者的原始意图（Ehrhart 和 Zieger，2005）。

以消费者的知识、技能、经验差异为例。在相关领域具备更多知识、技能、经验的消费者可以更有效地参与 Co－SR 并产生更强的获得感；相反，不具备相关知识、技能、经验的消费者会认为参与成本很高，既费时又费力，参与的效率也较低。并且，合作伙伴（平台员工）的高度参与反而可能会对缺乏知识、技能、经验的消费者形成较大的心理压力，导致其在 Co－SR 前望而却步，尤其是在做出深层参与、线下参与的决策时更加“怯场”。

意义构建理论（Sense－Making Theory）可以帮助我们将信号“翻译”为可感知意义（Weick，1995）。因此，未来研究可以借助意义构建理论来解释在一个固定不变的环境中，来自同一信号发送者的既定信号如何由于信号接收者的个性差异、经验差异而衍生出诸多不同的含义。此外，本专题研究是在实验室中进行的，然而，信号传递到真实环境中时，真实环境中的“噪音”可能会扭曲信号（Eberle 等，2013；Etter 等，2019）。因此，未来研究还可以尝试准自然实验、田野实验方法来最大限度地还原真实环境，提高研究的外部效度。

4. 考虑“反信号”的作用，建立双向信号传递模型

信号接收者希望获得关于信号发送者的信息；反过来，信号发送者也希望获得关于信号接收者的信息，以便知晓哪些信号接收者是可靠的，接收者关注哪些信号，接收者如何来解读这些信号（Gulati 和 Higgins，2003）。掌握这些“反信号”可以使信号发送者在一定程度上掌握社会交换的主动权，并提高信号传递的效率，尤其是在迭代的或连续的“讨价还价”情境中，“反信号”的获取至关重要。本专题主要关注信号发送者（平台企业）向信号接收者（消费者）发送的“正信号”，建立了基于两阶段社会交换关系的单向信号传递模型。未来研究可以同时关注消费者向平台企业发送的“反信号”，建立基于两阶段社会交换关系的双向信号传递模型。

5. 基于平台情境，探讨外部参照的作用

本专题探讨消费者的个体决策，没有考虑外部参照的作用。然而，其他的信号接收者也可能改变焦点信号接收者的决策过程。当一个信号被其他个体以一种特定的方式解读时，一个不确定如何解读该信号的个体容易将模仿视为一种决策手段（Sliwka，2007）。研究发现，在社交过程中，人们有强烈的倾向使自己的行为与同伴的行为保持一致（Chartrand 和 Bargh，1999；Iacoboni，2009）。具体而言，Zollo（2021）提出这种一致性倾向是通过以下效应实现的。

第一，锚定效应（Anchoring Effect）（McFerran 等，2009）。锚定效应是指人们过度依赖初始信息或者参照系来进行决策制定，锚是一种支配决策的认知偏见。第二，变色龙效应（Chameleon Effect）（Tanner 等 2008；Kulesza 等，2014）。变色龙效应反映了一种无意识的行为模仿倾向（Tanner 等，2008）。模仿者可能认为其自身行为是受其自身观念支配的，但事实上却无意识地被他人行为引导了。在此过程中，模仿行为本身源自一种无意识的社会说服。第三，认知关联效应（Argo 等，2005）。认知关联过程包括特质激活（Trait Activation）、特质关联（Trait Association）、特质影响（Trait Influence）三个程序。首先，在初始的特质激活程序中，消费者感知和解释他人的行为；在随后的特质关联程序中，消费者希望与他人建立联系；在最后的特质影响程序中，消费者被说服去模仿相似他人的决策制定和行为。“喜爱原则”是认知关联效应的主要解释机制之一，即个体倾向于对相似他人形成亲社会态度，喜欢他们、同意他们，并被他们说服（Cialdini，2001）。

并且，网络情境很可能会放大外部参照的作用，产生更为明显的“跟风”和从众效应。尤其是爆炸性、轰动性、有看点的消息（真实新闻或谣言）可能在网络平台中像病毒一样快速裂变，形成“病毒式传播”。同时，在“粉丝经济”时代，有影响力的人物的言论和行为很可能左右舆论的方向，决定项目的结果。未来研究可以关注员工参与 Co－SR 的认知、情绪、行为是否会“传染”给同事；消费者的参与行为是否会“传染”给重要他人，如亲人、好友等。

6. 关注参与的资源，进一步探讨“能不能”的问题

社会交换理论关注的是资源的交换。本专题聚焦于消费者的参与意愿，考察了消费者“愿不愿”参与的问题，却并未进一步探讨“能不能”参与的问题。根据资源保护理论（Conservation of Resources Theory，COR）（Hobfoll，2002），当消费者处于资源匮乏状态或面临资源枯竭的威胁时，其惯常反应是寻求额外的资源或者通过减少资源消耗来保存现有的资源，此时他/她可能没有足够的资源去参与 Co－SR。比如，当消费者需要时间和精力来照顾一位生病的家庭成员时，其投入其他社会交换关系中的资源会严重受限。

并且，员工参与也会受到资源禀赋的影响，同样产生“能不能”的问题。这些资源包括实物资源（如工具）、条件资源（婚育状况）和个体资源（特质、技术、能力）等（Hobfoll，2002；Halbesleben 等，2014）。其中，个体资源是一种“元资源”（Meta－Resources），它们可以帮助协调和利用其他资源，提高个体应对和解决问题的能力（Halbesleben 等，2009；ten Brummelhuis 和 Bakker，2012；Halbesleben 等，2014）。据此，不同类型的资源在“能不能”参与的问题上可能会产生异质性的影响。

7. 深入剖析具体的参与过程

本专题集中关注消费者的参与意愿，而对具体的参与过程缺乏探讨。事实上，在 Co－SR 中，如何协调不同类型的、为数众多的参与者使之进行有序、有效的合作将是一个十分困难的问题。此时，文化可以作为一种有效的协调机制。作为非正式制度，文化规定了一种被广泛接受和共享的价值观体系，它可以帮助参与者达成共识，规范参与者的行为模式（Jones 等，1998）。未来研究可以尝试打开参与过程的“黑箱”，对此，归纳研究或归纳与演绎相结合的研究可能是更为合适的研究方法。

8. 关注信任在合作关系维持、推进中的积极作用

本专题主要关注信任在合作关系建立阶段的积极作用。然而，除合作关系建立外，信任也是合作关系维持、推进阶段的关键成功因素（Morga 和 Hunt，1994；Basso 和 Pizzutti，2016）。

在合作关系维持中，信任可以充当消费者与企业之间的“润滑剂”和“粘合剂”，减少双方的冲突，并使冲突更容易解决。在“润滑剂”方面，对企业能力的信任可以减少因合作业绩产生的争吵，减少纠纷；对企业善意和正直的积极预期则会促进更深入、透明的沟通，进而减少争端。在“粘合剂”方面，虽然信任可以在很大程度上减少冲突，但冲突依然是很难避免的，比如合作所处的情境改变，合作的实际情况与消费者预期不完全相符时都可能产生冲突。此时，基于企业能力、善意、正直的信任能够帮助调和矛盾，减轻双方的讨价还价，避免激烈冲突造成合作关系破裂（Dyer 和 Chu，2003；Connelly 等，2018）。

在合作关系推进中，信任可以降低消费者对企业的监督和审计成本。一方面，对企业能力的信任增强了消费者对企业在 Co－SR 项目中的技术、技能、任务可靠性的信心，减少了持续监控企业行为的需要（Lee，2004）。另一方面，对企业善意、正直的信任减少了消费者对潜在剥削、利用的担忧，从而导致监控频率下降，同时监控也不再那么严格和耗时（Ryall 和 Sampson，2009）。

总之，信任不只能够降低事前交易成本（合作关系建立前），也应该能够降低事后交易成本（合作关系建立后，合作的维持、推进阶段）。未来研究可以在 Co－SR 的框架内研究信任在合作关系维持、推进中的积极作用。此外，未来研究可以关注信任的演变过程。随着社会交换、合作的进一步推进，信任可以得到深化。信任不仅是人际和组织间社会交换的一个关键前因，也是社会交换的重要结果（Das 和 Teng，2002；Cropanzano 和 Mitchell，2005；Bercovitz 等，2006；Lioukas 和 Reuer，2015）。Blau（1964）指出，与纯粹的经济交换相比，社会交换更容易产生信任感。因为与经济交换相比，社会交换中交换双方在何时回报以及回报多少方面享有相当大的自由裁量权（Cropanzano 和 Mitchell，2005；Bagger 和 Li，2014）。这种开放、持续的交换有助于达成信任和承诺。深化的信任可以进一步巩固社会交换、合作关系，未来研究可以在 Co－SR 的框架内研究信任与社会交换、合作间螺旋上升的良性循环作用。

9. 将研究焦点转向信任的“阴暗面”

目前关于信任的研究一直关注“光明面”，认为信任可以形成长期导向（Ganesan，1994），减少交易成本和冲突（Dyer 1997；Zaheer 等，1998；Dyer 和 Chu，2003），培养灵活性（Wathne 和 Heide，2000），促进知识转移（Levin 和 Cross，2004）和知识分享（Ebrahim－Khanjari 等，2012），加强持续改进和创新（Capaldo，2007）。本专题也证实了在 Co－SR 框架内，在消费者与企业建立良性的社会交换关系的过程中，信任起到了积极作用，然而，信任也可能具有“阴暗面”，本专题将其总结为压力效应、积分效应、蠕变效应、功能失调效应和过度路径依赖效应。

（1）信任的压力效应。被信任是一种重要的社会情感资源，它向企业及其员工传达了他们被重视、被积极地看待的信息（Brower 等，2009；Lau 等，2014；Baer 等，2015；Baer 等，2021）。然而信任也会产生压力，压力效应是指感知到消费者的信任成为了企业的一种“甜蜜的负担”，我们将其称为“信任税负”（Trust Tax）。从认知层面分析，感知被信任后，企业会发现自己有更多的工作要做，更多的问题要思考，更远的路要走，更多的责任要承担。并且感知被信任会让企业更关心声誉的维护，它标志着积极的企业形象已经构建，企业需要更加努力地维护这一积极的形象。从情绪层面分析，根据资源保护理论，信任感会使被信任者产生情绪耗竭（Emotional Exhaustion），从带来很大压力。情绪耗竭是倦怠的关键组件（Maslach 等，2001），它是指一种持久的情绪疲惫感。总之，为了不辜负消费者的信任，被信任的企业及其员工容易在思想和行为上不堪重负，在情绪上精疲力竭。

（2）信任的积分效应。积分效应是指感知被信任可能使企业认为自己已经积累了足够的“信任积分”，从而在未来肆意挥霍它（Baer 等，2015）。信任的积分效应与道德许可证效应相似，道德许可证效应是指，当个体认为自己已经积攒了足够的道德声誉后会更倾向于做出不道德的行为，即已积攒的道德声誉成为后续不道德行为的许可证（Joosten 等，2014）。

（3）信任的棘轮效应。通俗而言，棘轮效应（Ratcheting Effect）是一种“能上不能下”的效应（Bertels 和 Peloza，2008）。棘轮是一种只可向前旋转但无法倒转的齿轮。本专题将信任的棘轮效应定义为在重复博弈中，信任一旦建立，消费者对企业员工角色内、外参与会产生更高预期。预期的满足将加固信任关系，而预期不被满足则会导致信任直接崩塌而非缓降。西方有一句古老的谚语：“建立信任需要数年时间，而摧毁信任只需要数秒”（Mesquita，2007）。

（4）信任的功能失调效应。高水平的信任可能会出现功能失调，具体表现在以下两个方面：丧失客观性和招致机会主义。丧失客观性的原因有三：其一，乐观偏见。信任导致的乐观偏见会使消费者将对企业的监督成本降到合理水平之下。而且，讽刺的是，消费者似乎很乐意这种削减操作，因为监督本身是昂贵的。Villena 等（2019）将这种乐观偏见下的信任称为“盲目的信念”（Blind Faith）。其二，冲突厌恶。高水平的信任使消费者倾向于回避与企业之间的紧张和冲突以维持和谐关系（Selnes 和 Sallis，2003）。基于此，消费者可能会采取“沉默是金”法则，对企业在 Co－SR 项目中的一些不合适的做法视而不见、三缄其口。正如 Villena 等（2019）所指出的，信任可能让合作伙伴之间解决问题变得更困难而非更容易。其三，依赖增加。高水平的信任会导致合作双方产生跨项目的多重联系，多重联系可能会导致消费者对企业的依赖性和非必要义务感的增加，从而束缚消费者的言论和行为（Villena 等，2011）。Villena 等（2019）基于组织间合作的例证阐述了信任所导致的丧失客观性。意大利汽车制造商菲亚特公司（Fiat Spa）和法国汽车制造商标致雪铁龙（PSA Peugeot Citroen）合作开发新型货车。在此项目之前，两家公司已经成功合作并建立了高度的信任。然而，随着项目的展开，双方开始展现出高度信任关系中功能失调的一面。它们欣然接受伙伴的想法和行为，从不质疑；它们似乎不太关注谨慎的协商，而是更多关注维持友好关系。合作中缺乏健康的紧张关系最终导致两家公司无法实现合作目标——开发市场上最具创新性的小型货车（Bidault 和 Castello，2010）。高度的信任也会招致机会主义。消费者警惕的降低为企业的机会主义行为提供了契机。仍然以组织间合作为例，著名日本汽车制造商本田公司（Honda）以其深厚的供应商信任关系和共同繁荣意识而闻名。从零件开发到造价工程，本田与其供应商合作伙伴之间都会密切合作。然而，有报道称，其中一些供应商利用了这种信任，参与了价格操纵。证据显示，山下橡胶有限公司（Yamashita Rubber）的一位销售主管和一家零部件供应商竞争对手串谋，共同操纵了本田汽车橡胶零部件的投标。总之，高水平信任的功能失调是否可以超越组织间合作关系，延伸到企业与消费者合作的 Co－SR 领域，是需要未来研究检验的问题。

（5）信任的路径依赖效应。信任感会限制新信息获取，导致认知锁定和思维僵化（Pillai 等，2017；王汉瑛等，2021）。基于此，消费者可能沉溺于业已功能失调的合作关系之中，并将其投射到未来。研究表明，高度的信任会使个体产生强烈的愿望来维持现有关系并忽略潜在的破坏性后果（Kim 等，2006；Li 等，2006；Poppo 等，2016）。并且，与高度信任的企业合作时，消费者可能会停止寻找替代性的合作者，从而导致转换成本的上升，进而使转换中的“阵痛”增加，最终导致消费者选择维持现状。

综上所述，信任可能是一把“双刃剑”。未来研究可以更多关注信任的

“阴暗面”，探讨“双刃剑”效应可能导致的信任与合作绩效之间的非线性关系。

10. 关注二元互信

本专题主要关注在 Co－SR 框架内，消费者对企业的信任。事实上，二元互信，即同时建立起消费者与企业的相互信任，相比单方面的信任而言更能促进合作（Kong 等，2014）。并且二元互信中可能存在一致或不一致的信任水平。前者是指企业与消费者在同一水平上互相信任；后者是指企业对消费者的信任水平更高，或者消费者对企业的信任水平更高。未来研究可以基于信任一致理论（Trust Congruence Theory）（Tomlinson 等，2009）来探讨企业与消费者之间一致或不一致的信任水平对合作的影响。

11. 合作的延伸和信任的溢出

消费者与企业的合作可能从一个 Co－SR 项目延伸到另一个 Co－SR 项目，建立起跨 Co－SR 项目的合作关系。同时，消费者与企业的合作也可能从社会责任领域延伸到商业领域，建立起跨领域的合作关系。这两种情况的发生可能依赖于信任泛化机制的联结（Connelly 等，2018）。在第一种情况中，信任从一个 Co－SR 项目泛化到另一个 Co－SR 项目；在第二种情况中，信任从社会责任领域泛化到商业领域。

12. 关注行业内、区域内的合作

本专题主要在 Co－SR 框架内关注企业与主要的外部利益相关者——消费者，以及主要的内部利益相关者——员工之间的合作。未来研究还可以关注行业内、区域内的合作。关于行业内合作，同一行业内的企业可以合作解决社会问题，环境和社会认证就是这种集体行动的例证。1984 年，位于印度博帕尔（Bhopal）的联合碳化物工厂（Union Carbide Plant）发生了一起臭名昭著的爆炸事件。随后，化工行业提出“责任关怀倡议”（Responsible Care Initiative），该倡议敦促化工企业关注、评估并减少其环境危害。关于区域内合作，公司层面的影响也可以在区域层面聚合。即便是在广泛的、高度差异化的行业中，位于同一地区的公司也可以通过合作来实现社会影响。典型的案例是：在明尼苏达州（Minnesota）的双城地区（Twin Cities Area），当地公司联合成立了俱乐部，这些公司承诺将每年 5% 的利润通过俱乐部捐赠给当地社区的公益事业。

本章附录

泰山公益

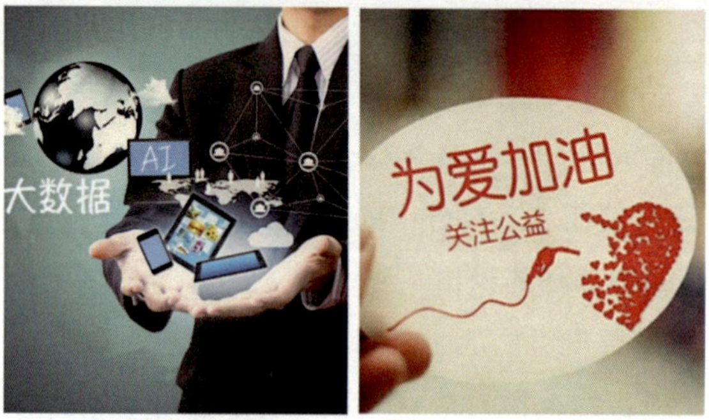

专业，意义，持续！　　鼓励员工在工作职责外参与！

【真情速递，书途童归】

泰山公司联合中华少年儿童慈善救助基金会、中国青少年发展基金会依托泰山公益平台发起名为“真情速递，书途童归”的旧书捐赠项目。本项目旨在为我国贫困山区儿童撒播知识的种子，打开心灵的窗户，点亮希望的明灯，守护精神的家园！您只需要将旧书打包好，点击“立即捐赠”，在线填写相关信息即可。为提升捐赠效率、节约公益成本，单次捐赠不少于5本，请尽量保持图书整洁。符合要求的图书将被送到贫困山区儿童手中，不符合要求的图书将被拆解出售以避免浪费。本项目的所有费用由泰山公司承担，所有收益将用于改善贫困山区儿童的教育条件。

秉承科技赋能公益的理念，泰山公司员工在工作职责内深度参与本项目。依托优质的自营物流，大数据、云计算、人工智能等企业核心技术，以及企业在图书管理方面长期积累的专长和经验，泰山公司员工将负责图书的清洁、修补、分类、筛选、匹配和全程物流跟踪。企业已经建立了正式的社会责任部门来管理和协调各职能部门员工的职责。

泰山公司的员工还在工作职责范围之外自愿参与本项目。公司管理层负责拟定合作的非营利组织候选名单，由各部门的主管自愿投票选出合作的非营利组织。各部门推选1到3名员工代表参与到项目的协调、沟通等义务服务中。企业为参与员工提供统一着装。

立即捐赠　　分享

图 A5.1　员工角色内参与度高同时角色外参与度低的场景

资料来源：作者自绘。

泰山公益

爱心，暖心，热心！

鼓励员工在工作职责外全员参与、全过程参与！

【真情速递，书途童归】

泰山公司联合中华少年儿童慈善救助基金会、中国青少年发展基金会依托泰山公益平台发起名为“真情速递，书途童归”的旧书捐赠项目。本项目旨在为我国贫困山区儿童撒播知识的种子，打开心灵的窗户，点亮希望的明灯，守护精神的家园！您只需要将旧书打包好，点击“立即捐赠”，在线填写相关信息即可。为提升捐赠效率、节约公益成本，单次捐赠不少于5本，请尽量保持图书整洁。符合要求的图书将被送到贫困山区儿童手中，不符合要求的图书将被拆解出售以避免浪费。本项目的所有费用由泰山公司承担，所有收益将用于改善贫困山区儿童的教育条件。

泰山公司将与5家物流公司合作完成上门取书服务。图书将被统一打包送往合作的非营利组织仓库，并由非营利组织进行清洁、修补、分类、筛选。泰山公司员工在工作职责内参与本项目，负责将图书和受益人进行匹配，之后再由物流公司打包派送给受益人。

秉承全员参与、全过程参与的理念，泰山公司员工还在工作职责之外自愿参与本项目。公司所有部门的员工参与了项目提案、投票、策划（包括编制策划案、拟定图书捐赠标准、选择合作的非营利组织等）。员工还成立了泰山志愿者协会，志愿者除捐赠图书外，还在项目执行期间提供协调、沟通等义务服务，并通过线上、线下渠道参与本项目的“朗读活动”“一对一导师辅导”“国学经典导读”。企业为参与员工提供统一着装，并制定了专门的工作与生活平衡计划。

立即捐赠　　分享

图 A5.2　员工角色内参与度低同时角色外参与度高的场景

资料来源：作者自绘。

第6章

共创型社会责任的益处

6.1 消费者

从社会交换视角，参与 Co－SR 项目可以让消费者同时获得内部和外部奖赏。正如美国心理学家、精神病学家卡尔·梅宁格（Karl Augustus Menninger）所言，“爱能拯救人——不论是施予爱的人还是得到爱的人”。相似地，美国思想家爱默生（Ralph Waldo Emerson）提出：“人在真诚地帮助了别人的同时也必然帮助了自己，这是善行的最美补偿”。中国社会也有两句流传甚广的俗语：“赠人玫瑰，手有余香”“助人为快乐之本”。消费者参与 Co－SR 的益处如表 6.1 所示。

表 6.1 消费者参与 Co－SR 的益处

<table>
<tr><th>大类</th><th>中类</th><th>小类</th><th>细分</th><th>例证</th></tr>
<tr><td rowspan="9">内部奖赏</td><td rowspan="7">认知</td><td rowspan="4">增强授权感</td><td rowspan="3">“定项”活动</td><td>受限式可选择的 Co－SR 活动</td></tr>
<tr><td>非受限式可选择的 Co－SR 活动</td></tr>
<tr><td>介于受限式和非受限式之间的可选择的 Co－SR 活动</td></tr>
<tr><td>“定价”活动</td><td>“随你付”定价策略</td></tr>
<tr><td rowspan="2">增强意义感</td><td colspan="2">意义构建过程（主）</td></tr>
<tr><td colspan="2">意义赋予过程（次）</td></tr>
<tr><td colspan="3">增强自尊感、价值感、成就感等</td></tr>
<tr><td rowspan="2">情绪</td><td>激发积极情绪</td><td colspan="2">快乐、自豪、满意、热情、兴奋、自信</td></tr>
<tr><td>抑制消极情绪</td><td colspan="2">压力，抑郁率和自杀率，内疚感</td></tr>
<tr><td>外部奖赏</td><td colspan="4">社交功能、印象管理功能等</td></tr>
</table>

6.1.1 内部奖赏

1. 增强积极认知

（1）增强消费者授权感。授权（Empowerment），亦称赋权，顾名思义是指授予权力或赋予权力。权力是授权中的核心概念，它被定义为对社会关系中有价值的资源的不对称控制（Magee 和 Galinsky，2008）。因此权力经常与控制互换使用。权力是关系描述的中心命题，包括人际关系，组织—成员关系，消费者—品牌关系，医患关系等（周孟珂，2021）。然而，实际的权力并不等同于授权感，授权感是一种感知控制的心理状态，它反映了一种基于自主感和能力感来执行有意义的任务并造成一定影响的内在动机（Spreitzer，1995）。

当今时代，消费者对控制的需求不断增长（Handelman，2006；郭小聪和吴文强，2017）。自从 Wathieu 等（2002）针对消费者授权感（Consumer Empowerment）的开创性研究以来，消费授权的定义以及类型就一直是学术研究探讨的热点问题（Kull 和 Heath，2016）。Ramani 和 Kumar（2008）认为消费者授权感是企业为消费者提供以下途径的程度：第一，与企业沟通来积极塑造交易过程；第二，与企业共享信息，对企业的产品、服务、政策等提出表扬、批评、建议以及创新性想法。Kull 和 Heath（2016）将消费授权定义为消费者感知到的权力、控制、影响力。Auh 等（2019）提出，消费者授权感可以被视为一个高阶构念，它包含以下两个维度：感知价值（Perceived Worth）和感知影响（Perceived Impact）。感知价值是指消费者感知的企业关心、欣赏、尊重、重视其所提建议的程度；感知影响是指消费者认为其观念或行为对企业产生影响并使企业受益的程度。据此，消费者授权被定义为消费者认为他们的观点或行为有价值并对企业有影响的程度。

传统 CSR 是由企业主导的，捐赠对象、捐赠金额、合作的非营利组织等关键事项都是由企业单边决定的，消费者授权感很低。为了让消费者获得良好的授权感，企业需要在消费者认为有价值或有意义的事上给予他们控制权（Magee 和 Galinsky，2008）。在 Co - SR 中，消费者亲身参与到项目的“定项”和“定价”等关键事项中，授权感得到了有效提升。事实上，现有研究已经普遍证实了参与对授权感的积极影响。例如 Auh 等（2019）的研究证实了消费者授权感在消费者参与和企业绩效之间的中介作用，即消费者的参与度越高，越能够激发消费者的授权感，进而提升企业绩效。因为当消费者参与时，他们会认为自己的呼声更容易被听取和重视，并能够重塑产品、服务、社会责任等流程，带来某些积极的改变，这些都帮助消费者获得了控制感（Merlo 等，2014）。并且，在更具有挑战性的、更不利的参与环境中，参与带来的授权感更大。因为此时，消费者认为他们的参与更具有影响力，更有价值，并能产生更大的回报。

在“定项”方面，很多企业（马自达、星巴克、亚马逊等）在 Co-SR 项目中让消费者自由决定希望企业支持的公益事业（Robinson 等，2012）。按照可选择的范围，项目可以被分为以下三种类型：①受限式可选择的 Co-SR 活动。在该类活动中，消费者可以从企业给出的列表中选择希望企业支持的公益事业，如古驰“希望响钟”运动，富士斯巴鲁“分享爱”项目。②非受限式可选择的 Co-SR 活动。在该类活动中，消费者可以提名任意他们希望企业支持的公益事业。③介于受限式和非受限式之间的可选择的 Co-SR 活动。该类活动虽然给出了选择的列表，但过多的选项更接近于非受限式可选择的 Co-SR 活动。如百事“焕新”项目，亚马逊“微笑”项目。Kull 和 Heath（2016）通过三个子实验研究发现，当品牌形象积极或中性时，平台提供的非限制的选择（可以支持任何公益事业）相比有限制的选择（从列表中选择支持的公益事业）可以显著增强消费者的授权感，进而提升其参与意愿。

在“定价”方面，很多 Co-SR 项目采取了“随你付”定价策略。如帕尼罗“爱心社区咖啡馆”、腾讯公益“小朋友画廊”活动。与传统的固定价格策略不同，消费者可以其愿意支付的任意价格（通常包括零元）来购买企业的产品或服务。Gneezy 等（2010）认为“随你付”定价策略可能在降低消费者捐赠意愿的同时增加其捐赠金额。具体而言，一方面，该定价策略会显著降低消费者的捐赠意愿。这种退出行为很大程度上是由于消费者担心其支付的价格低于“合适”的价格，从而导致其自我认同和自我形象受损。另一方面，该定价策略增加了消费者的授权感，使企业毫无保留地暴露在财务风险之下，减少了消费者对 CSR 背后的别有用心的动机的怀疑。因此，相比固定价格策略，在善因营销中采用“随你付”的定价策略时，消费者支付的金额反而更多。

总之，消费者参与意味着控制权从企业、员工部分地转向消费者，最终达成权力平衡。消费者通过提供信息的输入和反馈，在企业—消费者，员工—消费者关系中获得越来越多的控制。

（2）帮助消费者获得意义感。意义是人类的基本需求之一，人类终其一生都在追求意义（Weick，2005；张荣伟和李丹，2018）。意义可以通过两种模式获取：自上而下的、受控的意义赋予（Sense-Giving）；自下而上的、自主的意义构建（Sense-Making）（王扬眉，2019）。Glavas 和 Kelley（2014）提出，由于亲社会行为具有关系特质，所以人们经常通过亲社会行为来帮助改善他人的福利来寻找个人意义和社会意义。在传统 CSR 中，消费者的意义获取方式主要是意义赋予，从而导致其创造力受限（Maitlis 和 Christianson，2014）。而 Co - SR 中，消费者的意义获取方式主要是意义构建。Aguinis 和 Glavas（2019）指出，个体参与超越了逐利焦点的社会责任活动是理想的意义构建方式。Song 和 Wen（2020）主张企业执行一种双向对称的 CSR 沟通方式，从而使意义构建和意义赋予在一种迭代的渐进沟通过程中同时发生。

除授权感、意义感外，参与 Co - SR 项目还可以提升消费者对自身和周围环境的其他积极认知，包括自尊感、价值感、成就感等。以成就感为例，总部位于纽约的人类服务委员会（Human Services Council）做了一项针对志愿者的调查报告，发现超过 90% 的志愿者感觉志愿服务使他们获得了成就感，为世界带来了积极改变（Rodell 等，2017）。

2. 增强积极情绪，抑制消极情绪

参与 Co - SR 可以激发快乐、自豪、满意、热情、兴奋、自信等积极情绪。俗语称："慷慨的人比那些只为自己花钱的人活得快乐！"而参与本身就是一个充满乐趣的、富有创造性的工作（Kozinets 等，2008）。与同志分享想法，或与他们互动产生新想法的过程是一种美妙的、令人兴奋的、充满激情的体验（Nambisan 和 Baron，2007）。

根据积极情绪的扩展和构建理论（Broaden - and - Build Theory of Positive Emotions），积极情绪可以"点燃"参与者的热情和激情，启发灵感（Fredrickson，2001）。同时，积极情绪也有助于提升参与者的精神健康和生理健康状况，提升其生活满意度和幸福感（Weinstein 和 Ryan，2010）。比如项目志愿者倾向于报告更好的身体状况和较低的抑郁水平（Thoits 和 Hewitt，2001）。并且，参与行为和积极情绪之间存在明显的良性循环效应。即参与行为可以激发参与者的积极情绪，积极情绪随后又能产生积极的思维，从而继续导向积极行为，循环往复。

此外，参与 Co - SR 项目不仅可以提升消费者的积极情绪，还会减缓其消极情绪。研究表明，助人行为可以显著减少压力，舒缓负面情绪，降低抑郁率和自杀率（Post 和 Neimark，2008）。行善还可以减轻犯错之后的内疚感（Carlsmith 和 Gross，1969）。

6.1.2　外部奖赏

1. 社交功能

Co - SR 项目不仅是公益项目，也是社交活动。在平台的线上社区互动和线下志愿活动中，参与者既可以增加与志趣相投的老朋友相处的时间，加深彼此的联结；又可以结识形形色色的、志同道合的新朋友，与之建立友谊，构建“人脉网”。

2. 印象管理功能

Co - SR 项目给消费者提供了一个自我展示的“舞台”。Barclay（2006）提出，参与亲社会行为可以帮助个体构建亲社会声誉，并且这种亲社会声誉具有长期效应。Griskevicius 等（2010a）的研究表明，亲社会行为不仅能帮助施助者赢得重要他人的接纳和包容，而且有助于获取地位。根据高成本信号理论（Costly Signaling Theory），亲社会行为传达了个体愿意并能够为群体中的其他成员付出代价的意愿，从而使其看起来更值得信任（BliegeBird 和 Smith，2005）。

总之，从动机视角来看，内在奖赏更多地与自我认同有关，而外在奖赏更多的与社会认同感有关（Cha 等，2016）。基于过度合理化理论，内在奖赏比外在奖赏更能带来持久的幸福感和满意度（Deci 和 Ryan，2013）。

6.2　员工

员工，尤其是新生代员工对 CSR 的重视和参与意愿逐年提升。全球四大会计师事务所之一的德勤在 2016 年出具了一份关注“千禧一代”工作价值观的报告。报告显示，“千禧一代”员工非常关注 CSR，到 2020 年，“千禧一代”将占到全球劳动力的 50%（Donia 等，2019）。Co - SR 满足了员工亲身参与社会责任活动的诉求，可以使其获得内部和外部奖赏。并且，Co - SR 的影响力并未止步于直接参与的员工，而能对内延伸至非直接参与的员工。

6.2.1　参与员工

参与 Co - SR 项目的员工可以产生与消费者类似的认知和情绪体验，获得相应的内部和外部奖赏。值得关注的是，由于其“内部人”的身份，员工也会从 Co - SR 项目中收获一些异于消费者的益处。本章依然分内部奖赏和外部奖赏来阐明这些相似与区别。表 6.2 从员工与消费者对比的视角展现了参与 Co - SR 的益处。

表 6.2　　参与 Co - SR 的益处（员工 vs. 消费者）

分类	员工	消费者
内部奖赏	增强员工授权感	增强消费者授权感
	获得工作场所乐趣，从工作场所自我损耗中恢复	获得生活乐趣
	增强组织自豪感	增强个人自豪感
	获得工作意义感	获得生活意义感
外部奖赏	提供组织内社交功能	提供社交功能
	关系从非工作场所—工作场所的正向溢出效应	
	提供对内展示的“舞台”	提供对外展示的“舞台”
	提供培训机会	

1. 内部奖赏

与消费者的体验相似，Co - SR 项目可以给员工带来乐趣，帮助员工获得成就感、归属感、安全感、意义和幸福感，这些都隶属于人类的基本心理需求（Psychological Needs）（Bauman 和 Skitka，2012；Glavas 和 Kelley，2014）。与消费者体验的不同之处在于，员工在参与中获得的内部奖赏一般与工作相联系，具体而言：

（1）增强员工授权感。员工授权感（Employee Empowerment）是一个与消费者授权感相对照的概念。员工授权是指将决策权力下放，赋予员工显著影响组织结果的权力、信息和资源（Menon，2001）。被授权的员工会感知到较高的自信和控制感。Hejjas 等（2019）指出，考虑组织中与 CSR 相关的自主权是重要的。

在传统 CSR 中，员工需要等待领导的指示和批准来决定下一步行动。Co - SR 可以短暂颠覆公司的等级制度，让员工享受到与上级平等的待遇，在一定程度上满足普通员工对权力、控制的渴望。比如在自行车骑行的公益活动中，一组员工不论级别一起骑行，享受彼此的关爱和陪伴。授权感还提升了员工的自由度和能动性，帮助他们与消费者进行更好的沟通，并促使员工主动地寻求解决问题的最优方案，从而使员工更好地服务消费者。并且，授权感高的员工可能超越消费者期望，给予消费者惊喜，与消费者建立友谊（Bowen 和 Lawler，1995；Kumar 和 Pansari，2016）。

（2）获得工作场所乐趣，从工作场所自我损耗中恢复。有些员工将 Co – SR 活动现场比作“工作场所俱乐部”，有些员工将参与公益项目视为一种工作福利。比如在乳腺癌慈善筹款活动中，员工盛装打扮，佩戴粉色的牛仔帽、装饰羽毛，身着草裙去吸引捐赠者的注意力，活动本身充满乐趣（Breeze 和 Wiepking，2020）。

根据自我损耗理论（Ego Depletion Theory），人的自控能力是一种有限的消耗性资源。员工在工作中需要保持高度的警惕，集中注意力，抵制诱惑，进行人际沟通，对各种视听刺激做出回应，控制情绪与情感，做出决策。这些行为都涉及自我控制，因而会导致自我损耗。自我损耗的强度模型认为，自我控制类似于人的肌肉，它在使用后会变得虚弱，但在休息时可以得到补充（Baumeister 和 Heatherton，1996）。事实上，参与 Co – SR 活动是让员工从工作中“抽离”出来，从而得到休息和恢复的一种有效方式。Mojza 等（2011）进行了一项为期两周的日记研究发现，志愿活动可以让员工从心理上脱离工作，从而帮助其从注意力集中的、高度紧张的、疲惫的工作中恢复过来，让他们在第二天的工作中更为精力充沛，并能创造更多积极的影响。Rodell（2013）发现，志愿服务是一段精神“充电”的历程，它能使员工身心放松，从而其有更多的精力来投入工作。因此，员工志愿精神可以有效提升工作绩效，包括任务绩效、公民行为，减少反生产行为。

（3）增强组织自豪感。基于社会认同理论（Social Identity Theory）（Ashforth 和 Mael，1989），组织自豪感捕捉了员工从组织成员身份中获得的愉悦感和自尊感（Jones，2010）。有大量研究证实了 CSR 可以提升员工的组织自豪感。Laverie 和 McDonald（2007）指出，在一场雇主赞助的志愿活动中，来自不同子公司的营销主管自愿组织了一场高尔夫球巡回赛，该巡回赛旨在贡献于当地的儿童福利事业。参与该巡回赛有效增强了员工的组织依恋感和组织认同感。类似地，Vian 等（2007）报告称，著名的美国制药公司——辉瑞的员工志愿者表达了其对公司的骄傲和忠诚，在参与志愿活动后，他们感觉在本职工作中也充满能量。Jones（2010）发现，员工志愿项目提高了员工的组织自豪感，从而提高了他们的组织认同感、保留意愿，增加了其组织公民行为。

首先，组织自豪感的产生存在“由外而内”的倾向。“镜像自我”（Looking－Glass Self）解释了个体会根据“他人眼中的自我”来构建自我概念（Cooley，1902）。通俗而言，即“别人怎么看待你，你就会怎么看待自己”。根据镜像自我，自我的形象和角色在很大程度上是由他人对自己的评价决定的（TZollo，2021）。作为“内部人”，员工与所属企业往往一荣俱荣、一损俱损，所以员工非常关心他人对其所属企业的看法（Ng 等，2019）。当员工参与 Co－SR 时，能够切实感受到企业外部声望的增强，自豪感也油然而生。

其次，组织自豪感的产生存在社会比较的倾向。根据内隐理论（Implicit Theory）（Fiske 和 Taylor，2013），员工将感知到的所属企业的社会责任表现与他们的认知图式进行比较，这些认知图式包罗了形形色色的企业，从普通企业到卓越企业应有尽有（Lam 等，2015）。CSR 表现具有显著的门槛效应（Threshold Effect）（Geddes 和 Callister，2007），即当所属企业的表现优于基本预期时（例如行业标准），员工能够感知到企业的额外努力（Goes That Extra Mile）和卓越表现。此时，企业实际表现跨越了员工期望的门槛，从而可能激发出指数级增长的组织自豪感（Jones，2010；Onkila，2015）。Zhou 等（2018）将其称为 CSR 的马太效应（Matthew Effect）。尤其当员工实际参与其中时，能够切实感受到“作为伟大组织的一员”在“参与一项伟大的社会事业”。

（4）获得工作意义感。参与 Co－SR 是员工获得工作意义感的一种重要方式。富有个人意义和社会意义的员工志愿项目可以弥补员工本职工作意义的不足，使其感知到工作是有价值、有意义、值得的（Bunderson 和 Thompson，2009）。高水平的工作意义感与一系列积极的工作场所结果相关，比如工作满意度（Glavas 和 Kelley，2014），组织承诺（Tummers 和 Knies，2013），组织认同（Pratt 等，2006），心理幸福感（Arnold 等，2007），敬业（May 等，2004），绩效（Hackman，1980）。

2. 外部奖赏

（1）提供组织内社交功能。在现代企业中，缺乏互动的员工只是隶属于同一家公司的“陌生人”。尤其在大型组织中，很多员工可能永远没有机会在一起工作。此时，参与 Co－SR 项目为员工提供了高质量互动的机会，使企业内部不同层级、不同部门、具有不同背景、拥有不同技术专长的员工汇聚在一起。Millette 和 Gagne（2008）提出，企业志愿服务项目往往被分割为小组去完成，通过参与小组活动，员工可以与他人互动。通过从头到尾地完成小组任务，小组内成员往往能够建立高度的任务认同感和强关系。Hejjas 等（2019）指出，员工参与有助于提供社交机会，从而培养和积累社会资本。社会资本是指人与人之间的联系，积累社会资本被看作员工参与 CSR 的主要利益和驱动力。

（2）关系从非工作场所—工作场所的正向溢出效应。在参与 Co－SR 后，员工可以体验到关系从非工作场所—工作场所正向溢出。员工在“非工作环境”中的相互了解会使他们在“工作环境”中的互动更容易、更默契、更愉快。Peloza 和 Hassay（2006）的研究提供了以下的访谈案例：一位接受访谈的内部审计师认为，由于其特殊的工作性质，他的日常工作常常面临挑战。很多同事在被审计的过程中带有抵触情绪，因而会采取不合作的态度。“然而，我发现当我在志愿活动中与他们有了个人互动后，他们在工作中变得更加配合了。”Hejjas 等（2019）提出，参与 CSR 有助于打破员工之间的沟通障碍，“在 CSR 活动中，你会以不同的方式看待你的同事和领导；而当你回到办公室时，你们之间的对话方式也将改变。”

（3）给员工提供对内展示的“舞台”。Co－SR 不仅给员工提供了与消费者类似的对外展示的“舞台”，也为其提供了对内展示的“舞台”。在对外“舞台”上，员工可以与客户、社区成员等外部利益相关者建立联系；在对内“舞台”上，员工可以向同事、领导展示其形象和吸引力，承诺自己是一个富有爱心、勇于担当甚至可以做出自我牺牲的伙伴、下属。对于条件异常艰苦的 Co－SR 项目，员工参与也向他人表明了自身吃苦耐劳的可贵品质。对于具有高知名度的项目，以及由高级经理人或主管特别支持的项目而言，这种积极的“印象管理”效应更为明显。总之，Co－SR 可以使员工意识到他们既是企业内部社区的成员，也是更广泛的外部社区的成员。

（4）提供培训机会。Co－SR 项目为员工提供了职业发展的机会和提高工作相关技能（包括专业技能、人际交往技能、沟通技能、主动倾听技能等）的机会，因而被视为一种“低成本的培训选择”和“改变人生的经历”（Booth 等，2009；Mojza 等，2011；Caligiuri 等，2013）。

例如，社会活动往往面临预算紧张的问题，它需要参与者们在资源受限的情况下创造性地解决问题。这非常有助于培养参与者统筹运用财务资源的能力和创新能力。再如，参与者需要与不同的外部利益相关者合作，比如政府机构、非营利组织和金字塔基层（Base of The Pyramid）的客户。这对于他们的沟通能力、合作能力的培养至关重要。并且，与内部利益相关者合作也有助于培养参与者的领导力和组织协调能力（Grant，2012）。

因此，精心打造的志愿者经历是有事业心的员工向上晋升的一个快捷通道。对于优秀的员工来说，志愿服务既是一个训练场，也是一个试验场（Peloza和 Hassay，2006）。

6.2.2 非参与员工

Co－SR 往往是一项“情绪化”的活动，通过情绪传染（Emotional Contagion），其影响并不会止步于参与员工。情绪传染是指感知到被观察者的情绪状态而直接触发自身的相同或相近的情绪状态。情绪传染导致了情绪趋同（Emotional Convergence）（Troccoli 和 Felizardo，2020）。参与员工作为“积极分子”可以起到良好的动员作用，他们的情绪直接或间接地传染给非参与员工。因此，即便没有亲身参与，员工也能够从 Co－SR 项目中获益。参与员工向非参与员工的传染效应如表 6.3 所示。

表 6.3　　参与员工向非参与员工的传染效应

<table>
<tr><th>大类</th><th>中类</th><th>小类</th><th>细分</th><th>例证</th></tr>
<tr><td rowspan="4">直接传染</td><td colspan="3">显性传染</td><td>与同事讲述其个人的参与经历</td></tr>
<tr><td rowspan="3">隐性传染</td><td rowspan="2">垂直涓滴效应</td><td>涓滴向下</td><td>管理者向员工含蓄分享个人参与经历（办公桌上摆放相关照片）</td></tr>
<tr><td>涓滴向上</td><td>员工向管理者含蓄分享个人参与经历（办公桌上摆放相关照片）</td></tr>
<tr><td>水平涓滴效应</td><td>涓滴循环</td><td>平级同事之间含蓄分享个人参与经历（办公桌上摆放相关照片）</td></tr>
<tr><td>间接传染</td><td colspan="4">塑造组织氛围</td></tr>
</table>

1. 直接传染

直接传染发生在参与员工向非参与员工分享其参与经历的过程中。参与者可能会明确或含蓄地表达他们对 Co - SR 项目的认知、信念和经历，从而造成显性或隐性的情绪传染。在显性层面上，研究表明，群体中情绪强烈的个体很可能通过反复互动来与同事交流自己的情绪，从而将信息有力地传播出去，成为整个群体的意见领袖（Kelly 和 Barsade，2001；Barsade，2002）。事实上，人们非常倾向于分享使其“自我感觉良好”（Feel Good）的经历。比如一位参与过 Co - SR 项目的热情的员工可能会明确地与同事分享其个人的参与经历。在隐性层面上，情绪会通过参与者的面部表情、肢体语言和语气、着装等无意识地自动传播（Barsade，2002）。比如参与者可以通过穿着公司的志愿者 T 恤，或在办公桌上展示最近志愿者活动的照片来含蓄地与同事分享他们对志愿活动的兴趣。隐性传染的力量是不可忽视的，它如涓涓细流一般潜移默化地、持久地影响着整个组织，最终可能带来水滴石穿的强大生命力。这种涓滴效应可以是“涓滴向下”（Trickle Down）的，即从管理者到员工；也可以是“涓滴向上”（Trickle Up）的，即从员工到管理者；还可以是“涓滴循环”（Trickle Round）的，即在员工之间产生影响（Kolk 等，2010）。“涓滴向下”和“涓滴向上”统称为垂直涓滴效应。“涓滴循环”又被称为横向涓滴效应或水平涓滴效应。Kolk 等（2016）指出，“涓滴循环”甚至可以延伸到企业外部，渗透员工的家人、朋友、客户之中。据此，员工广泛的外部社会关系在 CSR 沟通中的作用也不应被忽视（Du 等，2010）。

2. 间接传染

间接传染发生在参与员工的认知、情绪、行为对整体组织氛围的塑造上。以志愿服务为例，志愿者可以推动企业形成良好的志愿服务氛围（Corporate Volunteering Climate）（Kuenzi 和 Schminke，2009）。作为高阶层面的因素，志愿服务氛围将显著影响身处组织中的每一个体（包括非志愿者）的态度和行为。

通过直接传染，非参与员工可以直接捕捉参与者的快乐、自豪等积极情绪；通过间接传染，非参与员工可以从企业的整体氛围中攫取精神力，内化群体状态。最终，个体层面上，非参与员工可以产生与参与员工相似的体验。依然以志愿服务为例，De Gilder 等（2005），Jones（2010）的研究发现，在一个志愿者参与程度很高的公司中，非志愿者表现出与志愿者相似的情感承诺。而在群体层面上，非参与员工和参与员工形成了集体观念（Collective Perceptions）和集体共情（Collective Empathy）（Rodell 等，2017）。

6.3 非营利组织

非营利组织为美国经济贡献了 9854 亿美元，为公众提供了一系列的服务、商品、资源——从食物、住所到器官（Bradford 和 Boyd，2020）。非营利组织也是我国社会治理的重要主体（鲁篱和肖琴，2022），尽管我国的非营利资源存量十分有限（毕素华，2021）。企业与非营利组织在 Co - SR 领域进行了广泛的跨界合作（Cross - Sector Collaboration），这种合作旨在协调财富创造与社会公平，市场有效性与社会福利（Di Domenico 等，2009）。非营利组织可以分为两大类：传统非营利组织与社会企业，它们在 Co - SR 中的收益具有一定差异性。非营利组织参与 Co - SR 的益处如表 6.4 所示。

表 6.4　　非营利组织参与 Co - SR 的益处

分类	传统非营利组织	社会企业
个性	无	提升自身创造财富的能力，特别是商业和金融能力
共性	获取金融资本	
	获取专业知识	
	获取志愿者等人力资本	

6.3.1 传统非营利组织

传统非营利组织是一类依赖社会赞助、补贴、捐赠的非营利组织。传统非营利组织所稀缺的、同时又难以在组织内部发展和建立的资源主要包括：其一，金融资本。其二，专业知识，如管理、技术、会计、营销等专业知识。大多数非营利组织缺乏必要的商业经验和商业头脑，比如它们往往对于志愿者队伍的人力资源管理十分头疼。非营利组织需要在战略规划、战略实施等方面对管理者进行更多培训。然而为特定的项目聘请外部顾问是非常昂贵的，所以非营利组织一直尝试联系相关专业领域的成员来做志愿者，请自己的顾问总是“最后的办法”（Liu 等，2010）。其三，志愿者等人力资本。大多数非营利组织存在志愿者“缺口”。志愿者往往责任重大，职责广泛。他们除身体力行地参与志愿活动外，一般还需要在工作场所中推介其所参与的公益事业和合作的非营利组织，孵化新的志愿者或增加原有的参与和互动频率（Sargeant，2001）。

而这些资源可以通过参与 Co－SR 来构建：首先，企业可以将 Co－SR 基金交由非营利组织管理和分配，解决非营利组织的资金缺口。其次，通过直接向非营利组织派驻专业人才，或者通过社会学习过程，非营利组织可以获得亟须的专业知识。商业企业的涉入为非营利组织带来了渴望的管理理论和实践知识，从根本上保证非营利组织能够有效地应对社会挑战，增加自身的影响力。最后，Co－SR 项目可以提升员工的社会责任意识，促使有志之士在闲暇时间自觉投身非营利组织去做“义工”；长期来看，Co－SR 还可以扮演“媒人”的角色，在企业员工和以上合作机构之间建立持久联系，并在其深入互动中促进长期忠诚关系的形成。

6.3.2　社会企业

社会企业（Social Enterprises）被广泛定义为通过销售产品和提供服务来追求社会目标的非营利组织（Di Domenico 等，2009）：一方面，与传统非营利组织不同，社会企业摆脱了对补贴、捐赠、会员费等的依赖，通过商业活动来创收。另一方面，社会企业虽然与企业一样通过销售商品和提供服务参与市场，但其治理结构和实践策略与企业迥然不同。具体而言，它们为社区利益而信托财富，让利益相关者民主地参与组织治理，寻求对所服务的社区负责。因此，社会企业在社会目标、所有权结构、治理模式和责任方面均有别于企业。可见，社会企业是一种跨越市场和社会边界的混合型组织。它介于企业和传统非营利组织之间，努力将传统企业创造财富的能力与传统非营利组织社区参与的精神结合起来。基于此，社会企业也不可避免地兼具两者的优势与劣势。

商业企业与社会企业合作是一种普遍的国际现象。比如，澳大利亚的本迪戈银行（Bendigo Bank）开展了一项社区银行计划，该计划允许非营利组织获得特许经营权从而向落后的地区提供财务服务。Brugmann 和 Prahalad（2007）

研究指出，越来越多发展中国家的非政府组织（Non - Governmental Organizations，NGOs）开始创建社会企业来服务于社会目标。

像传统非营利组织一样，社会企业在参与 Co - SR 中可以获取金融资本、专业知识、人力资本。此外，社会企业还希望在合作中提升自身创造财富的能力，特别是商业和金融能力。Huxham 和 Vangen（2013）提出了合作优势（Collaborative Advantage）的概念，即帮助非营利组织建立解决社会问题的独特能力。建立合作优势是商业企业和社会企业在参与 Co - SR 时共同追求的目标。本章举以下四个案例来说明商业企业与社会企业的合作优势的建立：

美国冰激淋零售商本杰瑞公司（Ben & Jerry's）和北爱尔兰的社会企业克雷斯科信托（Cresco Trust）达成了合作关系。后者的职责主要是为被主流劳动力市场边缘化的年轻人提供培训。合作内容是，在“伙伴商店倡议”（Partner Shop Initiative）下，克雷斯科信托经营两家本杰瑞特许经营店，本杰瑞为其免除特许经营费用。克雷斯科信托认为，自身受益于一个经过实践验证的、成熟的商业模式，借此产生盈余并培养年轻人。而本杰瑞认为，与社会企业合作将提升自身声誉，并从门店利润分享中获得经济上的好处。

动力工厂（Power Factory）是艺术工厂（Arts Factory）（位于英国威尔士的一家社会企业）和联合公共事业公司（United Utilities）（一家跨国能源公司）共同开办的合资企业。该合资企业拥有一个风电厂，通过生产绿色电力来践行环保，同时刺激当地就业，其收入主要用于艺术工厂的社区活动。艺术工厂不仅从合作中获取了资金，而且收获了宝贵的商业经验。而对于联合公共事业公司而言，艺术工厂的社区合法性消解了当地居民对风电厂的敌对情绪。

总部位于美国乔治亚州（Georgia）的社会企业博比多德工业企业（Bobby Dodd Industries，BDI）与总部位于美国佛罗里达州（Florida）的商业企业欧迪玛公司（Optima）进行了合作。BDI 生产碳粉盒，并在此过程中为残疾人提供就业和培训机会。欧迪玛则是一家与 BDI 构成同业竞争的商业企业。此次合作中，欧迪玛首先向 BDI 发送一批二手墨盒；收到墨盒后，BDI 将其拆卸、更新；随后半成品被运回欧迪玛公司进行最终组装并交付给客户。此次合作使 BDI 的技术和营销专长得到了增强，并将一个潜在的竞争对手转变为合作伙伴。对于欧迪玛公司而言，合作帮助打开了公共部门的新市场，并提高了 CSR 声誉。

英国伦敦的社会企业格林威治休闲组织（Greenwich Leisure）与查尔顿竞技

足球俱乐部（Charlton Athletic Football Club）进行了合作。该合作的目的是共同竞标欧洲基金（European Funding）用以开发和经营公共用体育设施。在此次合作中，格林威治休闲因与知名的足球俱乐部合作，其品牌知名度得到了提升，一跃成为一个新的、标志性的健身和休闲“打卡”场所。查尔顿竞技足球俱乐部则在合作中同时改善了基础设施和社区形象，增加了新的“粉丝”。

6.4　企业

6.4.1　企业内部

1. 帮助缔结企业—员工间心理契约

参与 Co - SR 会增强员工的组织认同、组织承诺、组织依恋、感知的个人—组织匹配性、组织信任感、组织公平感，减少员工的愤世嫉俗感，从而与企业缔结更为牢固的心理契约（Evans 和 Davis，2011；Sheel 和 Vohra，2015；张倩等，2015）。Brammer 等（2007）以英国一家金融服务公司的员工为对象研究表明，员工对雇主 CSR 的感知与他们的组织承诺密切相关。Chong（2009）研究发现，印度洋海啸后，参与救灾的敦豪快递公司（Dalsey Hillblom and Lynn，DHL）员工对企业产生了更强烈的认同感。Jones（2010）的研究发现，参与诸如志愿活动等社会责任活动有助于员工在道德和社会价值层面与企业建立共享的身份认同。Kim 等（2010）研究表明，员工在社会责任活动中的参与和决策机会与其组织认同感正相关。而具有较高组织认同的员工会将其所在组织的概念、特质整合到自我概念中，因此他们将感受到组织具有很高的外部威望，从而依恋其所在的组织，并为身为组织的一员而感到自豪（De Roeck 等，2016）。

2. 鼓舞员工士气，促进内部团结

在 Co - SR 项目中共同的经历、故事可以培养一种同志情谊，提高员工士气，增强组织凝聚力，促进组织内部团结，使参与者之间可以同声相应、同气相求（Rime，2007）。员工团结的增强也非常符合 Co - SR 的共创、合作的本质与初衷。

3. 有助于员工保留、员工招聘、员工培训

在员工保留、员工招聘、员工培训等关键的人力资源管理（HRM）事项上，Co－SR 都能起到积极作用。现有员工（尤其是女性员工）倾向于积极地看待社会责任活动，以为具有社会责任感的雇主工作为荣（Jones，2010）。当亲身参与之后，现有员工对 CSR 的认同感会更强，使其保留意愿加强，离职意愿减弱（Block 等，2015）。同时，在招聘环节，Co－SR 也可以向就业市场发送信号，表明企业允许并鼓励员工在工作场所追求其社会责任偏好。这使职场更为人性化，对潜在员工而言，这是一个富有吸引力的信号，因而可以有效提升企业的招聘效率（Bhattacharya 等，2008；张麟等，2017）。Peloza 和 Hassay（2006）通过一个假设的面试场景研究发现，当企业在面试中提出会减少对志愿活动的支持时，应聘者的反应是消极的。他们表示企业的这项决策将促使他们去别处寻找工作。此外，Co－SR 还可以兼具员工培训、职业发展、团队建设功能（Breeze 和 Wiepking，2020）。

4. 获得补偿性差异

员工参与 Co－SR 可能产生一种显著的“补偿性差异”（Compensating Differentials）。即员工因为参与获得的无形利益而要求较少的工资支付。正如科学家经常因追求研究兴趣的自由而可以接受较少的报酬（Sauermann 和 Roach，2014）。近期的实验研究表明，对于具有积极社会影响的工作，个体往往愿意接受较低的薪酬（Burbano，2016）。

5. 增加员工建言，提高内部沟通效率

颜爱民等（2017）的研究表明，员工感知的 CSR 可以促进员工建言行为。与传统 CSR 相比，Co－SR 项目鼓励引入民主程序（Democratic Procedures），增加员工的话语权，让员工可以畅所欲言、提出建设性意见，从而提高了管理者与员工之间的互动质量和沟通效率。它颠覆了一般工作场所中固有的等级制度，改变了“命令下达—顺从”式的沟通，鼓励差异化的、百花齐放、百家争鸣的见解。

6. 提升工作绩效，推进亲组织行为

Co－SR 活动可以推进员工积极的工作态度和行为。De Gilder 等（2005）的研究发现，荷兰金融机构中参与志愿活动的员工呈现出更高的自我报告的出勤率和工作绩效。Carmeli 等（2007）研究发现，员工对组织参与 CSR 活动的感知对其工作绩效会产生显著的正向影响，并且它相比员工对企业市场状况和财务绩效的感知的影响更大。Co－SR 项目在员工与企业之间缔结的心理契约也会帮助推进员工的组织公民行为、帮助行为、角色外行为、合作行为，减少其组织偏差行为、人际偏差行为、反生产行为等非伦理行为（Wegge 等，2007；Jones，2010；Rodell，2013）。

6.4.2　企业外部

1. 制造差异化

发起和实施 Co－SR 项目是企业制造差异化的一种方式，企业借此向利益相关者来展示它们的与众不同，包括承担责任的承诺、能力、努力。例如《美国运通的 CSR 报告（2018—2019）》显示，“我们的使命是通过提供差异化的产品和服务，帮助客户实现他们的愿望，成为客户的必需品……我们的企业社会责任实践是企业使命的自然延伸”。

2. 帮助缔结企业—外部利益相关者间心理契约

一方面，当外部利益相关者发现企业与自身志同道合时，即他们具有相同的社会责任关注和思考，有相似的改变世界的动机、价值观和路径时，他们将通力合作去改变世界。另一方面，随着外部利益相关者参与其中，他们对品牌的认同度和亲近感会增加，他们也越来越倾向于像“内部人”一样思考、行动。由此，两者将缔结稳固的联盟和亲密关系。事实上，早在 2000 年，光明基金会（The Points of Light Foundation）就报告称，美国超过 80% 的公司支持志愿服务以改善他们的公共关系（Rodell 等，2016）。

3. 提升企业声誉，并充当“声誉盾牌”

Co－SR 可以提升企业声誉。2005 年，卡特里娜飓风（Hurricane Katrina）对美国墨西哥湾沿岸造成了巨大的破坏，企业将员工参与救灾的信息与外界沟通后，其市场价值得到了显著提升（Muller 和 Kräussl，2011）。在面临外界的批评时，组织认同和组织承诺高的员工会自觉地充当企业的“声誉盾牌”（Reputation Shields），并试图挽回企业的负面形象（Bhattacharya 等，2008）。类似地，鉴于自豪具有很强的激励作用，在面对逆境和挫折时，它能够激发员工的毅力、勇气和心理弹性，从而创造一种内在的力量，帮助员工和公司一起

“挺过”逆境，战胜挫折（Ng 等，2019）。可见，Co - SR 不仅使员工在日常情境中同声相应、同气相求，而且会使他们在危机情境中同仇敌忾、同舟共济。此外，Co - SR 积累的良好声誉也可以博得消费者、股东等外部利益相关者的好感，从而充当“缓冲垫”，缓解企业的危机风险。

4. 获得社区知识、社会资本和社区合法性

在 Co - SR 中，企业可以提供金融资本、实物捐赠、专业咨询、劳动力、市场合法性；作为交换，非营利组织可以提供社区知识（Community Knowledge）、社会资本（Social Capital）和社区合法性（Community Legitimacy），帮助企业“包装”、推广其社会努力。社区知识、社会资本和社区合法性的获取可以显著提升企业声誉、可信度、可靠性、可依赖性，帮助化解社区、社会矛盾。并且，相比传统的非营利组织，社会企业在帮助企业寻找商业利益和社会利益的交叉点方面可能更具潜力，从而帮助企业资源实现更有效、更可持续的配置（Husted，2003）。因此，相比“单打独斗”式的 CSR，很多企业更愿意寻求与社会企业或传统非营利组织进行合作推进 Co - SR 以应对日益增长的利益相关者压力（Tracey 等，2005）。

5. 引发晕轮效应和乘数效应

晕轮效应（Halo Effect），也称光环效应，最初是在心理学领域被提出的。美国心理学家 Thorndike（1920）将其定义为观察者以既有印象形成合理推论，对积极效应进行一定程度的扩展。通俗而言，晕轮效应可以被描述为“爱屋及乌”。Nisbett 和 Wilson（1977）在其经典实验中向两组被试展示了两个不同版本的录像带，实验操纵了教授回答问题的态度（友好 vs. 傲慢）。结果显示两组被试对同一教授给出了截然不同的评价：态度友好的分组中，被试对教授的外貌、举止和口音等都给出了相对积极的评价；而态度傲慢的分组中，被试对教授的外貌、举止和口音等都给出了相对消极的评价。

随后晕轮效应被推广到了心理学之外的其他领域，研究发现，该效应普遍存在于社会生活的各个领域，如求职面试、政治选举（Forgas，2011），甚至夫妻关系中（Day，2013）。在营销领域，Park 等（2011）的研究发现当消费者对企业产品的熟悉度较低时，零售商形象可以通过晕轮效应影响消费者品牌态度。Ng 等（2014）的研究发现消费者对品牌信誉的评价存在晕轮效应，当消费者对某品牌的产品质量评价较高时，他对相同品牌在环境友好方面也容易做出较高评价。

在 Co－SR 中，受晕轮效应的影响，利益相关者可能基于其参与某一 Co－SR 项目的积极体验来形成积极推断，使该项目中的合作关系延伸到该企业其他的 Co－SR 项目中，甚至拓展到纯粹的商业活动中。

晕轮效应的产生可以被归结为认知机制的作用。观察者、评估者无法将一个完整的个体进行割裂看待（Pitsakis 等，2015）。印象形成包括自动和推定的构建程序，观察者会将已获取的零碎信息进行链接和重构，以对未知信息形成推测。这种推定程序可以用内隐人格理论来解释。该理论是指当信息不对称时，人们会基于对他人的既有认知来进行推断（Critcher 和 Dunning，2009）。虽然关于内隐人格理论的研究大多集中在个体层面，鲜有研究关注个体对组织层面特征形成推断的过程和机制。但是，若将组织进行了一定程度的人格化，我们可以合理将个体层面研究推广到组织层面（Wagner 等，2009）。基于此，利益相关者对组织外显品质的观念形成恰恰类似于其对个体外显品质的观念形成过程。

并且，这种"爱屋及乌"的效应可能通过利益相关者之间的关联而连锁蔓延，使 Co－SR 的积极效应不断放大，从而引发正向乘数效应（Multiplier Effect）。乘数效应是指，经济活动中某一变量的改变引起了经济总量的连锁改变。企业参与 Co－SR 的益处如表 6.5 所示。

表 6.5　　企业参与 Co－SR 的益处

分类	明细
企业内部	帮助缔结企业—员工间心理契约
	鼓舞员工士气，促进内部团结
	有助于员工保留、员工招聘、员工培训
	获得补偿性差异
	增加员工建言，提高内部沟通效率
	提升工作绩效，推进亲组织行为
企业外部	制造差异化
	帮助缔结企业—外部利益相关者间心理契约
	提升企业声誉，并充当"声誉盾牌"
	获得社区知识、社会资本和社区合法性
	引发晕轮效应和乘数效应

6.5 社会

6.5.1 国际视野

世界经济论坛和国际货币基金组织将收入分配失衡描述为未来几年世界面临的最大问题之一（Berrone 等，2016）。在众多社会弊病中，收入不平等的持续扩大是东西方政府政策议程上的首要问题。世界各地（包括发达经济体）不平等的日益加剧对未来的经济增长和稳定产生了重大影响。收入不平等可能在更广泛的范围内对健康、教育、公民生活甚至人类发展产生破坏性的影响（Wilkinson 和 Pickett，2009）。

1. 政治经济学视角

从政治经济学视角，分配失衡意味着经济发展的高成本，它会引发社会不满，加剧政治不稳定，引发暴力和犯罪率的上升（Stiglitz，2013）。根据社会失范理论（Social Anomie Theory），不平等的经济分配制度容易造成社会失范（Merton，1968）。失范是指社会规范被弱化的状态。虽然对社会失范理论的研究大多是在社会学和犯罪学领域完成的，后来管理领域的学者们也用该理论来研究商业伦理问题。社会失范理论的基本逻辑是：经济机制可以显著影响社会机制的运作。具体而言，经济是社会的基础，社会制度是在经济制度的基础上建立的。因此，经济制度将不断影响着社会制度（Maume 和 Lee，2003）。基于此逻辑，一方面，在不平等的经济分配制度下，经济角色和经济目标会被强化，相应的社会角色和社会目标的吸引力就会被弱化。在此种重商主义、金钱崇拜的思潮之下，财富、地位等经济目标被优先考虑，从而激励人们不择手段地追求个人欲望，忽视实现目标的合法性。另一方面，在不平等的经济分配制度下，低收入群体不仅当前占有更少的资源，而且缺乏合法渠道获取充足资源。他们渴望弥补资源与权力的鸿沟，从而可能会选择非法手段来实现目标，最终导致高犯罪率。Tuliao 和 Chen（2019）进一步研究发现，经济分配的不平等会影响监管者对不道德行为的合理化意愿。换言之，贫富差距越大，监管者就越有可能认为不道德行为、越轨行为是可接受的。

Co－SR可以被视为一场解决收入失衡问题的社会运动（Social Movement），即一种旨在解决更广泛的社会需求的、可以推动社会整体进步的集体努力。它与民主革命、女权运动等在历史上具有深远影响力的社会运动相似。首先，Co－SR可以直接作用于不平等的经济分配制度。公益众筹、全民参与的模式可以迅速向陷入经济困境的社会群体注入一剂“强心针”，救危难于水火。而教育、科技、健康等领域的持续共创则可以持久提升资源匮乏地区的价值创造能力。其次，Co－SR可以改善社会制度。一方面对非法、非伦理行为形成规约压力，引导民众以合法的方式参与经济；另一方面塑造全民的公益、慈善观念和行为。正如Messner和Rosenfeld（2012）所提出的，强调货币目标影响力的经济制度可以被非经济制度抵销，这时权力的制度平衡达成。

这场社会运动为公民提供了克服社会惰性（Social Inertia）的机会。社会惰性是指民众由于无法克服自己的惰性来付诸行动的一种不作为状态（Peloza和Hassay，2006）。事实上，公民往往“想为这个世界做点什么”，但他们也经常由于缺乏参与的便捷途径而感到有心无力，“我想找个机会做些什么，但我永远不知道该给谁打电话，也不知道该从哪里开始”。所以虽然经历了内心的激烈挣扎和冲突，但他们依然无法行动起来。Co－SR项目则为之创造了一个伦理需求的合适“出口”，在给定的项目中，公民只需要参与进来，扮演好“一份子”的角色即可。平台企业对项目的组织、管理等工作使公民感觉到参与更简单、高效。对于作为企业内部利益相关者的员工而言，Co－SR项目之所以能克服社会惰性不只源于其便捷性，而且源于其所提供的安全感。熟悉的组织、熟悉的环境、并肩作战的同事、亲密的“朋友圈”可以在很大程度上缓解社交尴尬、不适和恐惧，促使他们走出自己的“舒适区”行动起来。正如史蒂夫·乔布斯（Steve Jobs）的名言，Co－SR可以帮助企业及其所有的参与者“在宇宙中留下印记”（Put A Ding in The Universe”）。

2. 社会心理学视角

从社会心理学视角，收入分配失衡会带来生理问题、心理问题、婚姻家庭问题，进而引发广泛的社会问题。生理问题包括更严重的肥胖和药物滥用；心理问题包括高压力、高焦虑、低自尊；婚姻家庭问题则是夫妻、父母过度关注其经济角色，而忽略其家庭角色带来的婚姻、家庭关系失调（Stack和Eshleman，1998）。这些问题最终会造成广泛的社会危害，比如信任度和社会流动性的下降、社会阶层固化（Pickett 和 Wilkinson，2010）。其基本逻辑是：低收入会导致资源（物质、医疗卫生、社会安全、教育、居住等）获取的劣势，从而不仅意味着当前较低的经济资本和人力资本，而且会阻碍未来经济资本和人力资本的获取（比如进入常青藤学校的机会）（Sharkey，2008）。因此，低收入群体不仅面临积累经济资本的困难，更面临着提高生活地位的艰苦战斗。与高收入阶层相比，中低收入阶层在跨越阶层、“向上流动”的过程中面临着明显的“玻璃天花板”。并且，这些负面后果进一步巩固了分配失衡，造成了自强化的负反馈循环。

Co－SR 是解决收入分配失衡问题的一把“钥匙”。收入分配失衡一旦解决，它带来的生理、心理、婚姻家庭、社会问题便可迎刃而解。对于直接受益者而言，Co－SR 在生理、心理、婚姻家庭问题上具有显著的“治愈”作用。具体而言，它有助于改善个人生活状况；减少肥胖和药物滥用，提高免疫机能，改善睡眠状况；重建安全感、控制感、自尊感，缓解压力、焦虑和恐惧，修复心理创伤，改善心身失调；解决婚姻家庭危机。对于全社会而言，Co－SR 在社会问题上具有显著的“治愈”作用。首先，Co－SR 将全球资源进行重新“洗牌”，使其流向有益人类、自然、宇宙长远发展的领域，包括：国际救援，全球饥饿与疾病防治，基因研究，环境保护，宇宙探索等。最终造福全人类、万物生灵、全宇宙，构建人类命运共同体、人与自然的命运共同体、人与宇宙的命运共同体。其次，Co－SR 能够帮助中低收入阶层获得当前和未来的经济和人力资本，一定程度上打破“向上流动”过程中的“玻璃天花板”，从而帮助消解社会矛盾、减缓社会压力、重塑社会信任、增加社会流动性、打破社会阶层固化。最后，Co－SR 能够塑造良性的、符合伦理的社会文化氛围，同样可以消解社会矛盾、促进社会和谐。此外，高维度氛围的改善将使低维度的个体广泛受益。因此，社会问题的解决也有助于改善身处其中的个体的生理、心理、婚姻家庭问题。

3. 组织管理视角

作为经济体中最重要的参与者，企业是决定分配平衡或失衡的关键（Farber 等，2021）。越来越多人认为，不平等值得管理学者关注。这是因为不平等对企业具有广泛的潜在不利影响，同时研究不平等问题也可以帮助管理学者应对重大社会挑战，做出更有意义的研究（George 等，2016）。企业对不平等的影响可以被归集为以下三个方面。

第一，正常化（Normalization）。它是指那些有意或无意地明示或暗示现有的社会经济不平等是可以接受的组织行为。它增加了不平等被忽视、被质疑、被解决的风险。例如，在招聘广告中采用性别化的措辞来“暗示”性别刻板印象，这将会助长性别不平等，使女性在应聘中感到气馁（Gaucher 等，2011）。

第二，强化（Reinforcement）。它是指维持、强化、再现当前经济社会不平等效应的组织行为。与正常化相比，这些行为往往与不平等有更为直接和明显的联系。常见的强化措施包括：①通过“守门机制”（Gatekeeping Mechanisms）进行招聘，比如高校或企业将 35 岁作为高校教师、公务员应聘的门槛。再如由于担忧女性未来的婚育影响工作并加大用工成本，企业将绝大多数女性应聘者拒之门外。②对某些岗位或群体制定限制向上流动的晋升机制，比如在女性晋升中设置“玻璃天花板”。③通过角色分配来限制、固化员工的社会类别。比如，雇佣能力和相应岗位标准不符的特权阶级个体，这将直接增加社会中的阶级不平等。④加强现有权力结构的刚性，增大权力距离（Amis 等，2020）。

第三，减少（Reduction）。它是指减少社会中不平等现象的组织行为。例如旨在改善边缘人口的就业条件，为其提供平等机会，以及增加员工多样化的举措；提高少数群体在精英职位上的劳动参与度；给女性制定灵活的工作安排，提供定期或者每天的弹性工作时间或休假。

可见，虽然组织行为可以通过“正常化”和“强化”措施来加剧分配失衡和不平等，但不容忽视的是，它在“减少”不平等方面同样发挥着巨大作用（Bapuji 等，2020）。实施 Co－SR 是“减少”不平等的重要方式。例如，2022 年“315 晚会”后，白象公司被爆出 1/3 的员工是残疾人。这些残疾员工被称为“自强员工”，与正常员工同工同酬。“自强员工”既是 Co－SR 的受益人，也是白象公司“逢灾必捐”活动的参与人。在“减少”措施的实施过程中，企业应当警惕混杂“正常化”和“强化”的方案，比如招募弱势群体但阻止他们获得更多的机会，可以创造一种特别的“玻璃天花板效应”，限制了他们深造和晋升的可能（Castilla 和 Benard，2010）。

6.5.2　立足国内

分配问题不仅是一个“世界问题”，也是一个“中国问题”。它是在特殊历史时期，为解决主要矛盾——人民群众日益增长的物质文化需要同落后的社会生产之间的矛盾而进行利弊权衡所产生的不可避免的问题。中国当前经济增长步入“快车道”，财富积累日渐增多的经济态势下，“社会主要矛盾已经转化为人民日益增长的美好生活需要和不平衡不充分的发展之间的矛盾”。

2021 年 8 月，习近平总书记在中央财经委员会第十次会议上强调：“必须清醒认识到，我国发展不平衡不充分问题仍然突出……收入分配差距较大。”同年 9 月，国务院发布《中国的全面小康》白皮书中指出，“2020 年全国居民人均可支配收入基尼系数为 0.468。”过去 10 年间，基尼系数虽呈总体下降态势，但仍表明收入分配差距较大。2021 年 9 月国家统计局发布的《中国统计年鉴 2021》也证实了这一问题。它将 2020 年被调查家庭按照人均可支配收入分为五等份，其中 20% 的高收入家庭占有国民可支配收入的 46.68%，而对于 20% 的低收入家庭这一占比仅为 4.57%，前者是后者的 10.21 倍。

为此，2019 年，党的十九届四中全会提出，“重视发挥第三次分配作用，发展慈善等社会公益事业”。2020 年，党的十九届五中全会再次提出，“要发挥第三次分配作用，发展慈善事业，改善收入和财富分配格局”。习近平（2021）强调：“构建初次分配、再分配、三次分配协调配套的基础性制度安排。”相比学术和实践界已然熟悉的初次分配和再分配，第三次分配开始受到社会各界广泛关注。第三次分配本身亦是一个纯粹的“中国概念”，是中国学者厉以宁先生在 20 世纪 90 年代提出的。刘鹤（2019）将第三次分配定义为“在道德、文化、习惯等影响下，社会力量自愿通过民间捐赠、慈善事业、志愿行动等方式济困扶弱的行为。”

要言之，三次分配可被依次称为“无形之手”“有形之手”和“道德之手”。“无形之手”依赖市场规律进行财富的初次分配（岳希明等，2021），天然会出现“损不足以奉有余”（《道德经·第七十七章》）的马太效应。而“有形之手”依赖政府力量进行财富再分配，包括税收、扶贫及社会保障统筹等方式。它虽能缓解财富极化，然而“有形之手”并不是“万能之手”，难免有缺位、越位和错位之处，比如 Bénabou 和 Tirole（2010）指出，政府有鞭长莫及之处，它可能无法提供充分的监督，导致需要公民和企业自愿承担超出合同义务和法律规范的社会责任活动。解垩和李敏（2020）提出可能出现财政致贫问题。因此，凭借“无形之手”和“有形之手”并不足以实现共同富裕

（江亚洲和郁建兴，2021）。此时，第三次分配作为“道德之手”可以激发共同富裕的内生动力，并紧握“有形之手”，合力减少“无形之手”带来的贫富差距，达到“或损之而益，或益之而损”（《道德经 · 第四十二章》）的平衡。最终三只手“手牵手”统筹经济发展和精神文明，兼顾效率与公平，保障社会发展稳中求进、以进促稳。

总之，第三次分配既是一个经济议题，更是一个政治、社会和伦理命题。它直接影响经济的高质量发展、政治的稳定、社会的公平正义和伦理的公序良俗，从而攸关“扎实推动全体人民共同富裕”的新时代使命，进而决定着第二个百年奋斗目标——把我国建成富强民主文明和谐美丽的社会主义现代化强国的实现。从逻辑上看，Co－SR 是“发挥第三次分配作用”的重要方法举措，而第三次分配是实现共同富裕的重要举措（李实和朱梦冰，2022；杨小勇和余乾申，2022）。因此，Co－SR 在推进第三次分配、实现共同富裕方面发挥着重要的驱动作用。利用 Co－SR 可以推进收入的合理分配、优化及升维利用；进而缩小贫富差距、实现共同富裕；最终帮助中国社会从“丰裕社会”迈向“美好社会”。并且，Co－SR 重视“小我”的力量，即个体努力通过聚合和扩散而创造出集体壮举。所需要注意的是，Co－SR 不需要参与者“牺牲小我”来“完成大我”，而是在“完成大我”的过程中兼修小我、成就小我。

6.5.3　着眼于新冠疫情

较大的社会变迁容易引发社会失范（Merton，1968）。无论是急剧的经济变化，现代化历程的快速推进，文化和社会结构的变迁，还是婚俗的演变等都会破坏传统的社会控制程序，进而可能导致社会失范。

2020 年 9 月 8 日，习近平在全国抗击新冠疫情表彰大会上发表讲话称：“新冠疫情是百年来全球发生的最严重的传染病大流行。”新型冠状病毒（简称“新冠”，COVID－19）疫情严重扰乱了世界各地的社会经济生活秩序，成为引发、加剧制度失范的一大诱因。新冠疫情不仅给全球经济带来了直接影响（比如令许多企业、“个体户”等不得不关门歇业或限制运营，那些幸运地继续运营者也面临着持续的供应链中断风险），而且更为严重的是，它放大了社会的不平等。总体而言，新冠病毒是公平的，无论贫穷或富裕，无论社会地位高或低的人都有可能感染。新冠病毒又是不公平的，发达国家和发展中国家的公民，高收入群体和低收入群体抵御疫情相关风险的能力是悬殊的。

1. 经济不平等

随着城市、州郡、国家的封锁，发达国家数以百万计的新失业者加入领取社会保障福利的长队中。而对于当前社会保障体系并不完善的发展中国家而言，其低收入群体的情况只会更糟糕。

危机对于低收入群体，尤其是发展中国家的低收入群体无异于雪上加霜。对于中高收入阶层而言，他们面临的只是暂时的收入下滑；而对于低收入阶层而言，他们正面临失业、断贷、甚至饥饿的危机，因而很可能无法平安度过这个“寒冬”。Bapuji 等（2020）指出：“保持社交距离是一种特权，它意味着你住的房子足够大，或者有几套房子；洗手是一种特权，它意味着你有自来水；洗手液是一种特权，它意味着你有钱去购买；隔离封锁是一种特权，它意味着你有能力待在家里。大多数预防新冠肺炎的方法只有富人可及。从本质上讲，一种由于富人在世界上飞来飞去所传播的疾病将夺走数百万穷人的生命。”

2. 工作不平等

Bapuji 等（2020）认为，新冠危机凸显了工作不平等，它对个体的影响取决于其所从事的工作的类型。他将工作分为四大类：

第一类，精英工作。精英工作依赖于知识，可以远程完成，安全系数很高。如公务员、教师、程序员。他们能够居家办公，囤积物资，保持社交距离，与此同时收入几乎不受影响。

第二类，前线工作。前线工作人员依赖于物资交易，如搬运工、售货员、司机等。受新冠疫情影响，他们会面临较高失业风险，或因暴露而增加感染风险。例如，美国的一名公交车司机抱怨附近的乘客咳嗽，几天后死于新冠肺炎。澳大利亚的众多机场行李搬运工也感染了新冠病毒。亚马逊仓库的部分员工感染后，他们举行了抗议，要求在大型厂房内保持社交距离，并要求企业为一线员工配备充足的口罩等防疫物资。

第三类，外包工作。需求下降和封锁使外包工作受到严重负面影响。由于客户取消订单、拒绝支付已交付订单或待交付订单的频率增加，全球供应链上一些不稳定的工人正变得更为贫困。此外，从事清洁与卫生、快递等工作的外包合同工正暴露于新冠病毒之下。在印度，一些环卫工人几乎别无选择，要么出于贫穷，要么出于胁迫，低种姓人群在几乎没有防护设备的情况下处理医疗垃圾，导致大规模感染新冠病毒。

第四类，零工工作。零工经济在新冠肺炎中所受的影响较少。事实上，商店、餐馆等线下服务场所的封闭导致顾客转向了线上订购，这在很大程度上推动了零工经济（Gig Economy）。然而，他们与其他一线工人一样，也面临被感染的风险。一般雇主并不为零工工人缴纳社保，在优步（Uber）和来福车（Lyft）等公司的游说下，美国政府随后将社保福利扩大到零工员工，然而在其他国家（特别是社会福利有限的欠发达经济体），零工工人的状况可能因为感染和缺乏社保而恶化。

总之，新冠肺炎危机导致经济整体收缩，其负担大部分加诸在经济体系中贫困、弱势的群体身上，从而加剧了不平等。它可能抹杀某些发展中国家近几十年在减贫方面业已取得的令人瞩目的进展，甚至使其倒退几年。

3. 健康不平等

世界卫生组织（The World Health Organization，WHO）将健康不平等（Health Inequality）定义为不同群体之间的健康状况或其决定因素的差异。例如不同收入群体或社会阶层之间在健康状况、医疗条件上的差异。

社会经济地位较低的个体罹患糖尿病、心脏病等基础性疾病的概率较高。在新冠肺炎大流行时期，这些疾病增加了新冠病毒感染的并发症，增加了成为重症患者的概率。并且，2022 年 3 月 2 日，世界卫生组织发布报告称："新冠肺炎大流行期间，全球焦虑和抑郁患者患病率大幅增加了 25%，患有心脏病等基础性疾病更可能出现心理障碍。"同时，社会经济地位较低的个体能够获得的医疗照顾有限，尤其是心理疾病很难获得及时、有效的关注和治疗。此外，他们获得医疗保险和带薪休假的可能性也较小，他们不得不自掏腰包支付医疗费用，其数额将占据更大比例的家庭收入。

4. 种族不平等

除经济不平等、工作不平等、健康不平等外，新冠疫情也凸显了其他类型的人口不平等，典型的是种族不平等。西方一度错误地认为新冠疫情的首次爆发地是中国。这种"污名化"一度导致针对亚洲人的敌意或歧视。此外，大规模的境外输入病例也导致人们对入境"外国人"的非友好态度。

总之，辩证而言，如果非要说新冠肺炎有什么好处的话，它唯一的好处就是成为不平等问题的“伟大的启示者”。新冠肺炎大流行有力地将不平等推向了公众意识，它警示人们去关注和解决不平等。因此，在新冠肺炎大流行时期以及后危机时代，全民参与 Co－SR 的意义更为重大，要求也更为迫切。

6.6 本章小结

本章从微观（消费者、员工），中观（平台企业、非营利组织）和宏观（社会）层面阐述了 Co－SR 的益处。在此基础上，本章建立了 Co－SR 的钻石益处模型（见图 6.1）。站在任一参与主体的立场，Co－SR 都具有利己与利他的双重向度目标；站在综合的视角上，Co－SR 则呈现出“多赢”“共赢”（Win－Win）的结果。这与社会交换理论的内在逻辑相符，即个体参与社会交换是为了得到仅凭自身难以获取的内在和外在奖励（Blau，1964）。交换的要素可能是外在的，也可能是内在的。外在资源比如信息、知识、技能等具有经济价值的资源，内在资源则没有明显的经济价值，比如友谊、快乐、意义、幸福感等。

需要说明的是，除本章着重分析的消费者、员工、非营利组织、社会之外，其他利益相关者也会在 Co－SR 中扮演关键角色。比如当 Co－SR 项目与供应链活动相关时，供应商也可能参与其中。以联合利华公司（Unilever）为例，2010 年联合利华启动了“可持续生活计划”（Sustainable Living Plan）。该计划旨在与利益相关者合作推进可持续发展，传达“小行动大改变”的信息，践行“让可持续生活成为常态”的企业使命。公司通过油管（YouTube）、推特（Twitter）、脸书（Facebook）等社交媒体与利益相关者进行深入沟通。该计划的具体目标是：提升超过 10 亿人的健康和幸福水平，将负面环境影响减少一半，改善数百万人的生计（Barnett 等，2020）。该计划具体的内容和阶段性目标是：为应对气候危机，联合利华投入 10 亿欧元建立了“气候自然基金”。2019 年，分布在全球的联合利华工厂已 100% 使用绿色电力。到 2020 年，公司产品将全面实现可生物降解；清洁和洗涤产品配方中，所有源自不可再生的化石燃料中的碳元素将全部转变为可再生碳。到 2025 年，联合利华承诺将塑料的使用量减半，并且公司帮助处理的塑料包装量将超过售出产品的塑料包装量。预计到 2039 年，联合利华将与上下游供应商共同努力，实现供应链（采购到销售）的零净排。同时，在可持续农业准则的框架下，联合利华与食品原料供应商达成密切合作。公司向农户培训可持续农业理念；推广先进的可持续农业运作技术；帮助农户保护、再造其世代赖以生存的土地和周边环境。以联合利华旗下的调味品牌“家乐”（Knorr）为例，在帮助农户达到联合利华可持续标准的同时，家乐在土壤保护、节约农业用水和生物多样性保护方面开展了大量的项目，并通过家乐基金提供资金支持。可见，在“可持续生活计划”中，联合利华与供应商达成了密切合作。

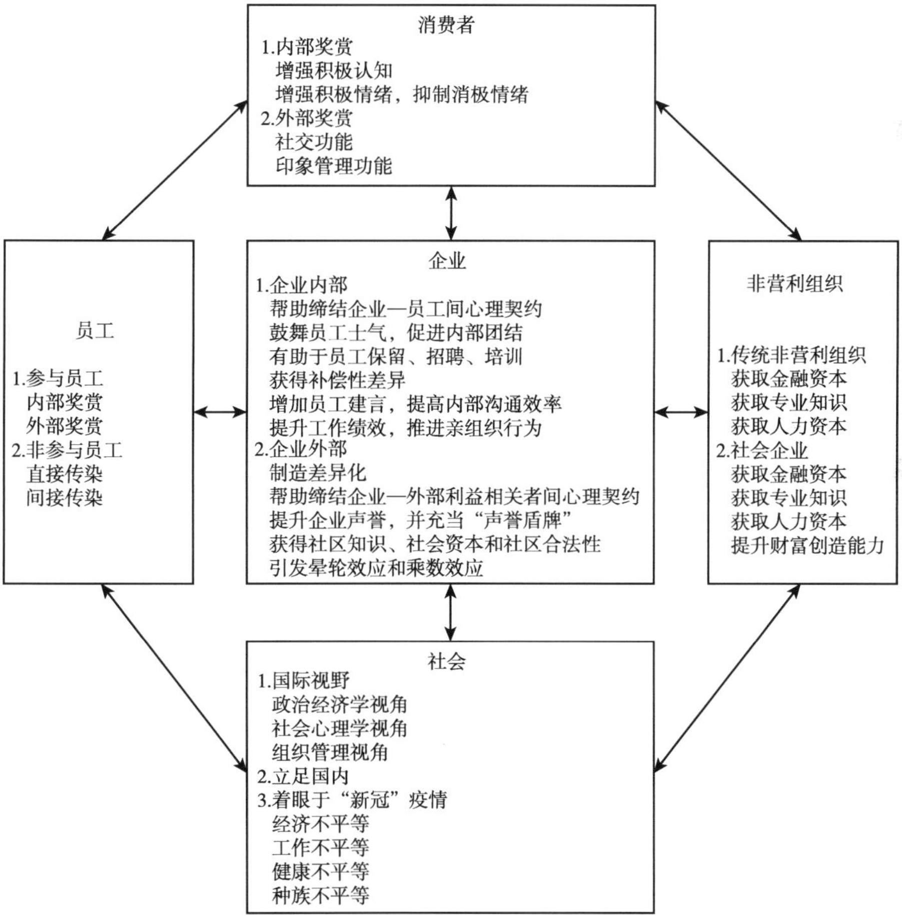

图 6.1　Co－SR 的钻石益处模型

第7章

共创型社会责任的实践问题

7.1　消费者

7.1.1　消费者授权带来“自由的专制”

在 Co－SR 中，授权感的提升虽然满足了消费者对控制感、影响力的需求，然而授权也可能带来“自由的专制”，即被过度自由所累的现象。比如随着数字电视的普及，原本有限的电视节目数量大幅增长，但人们却不再像以前一样热衷于电视，他们往往频繁地更换频道但无法决定观看哪个节目，陷入“选择性恐惧”中而不可自拔。在 Co－SR 方面，亚马逊“微笑”平台为消费者提供了近百万个慈善选项，这可能使消费者陷入一种无所适从的瘫痪状态，导致他们在选择时左右为难、举棋不定，甚至完全无法做出选择。研究表明，“自由的专制”会导致临床抑郁症患者增多和人们的生活满意度下降（Iengar 和 Lepper，2000）。

“自由的专制”产生的机理如下：其一，信息超载（Information Overload）。过多的选项形成的过量信息会导致人脑信息超载。此时，个体很难对信息进行高效的搜索、鉴别、组织、加工（车敬上等，2019）。极端情况下，信息爆炸可能使个体的信息处理系统完全进入无序状态。其二，自信不足。在面对诸多选项时，个体可能担心自己会做出错误的、次优的选择。Gneezy 等（2012）采用三个田野实验研究发现，相比价格固定支付模式，“随你付”支付模式会显著降低消费者的捐赠意愿。这种退缩行为很大程度上是由于消费者担心其支付的价格低于“合适”的价格，从而导致其自我认同和自我形象受损。其三，后悔机会。研究表明，人们对于一锤定音、无法后悔的选择满意度更高（Hsee 和 Hastie，2006）。选择环保项目的消费者可能会后悔没有为教育问题出力；而选择助学项目的消费者则可能会后悔没有对环保做贡献。在传统 CSR 中，企业直接选定了公益项目，消费者不具备后悔的机会，其满意度或许更高。需要引起注意的是，由于公益众筹的“低门槛”，近年来公益众筹项目泛滥，公众被淹没在数不胜数的网络慈善请求中，这很可能导致他们选择困难，最终无法参与任何项目。

7.1.2 偏好、不公与错配

Co - SR 是“草根驱动”的项目，不可避免地会受到参与人偏好的影响。本章将其细分为个人偏好、生动性偏好和地理偏好。

1. 个人偏好

基于社会心理学，同质性（Homophily）偏好是典型的个人偏好，所谓同质性偏好，用通俗的话来讲是“物以类聚，人以群分”（Birds of a Feather Flock Together）（McPherson 等，2001）。基于同质性假设，个体往往愿意帮助与自身具有相同特征的求助者。除相同的个人特征外，相同或相似的个人经历、体验也会更容易激发同理心，引起惺惺相惜之感，从而塑造个人偏好。例如，在挑选项目受益人时，家族中有人罹患癌症的施助者会更倾向于选择与癌症研究、癌症治疗、癌症病人救助等相关的项目（Nesbit 等，2012）。再如，鉴于大部分家庭都“上有老、下有小”，与儿童（比如贫病儿童救助、儿童教育、为儿童捐赠午餐）和老年人（比如关爱孤寡老人、为独居老人送餐）相关的公益项目一直备受欢迎。事实上，研究表明，癌症救助、儿童关怀、临终关怀确实是参与者热情度最高的公益主题（Breeze 和 Wiepking，2020）。

2. 地理偏好

接近性（Proximity）假设是经常与同质性假设一同被提及的社会心理学假设。接近性是指事物在空间、时间或属性上的接近或亲密（Boschma，2005）。一般而言，亲社会行为领域的研究关注地理接近性（Eographic Proximity）。正如俗语所说，“善行往往发生在家附近”，相比于地理距离较远的个体，人们更愿意帮助地理距离较近的求助者，比如邻里、同乡等，因为地理距离越近，人们的心理距离也越近，社会认同感越强（Winterich 等，2009）。李彬等（2019）实证研究发现，这种地理偏好不仅在个体层面存在，而且在企业层面也成立。地理接近性对中国上市公司的捐赠水平具有显著的正向影响。

3. 生动性偏好

生动性偏好是指参与者的注意力往往容易被生动的事件吸引，而忽略一些相对单调的事件。Small 和 Verrochi（2009）指出，在唤起亲社会行为时，生动的信息比苍白的信息更有效。如果一个 Co - SR 项目具有很强的话题性，能够引起网络媒体的热烈讨论，那么该项目就会更具吸引力。很多引起舆论热议和帮助的“网红”事件正是这种生动性偏好的体现。2018 年的“冰花男孩”事件中，云南昭通一名小学三年级的男孩衣衫单薄、冒着严寒到离家 4.5 公里外的学校上学，头发眉毛冻成冰花。男孩到班级后做了个可爱的鬼脸，老师抓拍后流传到网上，其独特的冰花造型和乐观的表情迅速在网络走红。网友直呼“好心疼”，鼓励“孩子，你吃的苦将会照亮你未来的路”，并纷纷捐款帮助“冰花男孩”。

个人偏好、地理偏好和生动性偏好产生的主要原因在于：其一，搜寻成本。对于具有同质性、接近性、生动性特征的求助者，施助者的搜寻成本更低，从而使他们更容易获得帮助（Muller 和 Whiteman，2016；Kallman，2017）。其二，合法性。帮助具有同质性或接近性的受益人将帮助施助者应对当地的社区合法性压力（Marquis 等，2007）。例如中国公民、中国企业如若“舍近求远”地参与国外的 Co - SR 项目往往会引发舆论质疑。

然而，无论个人偏好、生动性偏好还是地理偏好都可能引起不公正和公益领域严重的供求错配。具体而言，个人偏好会导致人力、物力、财力等源源不断地涌入管理者、员工偏好的公益领域，而亟须资金的“冷门”公益领域（比如与艾滋病防治、性少数群体保护等相关的公益项目）则鲜有问津。生动性偏好会使群体注意力被个别的生动事件吸引，忽略了那些严肃的，同时也十分严峻和严重的问题。地理偏好会带来对更广泛的公共利益的漠视，忽略一些影响宽泛的全球性问题。Boodoo 等（2021）指出，从纯粹理性的角度来看，慈善捐款应当基于受益者的需求来分配。然而，现实中，需求较高但资源较少的社区往往会在善款的竞争中处于劣势。但遗憾的是，大多数研究局限于 CSR 对企业财务绩效、价值、竞争力的影响，而鲜少考虑这些公共物品是如何分配的（Barnett 等，2020）。

7.1.3　缺乏深度参与和再参与

Echeverri 和 Skålen（2011）指出，消费者与企业之间的交互过程可能是一个创造的过程，也可能是一个破坏的过程，一切取决于交互的质量。目前消费者主要作为 Co - SR 项目的“生产者”和“宣传者”，极少作为“设计者”

“开发者”，同时对线下活动也缺乏参与。深度参与的缺乏可能导致价值共创的过程难以被完全、充分地利用。缺乏充分的参与和理解甚至可能产生适得其反的作用，使价值共创演变为“价值共毁”（Value Co – Destruction）。关新华和谢礼珊（2019）强调，价值共创初衷虽好，但结果可能是消极的。价值共毁源自参与者低效率地利用对方或自己的资源，造成了至少一方（如消费者或企业）福利的减少（陈伟等，2018）。

再参与方面，根据盈灿咨询机构统计，从 2016 年 11 月到 2018 年 6 月，我国公益众筹平台的成功项目投资人次从 376.25 万持续下降到 88.53 万，平台消费者的高流失率已经严重影响了 Co – SR 的发展和持续。

7.2 员工

7.2.1 忽略员工参与

公共关系领域的 CSR 研究和实践一直关注“外部”焦点，即主要着眼于企业的外部利益相关者，特别是消费者在 CSR 中的作用，而忽略了包括员工在内的关键内部利益相关者对 CSR 成功的重要性（Tao 等，2018；Lee 和 Tao，2020）。

然而，员工在 Co – SR 中一般身兼数职，扮演着多重角色，在项目成败中起着举足轻重的作用。员工既是 Co – SR 的倡导者和践行者，又是形象大使，他们会超越组织边界积极创造和沟通 Co – SR 信息。事实上，员工作为 Co – SR 信息的沟通者，即内外部“桥梁”的角色是至关重要的（Du 等，2010；Azim，2016；Lee 和 Tao，2020）。不同的信息来源具有特定特征，它们是消息被接受与否的重要决定因素（Priester 和 Petty，2003）。消费者将企业员工作为 Co – SR 信息的可靠来源，相比官方发布，员工口碑和行为具有更高的可信度、更强的说服力和更广泛的影响力（Morsing 等，2008）。其中，口碑是指人与人之间在品牌、产品、组织或服务等方面的非正式的、非商业化的交流（Harrison – Walker，2001）。忽略对员工口碑的管理一方面难以发挥正面口碑的沟通作用，另一方面也容易使员工负面口碑流出而造成广泛的破坏性。正如 Hejjas

等（2019）所述，员工可以成为影响消费者态度和行为的关键因素，无论是积极影响还是消极影响。

7.2.2　象征性的员工参与

基层员工的参与可能是象征性、边缘性的。考虑以下情境：当选择项目合作的公益机构时，高级经理人起草了候选名单，名单中包含十家公益机构；接着员工在候选名单范围内投票选出五家慈善机构；最后，由高级经理人做最终选择。在此类情境中，员工的发言权和决策权显然非常有限。

员工的间接参与而非直接参与容易引发象征性参与。借鉴人力资源管理领域的研究（Cotton 等，1988），直接参与是指企业允许员工直接参与到 Co－SR 项目中；间接参与是指企业允许员工代表或员工选取的慈善机构中的代表参与 Co－SR 项目。间接参与也被称为被筛选的参与、被过滤的参与（Filtered Participation）（Liu 等，2010）。间接参与时，非员工代表对 Co－SR 的影响力几乎可以忽略。

员工的阶段性参与而非全过程参与也容易引发象征性参与。员工调查报告显示，当他们加入项目计划团队中，全程参与项目的孵化、执行、评估等过程，而不是仅仅简单地按照命令出现在志愿活动的执行中时，他们会产生更多的信任（Liu 等，2010）。因此，确保员工不仅在执行阶段，而且在 Co－SR 项目的其他阶段都参与进来将增强员工的实质性参与意愿，加强内部合法性。

7.2.3　强制性的员工参与

根据抗拒理论（Reactance Theory）（Brehm，1966），当 Co－SR 任务被强制施加在员工身上时（比如经理说“有一个员工志愿活动，我帮你们每个人都报名了”），他们会感觉到自由受到威胁。员工重视在 Co－SR 项目中的自由度，他们希望能自主决定“是否”以及在“多大程度上”进行角色外参与。

并且，相比传统的 CSR，员工在 Co－SR 中更重视自由度，原因在于：一方面，传统的自上而下式的 CSR 本身是“命令式”的，员工只需要“服从命令听指挥”，缺乏自主意识；而自下而上式的 Co－SR 则是集思广益、群策群力的，本身重视自主性、能动性。另一方面，传统的自上而下式的 CSR 本身是管理层“大包大揽”的，员工需要付出纯粹的财务捐赠或者简单的体力劳动；而自下而上式的 Co - SR 则需要员工的亲身参与和较多付出。

强制员工参与 Co - SR 会产生以下负面后果：第一，削弱员工参与的内在动机（Raub，2017），激起员工的逆反心理和抗拒心理，降低员工对项目的认同度和参与热情，降低参与效率。Houghton 等（2009）认为，如果员工感觉他们是“被要求”而非发自内心去做志愿者，那么他们可能将参与志愿活动看作是“交差”，其体验也会变得消极。因此，感受到组织对志愿服务期望的志愿者往往表现出较弱的志愿参与兴趣。第二，强制参与给员工造成较大压力，可能引起强烈的工作—公益冲突。第三，员工会将强制性参与和企业的工具性动机相联系，从而降低其的自豪感、组织认同、组织承诺。

此外，基于性别角色理论（Gender - Role Theories），女性受强制参与的影响更大。性别角色理论认为，女性比男性更为社会化，社会对女性关怀、照顾他人的期待比男性更高（Crites 等，2015）。因此，企业主管可能认为女性参与 Co - SR 是理所当然的，从而更可能指派女性去完成任务。并且，如果她们拒绝参与或表现的不够积极，往往可能受到隐性惩罚，比如被贴上冷漠、专横的标签（Howard 和 Serviss，2021），因此，强制参与会给女性造成更大的压力。

7.2.4　工作—公益冲突

员工个人的时间、精力等资源是有限的。员工并不是不知疲倦的“石头”（Baer 等，2015）。根据角色扩展理论（Role Expansion Theory）和角色压力理论（Role Stress Theory）（Barnett 和 Hyde，2001），参与 Co - SR 项目会使员工承担本职工作之外的任务（比如担任志愿者），他们需要将有限的资源合理地分配到员工和志愿者双重角色中。在资源约束条件下，扮演双重角色的员工可能很难找到工作—公益的平衡，从而感受到角色压力激增。尤其在员工的本职工作很繁忙，工作任务艰巨，工作环境复杂的情况下，参与 Co - SR 项目会令其不堪重负（Glavas，2016）。角色压力会带来一系列负面后果：

首先，角色压力能够造成情绪衰竭。情绪衰竭（Emotional Exhaustion）是一种缺乏能量、情绪空虚的感觉（Babakus 等，1999）。当情绪需求超过情绪负载时，个体就会体验到情绪衰竭。压力往往被看作是造成情绪衰竭的主要因素，因为迫于压力个体需要进行大量的情绪调整和适应，从而消耗大量情绪资源（Wu 等，2018）。然后，角色压力可能抵消甚至超越参与 Co－SR 项目所带来的幸福感，造成总体的无效率或低效率状态。Aguinis 和 Glavas（2019）指出，许多公司每年设定“社区服务日”，这可以增加一些员工的幸福感；但对于另外一些员工而言则可能带来持续的压力增加和幸福感下降（Grant，2012）。同时，角色压力也会导致工作满意度下降，工作积极性和工作效率降低（Howard 和 Serviss，2022）。

基于此，后续研究可以采用社会认同理论（Social Identity Theory）（Ashforth 和 Mael，1989）、角色扩展和角色压力理论作为竞争性理论来进一步探究参与 Co－SR 对员工情绪、幸福感、工作满意度等的影响，关注可能存在的非线性关系，以及多样化后果出现的边界条件。

7.2.5　缺乏必要的组织支持

组织支持感（Perceived Organizational Support，POS）是指员工感知的组织对其贡献的重视程度和对其福祉的关心程度（Eisenberger 等，1986）。

来自车间员工的调研数据表明，阻碍其参与公益活动的主要因素是：时间难以协调，考虑工作的优先性，以及对自身做出“正确选择”的能力缺乏信心（Breeze 和 Wiepking，2020）。而有力的组织支持可以有效解决以上问题。以往研究也发现，感知的组织支持是提升员工角色外工作绩效的关键先决条件（Moorman 等，1998）。

并且，Rhoades 和 Eisenberger（2002），Wayne 等（2002）研究表明，组织支持感与员工的组织公平感（包括分配公平和程序公平）正相关。因此，感知到缺乏组织支持时，员工会认为组织在要求其为 CSR“买单”。这种“被动牺牲”让员工感觉到十分不公平，因为真正为 CSR“买单”的应当是企业而非员工；特别是 CSR 活动会为企业提供无形利益时（如提升公司声誉），员工体验的不公平感可能更强。简言之，缺乏组织支持时，员工会认为企业从员工参与中获益，却无须承担相应的成本，这种成本被转嫁给了员工。这种不公平感会降低员工对 Co - SR 的认同，挫伤员工参与的积极性。员工会认为其所属企业是一只“热衷名利的吝啬鬼”，它完全是出于功利的目的来涉足公益（Fehr 和 Fischbacher，2002；Rupp 等，2006）。

7.2.6 员工参与被“污名化”

一般而言，参与 Co - SR 会向外界传递积极信息，树立良好的个人形象。参与者的同事会将参与和积极主动、乐于助人、有效的时间管理联系在一起（Clary 和 Snyder，1999；Wilson，2000），并合理推断参与者在工作中也会有类似的优良表现，比如展现出更多的工作场所助人行为（Rodell 和 Lynch，2016）。然而，参与并非总能得到赞誉，同事或主管可能将 Co - SR “污名化”（Devers 等，2009）。“污名化”是指在一种特定的社会环境中贬低某种特征或行为。具体而言，可能出现以下几种情况：

第一，鉴于员工参与的公益活动对企业可能没有直接的、明显的好处，同事或许会认为它分散了员工的工作注意力。若某员工参与 Co - SR 的频率较高，管理部门可能认为该员工承担的工作负担过轻，或者该员工并未专注地做好本职工作（Rodell 和 Lynch，2016）。

第二，参与行为会给未参与者带来无形的压力，引起未参与者的忌惮。正如以往研究所述，道德、无私的行为也会被他人否定（Giacalone 和 Promislo，2013）。Monin 等（2008）指出，好人可能会被视为一种威胁，他们的“好”行为会含蓄地谴责那些不作为的同事。

第三，如若但凡组织发起或提倡的 Co - SR 项目，某员工都同意参加，管理部门可能会将该员工视为可以随意指使、拿捏的“软柿子”，或者不会拒绝的“滥好人”。在需要贡献大量私人时间的志愿服务中，参与者可能更易获此评价。

第四，若某员工参与敏感的、有争议的、涉及特殊群体的 Co - SR（例如旨在提升跨性别者、艾滋病患者福利的项目）也可能招徕非议（Snyder 等，1999）。

第五，Rodell 和 Lynch（2016）的研究表明，同事对志愿行为动机的看法会影响志愿行为是被认可还是被“污名化”。同事可能会质疑员工参与 Co -

SR 的动机。当动机被归因于“公费旅行”等完全自利的动机，甚至钻营、逢迎、拉帮结派、伪善时，更容易引起批评。

7.3　非营利组织

7.3.1　非营利组织与商业企业的紧张关系

非营利组织与商业企业在合作中可能在以下几个方面存在紧张关系（Di Domenico 等，2009）：

其一，目标和优先事项。由于其成立的初衷和本质不同，非营利组织和商业企业都存在固有的目标和优先事项。商业企业的主要目标是为股东创造财富，而非营利组织的目标是为社区和社会福利提升提供服务。基于此，商业企业将优先以市场逻辑（市场需求）来看待、处理伙伴关系中的战略决策，而非营利组织则优先从社区/社会逻辑（社区/社会需求）来看待、处理伙伴关系中的战略决策。总之，商业企业的利润目标、市场逻辑与非营利组织的社区/社会目标和社区/社会逻辑之间的冲突是非营利组织与商业企业在合作中面临的核心和首要矛盾。

其二，盈余分配。非营利组织与商业企业对于合作盈余的分配通常存在较大分歧。非营利组织具有为社会使命而使用利润的法律责任。对于商业企业而言，更理性的做法是将利润投资于市场营销、招聘、采购、研发等活动，以刺激进一步增长，或者将盈余分配给股东，而不是持续投资于可能造成亏损的社区/社会活动。例如，社会企业循环再造（Recycle－IT）与一家商业咨询公司——商业发展集团（Business Development Group，BDG）建立了合作关系。BDG 同意在业务上投资资金和人力，并加入 Recycle－IT 的董事会。然而，这段合作关系以破裂告终。合作破裂在一定程度上归因于 BDG 承诺的资金没有按时到位以及其对 Recycle－IT 盈余使用的不同看法。双方对是否需要在市场营销和计算机采购方面进行更多投入产生了分歧。由于合作伙伴之间关系的恶化，Recycle－IT 的盈利能力急剧下降。在合作关系解散后，它被纳入破产管理。

其三，管理模式。非营利组织采用民主/参与式管理的模式，社区/社会参与是其运作的核心。而商业企业则采用高层决策和层级管理模式以确保决策的长期性和稳定性。因此，非营利组织可能不满商业企业高层的“独断专行”，而商业企业也可能不满社区/社会参与的“指手画脚”和低效率。事实上，对英国社会企业的全面研究描绘了一幅“与高政策预期相反的有限成就”画面，社会企业整体上呈现出如下特征：高失败率、严重依赖公共部门资金和低质量的创业。

其四，问责。对于非营利组织，社区/社会具有横向问责（Horizontal Accountability）的法律权力。为此，非营利组织需要有一套复杂的机制和程序来汇报其社会业绩。而商业企业主要需要对股东负责，股东大会是股东对董事会决策、公司财务业绩等提出质疑的法定机构。为此，商业企业需要一套复杂的机制和程序来汇报其财务业绩。简言之，非营利组织关注社区/社会对于社会业绩的问责，而商业企业关注股东对财务业绩的问责。对于非营利组织而言，社区/社会是主要利益相关者，股东是次要利益相关者；对于商业企业而言则正好相反。

并且，Di Domenico 等（2009）指出，非营利组织与商业企业的紧张关系可能会随着双方伙伴关系的发展和成熟而凸显，从而限制合作过程，造成伙伴关系失调（Partnership Dissonance）。原因在于：首先，在合作关系建立阶段，合作双方需要耗费大量的资源与成本；随着合作关系逐步走向成熟，合作双方会期望获得更大回报，以弥补合作建立阶段的高额成本。此时，如若更大的回报难以获得，合作双方容易产生矛盾而失和。其次，随着时间的推移，合作对任意一方的吸引力可能减少，从而造成合作关系的失衡，竞争和矛盾加剧。

7.3.2 非营利组织的机会主义行为

商业企业与非营利组织的合作是基于关系机制而非契约机制。新制度经济学领域的学者们强调，双边交换中，双方都可能受制于对方的机会主义行为。关系机制相比契约机制而言，其稳定性更差，易碎性更强，机会主义行为出现的概率更高。张潮和张雪（2020）指出，非营利组织参与社会治理的实际效果良莠不齐，甚至存在“腐败”行为（陈天祥和郑佳斯，2016）。在臭名昭著的“郭美美事件”中，郭美美“碰瓷”红十字会，虽然事后证明两者并无关联，但依然引发了严重的非营利组织公信力危机，其负面影响至今仍未能完全消除。有效的合作需要制定减少双方机会主义行为的激励措施（Holmstrom，1982）。

7.4　企业

7.4.1　纯粹的工具性动机归因

利益相关者是否参与 Co－SR 在很大程度上受组织动机的影响。以员工为例，由于员工的自我概念在很大程度上由其组织成员身份塑造，为了获取清晰的自我概念，他们往往会关心企业是真诚地致力于改善世界，还是出于纯粹的工具性动机来实施 Co－SR。纯粹的工具性动机也称象征性动机，与实质性动机形成对比（McShane 和 Cunningham，2012；Donia 等，2019）。只有当员工认为 Co－SR 项目是真诚的、发自内心的，才会从内心认同、接受，进而参与该项目。而纯粹的工具性动机归因将挫伤员工参与的积极性。

并且，员工在评估项目意图时具有毋庸置疑的信息优势（McShane 和 Cunningham，2012）。他们被嵌入密集的内部社交网络中，拥有多样化的、可靠的线索来判断 Co－SR 项目的真诚性。Brunsson（1993）研究表明，员工可能是最快发现企业是否存在“双重标准”（Double Standards）的利益相关者群体。

7.4.2　与主业脱节

工具性动机并非 Co－SR 活动的“原罪”。事实上，工具性动机在一定程度上对组织有益（Carroll 和 Shabana，2010），它可以增强 Co－SR 项目与主业的一致性，增强组织的竞争力（Branco 和 Rodrigues，2006）和合法性（Bansal 和 Roth，2000）。需要被警惕的只是纯粹的工具性动机，而对工具性动机的矫枉过正可能会导向对纯粹道德主义的偏执追求，导致 Co－SR 项目与企业的主营业务脱节，从而带来以下负面后果：

第一，企业的经济目标与社会目标相背离，导致经济活动与社会责任活动难以正向协同。并且 Co - SR 项目会由于缺乏相应的经济动力和支持而成为“无源之水，无本之木”，很难可持续发展。

第二，Co - SR 项目缺乏战略导向和战略一致性，从而出现一系列问题：首先，项目是缺乏深入思考的，甚至是“拍脑袋的”。其次，项目是无重点的，“东一榔头，西一棒槌”，像“无头苍蝇”一样莽撞。最后，项目是无序的，难以围绕战略主线层层递进、以一贯之。这一系列的问题都会造成参与者资源的浪费，导致低效率和不经济。

第三，Co - SR 项目将停留在企业浅表，成为企业业务边缘、外围的活动，甚至沦为装腔作势的“面子工程”。事实上，近年来越来越多的学者和企业家开始意识到应当将公益与企业的核心业务相结合，嵌入企业的日常运营中，而不是进行遍地开花、漫无目标的随意捐赠。Porter 和 Kramer（2002）提出，企业可以通过增加慈善事业与商业战略的一致性来增加其慈善投资的价值，并最终赢得竞争优势。比如企业可以采取以下措施来代替现金捐赠：在慈善事业中发展长期的合作伙伴关系，提供设备、专业知识等“实物捐赠”（In - Kind Donations），鼓励员工志愿服务。McShane 和 Cunningham（2012）认为，为将社会责任嵌入组织的经营方式中，组织必须在其核心技术领域做出持续的资源承诺。实践中，在 1992 年，仅有 19% 的美国公司将员工志愿服务纳入其商业计划，1999 年这一比例是 49%。越来越多的企业意识到将社会责任纳入企业核心战略的重要性（Peloza 和 Hassay，2006）。财富 500 强公司乐购（Tesco）认为，社会责任应当是企业经营方式的一个有机组成部分，“从董事会到收银台”都应当一以贯之。站在企业家的视角，与主业结合通俗而言就是“渗透到我们做生意的方式中”（McShane 和 Cunningham，2012）。站在员工视角，员工重视战略和社会责任项目之间的一致性，这不仅包括公司声明和行动之间的一致性，内部和外部行动之间的一致性，职能领域之间的一致性，还强调财务和社会目标的一致性。

然而，尽管如此，现实当中依然有很多企业将资源投入与主业毫不相关的社会责任活动中。尤其在 Co - SR 项目中，与主业脱节的现象极易发生，这源于将民主程序（Democratic Procedures）引入项目所带来的“双刃剑”效应。

即民主程序一方面提升了参与者的授权感，提高了员工的士气，另一方面也容易带来无序和混乱。有学者表示了这样的担忧，Mize Smith（2012）认为，员工参与可能会降低 Co - SR 活动与战略目标的契合度。Gautier 和 Pache（2015）提出，员工参与会导致非战略性的慈善，即慈善活动不能给企业带来利润增长、声誉提升等财务、非财务价值。Peloza 和 Hassay（2006）指出，当慈善项目完全由员工自行决定时，结果很可能是一个分散的、无重点的项目。

7.4.3　平台企业丑闻频发，公信力不足

中国当前正处于有限信任环境中（王汉瑛和田虹，2016）。相比真实的线下环境，虚拟的网络环境更为复杂，监管更不完善，平台企业与消费者之间的信息不对称问题更为突出。并且消费者在虚拟网络环境中倾向于自戴“怀疑滤镜”，质疑 Co - SR 项目只是为了“作秀”或“圈钱”，导致虚拟网络环境中的信任更为薄弱。加之我国公益众筹平台已经曝出多起丑闻，网友担心“众筹爱心”演变为“消费善意”。本章将这些丑闻中最具代表性 9 起按照时间顺序列示为：众筹救女后举家旅游事件、罗一笑筹款风波、重症女孩“诈捐”后辱骂网友事件、众筹殡葬费事件、“遗愿清单”刷屏事件、鼻咽癌女孩“诈捐”事件、德云社演员众筹百万事件、为父众筹女孩“炫富”事件、水滴筹“扫楼门”事件，如表 7.1 所示。

表 7.1　　代表性公益众筹负面舆情事件

时间	事件名称	事件概述	众筹平台	结果
2015 年 12 月	众筹救女后举家旅游事件	广东佛山一位 11 个月大的女婴因罹患嗜血细胞综合症而住院，其父母发起了 10 万元人民币的筹款，两天内筹齐。该女婴随后不治离世。女婴父母的微信朋友圈中曝出举家赴西藏、马来西亚旅游的图片	轻松筹	西藏旅游的 1.3 万元费用用于为女婴“做法事”，其余善款筹款人表示捐出
2016 年 11 月	罗一笑筹款风波	深圳某杂志主编、作家罗尔发布“网文”为其罹患白血病的幼女筹集约 270 万元善款。网友揭发该事件是一起“炒作”营销，罗尔的经济条件优渥	微信	白血病女孩因抢救无效死亡，善款原路退还

续表

时间	事件名称	事件概述	众筹平台	结果
2018年7月	重症女孩“诈捐”后辱骂网友事件	大二女生因病毒感染住进ICU，其母为其筹得25万余元善款；随后网友揭发，其家境殷实，该女生竟对曾经施以援手之人恶语相向	水滴筹	当事人在网上公开道歉，将筹得的善款退还
2018年7月	众筹殡葬费事件	四川一男子驾车肇事，撞死4人后众筹20万元丧葬费用	轻松筹	平台紧急叫停了该项目，并将所筹款项退还
2018年7月	“遗愿清单”刷屏事件	武汉一男子因患胃癌晚期，其妻发起30万元筹款，两天内筹齐。该男子发布在微信朋友圈的“遗愿清单”感动网友；随后一篇题为“被有钱人玩坏了的大病筹”的“网文”揭露了筹款人真实经济状况优渥	轻松筹	所筹善款在平台审核通过后打到了医院对公账户中
2019年3月	鼻咽癌女孩“诈捐”事件	武汉一女子因身患鼻咽癌发起20万元筹款，在不到一天的时间内筹齐，随后网友举报该女子实为某服装品牌创始人兼大股东，公司年营业额逾千万元，名下有房有车	轻松筹	筹款人将所筹款项全部退还
2019年5月	德云社演员众筹百万事件	德云社相声演员吴鹤臣因突发脑出血住院救治，其家人发起100万元筹款，最终筹得14.8万余元；公众对吴家的经济状况、“贫困户”标签、治疗的合理费用、不当消费提出质疑	水滴筹	筹得14.8万余元后停止了筹款，随后全部退还
2019年5月	为父众筹女孩“炫富”事件	杭州萧山一女子以其父患癌为由在水滴筹发起20万元筹款，最终筹得8457元；网络曝光该女子的微博中充斥炫耀性消费内容且其父并未确诊胃癌	水滴筹	筹款人将其所筹得的善款全部退还
2019年11月	水滴筹“扫楼门”事件	水滴筹“志愿者”们在医院病房以“拉客户”的形式进行“地毯式”推广，发起筹款的有效客单量与员工薪酬绩效直接挂钩	水滴筹	水滴筹道歉、整改

1. 众筹救女后举家旅游事件

2015年12月，广东佛山一位年仅11个月大的女婴因罹患嗜血细胞综合症而住院，其父母在轻松筹平台发起了目标金额为10万元人民币的筹款。筹款发起仅两天后，女婴父母就筹得了 10.024454 万元人民币善款。不幸的是，该女婴最终不治离世。然而随后，女婴父母的微信朋友圈曝出举家赴西藏、马来西亚旅游的照片，其中不乏吃喝玩乐的场景，引发网络质问：其一，筹款人是否挪用善款用于旅游活动？网友评论称“太令人气愤了，居然拿市民的捐款去旅游”。其二，如若筹款人并未挪用善款用于旅游活动，那说明筹款人本身的经济实力可以负担女婴的治疗费用，其筹款的行为是否有必要、有道德？网友质问称，“有能力春节期间出国旅游，为何无力承担医药费？”

面对质问，筹款人回应称，“并未挪用善款用于吃喝玩乐”。对于其西藏旅游所花费的 1.3 万元人民币，筹款人辩称该费用虽确系善款，但其用途却并非享乐消费，而是去处理女儿的骨灰，为女儿诵经、“做法事”。而去马来西亚旅游的费用，筹款人则称系亲属赞助。筹款人还表示，所余善款已经继续用于公益活动，其中 7000 余元人民币已通过轻松筹平台捐献给了其他患病儿童。后续他们还联系了一些义工团体和户外俱乐部希望将善款捐献。

对此回应，很多网友依然难以接受，尤其是动用善款“做法事”很难被理解。公众认为，善款应该专款专用，所余善款也应当退回专业的慈善机构进行管理，而非私下处置。

2. 罗一笑筹款风波

2016 年 11 月，深圳某杂志主编、作家罗尔发布了一篇题为“罗一笑，你给我站住!”的“网文”刷爆微信朋友圈。罗尔在文中声称，其 5 岁的幼女不幸罹患白血病，治疗费用高昂，“重症室的费用，每天上万块”，并且家庭无力负担，“她悲痛我们花不起这个钱，更悲痛我们花了这个钱也可能救不了笑笑的命”。声情并茂的文章令网友们为之动容，纷纷在微信朋友圈转发并慷慨解囊。网友们通过文章赞赏金、腾讯开通的捐款通道甚至是微信直接转账的方式进行捐赠。据统计，罗尔在此次事件中接受的捐款总额约 270 万元人民币。

此后，事情出现戏剧性反转。有网友“爆料”称，首先此次筹款事件是一场彻头彻尾的“炒作”。虽然罗一笑身患白血病确有其事，但事件是一项有预谋、有专人策划、经过多次用心打磨、切中人性敏感点的营销事件。罗尔所合作的公司是深圳市小铜人金融服务有限公司，读者每在微信朋友圈转发一次罗尔的“网文”，小铜人公司将为罗一笑捐赠一块钱。同时，治疗费用也并非罗尔所说的那样高昂，且早已凑齐。2017 年 1 月 30 日下午，深圳市儿童医院公布治疗费用，“罗一笑三次住院费用合计 204244.31 元，其中医保支付 168050.98 元，自付 36193.33 元”。以罗尔的经济条件也完全足以负担治疗费用。知情人士披露，罗尔本人名下有三套房产，一套在深圳，两套在东莞，并拥有一台汽车，该消息也被罗尔本人证实。对于“有三套房产为何还会募捐”的问题，罗尔在接受媒体采访时表示：“这个房子的话，虽然暂时在我名下，但深圳的房子以后是要归儿子的，我是不能卖的”“在东莞买的房子包括酒店公寓，酒店公寓署名是我现在老婆的名字，另外我还有一套东莞商品房，等儿子参加工作以后，我就想把东莞市区的房子给儿子。”其匪夷所思的自私言论引发了激烈讨论，甚至有网友调侃说，“没毛病，毕竟女儿是广大网友的，跟他没半毛钱关系。”

该事件的结局是，2016 年 12 月 24 日凌晨，年仅 6 岁的白血病女孩罗一笑因为抢救无效死亡。对于善款的处理，罗尔首次提出的方案是“希望成立一个救助白血病患儿的基金”。最终经深圳市民政局、罗尔、小铜人公司、腾讯公司四方协商，此次事件中筹得的共计 2626919.78 元人民币善款被原路径退还给了网友。

《人民日报》评论称，“真相，你也给我站住！”代表了公众对公益众筹透明度、知情权的寻求。对于该事件的性质，网友认为“这是一场带血的营销”“是一场以慈善之名，精心策划包装的骗钱套路”“那一刹那，我突然觉得朋友圈的刷屏就像一场全民参与的笑话”“等着靠剩下的捐款发家致富，简直就是吃人血馒头”。有网友侧重于表达其愤慨和蔑视的情绪，“你的每一次出现都是对善良人心的一种亵渎”“我觉得这些人需要众筹的不是钱，而是一张脸”“一个人装成弱势群体，去骗那些真正的弱势群体的血汗钱，是无耻”。也有网友侧重于告诫公众要理性思考、慎重转发，避免盲目的同情心泛滥：“同情心固然是好的，可盲目的同情心有时候比冷漠更可怕”“今天你每转发一次就是对好心人和真正需要帮助的人助纣为虐般的欺诈”“这种未经证实和不负责任的转发，次数多了，只会降低大众对众筹一事的信任度，久而久之，也许越来越多的人宁可冷漠也不愿抱有一丝同情心了”“在和公司女同事辩论之后，她们普遍不管真假，打着‘宁可信其有，不可信其无’的旗帜，不断刷我的朋友圈。其实一个人应该对自己的有限的同情心负责，还有，对你的朋友圈负责”。更多的网友则表达了对此类失信事件负面后果的担忧，认为这是一个现实版“狼来了”的故事：“今天有罗一笑，明天就有‘罗二笑’、‘罗三笑’，但当真正需要帮助的‘罗四笑’出现的时候，我们可能都已经是麻木的看客了”“社会资源是有限的，人们的爱心透支额度也是有限的，正是这些人对他人爱心和善意的滥用，关掉了那些真正有需要的穷人们的求助之门”“罗尔这样的人前赴后继的过度消费大众爱心，导致真正有需求的人沉寂海底”“你写给谁看呢？还不是写给中国最宝贵的一些人——‘有同情心的人’看，现在这个冷漠的社会，这批人都像国宝一样，还要靠他们让这个社会变的更温暖，寒了他们的心，买包烟我都觉得冷”。总而言之，利用不忍人之心募捐赚钱是百害而无一利的，“一则破坏人与人之间的信任，二来拉低整个社会的道德底线，三来破坏医患关系，四来破坏医保农合的政府公信力，所谓千里之堤溃于蚁穴，你不知道哪天这些人做的恶，反过来让大家都过不好。”

3. 重症女孩“诈捐”后辱骂网友事件

2018 年 7 月，就读于四川传媒学院的一名大二女生因病毒感染住进重症加强护理病房（Intensive Care Unit，ICU）。随后，其母在水滴筹平台发起目标金额为 30 万元人民币的筹款，并顺利筹得 25 万余元，女生也治愈出院。

然而，随后事件出现反转。有网友揭发，女生家境殷实，其母经营三家米粉店，名下有多处房产和一辆奥迪车。面对网友的质疑，受助女生竟恼羞成怒，以致对曾经施以援手之人恶语相向，出言粗俗。对此，施助者感叹善心错付，认为自己受到了愚弄，“事前抱着侥幸心理，事后不以为耻反以为荣，甚至还理直气壮骂人，这种人如果不被揭穿你觉得她会感激那些捐助者吗？不会，她只会感激自己聪明，甚至于觉得那些好心人傻。”

矛盾激化后，受助者在网络上公开道歉，表示改过自新，其母也将筹得的善款退还。然而公众仍然对其道歉的真诚性存疑，认为当事人的悔过态度可能是迫于舆论压力。

4. 众筹殡葬费事件

2018 年 7 月，四川一男子驾驶私家车与一辆机动三轮车相撞，造成对方 4 人死亡。事故发生后，肇事男子在轻松筹平台以 20 万元人民币为目标金额众筹丧葬费用，声称“撞死 4 人，赔不起，不想进去坐牢，请大家帮帮我”。当晚该男子就筹到了 23935 元人民币，所幸轻松筹平台以其不属于公益范畴紧急叫停了该项目。随后平台介入将所筹款项悉数退还，并发布了公开谴责称，

“对于明显有违公序良俗、打着‘苦难牌’骗财敛物的行为，平台旗帜鲜明采取零容忍态度，不予以接受，不支持发起，直接封杀在项目生成的源头，杜绝传播，并保留对相关失信行为的法律追究权利。”但平台仍因在筹款发布环节审核不严而受到批评。

舆论将此事定性为一场“荒唐的慈善闹剧”。讨论主要围绕以下四个论点进行：第一，如果个人行为失当甚至违法所造成的后果都能依靠众筹解决，那么无异于对失当或违法行为的变相鼓励。如此，行政处罚条例和法律将形同虚设，难以起到公平公正的惩处作用和以儆效尤的威慑作用。正如网友所述，“如果撞人后可以‘众筹丧葬费’，那杀人后是否也可以‘众筹赔偿费’？这相当于通过众筹善款来降低‘犯罪成本’。”第二，众筹发起当日，事故责任书尚未出具，事故责任和赔偿金额并未认定，20 万元的目标金额实属毫无依据。第三，以肇事者的经济状况，并非无力承担赔偿。调查显示，肇事者经营一家电脑门店，门店内资产粗略估计约 10 万元人民币。他还为肇事车辆购买了保额为 30 万元人民币的责任险。第四，肇事者在发起众筹当晚就筹得了金额不菲的款项，说明公众对公益众筹的认知不足，存在盲目捐助、非理性捐助的问题。

5. “遗愿清单”刷屏事件

2018 年 7 月，武汉一男子患胃癌晚期，其妻在轻松筹平台为其发起目标金额为 30 万人民币的筹款，在短短两天时间内就筹得 30.0776 万元。随后，该男子发布在微信朋友圈的“遗愿清单”被多家知名媒体转载，遗愿清单中写道，“我想拥抱每一个我认识的人”“跑一次马拉松，跑在风景中，游在山水间”“陌生人，我听说这世界上最高级别的善意，往往都发生在陌生人与陌生人之间。在我的这次不幸中，即便我们未曾相逢，你们也在给予我无限的鼓励和支持，也愿你在最孤独和绝望的时候，都能有人为你生一团火或点一盏灯。”遗愿清单中男子乐观的态度和对美好的向往令无数网友为之动容。

然而，随后一篇题为“被有钱人玩坏了的大病筹”的“网文”揭露了筹款人的“真实”经济状况：该男子的真实身份是房产中介公司高管而非其筹款信息中所述的地产广告策划人，且其名下另有一家房产中介公司，他担任该公司的执行董事及总经理。其妻名下也有一家房地产公司，拥有一辆宝马 z4 敞篷跑车。面对公众的质疑，筹款者并未给出有力的证据予以反驳，只发布了

“无力解释，可做房查，也接受财产核算，上帝面前无人能说谎”作为回应。轻松筹平台在调查后表示，“患者家属否认家境殷实，但由于现在病人病情较重，照顾病人是第一要务，待病情稍缓将会详细回应这个问题。”所筹善款在经过平台审核通过后打到了医院的对公账户中。然而时至今日，筹款人和轻松筹平台也未进行后续解释。

对此，《新京报》发文称“众筹看病，别总让‘感动挂脸上质疑上心头’”。网友评论称，“众筹，应该是走投无路之后的无奈之举，而非维持原有生活水平不降低的工具。只要没有走投无路，就应当把公益留给更困难的人”“助人之心可贵，但让助人之举行进在法律规范、慈善伦理之内更为重要”。

6. 鼻咽癌女孩“诈捐”事件

2019 年 3 月，武汉一女子因身患鼻咽癌在轻松筹平台上发起目标金额为 20 万元人民币的筹款。在短短不到一天的时间内，20 万元善款筹齐。随后网友举报该女子实为某服装品牌创始人兼大股东，公司年营业额逾千万元，名下有房有车。

对于为何不变卖财产自救的行为，疑似筹款人在网上回应称，“因为我没想过卖房子”，“公司是我的梦想，我不想因为治病放弃公司”，对于为何不向亲戚朋友借款，疑似筹款人在网上回应称，“借了还要还，我不想还”。并且筹款人认为会因病情而耽误公司的发展，后续确实会出现经济紧张。对此，网友认为，公益众筹居然需要为公司的发展“买单”，这无疑是极其讽刺的。评论称，“爱的反面，不是仇恨，而是漠不关心，当人们心中所激发的爱无处安放时，注定会走向爱的另一端，冷漠”。

最终在舆论的压力下，筹款人将所筹款项全部退回。

7. 德云社演员众筹百万事件

2019 年 5 月，德云社相声演员吴鹤臣因突发脑出血住院救治，其妻以其母的名义在水滴筹平台发起目标金额为 100 万元人民币的筹款。然而出于“名人效应”，此次网络众筹引发网友的激烈声讨：首先，吴家经济状况良好，在北京系有房有车一族；吴鹤臣本人在德云社工作，收入不菲，且有北京医保；此外其双亲均有退休金和存款。在“家有余粮”而非走投无路的情况下，吴鹤臣是否应该发起网络众筹，并且还在众筹时勾选了“贫困户”的标签。其次，脑出血的治疗费用根本无须 100 万元之多，其实际花费在 10 多万元更为合理。最后，细心的网友发现，吴鹤臣之妻在其生病住院后购买了高端手机，从而加剧了公众对其众筹动机和众筹必要性的质疑。

面对公众质询，吴鹤臣之妻进行了回应：对于房产问题，回应称两套房均为公租房，无法出售，且均不在其夫妻名下；对于车产问题，回应称由于家有瘫痪病人，价值 13 万元的车产无法变卖，变卖将给生活带来极大不便；对于存款问题，回应称均已用于治疗，且对于为何不向亲戚借款的问题，回应称“家家有本难念的经”；对于勾选“贫困户”标签，是由于操作失误；对于 100 万元筹款金额，是由于不了解平台操作规则而将筹款金额设置为上限；对于购置高端手机的问题，则回应称系吴鹤臣发病前订购。总之，吴妻对由于众筹被攻讦之事大感冤枉，宣称“没有逼捐过任何一个人！也没有骗过任何一个人！众筹本来就是自愿原则，谈何骗人?”

然而，对于当事人的回应，公众很难信服，认为其在理直气壮地找借口推诿。公众将其定性为“先忙着从别人口袋掏钱”的“网络乞讨”，是不愿意自救而蚕食网友爱心的行为。尤其是对百万元的筹款额，公众表示无法谅解：“没有走投无路，也没有山穷水尽，伸手就是 100 万元，这是在救命还是在敛财?”“直接众筹百万让人怀疑这是在治病救人，还是发家致富”。甚至有网友调侃道，“幸亏上限是 100 万元，要是上限是 10 亿元，一场病下来，没准就超过师傅郭德纲了”。基于此，公益众筹平台也嬗变成为了“免费提款机”。

最终该事件发起人在水滴筹平台上筹得 14.8 万余元人民币善款后停止了筹款，随后在 2019 年 8 月 23 日将所筹善款全部退还。

8. 为父众筹女孩“炫富”事件

2019 年 5 月，杭州萧山一女子以其父的名义在水滴筹平台发起目标金额为 20 万元人民币的筹款，宣称其父被确诊为胃癌。数日后，女子以急需使用为由，将筹得的 8457 元善款提现。随后，网络曝光该女子的微博当中充斥炫耀性消费内容，囊括奢侈品皮包、貂皮大衣、跑车、出国旅游等。并且，筹款页面显示的图片与文字也明显自相矛盾，即从医院检查报告单来看，诊断结果是疑似胃窦肿瘤，并非其所述的“确诊胃癌”，该女子存在故意夸大病情博取同情之嫌。

公众抨击其一边“炫富”一边筹款，但这位自称“孝女”的筹款人认为自己并未做错，她给出的辩解理由是：第一，“自己虽然有钱，但父亲没有经济能力治病”。第二，其父从 2014 年至事发当日一直是病人，完全符合众筹申请的资格。

然而，面对这样的辩解，公众的愤怒并未平息。讨论主要围绕两个方面展开：首先，关于公益众筹平台服务对象的问题，有产家庭或中产阶级是否应当进行公益众筹。网友认为，筹款者所谓的“有资格申请”，并非“有必要申请”。如果富人也进行公益众筹，那么众筹平台将成为富人的“聚宝盆”，而非穷人的“救命索”，这是一种“劫贫济富”的行为。有的网友言辞十分激烈，“对于这种‘炫富’使用水滴筹的，就应该移交司法，或者进入诚信黑名单”。水滴筹 CEO 沈鹏做出回应称，“水滴筹的唯一初衷就是解决社会问题。虽然平台不排斥将少数因病致贫者作为水滴筹的服务对象，但平台真正的、主流的服务对象是本身就治不起病的基层贫苦人民。”况且本案例的筹款人并未因病致贫，所以并不应当隶属于水滴筹的服务对象，其众筹行为与水滴筹的初衷相背离。其次，公众对于平台审核的严谨性问题存疑。对于显而易见的图文不符，平台在进行审查时竟未发现，其工作的粗糙程度可见一斑。

最终，在平台介入协商后，筹款人将其所筹得的善款悉数退回。

9. 水滴筹“扫楼门”事件

2019 年 11 月 30 日，一则题为“水滴筹地推人员在医院扫楼式筹款”的视频由网络媒体发布并迅速引发舆论热议。该视频显示，一些所谓的水滴筹“志愿者”们在医院病房进行“地毯式”推广（简称“地推”），以“拉客户”的形式劝说患者使用水滴筹平台进行筹款，一下午的时间就可横扫大半个医院。“志愿者”们声称，发起筹款的客单量与其薪酬绩效直接挂钩，一单提成最多可达 150 元人民币，底薪与提成合并可月入过万。该视频持续发酵，将水滴筹推至舆论风暴中心。公众的不满和质疑主要围绕四个方面展开，分别是：水滴筹的经营模式、审核机制、激励约束机制和反馈机制。

（1）经营模式。在经营模式方面，水滴筹最受诟病之处在于其作为一个公益众筹平台掺杂了过度的商业运作。网友评论称，“病房不是做交易的地方”“公益筹款商业痕迹严重”“当资本绑架爱心后，爱心也就变味了”。事实上，水滴公司的主营业务包含三个模块：水滴公益、水滴筹和水滴保，其中只有水滴保是盈利模块。利用水滴公益、水滴筹这两大公益模块向水滴保“引流”是水滴公司经营模式的特点。首先，依靠水滴筹“地推”带来的高流量可以极大降低水滴保的获客成本。其次，在筹款完成后，水滴公司员工向患者及其家人、捐赠者推荐水滴保的成功率会更高，因为在鲜活的病例面前，人们更能意识到并认可保险的价值，从而保证了较高的客户转化率。因此，水滴筹的盈利模式是低获客成本 × 高转化率。

（2）审核机制。在审核机制方面，水滴筹的审核机制过于宽松，甚至形同虚设；并且平台只履行了风险提示义务，声明“该求助信息不属于慈善公开募捐，真实性由信息发布者负责，水滴筹提示您了解详情后方可进行帮助。若信息不实，由发起人承担全部法律责任”，这难免有推诿责任之嫌。

具体而言，在病例审核方面，有网友发现，经过 Photoshop 软件处理过的病例图片依然能够顺利通过审核。在筹款金额审核方面，平台并不能监督筹款人按需筹款，筹款目标金额的填写具有极大的随意性。在筹款者财产状况审核方面，筹资者瞒报、谎报财产状况通过审核的情况比比皆是。造成该情况的客观原因是：平台审核筹款者的财产状况成本较高，审核确实存在一定难度。造成该状况的主观原因是：平台的财产审核机制存在漏洞。在审核前阶段，财产状况的提供依赖自觉性，平台并不强制筹款人提供个人财产证明，筹款人可以自由选择是否在“增信”材料中予以补充。在审核后阶段，即使筹款者被举报，其需要承担的惩罚成本也极低。平台只会暂时封停被举报的筹款者所筹得的筹款，然而只要筹款者能够出具家庭贫困证明，依然可以提取现金。在中国这样的人情社会，贫困证明的出具显然比较容易。出于谨慎性原则，贫困证明不应成为被举报者提现的唯一依据。

（3）激励约束机制。在激励机制方面，水滴筹采用有效客单量作为给员工发放薪酬的依据，有效客单是指成功筹款金额在 4000 元人民币以上的项目。在约束机制方面，水滴筹采用末位淘汰制，将单月完成有效客单量不足 25 个的员工淘汰。

按单提成、末位淘汰的激励约束制度诱导员工在水滴筹的推广过程中不择手段：比如，有些员工在资格审核时故意忽略甚至刻意帮助筹款者隐瞒其真实经济状况；有些员工提供代写文案服务，按照模板帮助筹款人“编故事”；为达到 4000 元人民币的筹款下限，提升有效客单率，有些员工甚至在与筹款者沟通时会以经验丰富的姿态来制造焦虑，故意抬高看病所需的资金，“我接触过许多像你一样的病人，你这个病没有 20 万元不可能治好。”正如某些员工所述，“只要想筹钱，我们提供一条龙服务”。正如网友指出的，“KPI（关键业绩指标，Key Performance Indicator）是‘水滴筹扫楼’事件的原罪”。不恰当的激励约束机制在很大程度上造成了员工行为失范。

（4）反馈机制。在反馈机制方面，水滴筹对于善款的具体使用缺乏实时、详细的反馈。捐赠者在捐赠完成后只能看到自己捐赠的次数、金额、转发情况，以及朋友圈中的朋友是否为该筹款者捐款，其捐款金额是多少。而对于善款的具体使用金额、使用方式、使用渠道、使用效果以及结余资金的数额、处理等却缺乏应有反馈。这导致善款可以被轻易挪用，结余资金得不到妥善安置，从而使别有用心之人有机可乘，利用公益众筹谋利。事实上，与线下渠道相比，网络平台具有天然的信息优势，公益众筹平台应当利用先进的互联网技术建立高度透明的反馈机制。

事实上，关于此次风波，公众并未吹毛求疵，甚至很多人展现出理解的一面。关于水滴筹的激励约束机制，对员工进行激励约束本身无可厚非。问题在于如何建立恰当的激励约束机制来引导员工努力提升公益质量，而非只关注筹款者数量和筹款金额。关于水滴筹的经营模式，有网友表示，在中国数千万因病致贫的人群当中，具有相应的文化程度、懂得使用公益众筹平台的并没有我们想象的多，“这时候如果有志愿者主动上门，收集筹款信息，撰写筹款稿，无疑可以让更多人受助”。因此水滴筹经营模式的症结所在也并非商业化，商业化本身无可厚非：“在一个商业社会，无论干什么，要完全脱离商业是不可能的，公益的生存和发展，需要用商业的手段来实现。公益正在呈现越来越强的商业属性。”“有动力的公益，才是能够持久的公益”。放眼全球，“无论是诺贝尔基金也好，盖茨基金也好，都需要通过商业打理，才能走得更远。”事实上，真正使水滴筹陷入危机的是其在商业化过程中展现的非专业性和急功近利。当平台拥有严谨的审核机制，导向正确的激励约束机制，建立实时、详细的反馈机制，能够采用长期导向时，公众可能会乐见其盈利。

该事件最终以水滴筹的道歉和整改而渐趋平静，然而事件对于社会公信力的负面影响却很难挽回。对此，《人民日报》发表了一篇题为“水滴筹，别让好心人寒心！”的文章，文章提出：“水滴掺水，爱心窝心。公众给困厄中的患者捐款，出于自愿和善意，还要基于信任，假如信任受到伤害，谁还会捐款？‘扫楼式’筹款、员工按单提成，这些做法的每一次成功，都是对民众善心和好意的消解，是对信任与托付的伤害。”财富中文网则评论称：“公益从来都不是免罪金牌。当善意被滥用，信任还能重新修复吗?”公众则扼腕叹息：“每一个在水滴筹捐款的人，以为自己奉献的是爱心和善意，没想到却成为互联网从业者渴望的流量”。其中也不乏愤世嫉俗的评价：“这类众筹平台的普及，给了一些不要脸的人新型的谋生手段，说好听点叫要饭，说难听点叫诈骗。”对于潜在求助者而言，他们对公益众筹平台的使用也开始犹豫不决，瞻前顾后，称自己“良心不安，不想留骂名。”

总之，以上这些具有代表性的负面舆情事件将严重损害公益众筹平台的公信力，使信任演变成公益众筹的“奢侈品”。而公信力毋庸置疑是公益众筹平台赖以生存、运营、发展的根基。怀疑的种子一旦播下，必将贻害无穷。类似于经济学中经典的“劣币逐良币”，“诈捐”者的机会主义行为很可能使潜在捐赠者产生“一朝被蛇咬，十年怕井绳”的心态，以至于在面对所有公益众筹请求时都谨慎地“护好钱包”，从而剥夺真正走投无路、亟待救援的求助者的高效、便捷、廉价的筹款机会。

令人欣慰的是，近年来，公益众筹中逐渐出现了一些“正能量”事件，让被负面舆情事件“寒了心”的公众的热情逐渐“回暖”。2021 年 8 月 9 日，新疆重症肌无力女孩苗彦彦通过自主创业，将 2019 年经由水滴筹筹集的 12. 6482 万元人民币善款逐一退还给了 3565 位捐助人。对于退还善款的原因，苗彦彦解释道：“因为我怕亏欠别人，所以即使是捐款也是别人给予我的，必须要去还。而且大家挣钱都不容易。咱们有困难的时候，大家伸出援助之手，已经是感激不尽。过了难关，身体好了能挣钱了，当然得把这个钱还给大家。”“还了钱，但 3565 位捐助人和 1366 位转发者的恩情我永远还不清，爱是一种能量，我会传递下去。”对比很多“诈捐”者被质疑后理所当然的态度和振振有词的辩解，苗彦彦的“不亏欠”和感恩之心非常难能可贵。网友认为苗彦彦做到了“精神层面的康复”，“救济的基本逻辑是强对弱的扶持，但最理想的秩序是，被救济者能在重生后加入救济者的行列”。相似的案例发生在 2021 年 10 月 28 日，海南海口的刘先生将其因车祸在水滴筹筹得的 50 万元善款悉数退还。刘先生表示：“我自己决定退回爱心款，因为当初筹这个钱，是因为事出紧急，当时觉得我的治疗费用会很大且肇事方又没有及时垫付医疗费。”“感谢这么多人对我的关心和帮助，这个钱当时是应急，就算我拿出来用了，到后面情况好转了，我也会想办法把钱还给大家，这个钱不到万不得已，我们不能用，因为这是一份爱心，有比我更需要的人，退回爱心款，让大家可以帮助更多需要帮助的人！大家对我的关心和情谊，我会记在心里，牢记一辈子！”网友对此事非常动容，认为“这是大爱的再次延续，也是危急时刻爱心救济的良性回馈”。除此之外，也有一些公益众筹平台澄清了谣言。2021 年 9 月，网友质疑蚂蚁森林根本没有种树，对此，蚂蚁森林的护林员赶赴梭梭林现场对该言论进行了有理有据的回击。

7.4.4　引发“恶魔效应”

“恶魔效应”（Devil Effects）是与“晕轮效应”相对应的一个概念，它是美国心理学家 Thorndike（1920）提出的。该效应是指，基于被观察者的某一恶劣品质形成消极的信念结构，对消极效应进行一定程度的扩展。正如西汉刘向编撰的《说苑·贵法》有云：“憎其人者，恶其余胥”，意指如果憎恨某人，就会连带憎恨他的仆从家吏。

在 Co - SR 中，受“恶魔效应”影响，利益相关者可能基于其参与某一 Co - SR 项目的消极体验来形成消极推断，从而终止与企业在其他 Co - SR 项目，甚至商业项目当中的合作关系。并且，这种“恨乌及屋”的效应会通过利益相关者之间的关联而连锁蔓延，使 Co - SR 的消极效应不断放大，从而引发负向乘数效应（Multiplier Effect）。

7.4.5　缺乏以社会绩效为焦点的项目设计

当前 CSR 研究的落脚点依然是企业财务绩效。Barnett 等（2020）强调，是时候将焦点从 CSR 如何影响企业，转向 CSR 如何影响利益相关者和社会。在此基础上，企业应当进行以社会绩效为焦点的 Co - SR 项目设计。即采用最有效的方法，使最有限的资源发挥最大的社会价值。遗憾的是，目前相关研究很少能为企业提供以上指导。

7.5 社会

7.5.1 正式制度尚不完备

众筹的繁荣离不开支持性生态系统和保障因素。这不仅包括高水平的互联网接入和社交媒体参与，先进的技术解决方案，更需要有效的监管制度来制定有前瞻性的、约束力强的规则，提供捐赠者和投资者保护，促进快速、可扩展的互联网基础技术应用（Flanigan，2017）。

随着公益众筹实践的发展，我国的相关监管制度也在不断建设（见表7.2）。2016年9月1日，《中华人民共和国慈善法》（以下简称《慈善法》）发布，它是规范我国公益慈善活动的基础法律。当日，《公开募捐平台服务管理办法》（简称《平台服务管理办法》）发布，它是《慈善法》的配套规章。2017年8月1日，民政部发布了2套行业标准，分别是《慈善组织互联网公开募捐信息平台基本技术规范》（以下简称《平台基本技术规范》）和《慈善组织互联网公开募捐信息平台基本管理规范》（以下简称《平台基本管理规范》）。2018年10月19日，爱心筹、轻松筹和水滴筹三家大病救助平台联合发布行业自律准则《个人大病求助互联网服务平台自律公约》（以下简称《自律公约》1.0版）。2020年8月18日该行业自律准则升级为《个人大病求助互联网服务平台自律公约2.0版》（以下简称《自律公约》2.0版）。

表7.2 相关法律、规章、行业标准和自律准则

名称	制定主体	通过时间	实施时间	性质
《中华人民共和国慈善法》	中华人民共和国第十二届全国人民代表大会第四次会议	2016年3月16日	2016年9月1日	法律
《公开募捐平台服务管理办法》	民政部、工信部、国家新闻出版广电总局、国家网信办	2016年8月30	2016年9月1日	规章

续表

名称	制定主体	通过时间	实施时间	性质
《慈善组织互联网公开募捐信息平台基本技术规范》	民政部	2017 年 7 月 30 日	2017 年 8 月 1 日	行业标准
《慈善组织互联网公开募捐信息平台基本管理规范》	民政部	2017 年 7 月 30 日	2017 年 8 月 1 日	行业标准
《个人大病求助互联网服务平台自律公约》	爱心筹、轻松筹和水滴筹	2018 年 10 月 19 日		行业自律准则
《个人大病求助互联网服务平台自律公约 2.0 版》	轻松筹、水滴筹、爱心筹、360 大病筹	2020 年 8 月 18 日		行业自律准则

尽管监管制度在持续完善，但远未达到完备程度，存在的主要问题是：制度体系断层；监管主要针对公开募捐，对个人求助、网络互助缺乏监管；缺乏正式、专业的社会监督机制。这些问题不仅导致公益资源配置的低效和浪费；而且容易使平台被居心不良的“投机者”利用，造成各种众筹“乱象”。在此情况下，公益众筹平台频陷信任危机，利益相关者参与 Co－SR 项目的意愿持续下降，从而严重背离了“诚信”“友善”的社会主义核心价值观，妨害了社会主义新型人际关系的构建，最终阻碍第三次分配和共同富裕的新时代目标的实现。

1. 正式制度体系的断层

《慈善法》是我国公益慈善领域的顶层制度，高屋建瓴式地规定了公益慈善领域的关键事项，包括慈善募捐、慈善信托等。然而，法律只会作出基本的、综合的规定，相对比较笼统。比如《慈善法》第四十二条指出：“捐赠人有权查询、复制其捐赠财产管理使用的有关资料，慈善组织应当及时主动向捐赠人反馈有关情况。”但是对于何谓“有关资料”和“及时反馈”，法律并未作出明确规定。再如，《慈善法》第三十六条指出，“捐赠人捐赠的实物应当具有使用价值，符合安全、卫生、环保等标准。”对于应当遵循的具体标准，法律也未作出明确规定。

法律的“未尽之处”本应由行政法规来明确。然而与《慈善法》相配套的行政法规在制度体系中缺失了，只有少量的规章、行业标准和行业自律准则制定了一些细则。并且，这些细则也有诸多含糊之处，比如《平台服务管理办法》第十三条规定："民政部门应当建立健全与广播、电视、报刊及互联网信息内容管理部门、电信主管部门的信息沟通共享机制、信用信息披露机制和违法违规行为协查机制，强化协同监管。"对于具体的信息沟通共享机制、信用披露机制和违法违规行为协查机制并未做出说明。正式制度体系如图 7.1 所示。

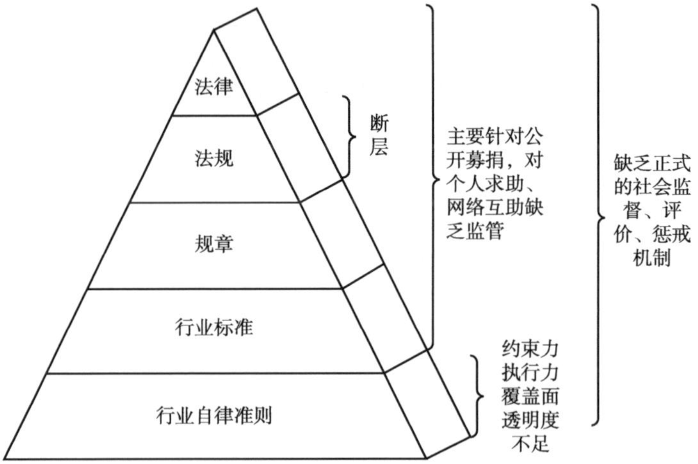

图 7.1　正式制度体系图

2. 监管主要针对公开募捐，对个人求助、网络互助缺乏监管

2017 年 8 月，民政部明确提出，公开募捐的主体仅限于取得公开募捐资格的慈善组织。《慈善法》对"慈善组织"和"公开募捐资格"都有明确规定。《慈善法》第八条规定："本法所称慈善组织，是指依法成立、符合本法规定，以面向社会开展慈善活动为宗旨的非营利性组织。"本法第二十二条规定："慈善组织开展公开募捐，应当取得公开募捐资格。依法登记满二年的慈善组织，可以向其登记的民政部门申请公开募捐资格。民政部门应当自受理申请之日起二十日内做出决定。慈善组织符合内部治理结构健全、运作规范的条件的，发给公开募捐资格证书；不符合条件的，不发给公开募捐资格证书并书面说明理由。"

可见，个人求助、网络互助不属于公开募捐范畴。然而，如表 7.2 所示，目前相关法律规范主要是针对公开募捐，由以下法规的名称即可窥知：《公开募捐平台服务管理办法》《慈善组织互联网公开募捐信息平台基本技术规范》

《慈善组织互联网公开募捐信息平台基本管理规范》。因此，个人求助、网络互助领域主要依赖于行业自律，然而行业自律的约束性相比法律、规章、行业标准而言显然比较弱。就责任承担方面，民政部提出“其真实信息由信息提供方负责”。

3. 行业自律准则的效力存疑

行业自律准则的约束力、执行力、覆盖面、透明度与法律、规章、行业标准相差甚远，具体而言：

在约束力方面，顾名思义，行业自律准则的遵守依赖的是自觉、自制、自控。而法律、规章、行业标准依赖的则是“他觉”“他制”“他控”。前者的约束力显然弱于后者。

在执行力方面，比如《自律公约》1.0 版第二十六条指出，“平台应建立‘失信筹款人’黑名单制度。”然而，在轻松筹官网仅披露了失信人的微信昵称而非真实姓名；手机号码披露不全，隐去了中间 4 位；身份证号几乎均未披露；并且制裁是与手机号码关联，平台规定：“纳入黑名单的手机号码将不能再用于注册和发起筹款项目”。但是“上榜”人员完全可以采取更换手机号的方式免于制裁。如此“失信筹款人”黑名单制度不免流于形式。

在覆盖面方面，行业自律准则仅能约束业内部分自觉的企业，因而其覆盖面相对狭小。《自律公约》1.0 版的覆盖面只有轻松筹、水滴筹、爱心筹三家平台；《自律公约》2.0 版只增加了 360 大病筹一家平台。对于其他平台而言，只能“倡导”其加入。

在透明度方面，轻松筹、水滴筹、爱心筹、360 大病筹的官方网站虽然有签订《自律公约》的宣传网页，但均未披露完整的《自律公约》1.0 版和 2.0 版。而《慈善法》《平台服务管理办法》《平台基本技术规范》和《平台基本管理规范》这些法律、规章、行业标准均有原文披露。

4. 缺乏正式的社会监督、评价、惩戒、合作机制

众筹的“低门槛”在带来开放性、便捷性、灵活性益处的同时，也为机会主义行为创造了可乘之机。作为一个新兴的实践和研究领域，在“摸着石头过河”的过程中，平台的运营和管理存在诸多问题，进一步助长了机会主义行为。甚至有些不法分子利用其漏洞开展团伙作案，实施诈骗。尽管平台一直在努力修复漏洞，但由于缺乏正式、专业的社会监督、评价、惩戒机制作为助力，单凭其一己之力往往力不从心。

在监督机制方面，目前公益众筹平台过度依赖于社会舆论监督举报，缺乏正式的社会监督机制。事实上，平台已经对舆论监督举报的渠道进行了拓展，在《自律公约》2.0 版签订后，轻松筹等平台开放了多种投诉举报方式，包括：网络在线举报（平台醒目位置）、电话举报（电话智能语音，选取其中一个编号作为专门的举报线路）、邮箱举报。然而，普通公民对筹款人的“低保”、房车、存款等隐私信息的可及性非常有限；大部分公民也秉承着“事不关己”“各人自扫门前雪”“多一事不如少一事”的原则，即使发现筹款人的诚信存疑也不会举报。

在评价机制方面，目前公益众筹平台只面临着准入评价，即能否成为民政部批准的公益众筹平台。一方面缺乏权威的、有资质的第三方机构进行众筹质量评估、认证和评级；另一方面缺乏专门的第三方机构进行强制的资金审计和内部控制审计。

在惩戒机制方面，目前“诈捐”等非伦理行为的“试错成本”极低。如上所述，首先，舆论举报监督机制本身效率低下，很大一部分“诈捐”行为不会被揭露；其次，即便被揭露，其所面临的惩罚也大多是进入“黑名单”，所筹钱款原路返回。这种“一退了之”的做法使公益众筹几乎沦为了“法外之地”，很难起到以儆效尤的作用。建立正式的、可操作性强的、细致的惩罚机制迫在眉睫。

在合作机制方面，目前有些公益众筹平台在某些 Co - SR 项目上达成了合作，比如新浪微公益、支付宝公益、腾讯公益网络募捐平台携手发起“和再障说分手”项目。但合作仅仅停留在项目层面，在制度层面、信息共享层面更深层次的合作依然十分有限。同时，平台之间的业内合作数量和范围都需要拓展，平台与其他机构之间的跨界合作也比较缺乏。

7.5.2 忽略了非正式制度的作用

参与 Co - SR 不仅是一项个人选择问题，更是一个社会文化导向问题。文化作为非正式制度潜移默化而根深蒂固地影响着身处其中的每一个体的深层社会心理过程（Socio - Psychological Process）（Yin 等，2018；金智等，2017）。

现有相关研究在很多大程度上忽略了中国文化的作用。对此，本章从文化差异分析的国际通用框架——文化维度理论，以及中国传统文化两个角度来全面界定中国文化的特点，从而明确文化作为一种非正式制度在我国 Co - SR 研究和实践中的作用。

1. 基于文化维度理论

Hofstede（1985）所提出的文化维度理论（Cultural Dimensions Theory）提供了国家文化差异研究的一个普遍框架。该框架将文化划分为五个维度：个人主义/集体主义（Individualism - Collectivism）、权力距离（Power Distance）、男性化/女性化（Masculinity - Femininity）、不确定性规避（Uncertainty Avoidance）、长期导向（Long - Term Orientation）。中国属于集体主义导向、权力距离、不确定性规避导向、女性化程度和长期导向都比较高的社会。①集体主义导向。它关注个体如何看待自己与他人的横向关系。较高的集体主义导向与牺牲、相互依赖、和谐相关（Hui 和 Triandis，1986）。②权力距离。权力距离处理的是个体与上下级之间的纵向关系。权力距离导向越高意味着个体在组织中能够接受权力分配不平等的程度越高（Clugston 等，2000）。③女性化程度。男性化社会注重自信、个人成就和物质奖励；相反，女性化社会关心弱者、重视人际关系（Krautz 和 Hoffmann，2017）④不确定性规避导向。它描述了社会成员对不确定性、模糊性和冒险感到不适的程度，较高的不确定性规避导向与更低的冒险倾向和更高的心理安全需求相关。⑤长期导向。长期导向是一种整体看待时间的文化价值观。它强调重视过去和未来，而非只考虑行为的即刻影响或短期影响（Bearden 等，2006）。长期导向越强的个体越倾向于制定长期规划、尊重传统、维护关系和延迟满足（Bartikowski 等，2011）。

除以上 5 个维度外，其他在中国情境中被普遍讨论的文化维度还包括：人与自然导向（Man - Nature Orientation）、面子意识（Face - Consciousness）等。人与自然导向关注人们如何看待自身与自然的关系（Hand 和 Van Liere，1984）。高水平的人与自然导向意味着对自然的顺应与适应，低水平的人与自然导向意味着对自然的掌控和掠夺（Yin 等，2018）。美国人倾向于掌控自然，而中国人历来重视与自然和谐共处。面子（Face）是指他人（在焦点个体关系网络中）眼中积极的自我形象。面子意识（Face - Consciousness）反映了人们在重要他人（家人、朋友）和社会群体之中增强、维持、避免失去颜面的愿望（Bao 等，2003）。中国是一个“好面子”的社会，面子在很大程度上体现了个人在家庭、朋友和社会群体中的威望、地位。

2. 基于中国传统文化

梁漱溟于《中国文化要义》一书中指出，“中国是以道德代宗教的社会”。2012 年，盖洛普（WIN－Gallup International）对来自 57 个国家的 5 万多民众进行了“全球宗教和无神论指数”调查。调查结果显示，中国的无神论者占比最高（47%）。儒道佛三大传统哲学体系之于中国民众的影响，类似于宗教之于西方（Huang 和 Lu，2017）。

仁爱或利他主义被认为是儒家文化的基石（Chan，2008；王汉瑛等，2022；邓国营等，2022）。儒家思想强调个人修养和关系，认为社会可以通过个人和集体努力来教化、改进和完善。道家倾向于哲学的无政府主义、多元主义和自然主义。“道”遵从自然法则，也就是天道，包括阴阳、五行、循环变化。佛家主张慈悲、平等、受难、无常、无我。佛家认为摆脱痛苦、获得自由的奥义并不依赖于外界的感官刺激（Mick，2017），而在于心灵的救赎与超脱。

基于文化维度理论，直观来看，较高的集体主义导向、女性化程度、长期导向、人与自然导向和面子意识都有助于推进个体参与 Co－SR。较高的权力距离导向和不确定性规避导向可能存在“双刃剑”效应。具体而言，对于权力距离导向高的员工，领导参与可以有效激励其追随参与 Co－SR 项目，但容易在参与中拘泥于层级，难以发挥主观能动性。对于不确定性较低的项目，较高的不确定性规避导向可能有推进个体参与的作用，对于不确定性较高的项目，较高的不确定性规避导向则可能有阻碍作用。基于中国传统文化，儒道佛均有倡导利他、仁善的教义，有助于推进个体参与 Co－SR。比如彭柏林和张可人（2022）提出，儒家仁爱观所蕴含的“仁者爱人”“仁义并举”“天下大同”的思想分别契合于志愿服务的伦理理念、伦理实践模式和伦理追求。

7.6　本章小结

综上所述，本章提出 Co－SR 的钻石问题模型，如图 7.2 所示。

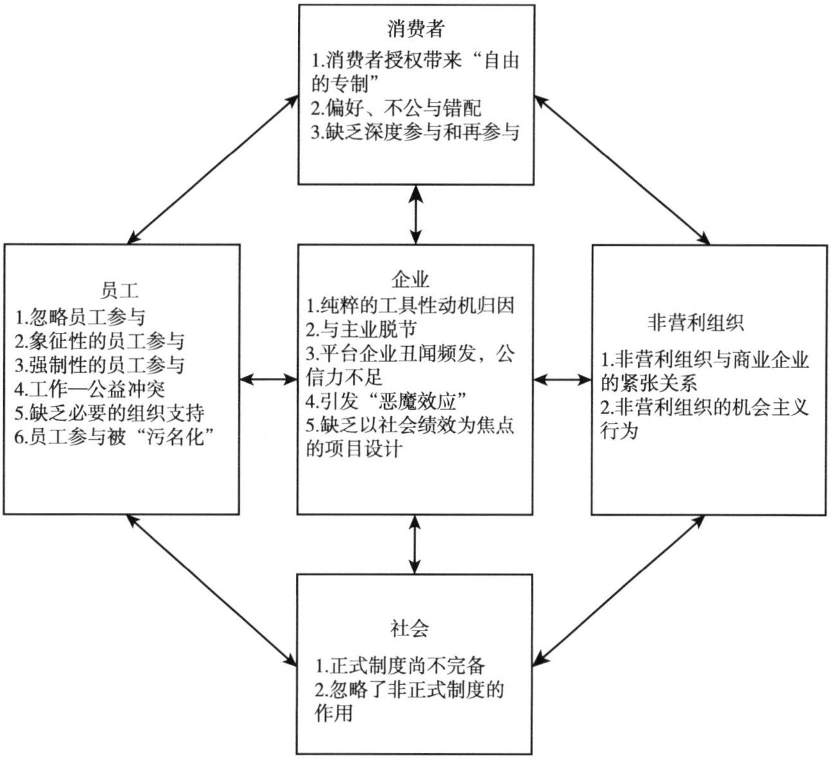

图 7.2　Co－SR 的钻石问题模型

第8章

治理策略

8.1　消费者

8.1.1　避免消费者授权带来“自由的专制”

给予消费者适度的授权是解决“自由的专制”行之有效的措施。企业应当明确将哪些权力交给消费者，将哪些权力保留到管理层。Liu 等（2010）提出，花在社会公益事业上的每一分钱对股东来说都必须是合理的。这意味着企业在社会问题上的大部分支出与其整体商业战略应当保持一致。因此，企业应当把握 Co - SR 项目的“大方向”，而将受益人、受益地点、合作的非营利组织、行动提案等具体选择权交给消费者。并且，在这些具体事项的选择上，企业可以进行重点推介，以减轻消费者的“选择性恐惧”。

8.1.2　避免偏好、不公与错配

在 Co - SR 项目选取和资金分配的过程中，企业与消费者应当有意识地规避个人偏好、地理偏好、生动性偏好带来的不公与错配，可采取的措施是：

1. 平衡“热门”领域和“冷门”领域的资金分配

关注意义重大的“冷门”公益领域，这些“冷门”公益领域包括：艾滋病防治和艾滋病患者的权利保护，吸毒者救助，抑郁症、艾滋病恐惧症等心理疾病的宣传和防治，器官捐赠，服刑人员子女关爱救助，家庭暴力受害者的关爱救助，“失独”家庭的关爱救助，老年人的心理教育和疏导，被拐卖儿童、妇女的心理康复（Psychological Rehabilitation），受极端宗教组织迫害的人群救助等。

例如，2019 年，腾讯公布了最新的企业愿景：科技向善，希望利用科技的力量来服务于公益。同年，在警方创建的“牵挂你”寻人平台上，腾讯的人工智能（Artificial Intelligence，AI）——“优图”采用先进的跨年龄人脸识别技术帮助寻回数名被拐卖儿童。

2. 平衡“家附近”和“远方”的项目

平衡“家附近”和“远方”的项目既能获得本土合法性，避免“媚外”的质疑；又兼具有全局性和包容性。对附近地区的求助申请应当进行更为详细的需求评估以克服同质化或接近性导致的个人偏见和地理偏见。

以美国运通的“历史遗迹修复”项目为例。该项目既着眼于美国本土，又放眼全球，是一个平衡的 Co - SR 项目。《美国运通 2018—2019 的 CSR 报告》宣称：“我们理解历史遗址对社区带来的文化和经济价值，我们致力于对这些遗址进行可持续管理，以确保子孙后代能够体验和享受它们。我们支持保护历史遗迹的项目，帮助社区发现新的主要历史地标。”该项目在美国本土（“家附近”）和全球其他国家（“远方”）所做的努力和贡献如下：

在美国本土，美国运通与当地的非营利组织美国历史保护信托（The National Trust for Historic Preservation）合作，致力于保护和恢复美国的历史地标。双方的合作关系可以追溯到十几年前。美国运通直接参与到历史遗迹保护工作中，同时激励当地居民开展以社区为中心的参与。2016—2019 年，美国运通已经为美国本土的历史遗迹保护投入了逾 2800 万美元，支持了位于旧金山、芝加哥、新奥尔良、波士顿、西雅图、双城区、纽约和华盛顿的超过 260 个历史遗址。

在全球其他国家，美国运通与全球性的非营利组织世界建筑文物保护基金会（World Monuments Fund）合作，致力于“拯救世界上最珍贵的地方”。美国运通还是世界建筑文物观察名录（World Monuments Watch）的创始人，该名录旨在提醒人们关注世界各地被忽视的，以及被武装冲突、商业发展、自然灾害、气候变化破坏或威胁的文化遗产。自 1974—2019 年，美国运通已经为世界各地的历史文物保护工作贡献了 8000 多万美元，保护了 680 多处遗迹，从纽约 9·11 纪念馆到墨西哥的唐·吉诃德喷泉尽皆囊括。以 2018 年为例，当年，世界建筑文物保护基金会发布的世界建筑文物观察名录包括来自 30 个国家的 25 个遗迹。美国运通则为该名录中来自中国、法国、意大利、日本、墨西哥、西班牙、英国和津巴布韦的多处遗迹提供了 100 万美元资金支持。

3. 唤起“爱”的情绪，激发对“远方”的关怀

除唤起差异外，以往研究普遍认为积极情绪的异质性很小（Isen，2001），因此学者们很少考虑特定的积极情绪是否对公益慈善行为产生不同的影响。Cavanaugh 等（2015）关注特定积极情绪的特定功能。该文献基于四项实验研究发现，虽然爱、希望、骄傲和同情这四种积极情绪都能诱发对近端群体的亲社会行为，但唯有爱能够诱发对远端群体和国际组织的亲社会行为。可见，爱是一种独特的积极情绪，可以扩大社会联系感，拓展关怀的边界，这是希望、骄傲、同情这三种积极情绪难以做到的。因此，在吸引消费者参与 Co－SR 时，平台企业需要准确地选择特定积极情绪。在克服地理偏见，激发对“远方”的关怀时，多唤起爱的情绪无疑更为有效。

4. 降低施助者的搜寻成本

降低施助者的搜寻成本，尤其是对非同质、非接近、非生动的 Co－SR 项目的搜寻成本可以有效增加这几类项目的参与率。尽管我们应当秉承“要做正确的事，而不是做容易的事”之原则，但如若将“正确的事”变为“容易的事”，那么人们做“正确的事”的概率和成功率都将增加。

8.1.3　建立消费者参与的四阶段推介模型（寻找—吸引—参与—再参与）

在 Co－SR 项目推进的不同阶段存在差异化的关键成功因素（Key Success Factor，KSF）。本章建立了“消费者参与的四阶段推介模型”来帮助界定 Co－SR 项目在寻找、吸引、参与、再参与这四个阶段的特定目标、关键成功因素和具体方案，如图 8.1 所示。

1. 第一阶段：寻找

在寻找阶段，项目的主要目标是匹配潜在参与者，向他们推介 Co－SR 项目。关键成功因素是精准识别不同潜在参与者的兴趣点、关注点。可采取的具体措施是：

（1）建立专门的推荐系统，将其作为子模块集成到公益众筹平台中。推荐系统（Recommendation Systems）旨在向特定用户推荐 Co－SR 项目。辅助社交网络的挖掘机制和适当的推荐列表，该系统可以找到潜在参与者的兴趣点（Points of Interest，POI）；并将 n 个兴趣点进行合理排序；最终依据兴趣点进行精准推介，提高 Co－SR 项目的参与率。

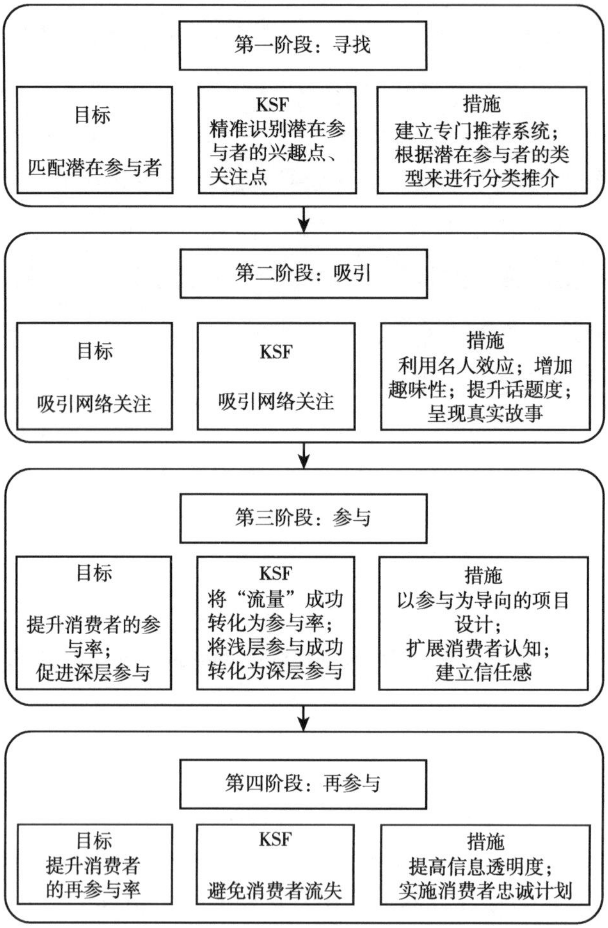

图 8.1　消费者参与的四阶段推介模型

（2）根据潜在参与者的类型进行分类推介。研究发现，对地位有较高需求的消费者可能会扮演"新贵"的角色，通过支持国家级而非地方性的公益慈善事业，将自己与地位较低的消费者区别开来（Mattila 和 Hanks，2012）。因此，对于那些有高地位需求的消费者，平台企业可以考虑向其推介国家级项目。此外，选择主题符合地位消费需求的艺术类、文化类等"高大上"的 Co－SR 项目，考虑与国家级的权威非营利组织合作，引导潜在参与者关注自身地位，突出项目中与地位相关的因素等也是针对此类消费者行之有效的策略。正如 Griskevicius 等（2010b）的实验研究结果所示，引导参与者关注他们在群体中的地位，最终会导致人们选择亲社会的绿色产品，而不是更豪华、价格相同的非绿色产品。

平台企业也可以依据情境来推介特定项目。例如，顾客在饭店吃完“大餐”后更容易对饥饿人群产生内疚情绪，从而更愿意给饥饿人群捐款。因此，平台企业可以在饭店，尤其是高档奢华的餐厅推介以食物捐赠为主题的 Co - SR 项目。事实上，已经有很多研究证实，减轻内疚情绪是人们参与利他行为的主要动因之一。消费者可以通过参与 Co - SR 项目来涤荡他们出于消费产生的内疚感和罪恶感。简言之，人们在犯错之后更愿意行善，Zemack - Rugar 等（2016）将其称为“补偿程序”。此外，焦虑情绪可以促进觉醒（Berger 和 Milkman，2012），在医院等场景中推介可以引发焦虑情绪的公共卫生类 Co - SR 项目（例如在医院走廊中粘贴全球性公共卫生事件引发未来全球危机的假想图片），或者在动物园等场所推介可以引发焦虑情绪的环保类 Co - SR 项目（如在动物园售票厅粘贴全球变暖、水污染、伤害濒危野生动物等引发未来环境危机的假想图片）更可能激发消费者参与。

2. 第二阶段：吸引

众筹项目的成功取决于项目吸引网络关注的能力，“热度”会显著增加参与者的数量，因而可以显著影响众筹绩效（Crogan 和 Kinsley，2012）。吸引阶段的目标和关键成功因素都是最大限度地吸引网络关注。可采取的具体措施是：

（1）利用名人效应。邀请商界、艺术等领域的名人参与 Co - SR 项目的宣传和执行。例如公益品牌“红色产品”的发起人之一是流行歌手、慈善家 Bono。再如，古驰“希望响钟”运动邀请到流行天后碧昂斯（Beyonce Knowles - Carter）等著名歌手加盟“站台”，摇旗呐喊。

（2）增加趣味性。除救灾、大病救助等本身基调沉重的主题，Co - SR 项目可以采用游戏化的平台来吸引消费者参与。比如蚂蚁金服的“蚂蚁森林”项目依托的就是一个游戏化的平台，有偷能量、种树等娱乐内容。

（3）提升话题度。例如，再生银行“垃圾回收”项目在美国费城的社区门口树立了一块巨大广告牌，标语为：“我们离星巴克有多远——10 磅垃圾”，此举成功引发了民众的好奇和热议。塔吉特“骄傲”运动也借势于美国的性少数群体骄傲月，以此来增加热度和曝光率。

(4) 呈现真实故事。平台企业还可以利用一些生动的、真实感人的故事来博得公众的“眼球”。比如“希望响钟故事平台”和《响钟杂志》分享了世界各地勇敢女性的动人故事。文字、纪录片、微电影均是故事呈现的良好方式。

需要注意的是,众筹过程是高度动态的,由于“羊群效应”的存在,早期事件对后续参与具有较大影响(时间序列影响)(Lee 等,2016)。因此平台企业应当确保 Co-SR 项目在上线早期就保持较高的知名度和受欢迎程度。“羊群效应”的研究起源于生物学领域,并迅速扩张到行为金融、众筹等领域(Litimi 等,2016)。它是指一种模仿效应,个体倾向于模仿、追随其他参与者的行为,而不是做出独立的参与决策(Froot 等,1992)。大量研究发现众筹领域存在“羊群效应”(Lee 和 Lee,2012;Burtch 等,2013;Mollick,2014)。Colombo 等(2015)将其称为自我强化机制(Self-Reinforcement Mechanisms)。Skirnevskiy 等(2017)认为,初始支持可以传达项目高质量的信号,从而容易引发“羊群效应”。当存在显著的信息不对称时,“羊群效应”更易发生(Butticè 等,2018)。事实上,现实中许多在早期缺乏关注度、知名度的 Co-SR 项目往往在只能在项目启动后的前几天收到少量捐款,随着时间推移渐渐完全失去潜在捐助者的注意力,导致最终失败。

3. 第三阶段:参与

项目只有吸引力远远不够。参与阶段的目标是提升消费者的参与率,促进深层参与。关键成功因素是将“流量”成功转化为参与率;将浅层参与成功转化为深层参与。可采取的具体措施是:

(1) 以参与为导向的项目设计。Margolis 和 Walsh(2003)提出,我们面对着一个亟须修复的世界,修复不仅需要分析而且需要行动。以参与为导向的项目设计可以有效激励行动。比如设定简洁易懂、路径清晰的参与指引;明确制定项目总目标,包括目标筹款额;明确制定阶段性任务和阶段性目标;对项目内容进行详细阐述等。借鉴 George 等(2016)的观点,平台企业也可以通过商业实验来开发设计良好的 Co-SR 项目,在实验环境中检验不同项目激励参与的效果。

(2) 扩展消费者认知。大部分消费者对 Co-SR 项目缺乏了解,他们对公益慈善的理解尚普遍停留在捐款捐物上。这种认知限制了他们的参与,即便参与，其参与行为也很大程度上被局限在捐赠等浅层参与上。认知是行动的前提，平台企业应当就此加强与消费者的沟通。

（3）建立信任感。消费者与平台企业就 Co－SR 项目建立信任有助于其将浅层参与转化为深层参与。在公益众筹丑闻频发的时代，消费者感知到企业真诚性对于信任感的建立非常关键。McShane 和 Cunningham（2012）指出了利益相关者判断社会责任项目真诚性的五种线索：第一，持续性。企业需要对社会责任项目持续投入资源。第二，一致性。社会责任项目各要素之间的一致性，包括承诺和行为的一致性，内、外部社会责任投入的一致性等。第三，公正感。消费者需要感知企业在项目中的不遗余力的付出，从而使消费者相信企业的社会责任行为是发自内心的。第四，管理层和员工的情感投入。第五，嵌入性。即将社会责任项目嵌入组织的经营方式中。

4. 第四阶段：再参与

再参与同一平台企业发起的其他 Co－SR 项目的消费者可以类比为传统营销中的“回头客”。此类消费者忠诚度最高，也最容易通过面对面沟通、社交媒体分享等方式去传播与项目相关的良好口碑。再参与阶段的目标是提升消费者的再参与率，关键成功因素是避免消费者流失。可采取的措施是：

（1）提高信息透明度。Butticè 等（2018）指出提高信息透明度是众筹成功的关键。提高信息透明度就是要让顾客在“输入—加工—输出”的闭环内保持高度的信息可及，即让顾客随时了解他们的输入是如何被处理、评估、生效的。

（2）实施消费者忠诚计划。平台企业可以建立积分系统，将消费者的每一次参与按照深度和贡献换算成积分，积分应当可以累计，并按照积分授予客户相应的奖励。奖励应更多侧重精神性奖励而非物质性奖励，比如证书和徽章。物质性奖励应侧重意义而非经济价值，应当与消费者所参与的公益领域紧密相关，比如环保领域的 Co－SR 项目可以给顾客邮寄环保购物袋。

总之，Co－SR 项目的成功绝非易事。以上四个阶段中，每一个环节的疏漏都可能导致项目搁浅并最终失败。本章帮助平台企业明确每一个众筹阶段的目标，提出具体的阶段性建议，抓住每一阶段的关键成功因素，从而打破不同阶段的瓶颈。

8.2 员工

8.2.1 重视员工的双重角色

企业应当重视员工在 Co-SR 中“干”（实践者）和“传”（沟通者）的双重角色。例如，跨国银行荷兰国际集团（ING）的“从橙色走向绿色”（Orange Goes Green）项目是由员工推动的。员工成立了“从橙色走向绿色”项目团队；并与社区在深度沟通的基础上，就可持续发展建立了合作关系。这项员工努力使荷兰国际集团在道琼斯可持续发展指数（Dow Jones Sustainability Index）中获得了 75 分（满分 100 分）的佳绩。荷兰国际集团基金会总裁、企业责任和多元化文化事务办公室高级副总裁 Rhonda Mims 说：“参与该项目有助于保持员工的敬业精神，吸引新员工尤其是年轻员工加入公司”“同时，这也有助于我们留住客户，吸引潜在客户”。

1. “干”与“传”分割的策略

“干”与“传”分割的策略，即在公益众筹平台和社交媒体上让员工进行一些积极沟通，以帮助提升 Co-SR 项目的声誉，吸引更多的利益相关者加入，但员工言论和自身的参与行为没有明确的对应关系。在此策略中，员工应当注意提升沟通的丰富程度。根据社交媒体丰富度理论（Media Richness Theory），当沟通呈现如下特征时，表明它更为丰富：第一，及时反馈。第二，使用多种线索，如语句、声调、语气、表情、图形符号等。第三，使用自然的语言来传达广泛的概念和思想。第四，受众对媒介的关注度高（Sheer 和 Chen，2004）。因此，采用及时反馈、多线索沟通、自然语言、流行的社交媒体，以及提升 Co-SR 项目所依托的公益众筹平台的关注度和曝光率是提升沟通丰富程度的行之有效的策略。事实上，线上沟通相比线下沟通而言虽然有及时性、广泛性的优势，但也有劣势。比如，线上沟通容易使很多线下沟通的信息（比如声调、语气等非语言信息或嗅觉、味觉、触觉等副语言信息）“失活”。鉴于此，在线上沟通中注意采用非语言或副语言信息并尽量保持其“活性”是非常重要的。

2. "干"中"传"的策略

在"干"中"传"的策略，即员工言论与自身的参与行为具有明确的对应关系，员工在公益众筹平台和社交媒体上分享其参与的细节和真情实感。平台企业甚至可以利用创新技术使员工行为直观呈现在利益相关者面前。Tao 等（2018）提出，公共关系的实践者不仅应该帮助员工认同 CSR 倡议，让员工参与 CSR 对话，而且应当让其参与 CSR 的决策和实施。本章补充了这一观点，强调保持言论与行为的联系。

相比将"干"与"传"分割的策略，即只在公益众筹平台和社交媒体上让员工发表一些正面言论，在"干"中"传"的策略效率更高。Zuwerink 和 Cameron（2003）指出，员工在网络上的言论可能存在一定的信息贬损效应。即外部利益相关者认为员工言论被粉饰的可能性更高，可信度更低。"干"与"传"分割的策略相比在"干"中"传"的策略具有更强的信息贬损效应。信息贬损的原因在于：第一，出于"家丑不可外扬"的心态，员工通常不愿意在社交媒体上自揭其短，即对其所属企业的消极方面进行"吐槽"。第二，由于社交媒体的高度可见性，员工对于在社交媒体上"发声"较为敏感、谨慎。他们会担心发表负面言论为自身招致不必要的麻烦，影响其职业生涯，因此倾向于"明哲保身"。第三，外部利益相关者可能认为，对外传播针对自己所在组织的负面言论本身是不道德的（Bettencourt 和 Brown，1997）。为避免给外部利益相关者造成不良印象，员工往往会对负面信息三缄其口。第四，社交媒体中存在隐性的行为规范，企业希望员工表现出专业精神和职业道德。为遵守行为规范、迎合企业期望，员工往往只会发表溢美之词。

8.2.2　充分利用亲社会行为背后的工具性动机，激励员工的实质性参与

现有关于社会责任的研究几乎只关注员工的亲社会动机，而忽略了员工亲社会行为背后的工具性动机（Bode 等，2015；Burbano，2016；Carnahan 等，2017；Flammer 和 Luo，2017）。Bode 和 Singh（2018）研究发现，员工期望并重视与参与相关的私人利益。比如通过此次经历获得知识、技能，发展和积累战略性人力资本，从而推进其事业发展。并且，Agarwal 和 Ohyama（2013）研

究发现，员工的社会活动参与符合人力资本投资的生命周期模型（Life Cycle Model of Human Capital Investment）。即参与特定类型的工作可以使员工积累独特的经验，从而帮助其构建人力资本，获得未来收入增长的潜力。

因此，平台企业可以利用员工参与 Co－SR 背后的工具性动机，有效激励员工的实质性参与。尤其在帮助他人的热情不足以支付员工付出的巨大私人成本时，考虑员工从参与中获得的私人利益就更显重要。

8.2.3 秉承自愿参与原则，进行差异化的员工管理和项目管理，匹配员工与项目

在 Co－SR 中，强制性的员工参与可能起到适得其反的作用，因此自愿参与应当是一以贯之的原则。平台企业可以通过一系列措施来鼓励、引导员工自愿参与。

1. 开展社会责任人力资源管理，帮助员工将 Co－SR 的目标内化于心外化于行

社会责任人力资源管理（Socially Responsible Human Resource Management, SRHRM）是一套旨在影响员工的态度和行为，以促进其参与社会责任活动的管理实践方案（Shen 和 Benson，2016）。SRHRM 的具体措施是：公司在招聘员工时考虑应聘者对社会责任的总体态度；通过培训来推广重视社会责任的组织价值观，并发展员工与利益相关者沟通的技能；在晋升时考虑员工的社会表现；将员工的社会贡献与薪酬、奖励联系起来。SRHRM 响应了将社会责任研究扩展到人力资源管理领域的号召（Morgeson 等，2013），SRHRM 可以显著增加员工对社会责任的态度和行为支持。

2. 针对不同类型的员工，开展差异化的员工管理

不同类型的员工在企业中的关注点和核心利益诉求是相异的。而员工的价值取向往往是以自我为中心的（Meglino 和 Korsgaard，2007），他们对 Co－SR 的反应很可能取决于其自身利益被满足的程度。

以正式员工与非正式员工为例，非正式员工，即那些与组织未确立正式雇佣关系的员工，在外界眼中不具有合法的组织成员身份，他们往往不太关心所在组织如何对待外部利益相关者，以及外部利益相关者如何看待他们的

组织（Edwards 和 Peccei，2010）。在此种情况下，非正式员工可能将以外部为焦点的 Co - SR 项目视为对自身利益的威胁——这些项目非但不会使非正式员工受益，而且可能减少他们的福利。参与这些项目对他们而言是“名不正言不顺”“不在其位却谋其政”“费力不讨好”的行为。因此，对于非正式员工，企业应当明确许诺，Co - SR 项目不会损害他们的福利；同时申明在非正式员工“转正”时会考虑其社会贡献，并为此制定、出台“白纸黑字”的正式文件，减少非正式员工的不安全感和顾虑。而对于正式员工而言，以外部为焦点的 Co - SR 项目和以内部为焦点的 Co - SR 项目对于其组织认同、组织承诺、自豪感都可能产生积极影响，因而他们对于两类项目都可能欣然接受。

再如，长期雇员和那些只与组织签订过短期合同的“临时工”，两者是否会参与 Co - SR 项目主要涉及短期利益与长期利益的权衡。长期雇员更可能采用未来导向、长期导向；而“临时工”则更在意短期利益。因此，对于“临时工”而言，每次参与领取的补贴可能是他们更为看重的；而对于长期雇员而言，Co - SR 项目与组织战略的一致性，Co - SR 项目对组织长远价值的影响可能是他们更为看重的。

对于正式的长期雇员而言，他们在企业中的核心利益诉求也不尽相同。比如“宝妈”群体更在意企业为其参与 Co - SR 项目提供弹性工作时间，以帮助达成本职工作、志愿活动、家庭生活三者之间的平衡；中年男性群体更在意工作的稳定性，希望参与 Co - SR 项目可以帮助其“逃脱”裁员“黑名单”；年轻的雇员更看重 Co - SR 项目对于知识、技能训练和未来晋升的影响；女性管理者则关注参与 Co - SR 项目能否帮助打破“性别玻璃天花板”；老龄雇员更在意 Co - SR 项目的趣味性，能否让其“发挥余热”，展现老当益壮的精神。满足不同雇员的差异化诉求有助于激励参与。

此外，实证研究表明，员工对社会责任活动本身可能持有不同的态度，如尽心尽力的，不置可否的或者“唱反调”的（Rodrigo 和 Arenas，2008）。对于尽心尽力者，他们参与的概率本身很高；对于不置可否者，平台企业可以争取其参与；对于“唱反调”者，平台企业应当做好内部沟通，避免此类员工发表负面言论影响公司整体的社会责任氛围和志愿服务氛围。

3. 针对不同的 Co－SR 项目，开展差异化的项目管理

平台企业可能开展一系列的 Co－SR 项目。比如美国运通连续开展了“自由女神像修复”项目、“会员”项目、“保护主干道”运动和“青年导师”项目等。员工不一定对所有的项目都持有相同的态度。然而，以往研究很少区分员工的总体态度和对特定 Co－SR 项目的态度。实践中平台企业应当采用“具体项目具体分析”的态度，针对不同的 Co－SR 项目，开展差异化的项目管理，而非千篇一律式的僵化管理。

4. 将员工与 Co－SR 项目进行匹配

与个人兴趣相一致的 Co－SR 项目容易激发员工主动参与；而与个人兴趣不一致的项目则难以激起参与欲望。因此平台企业应当尽量将员工兴趣与 Co－SR 项目进行匹配。为此，平台企业可以建立数据库记录员工的公益兴趣，在启动相关项目时特别通知匹配的员工。

例如，成千上万的美国运通员工“卷起袖子”加入企业赞助的社区志愿项目。该公司发起的“在一起服务”志愿项目（Serve2Gether Volunteer Program）会为员工推荐他们关心的、合适的社区志愿项目。

8.2.4 给予参与员工必要的组织支持，谨防员工参与被“污名化”，减缓工作—公益冲突带来的角色压力

1. 给予员工“硬”的经济支持、时间支持等

参与 Co－SR 项目很少会给员工带来直接的经济回报。相反，参与甚至经常涉及个人经济利益的牺牲，比如参与活动期间的临时“减薪”。员工期望建立一种双方都能获得“公平”价值的关系（Fehr 和 Fischbacher，2002；Rupp 等，2006）。因此组织经济支持是非常重要的，平台企业至少应当保证给参与员工支付正常水平的工资，避免薪资“缩水”。常见的经济支持包括：为员工参与提供物资和基金，发放餐补、交通补贴等津贴，派发奖金等。

例如美国运通 2018－2019 的 CSR 报告宣称：“我们通过各种方式支持员工的慈善和个人努力。”该公司发起“在一起服务”咨询项目（Serve2Gether Consulting）来帮助非营利组织提升运营效率和效果。该项目是以员工团队为单位进行的，数百名美国运通的员工加入员工团队，利用他们的专业知识帮助

合作的非营利组织解决具体的运营挑战，以最终提升非营利组织的品牌价值，完善其信息沟通过程。具体策略有：实施创新数字媒体战略，深化捐助者和志愿者的接触等。需要强调的是，员工团队均有机会获得美国运通基金会提供的 20 万美元“种子”基金。

除经济支持外，时间支持也十分必要。平台企业可以负责协调员工的工作时间和参与 Co－SR 项目的时间；提供弹性工作制等。

2. 给予员工“软”的情感支持、舆论支持，谨防员工参与被“污名化”

研究表明，员工的积极情感与组织支持感呈现正相关关系（Hui 等，2007）。给予员工理解、认可、鼓励等情感支持可以帮助他们建立自信心，缓解压力、紧张和焦虑，克服社交恐惧症，并勇于承担新的、富有挑战性的任务，从而提升其参与 Co－SR 的意愿。

企业应当创建良好的社会责任氛围，给予参与员工有力的舆论支持，做他们坚强的“后盾”，谨防员工参与被“污名化”。可采取的措施是：举办正式的表彰大会，授予参与员工徽章、奖励。警惕和惩戒给参与员工恶意“贴标签”（“软柿子”“滥好人”“多管闲事”等）的行为，给被“污名化”的对象“正名”。

在美国运通发起的“在一起服务”津贴项目（Serve2Gether Grants Program）中，企业不仅提供了相应的经济支持，还给予了参与员工充分的情感支持。经济支持方面典型的具体措施是：为员工所服务的非营利组织（需要在 12 个月内提供 50 小时及以上的员工志愿服务）提供 500 到 2500 美元的小额津贴。在情感支持方面，仅 2018 年，该项目就认可、奖励了超过 645 名员工的志愿服务。

2019 年，为引导和鼓励员工自觉自发地履行社会责任，腾讯设立了“腾讯公益和社会责任奖”作为公司级的奖项。该奖项由腾讯 CSR 部和企业文化部开展评选，评选遵循的五大标准是：导向公益性、模式创新性、效果显著性、生态协作性和影响持续性。该奖项不仅是一项荣誉，也包括奖金激励。2020 年，为进一步提升员工参与度，该奖项增设了“人气奖项”，并开展投票活动和有奖话题活动。“腾讯公益和社会责任奖”评选标准和获奖项目如表 8.1 所示。

表 8.1　　“腾讯公益和社会责任奖”评选标准和获奖项目

标准	具体内容	2019 获奖项目（常规）	2020 获奖项目（常规）	2020 获奖项目（人气）
导向公益性	与时代发展和国家利益方向的一致性，与社会公益需求的贴合度	2019 年 99 公益日项目、腾讯为村、AI 手语项目、守护者计划、腾讯长城保护与传播专项、科学探索奖、QQ 全城助力项目	1 亿美元全球战疫基金项目、2020 年 99 公益日项目、腾讯未成年人守护：从严管到共建、微信 - 全国小店烟火计划、腾讯会议抗疫实践、腾讯医典、“新型肺炎应急行动项目”、腾讯志愿者联合项目团队、数字化时代下的设计向善项目、2019 腾讯科学周	“等光来” - 重庆彭水创新扶贫项目、全国中小学在线学习质量测评研究、深圳养护院智慧养老监护项目、腾讯未成年人守护：从严管到共建、腾讯医典“新型肺炎应急行动项目”、腾讯课堂极速版、QQ 飞车 × 新华社 × 贵州省文旅扶贫项目、Together We Can 战疫行动传播计划、微信 - 全国小店烟火计划、腾讯志愿者联合项目团队
模式创新性	在同行业及同领域内具有开创性和独到性			
效果显著性	对利益相关方及公司自身的积极影响			
生态协作性	注重多方协作、行业共治、生态共建			
影响持续性	业务结合度、投入回报比、技术稳定性、环境友好性、政策和市场风险等			

资料来源：根据《腾讯社会责任报告（2020）》整理。

3. 给予员工家庭支持来“曲线救国”

在处理好工作—公益冲突之余，平台企业还可将组织支持从工作场所延伸家庭中，帮助员工解决“后顾之忧”，从而有效避免家庭—公益冲突，最终获得工作、家庭、公益三者之间的平衡。以往研究将组织支持、领导支持、同事支持、家人和朋友支持综合作为整体社会支持（Jiang 和 Lavaysse，2018），这些要素之间相辅相成。

美国运通的组织支持不只包括“配捐”计划、资助员工服务的非营利组织，还包括向参与志愿项目的员工子女提供大学入学奖学金和学业奖学金。必胜客发起的“员工教育项目”鼓励和支持员工及其家属接受继续教育。腾讯积极探索多元化的社会责任沟通方式，不仅设立“用户家属开放日”，而且设立“员工家属开放日”。员工家属可以通过腾讯公司展厅设置的公益和社会责任主题展区来了解社会责任实践，从而认同和支持家人参与 Co - SR 活动。

4. “硬”支持、“软”支持、家庭支持均有助于减缓工作—公益冲突带来的角色压力

资源保护理论（Conservation of Resources Theory）认为，在一个充满威胁

的世界中，资源对于压力管理至关重要。资源被分为物质资源、个体特质资源、条件资源或能量资源。Hobfoll（1989）识别出了一系列被大多数人重视的资源，包括：宽敞的住房（物质资源）、自律（个体特质资源）、健康的家庭和朋友关系（条件资源）、乐观（能量资源）。

当资源丢失或受到威胁时，或者当投入的时间和精力不能获得相应的资源收益作为补偿时，个体感知的压力就会增加。当参与 Co－SR 项目给员工造成工作—公益冲突时，它可以被视为一个压力事件，员工会感知到时间、精力等资源受到威胁，角色压力随之而来。

资源保护理论不仅提出了压力产生的原因，也给出了减轻压力的方案。该理论认为，资源的获取有助于减轻压力（Baer 等，2015）。组织给予员工的"硬"支持、"软"支持和家庭支持分别增加了员工的物质资源、能量资源和条件资源，从而可以显著减缓角色压力。

此外，资源保护理论提出，管理压力的最佳方法是未雨绸缪，即明智地保存和投资资源，以便应付即将出现的损失威胁。因此，平台企业在 Co－SR 项目开展前对员工进行相关培训和心理建设可以为他们打一剂"预防针"，有助于资源的预先保存和投资。并且，人们往往存在"负面偏差"和"损失厌恶"倾向，即对资源获取和损失的敏感程度不同，资源损失往往比资源获取的影响更为显著。据此，平台企业应当提供足够的组织支持，以使资源获取足够弥补资源损失。

8.3　非营利组织

8.3.1　缓解非营利组织与企业的紧张关系

1. 合作双方在所有事项上均各自做出妥协

为了使合作顺利进行，合作双方在所有事项上求同存异，进行一定程度的妥协可能是缓解、调和紧张关系的有效措施。关于 Co－SR 的目标，合作双方可以约定项目必须同等兼顾社会目标和商业目标；关于利润分配，合作双方可以决定在社区和商业投资之间平均或按照预先协商一致的比例分配盈余；关于问责，合作双方可以选择面面俱到、不厌其详地披露、汇报社会绩效和财务绩效。

例如，美国冰淇淋零售商本杰瑞公司（Ben & Jerry's）和北爱尔兰的社会企业克雷斯科信托（Cresco Trust）的合作并非一帆风顺，双方经历了伙伴关系的失调和“阵痛”。双方合作经营的第一家伙伴商店位于伦敦德里郡（Londonderry），它是一个收入水平和消费需求都相对较低的城市。克雷斯科信托在经营该伙伴商店时优先考虑年轻人培训而非冰淇凌销售，损害了门店的盈利能力。为此，双方约定对经营模式进行了以下两项调整：第一，有经验的零售员工与缺乏工作经验的年轻人一起工作，从而在兼顾门店销售业绩的同时完成了年轻人培训的社会目标。第二，在北爱尔兰首都贝尔法斯特（Belfast）开设了第二家伙伴商店，贝尔法斯特是一个可支配收入水平更高、零售业更为发达的城市。这些变革显著提高了门店的商业业绩，增强了合作伙伴之间的亲密关系。本杰瑞因其获得的商业利益和社会声誉而热情高涨，而克雷斯科信托也在维护其核心使命的同时产生了盈余。这种对合作战略的调整使得合作关系朝着更健康的方向发展：克雷斯科信托以一种与合作伙伴的商业逻辑相一致的方式实现了它的社会目标。换言之，合作双方达成了商业逻辑和社会逻辑的协调。

2. 合作一方在某些项目或事项上做出让步，以换取其他项目或事项的优先权

合作双方不一定对所有的合作事项都赋予相同的权重。比如，A 商业企业可能更注重合作项目的目标，希望以商业目标为先；B 非营利组织可能更看重管理权，希望实施社区参与式管理。对此，A 可以管理权方面的让步换取商业目标的优先，B 可以目标方面的让步换取社区参与式管理的优先。

合作双方可能就多个项目进行合作，他们同样不一定对所有的合作项目都赋予相同的权重。比如，A 商业企业更重视 I 项目，而 B 非营利组织更重视 Π 项目。A 可以 Π 项目上的全面妥协换取 I 项目上的优先权。当然 A 和 B 也可以具体协商在 I 项目、Π 项目中某一方优先的具体事项。

需要注意的是，有一些不适合双方同时妥协的事项，必须采取一方让步的方式。比如在管理权方面，很难同时达成高层管理者决策和社区参与式管理的统一。当管理者与社区意见不一致时，最高决策权的归属是非常重要的。因此在管理权、决策权事项上，商业企业和非营利组织只能协商制定某种机制，允许在某些项目或具体事项上进行社区参与式管理，在其他项目或具体事项上遵从高层管理者决策。

3. 合作一方单方面做出让步

为使合作存续下去，合作可能出现单方面让步的情况。比如包装公司（Pack - IT）是一家位于英国威尔士的社会企业，它雇用有学习障碍的人士来提供包装和递送服务。西部邮报与回声报（Western Mail & Echo）是一家全国性的报业集团。双方的合作内容主要是，包装公司从西部邮报与回声报接收报纸的主要分发工作。双方在合作中面临的紧张关系是：包装公司必须参与竞争强度高的公开招标并保持高标准的服务，西部邮报与回声报必须确保包装公司严格遵照紧张的工期完成复杂的、高要求的工作。面对这种紧张关系，双方约定：商业需要优先于社会需要。基于此，自 1995 年建立合作关系之后，双方的关系得以持续下去。

4. 特别关注合作关系的中、后期管理

Di Domenico 等（2009）基于辩证理论（Dialectical Theory）提出，商业企业与非营利组织的合作可能经历三个阶段：建立阶段、紧张阶段、综合阶段，分别对应辩证理论的“正”“反”“合”。在关系建立阶段，焦点集中于资源和能力交换产生的合作优势；在关系紧张阶段，合作伙伴之间的冲突出现；在关系综合阶段，合作伙伴之间建立机制来调和紧张关系，使合作存续下去。矛盾冲突主要凸显在合作的中、后期，如果合作关系的中、后期管理不当，双方将从紧张阶段走向关系破裂阶段。因此，合作双方要特别关注关系发展的中后期，识别紧张关系并采取积极应对策略，才能够从关系紧张阶段成功迈向综合阶段。

8.3.2　建立甄别、管控机制来规避非营利组织的机会主义威胁

1. 建立甄别机制

与资质不足或具有争议性的非营利组织合作很可能引发利益相关者的质疑或批评，严重损害项目和企业的声誉，极大减少利益相关者的参与率。比如新近成立、资历尚浅的非营利组织，“草根”非营利组织，宗教或伦理冲突激烈的非营利组织，发生过臭名昭著的丑闻的非营利组织等。因此，与非营利组织

合作要严格评估和审查其资质、能力、历史等，遵循“宁缺毋滥”的原则。

例如，亚马逊公司在合作伙伴的选取上一贯保持着冷静、清醒的立场。在资质审核方面，只有注册的、正式的非营利组织可以申请加入亚马逊“微笑”项目，而私人基金则不予考虑。亚马逊公司曾将富有争议的反堕胎组织“捍卫自由联盟”（Alliance Defending Freedom）从亚马逊“微笑”项目的拟捐赠名单中删除（Brevini 和 Swiatek，2020）。再如，Liu 等（2010）记录了被访谈企业选取非营利组织的流程，该企业的部门经理指出，“我们有选择非营利组织作为合作伙伴的完整流程。许多非营利组织会将他们的项目建议书寄给我们，我们的员工也会提名一些非营利组织。我们成立了社会委员会，委员会成员包括每个商店的员工代表和环境专家。社会委员会从所有收到的提名中选出四到五个非营利组织，然后我们检查入围的非营利组织是否正确注册并遵守我们的赞助政策。”

2. 建立管控机制

商业企业可以利用网络平台对合作的非营利组织进行统一管控，要求其统一注册、平等竞标。以亚马逊为例，亚马逊公司对非营利组织的服务质量提出了很高要求；符合条件的非营利组织需要在亚马逊“微笑”平台输入组织简介、银行账户信息和联系方式等，并与亚马逊签署正式协议（Chen，2021）。

此外，商业企业可以直接派遣员工或工会领导加入非营利组织的慈善理事会，保证信息获取的及时性和便捷性，并加强监督；商业企业还应当对非营利组织的声誉保持敏感，防止开启不谨慎的合作；对提供给非营利组织的项目基金进行监督，避免资金挪用、滥用，对于其他常见的腐败问题做到心知肚明，保持警觉，防微杜渐；对于本次合作成绩优异的非营利组织，在下次合作中予以优先考虑。

8.4 企业

8.4.1 寻找经济价值和社会价值的交叉点

寻找经济价值和社会价值的交叉点，将经济目标和社会目标并重，既可以解决公益与主业脱节的问题，又可以在一定程度上避免利益相关者对 Co - SR 项目产生纯粹的工具性动机归因。

在解决公益与主业脱节的问题方面，密歇根大学罗斯商学院市场营销专业教授、感官营销领域的先驱者 Aradhna Krishna 指出，“建立真诚感的最关键的步骤是确保你所推广的公益事业与你的品牌价值密切相关，并与你的客户和其他利益相关者产生共鸣”。他认为这是富有挑战性的，“如果两者没有明显的关系，企业就容易被怀疑。例如，以乳腺癌研究和防治为主题的公益慈善项目通常与女性产品有关，如果一个男性化的产品界入该公益领域则会显得非常怪异，造成完全的脱节。”荷兰国际集团基金会总裁、企业责任和多元化文化事务办公室高级副总裁 Rhonda Mims 说：“如今，说自己是一家做好事的公司已经不够——我们必须将社会责任融入商业发展之中”。Co - SR 项目应当嵌入企业的“心脏”“血液”甚至“基因”中。

需要注意的是，寻找到经济价值和社会价值的交叉点并不能帮助企业从“纯粹工具性动机归因”的嫌疑中彻底洗脱出来。在 Co - SR 开展的过程中，企业应注意将经济目标和社会目标并重，警惕社会目标屈从于经济目标，从而违背公益的“初心”。寻找经济价值和社会价值的交叉点方面，可借鉴的案例是：

1. 通用电气的绿色创想产品

美国通用电气集团（GE）开发了绿色创想产品（Ecomagination Products）来满足消费者对“高能效、低排放”的需求，推动绿色转型发展。在 2009 年，通用电气的绿色创想系列产品的销售额达到了 180 亿美元，这是《财富》杂志 150 强企业的销售规模。通用电气预测，未来 5 年，绿色创想产品的收入增速将是公司总收入的 2 倍。该公司所遵循的“绿色即盈利”的理念与我国习近平总书记提出的“绿水青山就是金山银山”的理念不谋而合。

2. 陶氏化学和印度耆那灌溉系统集团的节水技术

美国陶氏化学公司（Dow Chemical）已经成功将其最大生产基地的淡水消耗量减少了 10 亿加仑——足够美国近 4 万人 1 年的淡水用量，节约了 400 万美元。印度耆那灌溉系统集团（Jain Irrigation）——一个全球领先的完整滴灌系统的节水装置制造商凭借其节水技术，在 2006—2011 年的 5 年间实现了 41% 的综合年增长率。

3. 英特尔和国际商用机器公司的数字智能

美国英特尔公司（Intel）和国际商用机器公司（IBM）都在设计算法来帮助公用事业单位利用数字智能来节约电力使用。

4. 汤森路透集团向低收入农民提供农业信息服务

全球领先的专业信息服务机构汤森路透集团（Thomson Reuters）为印度低收入农民（平均年收入为2000美元）提供了一项服务，公司向其提供天气和农作物定价信息及农业咨询，每季度收费5美元。这项服务覆盖了大约200万农民，帮助其中60%以上的农民增加了收入。有些农民的收入甚至翻了3倍。

5. 沃达丰的移动银行服务

在肯尼亚，英国电信企业沃达丰公司（Vodafone）的“M－PESA”移动银行服务帮助穷人安全地存钱。在服务推出3年后，其用户数量达到了1000万，其管理的资金占肯尼亚GDP的11%。

6. 玛莎百货的全面供应链改革

英国零售商玛莎百货（Marks & Spencer）对其供应链进行了雄心勃勃的全面改革，包括停止“从北半球采购商品运输到南半球”等简单的策略。到2016年，该措施每年为玛莎百货节约1.75亿英镑，同时大幅减少碳排放量。

7. 沃尔玛缩短配送路线并减少塑料垃圾

2009年，全球连锁超市沃尔玛（Wal－Mart）公司通过减少包装和改变卡车运输路线将配送路线缩短了1亿英里，在运送更多产品的同时节省了2亿美元。门店“消除塑料购物袋”的创新措施也已经节省了数百万美元的塑料垃圾处理成本。

8. 雀巢公司采购再造

对于咖啡制造商而言，获得高质量的咖啡豆供应是极具挑战的。大多数咖啡豆是由非洲和拉丁美洲贫困农村的小农种植的。他们一直处于低生产率、低质量和环境退化的恶性循环中。为了解决这些问题，瑞士食品公司雀巢（Nestlé）重新设计了采购方案，具体而言：雀巢公司与咖啡豆种植者密切合作，提供农业实践方面的建议，确保其农药、化肥的安全；为农户的银行贷款提供担保；在每个咖啡豆产区帮助建立农业、科技、金融、物流公司；提供先进的灌溉设备；提供生产高质量咖啡豆的共享湿法研磨设施；与领先的国际非政府环保组织雨林联盟（Rainforest Alliance）合作，向农民传授可持续的咖啡生产方法；在购买时测量咖啡豆质量，并为高质量的咖啡豆支付溢价，形成了对种植者的正向激励。最终咖啡豆产量的提高和质量的提升不仅增加了农民的收入，也减少了农场的环境危害，同时雀巢公司的优质咖啡豆供应亦得到了保障。

9. 国际水健康组织的创新水净化技术

国际水健康组织（Water Health International）使用创新的水净化技术，以最低的成本向印度（India）、加纳（Ghana）和菲律宾（Philippines）农村的100多万人分发干净的水资源。该组织的投资者包括著名的睿智基金（Acumen Fund），世界银行国际金融公司（The International Finance Corporation of The World Bank），以及陶氏化学风投基金（Dow Chemical's Venture Fund）。

10. 废弃物关注组织的垃圾转化肥料项目

孟加拉国（Bangladesh）的废弃物关注（Waste Concern）是一家营利和非营利混合型组织，该组织致力于将社区贫民窟中收集的垃圾转化为有机肥料，从而在提高农作物产量和质量的同时减少二氧化碳排放量。在世界最大的服务组织狮子俱乐部（Lions Club）和联合国开发计划署（United Nations Development Programme，UNDP）的资金支持下，该组织不仅改善了社区居民的健康状况和环境状况，而且通过销售化肥和碳排放额度获得了可观的毛利。

11. 草根资本向中小型工农业企业提供融资服务

非营利性农业贷款机构草根资本（Root Capital）向中小型工农业企业提供融资服务。中小型工农业企业存在显著的“融资难”问题，因为它们既难以获得传统的银行贷款，又不是小额信贷机构的服务对象。对于银行而言，这些企业规模太小；对于小额信贷而言，这些企业规模又太大。自2000—2011年，草根资本已经向282家中小型工农业企业提供了超过2亿美元的贷款，惠及40万农民和工匠。它在拉丁美洲和非洲资助了140万英亩的有机农业种植。此外，草根资本利用未来的采购订单作为企业获得贷款的抵押，帮助加强了企业供应链，提高了采购质量。

12. 雅苒国际公司的“农业增长长廊”

世界上最大的化肥公司挪威雅苒国际公司（Yara）发现，非洲很多地区缺乏基础设施，导致非洲农民很难获得化肥等基本农业原料，也很难将生产出的农作物运输到市场。为了解决这一问题，雅苒国际公司投资了6000万美元在非洲的莫桑比克（Mozambique）和坦桑尼亚（Tanzania）建立了“农业增长长廊”，旨在改善非洲的道路和港口建设。该公司一方面与东道国政府合作，另一方面取得了母国挪威的支持。仅在莫桑比克，该“农业增长长廊”就使20多万农民受益，并创造了35万个新的就业机会。这些提升将直接贡献于雅苒国际公司的业务增长，也将支持非洲的整个农业集群，产生巨大的乘数效应。

13. 思科公司为社会变革的推动者提供专业技术和知识

美国网络解决方案供应商思科公司（Cisco）在其网站上宣称，“我们为社会变革的推动者提供专业技术和知识。我们的目标是加速解决全球问题，造福人类、社会和地球”。

14. 达顿“丰收”项目

在美国，饥饿正在对数千万居民构成毁灭性威胁。新冠（COVID－19）疫情的大流行加剧了饥饿危机。2021年，全美最大的反饥饿组织之一喂养美国（Feeding America）估计，在美国多达1/8的人将面临饥饿，总计超过4200万人。并且，美国农业部的调查数据显示：西班牙裔家庭面临粮食不安全的可能性是白人家庭的2倍，而黑人家庭面临粮食不安全的可能性则是白人家庭的2.4倍。

为应对饥饿和粮食安全问题，“将食物从垃圾填埋场中拯救出来”，美国达顿餐厅（Darden Restaurants）开展了一个名为达顿“丰收”（Darden Harvest）的项目。在该项目中，达顿餐厅每天都会收集客人吃剩的、安全的食物，与合作伙伴共同努力将其分发给需要的人，特别是居住在食品安全程度较低地区（比如有色人种聚集区）的居民。自达顿“丰收”项目启动以来，达顿餐厅已经捐赠了逾1.2亿磅食物，总计超过1亿份餐食，足够曼哈顿（Manhattan）的每一个人在连续3周的时间内每日饱餐3顿。

喂养美国是达顿餐厅的主要合作伙伴，双方的合作关系已经持续了10多年。此外，潘世奇（Penske）卡车租赁公司和天堂物流公司（Lineage Logistics）也为该项目提供了大力支持，它们用超长的冷藏箱卡车来帮助流动食物的装载、运输和分发。达顿餐厅的董事长兼首席执行官Gene Lee说：“作为一家餐饮企业，我们非常自豪能与喂养美国合作，在与饥饿的战斗中做出一份贡献，对社区做出有意义的改变”“流动食品分发处可以帮助食物银行满足新冠肺炎大流行造成的粮食短缺和不安全。”喂养美国的首席执行官Claire

Babineaux - Fontenot 说："移动的食品分发站是解决饥饿和粮食安全问题的有效方案，我们非常感谢达顿、潘世奇和天堂让这一切成了可能"。

15. 必胜客"丰收"项目

1992 年，百盛公司旗下的必胜客餐厅与食品捐赠联盟（Food Donation Connection）合作发起了必胜客"丰收"项目（Pizza Hut Harvest Program），该项目致力于向全美各地的饥饿救济组织捐赠食物，包括披萨、意大利面、面包棒等。必胜客餐厅网页显示："多达 1/8 的美国人将面临食品问题，然而餐厅生产的所有食品中有 30%—40% 被丢弃了，尽管其中大部分仍然可以安全食用。在食品捐赠联盟的帮助下，必胜客向全国 2500 个组织进行了食物捐赠。"

食品捐赠联盟由必胜客的前高管 Bill Reighard 创立，其创立初衷是帮助公司有效减少食物浪费。在必胜客"丰收"项目启动后，Bill Reighard 离开了必胜客并于 1992 年创建了食品捐赠联盟。必胜客是该联盟的第一个捐赠合作伙伴，也是最大的捐赠合作伙伴。时至今日，食品捐赠联盟已经与全球逾 17000 家餐厅和 10000 个饥饿救济组织合作。

必胜客还加入减少食物浪费联盟（Food Waste Reduction Alliance），这是一个由国家餐厅协会和杂货制造商协会创建的行业联盟。联盟致力于减少食物垃圾的产生，增加对有需要的人的食物捐赠，并鼓励回收食物垃圾，将其从垃圾填埋场拯救出来。

2017 年 6 月 26 日，必胜客在得克萨斯州（Texas）的普莱诺（Plano）庆祝了一个重要的里程碑：截至当天，必胜客已经向有需要的人捐赠了超过 1 亿磅食物。1 亿磅食物足够为 1 亿个需要帮助的个体提供一餐饭，足够达拉斯 - 沃斯堡（Dallas - Fort Worth）市区 740 万人食用 14 周。庆祝会上，必胜客公司总裁 ArtieStarrs 讲话称："25 年来，我们一直与数千个组织合作，减少食物浪费，为有需要的人提供食物""很高兴能感谢许多辛勤工作的、富有同情心的组织，它们为我们的社区做了这么多。非常高兴与他们，与我们的社区，与我们的团队成员和全国各地的特许经销商们分享这一里程碑"。食品捐赠联盟的创立者 Bill Reighard 发言称："必胜客是带头冲锋的'领头羊'。很高兴庆祝这一里程碑，并且我们认识到必胜客的承诺仍然极大激励着其他餐厅去消除食物浪费，为社区中有需要的人提供食物。如果没有必胜客这样的捐赠公司，没有诸如达拉斯生活（Dallas LIFE）这样的关怀组织加入其中，我们的工作就不可能完成。”达拉斯生活是参与必胜客“丰收”项目的45家达拉斯－沃斯堡地区组织之一。达拉斯生活的执行董事Rev. Bob Sweeney评论称：“必胜客是一个全球品牌，必胜客的员工非常关心他们的社区。我们感谢他们为建设更强大的社区所做出的贡献。”

16. 星巴克“食物分享”项目

星巴克（Starbucks）与非营利组织喂养美国、城市丰收（City Harvest）合作开展星巴克“食物分享”项目（Starbucks FoodShare Program）。通过该项目，各门店未经出售的食物会被捐赠给穷人。最初该项目仅在纽约当地的45家星巴克餐厅启动，随着时间的推移，它被扩展到曼哈顿地区的所有305家门店，每年向当地居民捐赠超过100万份餐食。

星巴克的前总裁兼CEO Kevin Johnson（2022年3月16日宣布退休）在接受《财富》杂志采访时表示，捐赠食物垃圾的想法来自星巴克的内部员工。对于餐厅和连锁供应链而言，食物浪费都是一个普遍存在的重要问题：在美国，垃圾填埋场和焚化炉中的食物比任何一种其他物品都要多。讽刺的是，有大约4200万美国人面临食品短缺、食品不安全的问题。

截至2017年，星巴克“食物分享”项目已累计向包括纽约在内的10个城市的食物银行（Food Banks）捐赠了100万吨未售出食物。该项目很好地践行了星巴克的使命：激励和培育人类精神——一个人，一杯咖啡，一个社区，我们要做正确的事，正确的事是对他人有益的事，对社区有益的事，对国家有益的事。我们要真切地拥抱社会问题，而不是要发表什么侃侃而谈的政治声明。

星巴克希望通过自己的努力来树立行业标杆，鼓励其他食品和饮料企业与喂养美国建立战略合作伙伴关系，共同致力于这项公益事业。城市丰收的执行董事Jilly Stephens表示，除了星巴克，该组织还与英国三明治快餐厅Pret a Manger等2500多家企业合作。

除“食物分享”项目外，星巴克还同时支持其他公益事业。比如提升孕妇福利，承诺雇佣更多的退伍军人等，这些项目都备受赞誉。还有一些项目则引起了更复杂的反应，支持和反对之声并存，比如星巴克承诺在其全球门店雇佣1万名难民。

17. 塔吉特作为创始合伙人加入改造零售袋联盟

2020 年，美国大型零售商塔吉特公司（Target）作为创始合伙人加入改造零售袋联盟（Reinvent The Retail Bag），该联盟旨在寻找、设计、创造、试验一次性零售袋的替代品。塔吉特公司 2021 年的 CSR 报告显示，公司发布了 9 种未来零售袋的前沿设计，其目标是减少塑料垃圾。

18. 京东的“技术引领、正道成功”战略

京东提出“技术引领、正道成功”战略，将核心技术赋能公益，突出的成绩包括：在四川凉山的“悬崖村”首创无人机流动诊所；实施“开普勒计划”，对合作伙伴进行开放赋能，促进包容性经济增长；与华南师范大学合作成立“创业就业训练联盟”，为贫困学生提供电商课程和电商实习、实训机会；与科研院所合作对农户进行种养殖培训；与地方政府合作创办扶贫产业园区，开展电商扶贫运动，孵化青年电商企业，为贫困农户提供零息贷款并介绍增收项目。

19. 腾讯的“推动可持续社会价值创新”战略

腾讯是将核心技术赋能公益的翘楚。秉承“推动可持续社会价值创新”的战略，腾讯代表性的成绩包括：开发健康码、腾讯会议等数字战疫产品；成立“星星海实验室”，研发“星星海 SA2”云服务器，保障腾讯会议等在线业务的稳定流畅；首创“农业人工智能系统”，并与中粮和新希望集团合作探索智慧农业；建设“智慧水利物联感知平台”，将 AI 应用到水资源管理领域；建立“政产学研用”相结合的“碳中和实验室”；研发“跨年龄人脸识别”技术，协助警方寻找被拐 10 年以上的儿童；建立“银发科技实验室”，研发“智能跌倒监测系统”，孵化“黑科技”养老产品，推进智慧养老；运用 AI 音频降噪技术对人工耳蜗进行升级，推进数字无障碍实践；号召“不在一线但一直在线”的互联网从业者加入腾讯志愿者协会，推进技术公益。

8.4.2 做好平台的日常管理和危机管理

公益众筹丑闻频发后，平台已经进行了一定的自省和整改。比如《自律公约 2.0 版》提出了平台对发起人、求助者进行身份审核、实名认证的具体要求。不再采取“不作为”“懒作为”“甩锅”甚至纵容的态度。同时，在信息透明方面，要求公示“项目完成程度、病情进展、对投诉举报的回应、剩余款项的使用等其他重要信息。”平台还明确了余款去向为按原路退还给赠与人。这些措施一定程度上规范了平台管理，帮助遏制机会主义行为。然而，在第三次分配和共同富裕的时代背景下，“年轻”的公益众筹平台依然任重道远。精益求精地做好日常管理和危机管理，需要注意以下事项：

首先，围绕信任建立和修复来进行日常管理和危机管理。众筹模式面临的最大问题是，发起者、平台与捐赠者之间存在信息不对称，从而可能滋生道德风险（Belleflamme 等，2014）。投机者或欺诈者可以利用信息不对称，从轻信的捐赠者那里榨取资金。频繁的欺诈将使整个众筹市场丧失公信力，使公益众筹演变为“众愁”和“众仇”，当前公众对公益众筹已有“轻松骗”“割韭菜”等调侃、抨击之辞。为此，平台应当进一步提高信息透明度，建立筹款者甄别机制和捐赠者保护机制，谨防平台被滥用，防止信任危机泛化。

其次，找到公益众筹质量与时间的平衡。加强公益众筹的审核、监管等必然会提高其“门槛”，增加其烦琐性和时耗，在一定程度上损害公益众筹的便捷性，而“低门槛”带来的便捷性被认为是公益众筹相比传统筹款方式的一大优势。平台需要在众筹质量和时间方面寻找一个两全之策，在发挥众筹便捷性优势的同时，规避“低门槛”带来的混乱和无序。这有赖于利用人工智能、区块链等技术的发展来提升监管效率，同时需要全行业甚至全社会共同努力来建立一套成熟的操作流程。

最后，进行全过程管理。以危机管理为例，平台应在危机前建立预警机制，识别危机发生的预警信息，防患于未然，在危机前发现和填补漏洞。平台还可以在危机前开展小范围的 Co – SR 项目测试，获得有用的前期反馈。在危机中平台可以建立舆情管理机制，避免网络谣言的负面影响。危机沟通也是重中之重，事实上，《自律公约》1.0 版第 33 条已经提出建立新闻发言人制度。优秀的新闻发言人选取、实事求是的诚恳态度是危机沟通成功的关键，亦是获得利益相关者谅解的关键，从而有效避免利益相关者“迁怒”于该平台的其他 Co – SR 项目，造成“恶魔效应”。在危机后，除继续安抚受害者之外，平台还可以建立失败项目数据库，收集数据、分析原因并修复问题模块。

8.4.3　进行以社会绩效为焦点的项目设计

进行以社会绩效为焦点的项目设计需要做好以下几步：

首先，扭转重财务绩效、轻社会绩效的观念，明确 Co－SR 研究和实践的最终目标是寻找最有效的方法去引导管理决策朝着积极的社会变革前进。

其次，进行社会绩效评价。社会绩效应当是多维度、可量化、可比较的，这几个标准同时具备是比较困难的。①具备可量化性，但在多维度、可比性上欠缺的情况。Devika 等（2014）提出了一种供应链网络设计，其重点不只是最小化成本、最大化利润，还考虑了环境和社会影响。在这里，环境和社会维度被量化，并与总成本一起嵌入形成不同目标。该案例中，可量化性被满足，但绩效评价中只增加了环境和社会维度，并不全面。同时作为单案例也缺乏可比性。②具备可量化性、可比性，但在多维度上欠缺的情况。彭博公司（Bloomberg）建立的环境、社会和治理（Environment Social and Governance，ESG）数据库可以为社会绩效评价提供一个参照。利用该数据库，企业为实现相同或相似的社会影响而采用的不同政策和实践就可以联系起来，比较它们在实现社会影响方面的效率。然而，ESG 虽然具有可量化和可比较的特质，但涉及的维度可能并不全面，比如缺乏参与自尊感、幸福感、知识技能的提升。③具备多维度、可量化性但不具备可比性的情况。乐施会（Oxfam）和联合利华（Unilever）在印度尼西亚（Indonesia）共同实施了一系列旨在减轻当地贫困的 CSR 项目。事后，报告评估了联合利华的社会影响，包括对创造就业的岗位数量、支付的税款、价值链、低收入消费者、社区参与等影响。此报告因其透明度和全面性而备受赞扬，然而由于许多子项目缺乏对照组，因而无法进行因果推断与比较。

最后，以提升社会绩效为目标进行项目设计。借鉴 Barnett 等（2020）的观点，企业或学者可以设计几个不同的试点项目，测量和监控每个项目的表现；然后对不同的设计进行对比，确定其在不同情境下的有效性，从而在特定公益主题下开发最有效的 Co－SR 项目。

8.5 社会

8.5.1 完善正式制度，建立三位一体的监管体系

作为一个新兴领域，国际上对众筹的监管都较为有限，可借鉴的措施不多。比如欧洲国家近期才对投资性众筹（股权性众筹和债权性众筹）进行监管，以减少市场的不确定性，促进众筹市场的可持续发展。相关规定通常是：对平台设定最低资本要求和组织规则，对项目的发起人施加披露要求，为投资者设定投资上限。我国的监管也处于“摸着石头过河”的阶段。本章提出政府（法律、法规、规章、行业标准）、平台（行业自律）、社会（监督、评价、惩戒、合作机制）三位一体的监管体系，如图 8.2 所示。

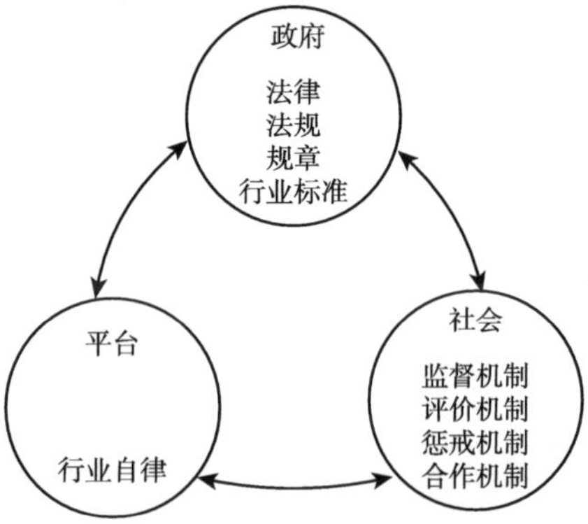

图 8.2 三位一体的监管体系

1. 填补断层，构建科学合理的制度体系，加强对个人求助、网络互助领域的监督

秉承以法治善、依法行善的原则，公益众筹领域的法律制度体系应当进一步完善。首先，填补正式制度体系金字塔中法规层面的断层是当务之急；其次，对于公开募捐的相关监管已经相对比较完善和成熟，接下来应当针对个人求助、网络互助制定法律、法规、规章和行业标准；最后，行业自律协议应当进行细粒度的动态完善，利用行业联盟、行业协会的力量来增强其约束力、执

行力，倡导更多的平台加入，增强其覆盖面。

2. 建立正式的社会监督、评价、惩戒、合作机制

（1）监督机制：建立多方机构监督对接机制。公益众筹的“低门槛”不代表“无门槛”。平台首先应当界定清楚公益众筹的救助对象，尤其明确“有房有车有存款”的中产阶级能否成为公益众筹的救助对象。现实中一边“炫富”一边众筹的大有人在，这主要源于平台对于救助对象的界定含糊暧昧，从而出现了一批浑水摸鱼、滥竽充数之人。甚至有平台认为，对于中产阶级的救助效率是最高的，帮其度过难关后，他们有能力赚钱来回馈社会。然而，帮助中产阶级有违第三次分配扶助低收入群体、弱势群体的主旨，也违背伦理的公序良俗，因此平台应当将公益众筹的对象明确界定在低收入群体和弱势群体上，明令禁止中产阶级通过众筹来求助。其次，平台应当界定清楚公益众筹的顺位问题，明确公益众筹应当排在其他筹资方式之前还是之后。在人们的共识中，公益众筹理应是最后一根“救命稻草”，而非确保个人财产无损、生活水平不降的“首选”筹款工具。

在明确以上两个问题的前提下，平台应当进行尽职调查，对求助对象设置严格的前置筛选和监督程序。然而，在操作中，存在着一个几乎无解的现实困境：平台缺乏对个人信息进行审查的资质和权限。这也是其依赖舆论监督举报的主要原因。为此，建立多方机构监督对接机制十分必要。可采取的措施是：房产局、房管局、车管所、银行、医疗保障局、社会保障局、保险公司、公安局可以联合创建一张关联身份证号的个人信息卡片。该卡片不仅可以用于公益众筹资质审查，在社会生活的其他方面也有广泛用途。该个人信息卡片需要进行加密，保护个人隐私。

（2）评价机制：开展“啄木鸟计划”。开展“啄木鸟计划”，引入第三方评价机制，可以在帮助用户甄别公益众筹平台质量的同时，帮助平台发现问题，增强其危机意识，从而以评促改，最终促进整个公益众筹市场的良性健康发展。可以参照债券评级、ISO9000 国际质量认证、ISO14001 环境管理体系认证等权威的评级和认证来推进众筹质量评估、认证和评级。当前《慈善法》推行的慈善信托制度已经极大加强了公益资金的管控效率，随后可以引入第三方资金审计和内部控制审计以保证爱心资源被用在“刀刃”上。此外，平台还可以调动学界的力量成立顾问委员会进行自评、自查、自纠，将问题遏制在萌芽状态。

（3）惩戒机制：建立全面惩戒机制。惩戒机制绝非亡羊补牢，它可以从根本上杜绝机会主义者的侥幸心理。然而，依赖舆论举报、“黑名单”制度进行违规行为、非伦理行为的惩戒只是权宜之计，其力度无异于隔靴搔痒，治标而不治本。建立力度从轻到重的全面惩戒机制十分必要。首先，行政法规的制定是当务之急。法规应当清晰界定公益众筹中所有可能的违法违规行为，并制定相应的惩戒措施，有效避免“钻空子”。其次，建立差异化的“黑名单”。对于情节较轻的非伦理行为，可以仅公示行为人的微信昵称和几位手机号码，主要起警示作用；对于情节较为严重的行为，可以公示行为人的真实姓名和手机号码、身份证号，杜绝其在其他信用平台上发起筹款；对于情节恶劣的行为，可以在公示以上信息的基础上披露行为人的相关视频，以儆效尤。当然，披露需要以法律法规为准绳。

（4）合作机制：搭建信息共享平台。监督机制、评价机制、惩戒机制效力的发挥离不开合作机制的保障。首先，平台之间应建立长效合作机制，包括共享“黑名单”等信息；共同推进行业标准的确立；支持第三方评价、审计机制的构建；合力与房产局、房管局、车管所等机构谈判，提升话语权，推进多方机构监督对接机制的建立。其次，平台之间应当规避恶性竞争，杜绝出现类似水滴筹“扫楼门”之类的行业丑闻。事实上，《自律公约 1.0 版》已经意识到了这个问题，第 31 条规定：“平台应以用户服务为导向，推动建立并维护公平的行业秩序。”具体包括：“不得采取编造、传播虚假信息或者误导性信息等任何方式贬低、诋毁其他平台的声誉；不得对服务质量、用户评价等作虚假或者误导性宣传；不得采取购买其他平台‘竞价关键字’等方式，恶意导流；依法运营，公平竞争，不得违反《中华人民共和国反垄断法》相关规定，不得订立垄断协议，不得进行‘恶意点击’等不正当竞争行为，不得进行与竞争有关的敏感信息的交换，不得从事有关法律所禁止的排除竞争、限制竞争的行为；在任何情况下不得损毁其他平台财物；不得采取其他不正当竞争行为，扰乱正常的经营秩序。”最后，平台与相关机构之间也应建立动态合作机制，结束“各自为政”的格局，转向“互通有无”的生态，保证公益众筹有序进行。

8.5.2　重视非正式制度的作用

1. 增强 Co－SR 与文化的契合性

Co－SR 的设计中应当体现与文化元素的契合性，从而发挥文化的积极作用，规避其消极作用。比如，在权力距离方面，较高的权力距离导向可能使员工更偏爱“命令式”的传统 CSR，不适应“能动式”的 Co－SR。为此，领导者参与 Co－SR 项目，并强调参与的“去层级化”，主动与员工“打成一片”可以同时发挥权力距离的积极作用，带动员工参与；同时规避权力距离的消极作用，减少员工不适感。为契合公众的高不确定性规避导向，Co－SR 项目设计中应当尽量减少不确定的因素，如受益者应当清晰明确、资金去向和结余应当一目了然等。为迎合公众“爱面子”的心态，荣誉证书、表彰必不可少。

2. 发扬儒道佛文化价值观的积极引导作用

在社会规范中嵌入理想的文化价值观可以促进利益相关者参与 Co－SR。正如世界经济论坛（World Economic Forum，WEF）所建议的那样，“通过改变消费者价值观来改变消费者选择，可能会提供最大的长期影响力。”

例如，宣扬儒家“内圣外王”的思想可以引导民众参与 Co－SR。儒家哲学认为从“内圣”（关注自我）到“外王”（关注社会）需要经历四个人生阶段，依次是：修身、齐家、治国、平天下。在“修身”阶段，个人积累知识，进行自我反省，以达到内心的“深刻”与“高贵”。在齐家阶段，主要关注婚姻和家庭的发展；在“治国”阶段，个人需要立业并获得事业成功；在“平天下”阶段，需要为公共福利和宇宙和谐做出贡献（Lin，2011）。因此儒家哲学的核心要素是强调从关注自我修养到服务公共福利的进阶，以及关注自我修养与服务公共福利的统一，把推进社会福利作为实现个人成就的终极途径。而参与 Co－SR 正能帮助个体实现这种进阶和统一。正如 Li 和 Liang（2015）所言，通往成功的旅程是循序渐进的，在这一过程中，个人将自我、社区、国家、宇宙有机地结合起来。

再如，道佛都强调正念（Mindfulness）的积极作用。正念是指人们以一种无偏的方式将注意力集中在当前所经历的事情上的能力（Baer 等，2006）。正念尤其与佛家有极深的渊源。佛家认为正念可以帮助信徒完善心智、提高自律，从轮回（痛苦的循环）中解脱并获取极乐（Wallace，2011）。西方研究也已经证实了正念可以促进伦理决策制定（Ruedy 和 Schweitzer，2010）。比如正念高的个体会在饮食、交通和住房等方面做出更环保的选择（Brown 和 Kasser，2005）。正念既是一种相对稳定的人格特质，又可以通过正念训练去塑造（Good 等，2016）。并且训练往往是高效的，短期的干预往往能达到相对持久的效果，促进个体的心理健康，达到最稳定、清醒、智慧、伦理的心理状态。虽然正念思想植根于东方文化，但遗憾的是，关于正念的研究主要是在西方社会展开的（Reb 等，2017）。在中国社会中正念研究的开展和正念训练的普及有助于塑造伦理文化氛围，推进公民参与 Co－SR。

3. 避免不良文化的侵蚀

过去几个世纪，随着时代的变迁、技术的进步、全球化的推进，文化在以令人难以置信的速度交流、融合、同化。在西方社会深受中国文化冲击和影响的同时，中国传统文化中重要的社会价值观、道德价值观也不可避免地被部分西化（Kang 等，2017）。这种文化交流和交互在年轻一代中体现的尤为明显。

受西方文化的侵蚀，中国消费者的唯物主义（Materialism）观念日渐盛行（Huang 和 Lu，2017）。唯物主义者认为收入和财富，以及通过购买商品和服务获得的物质享受是获取生活幸福的重要因素（Belk，1985）。因此，持有唯物主义价值观的个体具有较低的分享和捐赠意愿（Belk，2007）。并且考虑到非伦理行为的利己后果，持有较强唯物主义价值观的个体对非伦理行为的容忍度较高（Chowdhury 和 Fernando，2013）。

除唯物主义外，个人主义（Individualism）、马基雅维利主义（Machiavellianism）和享乐主义（Hedonism）也与非伦理态度和行为正相关，与伦理态度和行为负相关（Lu 等，2015），因而可能减少个体参与 Co－SR 的意愿。

8.6 本章小结

综上所述，本章建立了 Co－SR 的钻石治理模型，与第 7 章的钻石问题模型相对应，如图 8.3 所示。

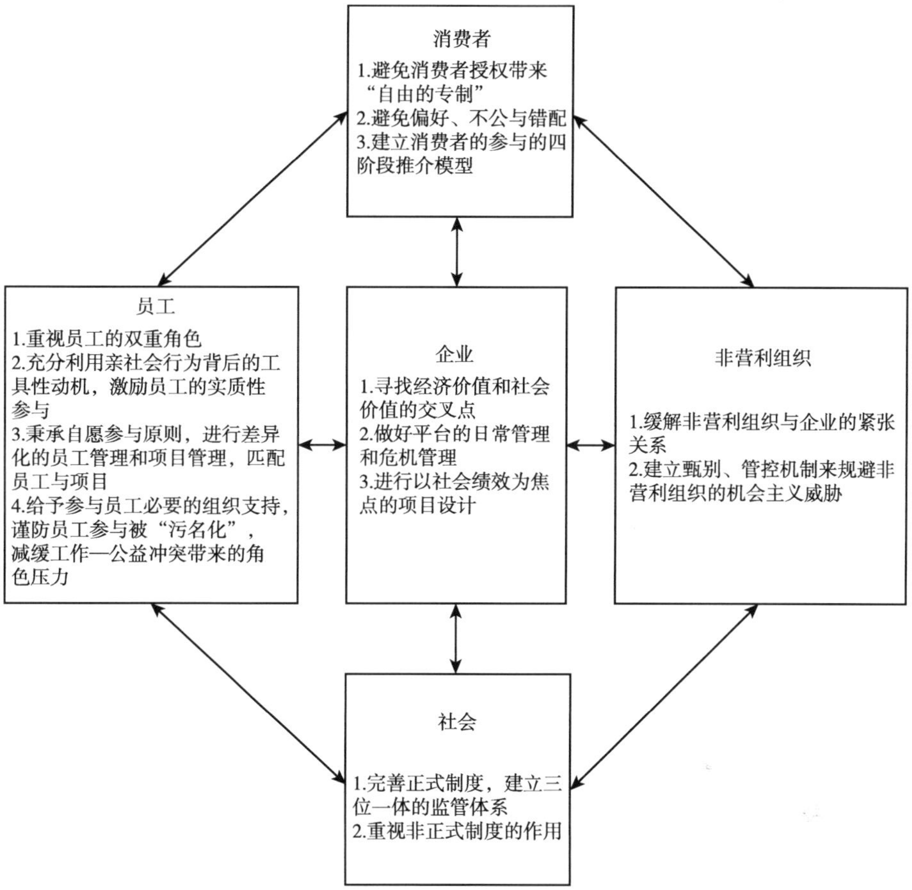

图 8.3　Co－SR 的钻石治理模型

参考文献

[1] 白光昭．第三次分配：背景、内涵及治理路径［J］．中国行政管理，2020（12）：120－124.

[2] 毕素华．社会服务市场的生成机制与路径［J］．南京社会科学，2021（7）：67－74.

[3] 蔡玉程，王汉瑛，邢红卫．缓冲垫还是双刃剑：产品伤害危机下企业社会责任声誉的异质性效应［J］．南京社会科学，2020（7）：18－25.

[4] 蔡元培．中国伦理学史［M］．上海：上海商务印书馆，1910.

[5] 曹东勃，王佳瑞．互联网技术革命的经济哲学反思［J］．上海财经大学学报，2018，20（4）：15－28.

[6] 车敬上，孙海龙，肖晨洁，李爱梅．为什么信息超载损害决策？基于有限认知资源的解释［J］．心理科学进展，2019，27（10）：1758－1768.

[7] 陈梦熊．孔子之“仁”探源［J］．孔子研究，2019（2）：28－39.

[8] 陈声柏，张晓辉．全德之名与全体大用——孔子之“仁”再认识［J］．孔子研究，2014（4）：10－17.

[9] 陈天祥，郑佳斯．双重委托代理下的政社关系：政府购买社会服务的新解释框架［J］．公共管理学报，2016，13（3）：36－48.

[10] 陈伟，吴宗法，徐菊．价值共毁研究的起源、现状与展望［J］．外国经济与管理，2018，40（6）：44－58.

[11] 陈霞．孔德之容，唯道是从——论道家道德哲学的根基及其特征［J］．哲学研究，2016（3）：37－43.

[12] 陈岩英，谢朝武，张凌云，黄倩．旅游危机中线上媒体声量信号对潜在旅游者安全沟通行为的影响机制［J］．南开管理评论，2020，23（1）：40－52.

[13] 邓国营，王思远，田袁果．儒家传统与收入差距：推进共同富裕的文化

力量［J］. 上海财经大学学报，2022，24（5）：51－66.
［14］邓新明，龙贤义，刘禹，叶珍．善行必定有善报吗——消费者抵制企业社会责任行为的内在机理研究［J］. 南开管理评论，2017，20（6）：129－139.
［15］董卫国．性善与工夫——孟子言性善的角度与理论特色［J］. 孔子研究，2019（3）：87－98.
［16］关新华，谢礼珊．价值共毁：内涵、研究议题与展望［J］. 南开管理评论，2019，22（6）：88－98.
［17］郭小聪，吴文强．费用角逐、消费者赋权与合作治理——政医患三方博弈的生成、演化和解调［J］. 中山大学学报（社会科学版），2017，57（4）：131－139.
［18］洪修平．论儒佛道三教的生态思想及其异辙同归［J］. 世界宗教研究，2021（3）：1－10.
［19］江亚洲，郁建兴．第三次分配推动共同富裕的作用与机制［J］. 浙江社会科学，2021（9）：76－83.
［20］解垩，李敏．相对贫困、再分配与财政获益：税收和转移支付的作用如何？［J］. 上海财经大学学报，2020，22（6）：3－20.
［21］金智，徐慧，马永强．儒家文化与公司风险承担［J］. 世界经济，2017，40（11）：170－192.
［22］李彬，姚瑶，刘奕．地理邻近与捐赠行为：基于上市公司的实证研究［J］. 经济社会体制比较，2019（4）：43－54.
［23］李实，朱梦冰．推进收入分配制度改革 促进共同富裕实现［J］. 管理世界，2022，38（1）：52－61.
［24］李实．共同富裕的目标和实现路径选择［J］. 经济研究，2021，56（11）：4－13.
［25］林志刚．中国佛教慈善理论体系刍论［J］. 世界宗教文化，2012（5）：51－57.
［26］凌文辁，李锐，聂婧，李爱梅．中国组织情境下上司—下属社会交换的互惠机制研究——基于对价理论的视角［J］. 管理世界，2019，35（5）：134－148.

[27] 刘鹤．坚持和完善社会主义基本经济制度［N］．人民日报 2019，11 月 22 日．

[28] 刘培林，钱滔，黄先海，董雪兵．共同富裕的内涵、实现路径与测度方法［J］．管理世界，2021，37（8）：117－129.

[29] 刘小兵．毕竟空视域下的佛教慈悲观［J］．宗教学研究，2021（3）：117－121.

[30] 刘云超．论孔颜之乐与儒家美善相乐的道德哲学［J］．孔子研究，2020（6）：61－71.

[31] 鲁篱，肖琴．非营利组织对外投资规制的路径选择与机制优化［J］．财经科学，2022（11）：138－148.

[32] 孟陆，刘凤军，段珅，李希，李同茂．新冠疫情下共享员工事件强度对公民行为的影响——基于企业社会责任感知的视角［J/OL］．南开管理评论 2021：1－28. http：//kns. cnki. net/kcms/detail/12. 1288. f. 20210316. 1448. 006. html.

[33] 彭柏林，张可人．儒家仁爱观的志愿服务伦理意蕴［J］．伦理学研究，2022（5）：61－67.

[34] 彭瑞花．菩萨戒与佛教慈悲思想研究［J］．世界宗教研究，2020（2）：77－83.

[35] 权小锋，吴世农，尹洪英．企业社会责任与股价崩盘风险："价值利器"或"自利工具"？［J］．经济研究，2015，50（11）：49－64.

[36] 田利辉，王可第．社会责任信息披露的"掩饰效应"和上市公司崩盘风险——来自中国股票市场的 DID－PSM 分析［J］．管理世界，2017（11）：146－157.

[37] 田一，王莉，许燕，焦丽颖．中国人社会善念的心理结构［J］．心理学报，2021，53（9）：1003－1017.

[38] 涂可国．儒学：为己之学与为人之学的辩证统一［J］．东岳论丛，2018，39（8）：5－23.

[39] 王汉瑛，谭秀明，邢红卫．创业生态系统框架下女性早期创业的资源约束模式［J］．管理科学，2021，34（2）：16－29.

[40] 王汉瑛，田虹，邢红卫．内部审计师的亲组织非伦理行为：基于双重认

同视角［J］. 管理科学，2018a，31（4）：30－44.
［41］王汉瑛，田虹. 产品伤害危机后企业社会责任的选择：商业型还是慈善型［J］. 上海财经大学学报，2016，18（3）：62－73.
［42］王汉瑛，邢红卫，田虹，潘楚林. 共创型社会责任：希望情绪驱动下的参与意愿［J］. 上海财经大学学报，2020，22（2）：3－19.
［43］王汉瑛，邢红卫，田虹. 定位绿色消费的“黄金象限”：基于刻板印象内容模型的响应面分析［J］. 南开管理评论，2018b，21（3）：203－214.
［44］王汉瑛，邢红卫，田虹，鲁锦涛. 第三次分配：儒道佛思想渊源及融通［J］. 上海财经大学学报，2022，24（03）：3－18.
［45］王开元. 面向善的存在：孟子哲学中的“思”［J］. 哲学研究，2021（5）：84－92.
［46］王名，蓝煜昕，王玉宝，陶泽. 第三次分配：理论、实践与政策建议［J］. 中国行政管理，2020（3）：101－105.
［47］王齐彦. 试论先秦儒家道德观的内向性［J］. 孔子研究，1989（3）：109－115.
［48］王水莲，王洁. 不确定环境下多元化商业创新平台模型构建——海尔商业模式创新案例研究［J］. 科技进步与对策，2017，34（15）：10－14.
［49］王馨，李平. 团队悟性创新理论框架：中国航天工程情境下的本土创新案例研究［J］. 外国经济与管理，2017，39（3）：3－23.
［50］王扬眉. 家族企业继承人创业成长金字塔模型——基于个人意义构建视角的多案例研究［J］. 管理世界，2019，35（2）：168－184.
［51］吴瑶，肖静华，谢康，廖雪华. 从价值提供到价值共创的营销转型——企业与消费者协同演化视角的双案例研究［J］. 管理世界，2017（4）：138－157.
［52］习近平. 扎实推动共同富裕［J］. 求是，2021（20）.
［53］肖红军，阳镇. 共益企业：社会责任实践的合意性组织范式［J］. 中国工业经济，2018（7）：174－192.
［54］肖红军. 平台化履责：企业社会责任实践新范式［J］. 经济管理，2017，39（3）：193－208.
［55］肖瑛. “家”作为方法：中国社会理论的一种尝试［J］. 中国社会科

学，2020（11）：172－191.
[56] 谢丹，赵竹青，段文杰，胡卫平．希望思维在临床与实践领域的应用、特点与启示［J］．心理科学，2016，39（3）：741－747.
[57] 邢小强，汤新慧，王珏，张竹．数字平台履责与共享价值创造——基于字节跳动扶贫的案例研究［J］．管理世界，2021，37（12）：152－176.
[58] 颜爱民，李亚丽，谢菊兰，李莹．员工对企业社会责任的差异化反应：基于归因理论的阐释［J］．心理科学进展，2020，28（6）：1004－1014.
[59] 颜爱民，汪玉霞，单良．中国文化背景下企业社会责任对建言行为的影响——基于儒家和道家工作价值观的调节作用［J］．软科学，2018，32（7）：48－51.
[60] 阳镇，陈劲．互联网平台型企业社会责任创新及其治理：一个文献综述［J］．科学学与科学技术管理，2021，42（10）：34－55.
[61] 杨少涵．孟子性善论的思想进路与义理架构［J］．哲学研究，2015（2）：44－52.
[62] 杨小勇，余乾申．新时代共同富裕实现与民营经济发展协同研究［J］．上海财经大学学报，2022，24（1）：3－15.
[63] 杨学成，陶晓波．社会化商务背景下的价值共创研究——柔性价值网的视角［J］．管理世界，2015（8）：170－171.
[64] 姚俭建．法治思维与慈善伦理的契合：现代慈善文化的价值取向［J］．上海财经大学学报，2015，17（1）：70－77.
[65] 姚若松，郭梦诗，叶浩生．社会支持对老年人社会幸福感的影响机制：希望与孤独感的中介作用［J］．心理学报，2018，50（10）：1151－1158.
[66] 岳希明，周慧，徐静．政府对居民转移支付的再分配效率研究［J］．经济研究，2021，56（9）：4－20.
[67] 张潮，张雪．组织能力、合作网络和制度环境：社区非营利组织参与社会治理的有效性研究［J］．经济社会体制比较，2020（2）：90－99.
[68] 张麟，王夏阳，陈宏辉，陈良升．企业承担社会责任对求职者会产生吸引力吗——一项基于实验的实证研究［J］．南开管理评论，2017，20（5）：116－130.
[69] 张倩，何姝霖，时小贺．企业社会责任对员工组织认同的影响——基于 CSR

归因调节的中介作用模型［J］. 管理评论，2015，27（2）：111－119.

［70］张荣伟，李丹．如何过上有意义的生活？——基于生命意义理论模型的整合［J］. 心理科学进展，2018，26（4）：744－760.

［71］张祖平．慈善组织公信力的生成、受损和重建机制研究［J］. 上海财经大学学报，2015，17（4）：21－29.

［72］赵旭东．互惠人类学再发现［J］. 中国社会科学，2018（7）：106－117.

［73］周孟珂．社会结构的变迁与消费者权力的提升——移动互联网时代下的消费者赋权［J］. 浙江社会科学，2021（3）：87－93.

［74］Aaker J，Williams P. Empathy versus pride：The influence of emotional appeals across cultures［J］. Journal of Consumer Research，1998，25（3）：241－261.

［75］Acquier A，Gond J P，Pasquero J. Rediscovering Howard R. Bowen's legacy：The unachieved agenda and continuing relevance of social responsibilities of the businessman［J］. Business & Society，2011，50（4）：607－646.

［76］Acuti D，Grazzini L，Mazzoli V，et al. Stakeholder engagement in green place branding：A focus on use－generated content［J］. Corporate Social Responsibility and Environmental Management，2019，26（2）：492－501.

［77］Adler P S，Kwon S W. Social capital：Prospects for a new concept［J］. Academy of Management Review，2002，27（1）：17－40.

［78］Afridi S A，Afsar B，Shahjehan A，et al. Impact of corporate social responsibility attributions on employee's extra－role behaviors：Moderating role of ethical corporate identity and interpersonal trust［J］. Corporate Social Responsibility and Environmental Management，2020（2）：1－14.

［79］Agarwal R，Ohyama A. Industry or academia，basic or applied? Career choices and earnings trajectories of scientists［J］. Management Science，2013，59（4）：950－970.

［80］Agle B R，Mitchell R K，Sonnenfeld J A. Who matters to CEOs? An investigation of stakeholder attributes and salience，corpate performance，and CEO values［J］. Academy of Management Journal，1999，42（5）：507－525.

［81］Agrawal A，Catalini C，Goldfarb A. Offline relationships，distance，and the internet: The geography of crowdfunding [J]. Cambridge, MA: National Bureau of Economic Research, 2011.

[82] Aguinis H, Glavas A. On corporate social responsibility, sensemaking, and the search for meaningfulness through work [J]. Journal of Management, 2019, 45 (3): 1057 - 1086.

[83] Ajzen I. The theory of planned behavior [J]. Organizational Behavior and Human Decision Processes, 1991, 50 (2): 179 - 211.

[84] Albert L S, Reynolds S J, Turan B. Turning inward or focusing out? Navigating theories of interpersonal and ethical cognitions to understand ethical decision - making [J]. Journal of Business Ethics, 2015, 130 (2): 467 - 484.

[85] Aldrich H, Herker D. Boundary spanning roles and organization structure [J]. Academy of Management Review, 1977, 2 (2): 217 - 230.

[86] Allen T D, Rush M C. The effects of organizational citizenship behavior on performance judgments: A field study and a laboratory experiment [J]. Journal of Applied Psychology, 1998, 83 (2): 247 - 260.

[87] Alok K. Sūttvika leadership: An Indian model of positive leadership [J]. Journal of Business Ethics, 2017, 142 (1): 117 - 138.

[88] Althoff T, Leskovec J. Donor retention in online crowdfunding communities: A case study of donorschoose. org [C]. Proceedings of the 24th International Conference on World Wide Web. 2015: 34 - 44.

[89] Amis J M, Mair J, Munir K A. The organizational reproduction of inequality [J]. Academy of Management Annals, 2020, 14 (1): 195 - 230.

[90] Antonetti P, Maklan S. Feelings that make a difference: How guilt and pride convince consumers of the effectiveness of sustainable consumption choices [J]. Journal of Business Ethics, 2014, 124 (1): 117 - 134.

[91] Aquino K, Reed II A. The self - importance of moral identity [J]. Journal of Personality and Social Psychology, 2002, 83 (6): 1423 - 1440.

[92] Argo J J, Dahl D W, Manchanda R V. The influence of a mere social presence in a retail context [J]. Journal of Consumer Research, 2005, 32 (2): 207 - 212.

[93] Armitage J, Roberts J, Sekhon Y K. Luxury products and services and the sustainable value chain: Six management lessons from Gucci [M]. Sustainable Management of Luxury. Springer, Singapore, 2017: 259 –279.

[94] Arnold K A, Turner N, Barling J, et al. Transformational leadership and psychological well – being: The mediating role of meaningful work [J]. Journal of Occupational Health Psychology, 2007, 12 (3): 193 –203.

[95] Ashforth B E, Mael F. Social identity theory and the organization [J]. Academy of Management Review, 1989, 14 (1): 20 –39.

[96] Ashton M C, Lee K. The HEXACO – 60: A short measure of the major dimensions of personality [J]. Journal of Personality Assessment, 2009, 91 (4): 340 –345.

[97] Askland A. Floating maximally many boats: A preference for the broad distribution of market benefits [J]. Journal of Business Ethics, 2002, 40 (1): 91 –99.

[98] Atkinson L. Buying in to social change: How private consumption choices engender concern for the collective [J]. The Annals of the American Academy of Political and Social Science, 2012, 644 (1): 191 –206.

[99] Au Y A, Kauffman R J. The economics of mobile payments: Understanding stakeholder issues for an emerging financial technology application [J]. Electronic Commerce Research and Applications, 2008, 7 (2): 141 –164.

[100] Auger P, Devinney T M. Do what consumers say matter? The misalignment of preferences with unconstrained ethical intentions [J]. Journal of Business Ethics, 2007, 76 (4): 361 –383.

[101] Auh S, Menguc B, Katsikeas C S, et al. When does customer participation matter? An empirical investigation of the role of customer empowerment in the customer participation – performance link [J]. Journal of Marketing Research, 2019, 56 (6): 1012 –1033.

[102] Azim M T. Corporate Social Responsibility and employee behavior: Mediating role of organizational commitment [J]. Revenue Business Management, 2016, 18 (60): 207 –225.

[103] Babakus E, Cravens D W, Johnston M, et al. The role of emotional exhaustion in sales force attitude and behavior relationships [J]. Journal of the Academy of Marketing Science, 1999, 27 (1): 58 – 70.

[104] Baer M D, Dhensa – Kahlon R K, Colquitt J A, et al. Uneasy lies the head that bears the trust: The effects of feeling trusted on emotional exhaustion [J]. Academy of Management Journal, 2015, 58 (6): 1637 – 1657.

[105] Baer M D, Frank E L, Matta F K, et al. Undertrusted, overtrusted, or just right? The fairness of (in) congruence between trust wanted and trust received [J]. Academy of Management Journal, 2021, 64 (1): 180 – 206.

[106] Baer R A, Smith G T, Hopkins J, et al. Using self – report assessment methods to explore facets of mindfulness [J]. Assessment, 2006, 13 (1): 27 – 45.

[107] Bagger J, Li A. How does supervisory family support influence employees' attitudes and behaviors? A social exchange perspective [J]. Journal of Management, 2014, 40 (4): 1123 – 1150.

[108] Bagozzi R P. Marketing as exchange: A theory of transactions in the marketplace [J]. American Behavioral Scientist, 1978, 21 (4): 535 – 556.

[109] Balboa M, Martí J. Factors that determine the reputation of private equity managers in developing markets [J]. Journal of Business Venturing, 2006, 22 (4): 453 – 480.

[110] Bandura A. Self – efficacy mechanism in human agency [J]. American Psychologist, 1982, 37 (2): 122 – 147.

[111] Bandura A. Social – learning theory [M]. Englewood Cliffs: Prentice Hall, 1977.

[112] Bansal P, Roth K. Why companies go green: A model of ecological responsiveness [J]. Academy of Management Journal, 2000, 43 (4): 717 – 736.

[113] Bansal P. From issues to actions: The importance of individual concerns and organizational values in responding to natural environmental issues [J]. Organization Science, 2003, 14 (5): 510 – 527.

[114] Bao Y, Zhou K Z, Su C. Face consciousness and risk aversion: Do they

affect consumer decision - making? [J]. Psychology & Marketing, 2003, 20 (8): 733 -755.

[115] Bapuji H, Patel C, Ertug G, et al. Corona crisis and inequality: Why management research needs a societal turn [J]. Journal of Management, 2020, 46 (7): 1205 -1222.

[116] Barasch A, Levine E E, Berman J Z, et al. Selfish or selfless? On the signal value of emotion in altruistic behavior [J]. Journal of Personality and Social Psychology, 2014, 107 (3): 393 -413.

[117] Barclay P. Reputational benefits for altruistic punishment [J]. Evolution and Human Behavior, 2006, 27 (5): 325 -344.

[118] Barnes J G. Establishing meaningful customer relationships: Why some companies and brands mean more to their customers [J]. Managing Service Quality: An International Journal, 2003, 13 (3): 178 -186.

[119] Barnett M L, Henriques I, Husted B W. Beyond good intentions: Designing CSR initiatives for greater social impact [J]. Journal of Management, 2020, 46 (6): 937 -964.

[120] Barnett R C, Hyde J S. Women, men, work, and family: An expansionist theory [J]. American Psychologist, 2001, 56 (10): 781 -796.

[121] Barsade S G. The ripple effect: Emotional contagion and its influence on group behavior [J]. Administrative Science Quarterly, 2002, 47 (4): 644 -675.

[122] Bartikowski B, Walsh G, Beatty S E. Culture and age as moderators in the corporate reputation and loyalty relationship [J]. Journal of Business Research, 2011, 64 (9): 966 -972.

[123] Basil D, Runte M, Basil M, et al. Company support for employee volunteerism: Does size matter? [J]. Journal of Business Research, 2011, 64 (1): 61 -66.

[124] Basso K, Pizzutti C. Trust recovery following a double deviation [J]. Journal of Service Research, 2016, 19 (2): 209 -223.

[125] Batson C D. Prosocial motivation: Is it ever truly altruistic? [M]. Advances

in Experimental Social Psychology. Academic Press, 1987, 20: 65 - 122.

[126] Bauman C W, Skitka L J. Corporate social responsibility as a source of employee satisfaction [J]. Research in Organizational Behavior, 2012, 32: 63 - 86.

[127] Baumeister R F, Heatherton T F. Self - regulation failure: An overview [J]. Psychological Inquiry, 1996, 7 (1): 1 - 15.

[128] Bayer P, Charles K K. Divergent paths: A new perspective on earnings differences between black and white men since 1940 [J]. The Quarterly Journal of Economics, 2018, 133 (3): 1459 - 1501.

[129] Bearden W O, Money R B, Nevins J L. A measure of long - term orientation: Development and validation [J]. Journal of the Academy of Marketing Science, 2006, 34 (3): 456 - 467.

[130] Beckman T, Colwell A, Cunningham P H. The emergence of corporate social responsibility in Chile: The importance of authenticity and social networks [J]. Journal of Business Ethics, 2009, 86 (2): 191 - 206.

[131] Belk R W. Materialism: Trait aspects of living in the material world [J]. Journal of Consumer Research, 1985, 12 (3): 265 - 280.

[132] Belk R. Why not share rather than own? [J]. The Annals of the American Academy of Political and Social Science, 2007, 611 (1): 126 - 140.

[133] Belleflamme P, Lambert T, Schwienbacher A. Crowdfunding: Tapping the right crowd [J]. Journal of Business Venturing, 2014, 29 (5): 585 - 609.

[134] Bénabou R, Tirole J. Incentives and prosocial behavior [J]. American Economic Review, 2006, 96 (5): 1652 - 1678.

[135] Bénabou R, Tirole J. Individual and corporate social responsibility [J]. Economica, 2010, 77 (305): 1 - 19.

[136] Bendapudi N, Leone R P. Psychological implications of customer participation in co - production [J]. Journal of Marketing, 2003, 67 (1): 14 - 28.

[137] Bercovitz J, Jap S D, Nickerson J A. The antecedents and performance implications of cooperative exchange norms [J]. Organization Science, 2006, 17 (6): 724 - 740.

[138] Berger I E, Cunningham P H, Drumwright M E. Identity, identification, and relationship through social alliances [J]. Journal of the Academy of Marketing Science, 2006, 34 (2): 128 - 137.

[139] Berger J, Milkman K L. Emotion and virality: What makes online content go viral? [J]. NIM Marketing Intelligence Review, 2013, 5 (1): 18 - 23.

[140] Berger J, Milkman K L. What makes online content viral? [J]. Journal of Marketing Research, 2012, 49 (2): 192 - 205.

[141] Berger J. Word of mouth and interpersonal communication: A review and directions for future research [J]. Journal of Consumer Psychology, 2014, 24 (4): 586 - 607.

[142] Bergh D D, Connelly B L, Ketchen Jr D J, et al. Signalling theory and equilibrium in strategic management research: An assessment and a research agenda [J]. Journal of Management Studies, 2014, 51 (8): 1334 - 1360.

[143] Berns J P, Figueroa - Armijos M, da Motta Veiga S P, et al. Dynamics of lending - based prosocial crowdfunding: Using a social responsibility lens [J]. Journal of Business Ethics, 2020, 161 (1): 169 - 185.

[144] Berrone P, Gelabert L, Massa - Saluzzo F, et al. Understanding community dynamics in the study of grand challenges: How nonprofits, institutional actors, and the community fabric interact to influence income inequality [J]. Academy of Management Journal, 2016, 59 (6): 1940 - 1964.

[145] Berscheid E, Graziano W, Monson T, et al. Outcome dependency: Attention, attribution, and attraction [J]. Journal of Personality and Social Psychology, 1976, 34 (5): 978 - 989.

[146] Bertels S, Peloza J. Running just to stand still? Managing CSR reputation in an era of ratcheting expectations [J]. Corporate Reputation Review, 2008, 11 (1): 56 - 72.

[147] Bertrand M, Bombardini M, Fisman R, et al. Hall of mirrors: Corporate philanthropy and strategic advocacy [J]. The Quarterly Journal of Economics, 2021, 136 (4): 2413 - 2465.

[148] Besley T, Ghatak M. Retailing public goods: The economics of corporate

social responsibility [J]. Journal of Public Economics, 2007, 91 (9): 1645 - 1663.

[149] Bettencourt L A, Brown S W, MacKenzie S B. Customer - oriented boundary - spanning behaviors: Test of a social exchange model of antecedents [J]. Journal of Retailing, 2005, 81 (2): 141 - 157.

[150] Bettencourt L A, Brown S W. Contact employees: Relationships among workplace fairness, job satisfaction and prosocial service behaviors [J]. Journal of Retailing, 1997, 73 (1): 39 - 61.

[151] Bhattacharya C B, Sen S, Korschun D. Using corporate social responsibility to win the war for talent [J]. MIT Sloan Management Review, 2008, 49 (2): 37 - 44.

[152] Bhattacharya C B, Sen S. Doing better at doing good: When, why, and how consumers respond to corporate social initiatives [J]. California Management Review, 2004, 47 (1): 9 - 24.

[153] Bidault F, Castello A. Why too much trust is death to innovation [J]. MIT Sloan Management Review, 2010, 51 (4): 1 - 6.

[154] Bilgili H, Tochman Campbell J, Ellstrand A E, et al. Riding off into the sunset: Organizational sensegiving, shareholder sensemaking, and reactions to CEO retirement [J]. Journal of Management Studies, 2017, 54 (7): 1019 - 1049.

[155] Blau P M. Exchange and power in social life [M]. New York: Wiley, 1964.

[156] BliegeBird R, Smith E A. Signaling theory, strategic interaction, and symbolic capital [J]. Current Anthropology, 2005, 46 (2): 221 - 248.

[157] Block E S, Glavas A, Mannor M J, et al. Business for good? An investigation into the strategies firms use to maximize the impact of financial corporate philanthropy on employee attitudes [J]. Journal of Business Ethics, 2017, 146 (1): 167 - 183.

[158] Bode C, Singh J, Rogan M. Corporate social initiatives and employee retention [J]. Organization Science, 2015, 26 (6): 1702 - 1720.

[159] Bode C, Singh J. Taking a hit to save the world? Employee participation in a

corporate social initiative [J]. Strategic Management Journal, 2018, 39 (4): 1003 - 1030.

[160] Boerman S C, Willemsen L M, Van Der Aa E P. "This post is sponsored": Effects of sponsorship disclosure on persuasion knowledge and electronic word of mouth in the context of Facebook [J]. Journal of Interactive Marketing, 2017, 38: 82 - 92.

[161] Boezeman E J, Ellemers N. Pride and respect in volunteers' organizational commitment [J]. European Journal of Social Psychology, 2008, 38 (1): 159 - 172.

[162] Bondy K, Charles A. Mitigating stakeholder marginalisation with the relational self [J]. Journal of Business Ethics, 2020, 165 (1): 67 - 82.

[163] Boodoo M U, Henriques I, Husted B W. Putting the "Love of Humanity" Back in Corporate Philanthropy: The Case of Health Grants by Corporate Foundations [J]. Journal of Business Ethics, 2021: 1 - 14.

[164] Booth J E, Park K W, Glomb T M. Employer - supported volunteering benefits: Gift exchange among employers, employees, and volunteer organizations [J]. Human Resource Management, 2009, 48 (2): 227 - 249.

[165] Booth W J. On the idea of the moral economy [J]. American Political Science Review, 1994, 88 (3): 653 - 667.

[166] Bordia P, Restubog S L D, Bordia S, et al. Breach begets breach: Trickle - down effects of psychological contract breach on customer service [J]. Journal of Management, 2010, 36 (6): 1578 - 1607.

[167] Boschma R. Proximity and innovation: A critical assessment [J]. Regional Studies, 2005, 39 (1): 61 - 74.

[168] Bowen D E, LawlerIII E E. Empowering service employees [J]. MIT Sloan Management Review, 1995, 36 (4): 73 - 84.

[169] Bowen H R. Social responsibilities of the businessman [M]. New York: Harper & Row, 1953.

[170] Boyd D M, Ellison N B. Social network sites: Definition, history, and scholarship [J]. Journal of Computer - Mediated Communication, 2007,

13 (1): 210 – 230.

[171] Bradford T W, Boyd N W. Help me help you! Employing the marketing mix to alleviate experiences of donor sacrifice [J]. Journal of Marketing, 2020, 84 (3): 68 – 85.

[172] Brammer S, Millington A, Rayton B. The contribution of corporate social responsibility to organizational commitment [J]. The International Journal of Human Resource Management, 2007, 18 (10): 1701 – 1719.

[173] Branco M C, Rodrigues L L. Corporate social responsibility and resource – based perspectives [J]. Journal of Business Ethics, 2006, 69 (2): 111 – 132.

[174] Branzei O, Ursacki – Bryant T J, Vertinsky I, et al. The formation of green strategies in Chinese firms: Matching corporate environmental responses and individual principles [J]. Strategic Management Journal, 2004, 25 (11): 1075 – 1095.

[175] Breeze B, Wiepking P. Different Drivers: Exploring employee involvement in corporate philanthropy [J]. Journal of Business Ethics, 2020, 165 (3): 453 – 467.

[176] Brehm, J. W. A theory of psychological reactance [M]. New York: Academic Press, 1996.

[177] Brevini B, Swiatek L. Amazon: Understanding a Global Communication Giant [M]. Routledge, 2020.

[178] Brower H H, Lester S W, Korsgaard M A, Dineen B R. A closer look at trust between managers and subordinates: Understanding the effects of both trusting and being trusted on subordinate outcomes [J]. Journal of Management, 2009, 35 (2): 327 – 347.

[179] Brown K W, Kasser T. Are psychological and ecological well – being compatible? The role of values, mindfulness, and lifestyle [J]. Social Indicators Research, 2005, 74 (2): 349 – 368.

[180] Brugmann J, Prahalad C K. Cocreating business's new social compact [J]. Harvard Business Review, 2007, 85 (2): 80 – 90.

[181] Brunsson N. The necessary hypocrisy [J]. The International Executive,

1993, 35 (1): 1 -9.

[182] Bruton G D, Chahine S, Filatotchev I. Founders, private equity investors, and underpricing in entrepreneurial IPOs [J]. Entrepreneurship Theory and Practice, 2009, 33 (4): 909 -928.

[183] Bullough A, Renko M, Abdelzaher D. Women's business ownership: Operating within the context of institutional and in - group collectivism [J]. Journal of Management, 2017, 43 (7): 2037 -2064.

[184] Bunderson J S, Thompson J A. The call of the wild: Zookeepers, callings, and the double - edged sword of deeply meaningful work [J]. Administrative Science Quarterly, 2009, 54 (1): 32 -57.

[185] Burbano V C. Social responsibility messages and worker wage requirements: Field experimental evidence from online labor marketplaces [J]. Organization Science, 2016, 27 (4): 1010 -1028.

[186] Burtch G, Ghose A, Wattal S. An empirical examination of the antecedents and consequences of contribution patterns in crowd - funded markets [J]. Information Systems Research, 2013, 24 (3): 499 -519.

[187] Butler E A, Egloff B, Wlhelm F H, et al. The social consequences of expressive suppression [J]. Emotion, 2003, 3 (1): 48 -67.

[188] Butler Jr J K. Toward understanding and measuring conditions of trust: Evolution of a conditions of trust inventory [J]. Journal of Management, 1991, 17 (3): 643 -663.

[189] Butticè V, Orsenigo C, Wright M. The effect of information asymmetries on serial crowdfunding and campaign success [J]. Economia Politica Industriale, 2018, 45 (2): 143 -173.

[190] Caligiuri P, Mencin A, Jiang K. Win - win - win: The influence of company - sponsored volunteerism programs on employees, NGOs, and business units [J]. Personnel Psychology, 2013, 66 (4): 825 -860.

[191] Capaldo A. Network structure and innovation: The leveraging of a dual network as a distinctive relational capability [J]. Strategic Management Journal, 2007, 28 (6): 585 -608.

[192] Carlsmith J M, Gross A E. Some effects of guilt on compliance [J]. Journal of Personality and Social Psychology, 1969, 11 (3): 232 – 239.

[193] Carmeli A, Gilat G, Waldman D A. The role of perceived organizational performance in organizational identification, adjustment and job performance [J]. Journal of Management Studies, 2007, 44 (6): 972 – 992.

[194] Carnahan S, Kryscynski D, Olson D. When does corporate social responsibility reduce employee turnover? Evidence from attorneys before and after 9/11 [J]. Academy of Management Journal, 2017, 60 (5): 1932 – 1962.

[195] Carroll A B, Shabana K M. The business case for corporate social responsibility: A review of concepts, research and practice [J]. International Journal of Management Reviews, 2010, 12 (1): 85 – 105.

[196] Carroll A B. A three – dimensional conceptual model of corporate performance [J]. Academy of Management Review, 1979, 4 (4): 497 – 505.

[197] Carroll A B. Corporate social responsibility: Evolution of a definitional construct [J]. Business & Society, 1999, 38 (3): 268 – 295.

[198] Carver C S, Sinclair S, Johnson S L. Authentic and hubristic pride: Differential relations to aspects of goal regulation, affect, and self – control [J]. Journal of Research in Personality, 2010, 44 (6): 698 – 703.

[199] Castelló I, Morsing M, Schultz F. Communicative dynamics and the polyphony of corporate social responsibility in the network society [J]. Journal of Business Ethics, 2013, 118 (4): 683 – 694.

[200] Castilla E J, Benard S. The paradox of meritocracy in organizations [J]. Administrative Science Quarterly, 2010, 55 (4): 543 – 676.

[201] Cavanaugh L A, Bettman J R, Luce M F. Feeling love and doing more for distant others: Specific positive emotions differentially affect prosocial consumption [J]. Journal of Marketing Research, 2015, 52 (5): 657 – 673.

[202] Celani A, Singh P. Signaling theory and applicant attraction outcomes [J]. Personnel Review, 2011, 40 (2): 222 – 238.

[203] Celsi M W, Gilly M C. Employees as internal audience: How advertising affects employees' customer focus [J]. Journal of the Academy of Marketing

Science, 2010, 38 (4): 520 - 529.

[204] Cha M K, Yi Y, Bagozzi R P. Effects of customer participation in corporate social responsibility (CSR) programs on the CSR - brand fit and brand loyalty [J]. Cornell Hospitality Quarterly, 2016, 57 (3): 235 - 249.

[205] Chan G K Y. The relevance and value of Confucianism in contemporary business ethics [J]. Journal of Business Ethics, 2008, 77 (3): 347 - 360.

[206] Chan K W, Yim C K, Lam S S K. Is customer participation in value creation a double - edged sword? Evidence from professional financial services across cultures [J]. Journal of Marketing, 2010, 74 (3): 48 - 64.

[207] Chan R Y K. Determinants of Chinese consumers' green purchase behavior [J]. Psychology & Marketing, 2001, 18 (4): 389 - 413.

[208] Chapman H A, Anderson A K. Varieties of moral emotional experience [J]. Emotion Review, 2011, 3 (3): 255 - 257.

[209] Chartrand T L, Bargh J A. The chameleon effect: The perception - behavior link and social interaction [J]. Journal of Personality and Social Psychology, 1999, 76 (6): 893 - 910.

[210] Chatzidakis A, Shaw D, Allen M. A psycho - social approach to consumer ethics [J]. Journal of Consumer Culture, 2021, 21 (2): 123 - 145.

[211] Chen Y. Internet Philanthropy in China [M]. Springer Nature, 2021.

[212] Cherrier H. Ethical consumption practices: Co - production of self - expression and social recognition [J]. Journal of Consumer Behaviour: An International Research Review, 2007, 6 (5): 321 - 335.

[213] Chong M. Employee participation in CSR and corporate identity: Insights from a disaster - response program in the Asia - Pacific [J]. Corporate Reputation Review, 2009, 12 (2): 106 - 119.

[214] Chowdhury R M M I, Fernando M. The role of spiritual well - being and materialism in determining consumers' ethical beliefs: An empirical study with Australian consumers [J]. Journal of Business Ethics, 2013, 113 (1): 61 - 79.

[215] Chun H E H, Giebelhausen M. Reversing the green backlash in services:

Credible competitors help large companies go green [J]. Journal of Service Management, 2012, 23 (3): 400 -415.

[216] Chung J, Monroe G S. Exploring social desirability bias [J]. Journal of Business Ethics, 2003, 44 (4): 291 -302.

[217] Cialdini R B. The science of persuasion [J]. Scientific American, 2001, 284 (2): 76 -81.

[218] Clary E G, Snyder M, Ridge R D, et al. Understanding and assessing the motivations of volunteers: a functional approach [J]. Journal of Personality and Social Psychology, 1998, 74 (6): 1516 -1530.

[219] Clary E G, Snyder M. The motivations to volunteer: Theoretical and practical considerations [J]. Current Directions in Psychological Science, 1999, 8 (5): 156 -159.

[220] Clugston M, Howell J P, Dorfman P W. Does cultural socialization predict multiple bases and foci of commitment? [J]. Journal of Management, 2000, 26 (1): 5 -30.

[221] Cohen B D, Dean T J. Information asymmetry and investor valuation of IPOs: Top management team legitimacy as a capital market signal [J]. Strategic Management Journal, 2005, 26 (7): 683 -690.

[222] Cohen - Chen S, Crisp R J, Halperin E. A new appraisal - based framework underlying hope in conflict resolution [J]. Emotion Review, 2017, 9 (3): 208 -214.

[223] Cole M S, Carter M Z, Zhang Z. Leader - team congruence in power distance values and team effectiveness: The mediating role of procedural justice climate [J]. Journal of Applied Psychology, 2013, 98 (6): 962 -973.

[224] Colombo M G, Franzoni C, Rossi - Lamastra C. Internal social capital and the attraction of early contributions in crowdfunding [J]. Entrepreneurship Theory and Practice, 2015, 39 (1): 75 -100.

[225] Colquitt J A, Zapata - Phelan C P. Trends in theory building and theory testing: A five - decade study of the Academy of Management Journal [J]. Academy of Management Journal, 2007, 50 (6): 1281 -1303.

[226] Connelly B L, Certo S T, Ireland R D, et al. Signaling theory: A review and assessment [J]. Journal of Management, 2011, 37 (1): 39 -67.

[227] Connelly B L, Crook T R, Combs J G, et al. Competence - and integrity - based trust in interorganizational relationships: Which matters more? [J]. Journal of Management, 2018, 44 (3): 919 -945.

[228] Connelly B L, Hoskisson R E, Tihanyi L, et al. Ownership as a form of corporate governance [J]. Journal of Management Studies, 2010, 47 (8): 1561 -1589.

[229] Converse B A, Risen J L, Carter T J. Investing in karma: When wanting promotes helping [J]. Psychological Science, 2012, 23 (8): 923 -930.

[230] Cooley C H. Human nature and the social order [M]. New York: Charles Scribner's, 1902.

[231] Copes H. Societal attachments, offending frequency, and techniques of neutralization [J]. Deviant Behavior, 2003, 24 (2): 101 -127.

[232] Cording M, Harrison J S, Hoskisson R E, Jonsen K. Walking the talk: A multistakeholder exploration of organizational authenticity, employee productivity, and post - merger performance [J]. Academy of Management Perspectives, 2014, 28 (1): 38 -56.

[233] Cotton J L, Vollrath D A, Froggatt K L, et al. Employee participation: Diverse forms and different outcomes [J]. Academy of Management Review, 1988, 13 (1): 8 -22.

[234] Cowton C J. Integrity, responsibility and affinity: Three aspects of ethics in banking [J]. Business Ethics: A European Review, 2002, 11 (4): 393 -400.

[235] Critcher C R, Dunning D. Egocentric pattern projection: How implicit personality theories recapitulate the geography of the self [J]. Journal of Personality and Social Psychology, 2009, 97 (1): 1 -16.

[236] Crites S N, Dickson K E, Lorenz A. Nurturing gender stereotypes in the face of experience: A study of leader gender, leadership style, and satisfaction [J]. Journal of Organizational Culture, Communications and Conflict, 2015, 19 (1): 1 -23.

[237] Crogan P, Kinsley S. Paying attention: Towards a critique of the attention economy [J]. Culture Machine, 2012, 13: 1 – 29.

[238] Cropanzano R, Mitchell M S. Social exchange theory: An interdisciplinary review [J]. Journal of Management, 2005, 31 (6): 874 – 900.

[239] Cruz D, Fill C. Evaluating viral marketing: isolating the key criteria [J]. Marketing Intelligence & Planning, 2008, 26 (7): 743 – 58.

[240] Cuypers I R P, Koh P S, Wang H. Sincerity in corporate philanthropy, stakeholder perceptions and firm value [J]. Organization Science, 2016, 27 (1): 173 – 188.

[241] Dabholkar P A, Bagozzi R P. An attitudinal model of technology – based self – service: Moderating effects of consumer traits and situational factors [J]. Journal of the Academy of Marketing Science, 2002, 30 (3): 184 – 201.

[242] Dane E, Pratt M G. Exploring intuition and its role in managerial decision making [J]. Academy of Management Review, 2007, 32 (1): 33 – 54.

[243] Dang A, Nguyen T. Valuation effect of emotionality in corporate philanthropy [J]. Journal of Business Ethics, 2021, 173 (1): 47 – 67.

[244] Das T K, Teng B S. Alliance constellations: A social exchange perspective [J]. Academy of Management Review, 2002, 27 (3): 445 – 456.

[245] Davidson R H, Dey A, Smith A J. CEO materialism and corporate social responsibility [J]. The Accounting Review, 2019, 94 (1): 101 – 126.

[246] Davies R. Civic crowdfunding: Participatory communities, entrepreneurs and the political economy of place [M]. MSc Thesis, Massachusetts Institute of Technology, Cambridge, MA. 2014.

[247] Davis H L. Feeding the world a line?: Celebrity activism and ethical consumer practices from Live Aid to Product Red [J]. Nordic Journal of English Studies, 2010, 9 (3): 89 – 118.

[248] Day M V. Stigma, Halo effects, and threats to ideology: Comment on the fewer the merrier? [J]. Analyses of Social Issues and Public Policy, 2013, 13 (1): 49 – 51.

[249] De Bellis E, Hildebrand C, Ito K, et al. Cross – national differences in

uncertainty avoidance predict the effectiveness of mass customization across east Asia: A large – scale field investigation [J]. Marketing Letters, 2015, 26 (3): 309 – 320.

[250] De Dreu C K W, Koole S L, Steinel W. Unfixing the fixed pie: A motivated information processing approach to integrative negotiation [J]. Journal of Personality and Social Psychology, 2000, 79 (6): 975 – 987.

[251] De Gilder D, Schuyt T N M, Breedijk M. Effects of an employee volunteering program on the work force: The ABN – AMRO case [J]. Journal of Business Ethics, 2005, 61 (2): 143 – 152.

[252] De Hooge I E, Breugelmans S M, Zeelenberg M. Not So Ugly After All: When Shame Acts as a Commitment Device [J]. Journal of Personality and Social Psychology, 2008, 95 (4): 933 – 943.

[253] De Klerk J J. Nobody is as blind as those who cannot bear to see: Psychoanalytic perspectives on the management of emotions and moral blindness [J]. Journal of Business Ethics, 2017, 141 (4): 745 – 761.

[254] De Roeck K, Akremi A E, Swaen V. Consistency matters! How and when does corporate social responsibility affect employees' organizational identification [J]. Journal of Management Studies, 2016, 53 (7): 1141 – 1168.

[255] De Roeck K, Maon F. Building the theoretical puzzle of employees' reactions to corporate social responsibility: An integrative conceptual framework and research agenda [J]. Journal of Business Ethics, 2018, 149 (3): 609 – 625.

[256] Deci E L, Ryan R M. Intrinsic motivation and self – determination in human behavior [M]. New York: Plenum Press, 2013.

[257] Derakhshan R. Building Projects on the Local Communities' Planet: Studying Organizations' Care – Giving Approaches [J]. Journal of Business Ethics, 2022, 175 (4): 721 – 740.

[258] Derry R. Reclaiming marginalized stakeholders [J]. Journal of Business Ethics, 2012, 111 (2), 253 – 264.

[259] Devers C E, Dewett T, Mishina Y, et al. A general theory of organizational stigma [J]. Organization Science, 2009, 20 (1): 154 – 171.

[260] Devika K, Jafarian A, Nourbakhsh V. Designing a sustainable closed – loop supply chain network based on triple bottom line approach: A comparison of metaheuristics hybridization techniques [J]. European Journal of Operational Research, 2014, 235 (3): 594 – 615.

[261] DeVoe S E, Pfeffer J. Hourly payment and volunteering: The effect of organizational practices on decisions about time use [J]. Academy of Management Journal, 2007, 50 (4): 783 – 798.

[262] Di Domenico M L, Tracey P, Haugh H. The dialectic of social exchange: Theorizing corporate social enterprise collaboration [J]. Organization Studies, 2009, 30 (8): 887 – 907.

[263] Dobele A R, Westberg K, Steel M, et al. An examination of corporate social responsibility implementation and stakeholder engagement: A case study in the Australian mining industry [J]. Business Strategy and the Environment, 2014, 23 (3): 145 – 159.

[264] Dolnicar S, Randle M. What motivates which volunteers? Psychographic heterogeneity among volunteers in Australia [J]. Voluntas: International Journal of Voluntary and Nonprofit Organizations, 2007, 18 (2): 135 – 155.

[265] Donia M B L, Ronen S, Tetrault Sirsly C A, et al. CSR by any other name? The differential impact of substantive and symbolic CSR attributions on employee outcomes [J]. Journal of Business Ethics, 2019, 157 (2): 503 – 523.

[266] Drover W, Wood M S, Corbett A C. Toward a cognitive view of signalling theory: Individual attention and signal set interpretation [J]. Journal of Management Studies, 2018, 55 (2): 209 – 231.

[267] Du H, King R B. Placing hope in self and others: Exploring the relationships among self – construals, locus of hope, and adjustment [J]. Personality and Individual Differences, 2013, 54 (3): 332 – 337.

[268] Du S, Bhattacharya C B, Sen S. Maximizing business returns to corporate social responsibility (CSR): The role of CSR communication [J]. International Journal of Management Reviews, 2010, 12 (1): 8 – 19.

[269] Du S, Bhattacharya C B, Sen S. Reaping relational rewards from corporate

social responsibility: The role of competitive positioning. International Journal of Research in Marketing, 2007, 24 (3): 224 - 241.

[270] Dubbink W, Van Liedekerke L. Rethinking the purity of moral motives in business: Kant against moral purism [J]. Journal of Business Ethics, 2020, 167 (3): 379 - 393.

[271] Dunn J R, Schweitzer M E. Feeling and believing: The influence of emotion on trust [J]. Journal of Personality and Social Psychology, 2005, 88 (5): 736 - 748.

[272] Dyer J H, Chu W. The role of trustworthiness in reducing transaction costs and increasing information sharing: Empirical evidence from the United States, Japan, and Korea [J]. Organization Science, 2003, 14: 57 - 68.

[273] Dyer J H. Effective interfirm collaboration: How firms minimize transaction costs and maximize transaction value [J]. Strategic Management Journal, 1997, 18 (7): 535 - 556.

[274] Eberle D, Berens G, Li T. The impact of interactive corporate social responsibility communication on corporate reputation [J]. Journal of Business Ethics, 2013, 118 (4): 731 - 746.

[275] Ebrahim - Khanjari N, Hopp W, Iravani S M R. Trust and information sharing in supply chains [J]. Production and Operations Management, 2012, 21 (3): 444 - 464.

[276] Eccles J S, Wigfield A. Motivational beliefs, values, and goals [J]. Annual Review of Psychology, 2002, 53 (1): 109 - 132.

[277] Echeverri P, Skålén P. Co - creation and co - destruction: A practice - theory based study of interactive value formation [J]. Marketing Theory, 2011, 11 (3): 351 - 373.

[278] Edwards J R, Lambert L S. Methods for integrating moderation and mediation: A general analytical framework using moderated path analysis [J]. Psychological Methods, 2007, 12 (3): 1 - 22.

[279] Edwards J R, Rothbard N P. Mechanisms linking work and family: Clarifying the relationship between work and family constructs [J]. Academy of

Management Review, 2000, 25 (1): 178 - 199.

[280] Edwards M R, Peccei R. Perceived organizational support, organizational identification, and employee outcomes: Testing a simultaneous multifoci model [J]. Journal of Personnel Psychology, 2010, 9 (1): 17 - 26.

[281] Egri C, Herman S. Leadership in the North American environmental sector: Values, leadership styles, and contexts of environmental leaders and their organizations [J]. Academy of Management Journal, 2000, 43 (4), 571 - 604.

[282] Ehrhart K H, Ziegert J C. Why are individuals attracted to organizations? [J]. Journal of Management, 2005, 31 (6): 901 - 919.

[283] Eigenraam A W, Eelen J, Van Lin A, et al. A consumer - based taxonomy of digital customer engagement practices [J]. Journal of Interactive Marketing, 2018, 44: 102 - 121.

[284] Eisenberger R, Huntington R, Hutchison S, et al. Perceived organizational support [J]. Journal of Applied Psychology, 1986, 71 (3): 500 - 507.

[285] Ellen P S, Webb D J, Mohr L A. Building corporate associations: Consumer attributions for corporate socially responsible programs. Journal of the Academy of Marketing Science, 2006, 34 (2): 147 - 157.

[286] Estrin S, Mickiewicz T, Stephan U. Human capital in social and commercial entrepreneurship [J]. Journal of Business Venturing, 2016, 31 (4): 449 - 467.

[287] Etter M, Ravasi D, Colleoni E. Social media and the formation of organizational reputation [J]. Academy of Management Review, 2019, 44 (1): 28 - 52.

[288] Evans J S B T. Dual - processing accounts of reasoning, judgment, and social cognition [J]. Annual Review of Psychology, 2008, 59: 255 - 278.

[289] Evans W R, Davis W D. An examination of perceived corporate citizenship, job applicant attraction, and CSR work role definition [J]. Business & Society, 2011, 50 (3): 456 - 480.

[290] Farber H S, Herbst D, Kuziemko I, et al. Unions and inequality over the

twentieth century: New evidence from survey data [J]. The Quarterly Journal of Economics, 2021, 136 (3): 1325 - 1385.

[291] Fehr E, Fischbacher U. Why social preferences matter - the impact of non - selfish motives on competition, cooperation and incentives [J]. The Economic Journal, 2002, 112 (478): C1 - C33.

[292] Fein S, Hilton J L. Judging others in the shadow of suspicion [J]. Motivation and Emotion, 1994, 18 (2): 167 - 198.

[293] Feldman J M. Beyond attribution theory: Cognitive processes in performance appraisal [J]. The Journal of Applied Psychology, 1981, 66 (2): 127 - 148.

[294] Ferguson R, Goldman S M. The cause manifesto [J]. Journal of Consumer Marketing, 2010, 27 (3): 283 - 287.

[295] Figueroa - Armijos M, Berns J P. Vulnerable populations and individual social responsibility in prosocial crowdfunding: Does the framing matter for female and rural entrepreneurs? [J]. Journal of Business Ethics, 2022, 177 (2): 377 - 394.

[296] Filatotchev I, Bishop K. Board composition, share ownership, and 'underpricing' of UK IPO firms [J]. Strategic Management Journal, 2002, 23 (10): 941 - 955.

[297] Fisher R J, Vandenbosch M, Antia K D. An empathy - helping perspective on consumers' responses to fund - raising appeals [J]. Journal of Consumer Research, 2008, 35 (3): 519 - 531.

[298] Fiske S T, Taylor S E. Social cognition: From brains to culture [M]. Sage: Thousand Oaks, CA, 2013.

[299] Flammer C, Luo J. Corporate social responsibility as an employee governance tool: Evidence from a quasi - experiment [J]. Strategic Management Journal, 2017, 38 (2): 163 - 183.

[300] Flanigan S T. Crowdfunding and diaspora philanthropy: An integration of the literature and major concepts [J]. VOLUNTAS: International Journal of Voluntary and Nonprofit Organizations, 2017, 28 (2): 492 - 509.

[301] Folkes V S. Consumer reactions to product failure: An attributional approach

[J]. Journal of Consumer Research, 1984, 10 (4): 398 - 409.

[302] Foreh M R, Grier S. When is honesty the best policy? The effect of stated company intent on consumer skepticism [J]. Journal of Consumer Psychology, 2003, 13 (3): 349 - 356.

[303] Forgas J P. She just doesn't look like a philosopher…? Affective influences on the halo effect in impression formation [J]. European Journal of Social Psychology, 2011, 41 (7): 812 - 817.

[304] Fourie M M, Rauch H G L, Morgan B E, et al. Guilt and pride are heartfelt, but not equally so [J]. Psychophysiology, 2011, 48 (7): 888 - 899.

[305] Fredrickson B L. The role of positive emotions in positive psychology: The broaden - and - build theory of positive emotions [J]. American Psychologist, 2001, 56 (3): 218 - 226.

[306] Freeman R E. Divergent stakeholder theory [J]. Academy of Management Review, 1999, 24 (2): 233 - 236.

[307] Freeman R E. Strategic management: A stakeholder approach [M]. Boston, MA: Pitman, 2010.

[308] Friedman H S, Riggio R E. Effect of individual differences in nonverbal expressiveness on transmission of emotion [J]. Journal of Nonverbal Behavior, 1981, 6 (2): 96 - 104.

[309] Friedman M. Capitalism and freedom [M]. Chicago: University of Chicago Press, 1962.

[310] Froot K A, Scharfstein D S, Stein J C. Herd on the street: Informational inefficiencies in a market with short - term speculation [J]. The Journal of Finance, 1992, 47 (4): 1461 - 1484.

[311] Gammoh B S, Voss K E, Chakraborty G. Consumer evaluation of brand alliance signals [J]. Psychology & Marketing, 2006, 23 (6): 465 - 486.

[312] Ganesan S. Determinants of long - term orientation in buyer - seller relationships [J]. Journal of Marketing, 1994, 58 (2): 1 - 19.

[313] Gaucher D, Friesen J, Kay A C. Evidence that gendered wording in job advertisements exists and sustains gender inequality [J]. Journal of Person-

ality and Social Psychology, 2011, 101 (1): 109 - 128.

[314] Gautier A, Pache A C. Research on corporate philanthropy: A review and assessment [J]. Journal of Business Ethics, 2015, 126 (3): 343 - 369.

[315] Geddes D, Callister R R. Crossing the line (s): A dual threshold model of anger in organizations [J]. Academy of Management Review, 2007, 32 (3): 721 - 746.

[316] George G, Howard - Grenville J, Joshi A, et al. Understanding and tackling societal grand challenges through management research [J]. Academy of Management Journal, 2016, 59 (6): 1880 - 1895.

[317] Giacalone R A, Promislo M D. Broken when entering: The stigmatization of goodness and business ethics education [J]. Academy of Management Learning & Education, 2013, 12 (1): 86 - 101.

[318] Glavas A, Kelley K. The effects of perceived corporate social responsibility on employee attitudes [J]. Business Ethics Quarterly, 2014, 24 (2): 165 - 202.

[319] Glavas A. Corporate social responsibility and employee engagement: Enabling employees to employ more of their whole selves at work [J]. Frontiers in Psychology, 2016: 7 (1): 1 - 10.

[320] Gneezy A, Gneezy U, Nelson L D, et al. Shared social responsibility: A field experiment in pay - what - you - want pricing and charitable giving [J]. Science, 2010, 329 (5989): 325 - 327.

[321] Gneezy A, Gneezy U, Riener G, et al. Pay - what - you - want, identity, and self - signaling in markets [J]. Proceedings of the National Academy of Sciences, 2012, 109 (19): 7236 - 7240.

[322] Godes D, Mayzlin D. Using online conversations to study word - of - mouth communication [J]. Marketing Science, 2004, 23 (4): 545 - 560.

[323] Golan G J, Zaidner L. Creative strategies in viral advertising: An application of Taylor's six - segment message strategy wheel [J]. Journal of Computer - Mediated Communication, 2008, 13 (4): 959 - 972.

[324] Goldsmith K, Cho E K, Dhar R. When guilt begets pleasure: The positive

effect of a negative emotion [J]. Journal of Marketing Research, 2012, 49 (6): 872 -881.

[325] Gomez R, Gunderson M. Volunteer activity and the demands of work and family [J]. Relations Industrielles/Industrial Relations, 2003, 58 (4): 573 -589.

[326] Gond J P, Igalens J, Swaen V, et al. The human resources contribution to responsible leadership: An exploration of the CSR - HR interface [M] // Responsible Leadership. Springer, Dordrecht, 2011: 115 -132.

[327] Good D J, Lyddy C J, Glomb T M, et al. Contemplating mindfulness at work: An integrative review [J]. Journal of Management, 2016, 42 (1): 114 -142.

[328] Goodstein J D, Wicks A C. Corporate and stakeholder responsibility: Making business ethics a two - way conversation [J]. Business Ethics Quarterly, 2007, 17 (3): 375 -398.

[329] Goodstein J, Butterfield K, Neale N. Moral repair in the workplace: A qualitative investigation and inductive model [J]. Journal of Business Ethics, 2016, 138 (1): 17 -37.

[330] Grant A M. Giving time, time after time: Work design and sustained employee participation in corporate volunteering [J]. Academy of Management Review, 2012, 37 (4): 589 -615.

[331] Grau S L, Folse J A G. Cause - related marketing (CRM): The influence of donation proximity and message - framing cues on the less - involved consumer [J]. Journal of Advertising, 2007, 36 (4): 19 -33.

[332] Green A O, Hunton - Clarke L. A typology of stakeholder participation for company environmental decision - making [J]. Business Strategy and The Environment, 2003, 12 (5): 292 -299.

[333] Greenhaus J H, Powell G N. When work and family are allies: A theory of work - family enrichment [J]. Academy of Management Review, 2006, 31 (1): 72 -92.

[334] Greening D W, Turban D B. Corporate social performance as a competitive

advantage in attracting a quality workforce [J]. Business & Society, 2000, 39 (3): 254 - 280.

[335] Griskevicius V, Shiota M N, Neufeld S L. Influence of different positive emotions on persuasion processing: A functional evolutionary approach [J]. Emotion, 2010a, 10 (2): 190 - 206.

[336] Griskevicius V, Tybur J M, Van den Bergh B. Going green to be seen: Status, reputation, and conspicuous conservation [J]. Journal of Personality and Social Psychology, 2010b, 98 (3): 392 - 404.

[337] Grönroos C, Voima P. Critical service logic: Making sense of value creation and co - creation [J]. Journal of the Academy of Marketing Science, 2013, 41 (2): 133 - 150.

[338] Groves K, La Rocca M. An empirical study of leader ethical values, transformational and transactional leadership, and follower attitudes towards corporate social responsibility [J]. Journal of Business Ethics, 2011, 103 (1): 511 - 528.

[339] Guillén M, Ferrero I, Hoffman W M. The neglected ethical and spiritual motivations in the workplace [J]. Journal of Business Ethics, 2015, 128 (4): 803 - 816.

[340] Gulati R, Higgins M C. Which ties matter when? The contingent effects of interorganizational partnerships on IPO success [J]. Strategic management journal, 2003, 24 (2): 127 - 144.

[341] Gupta P, Harris J. How e - WOM recommendations influence product consideration and quality of choice: A motivation to process information perspective [J]. Journal of Business Research, 2010, 63 (9 - 10): 1041 - 1049.

[342] Gwinner K. A model of image creation and image transfer in event sponsorship [J]. International Marketing Review, 1997, 14 (3): 145 - 158.

[343] Hackman J R. Work redesign and motivation [J]. Professional Psychology, 1980, 11 (3): 445 - 455.

[344] Haidt J. The emotional dog and its rational tail: A social intuitionist approach to moral judgment [J]. Psychological Review, 2001, 108 (4): 814 - 834.

[345] Haidt J. The new synthesis in moral psychology [J]. Science, 2007, 316 (5827): 998 - 1002.

[346] Halbesleben J R B, Harvey J, Bolino M C. Too engaged? A conservation of resources view of the relationship between work engagement and work interference with family [J]. The Journal of Applied Psychology, 2009, 94 (6): 1452 - 1465.

[347] Halbesleben J R B, Neveu J - P, Paustian - Underdahl S C, Westman M. Getting to the "COR": Understanding the role of resources in conservation of resources theory [J]. Journal of Management, 2014, 40 (5): 1334 - 1364.

[348] Halperin E, Gross J J. Emotion regulation in violent conflict: Reappraisal, hope, and support for humanitarian aid to the opponent in wartime [J]. Cognition & Emotion, 2011, 25 (7): 1228 - 1236.

[349] Hamby A. One for me, one for you: Cause - related marketing with buy - one give - one promotions [J]. Psychology & Marketing, 2016, 33 (9): 692 - 703.

[350] Han D, Duhachek A, Agrawal N. Coping and construal level matching drives health message effectiveness via response efficacy or self - efficacy enhancement [J]. Journal of Consumer Research, 2016, 43 (3): 429 - 447.

[351] Hand C M, Van Liere K D. Religion, mastery - over - nature, and environmental concern [J]. Social Forces, 1984, 63 (2): 555 - 570.

[352] Handelman J M. Corporate identity and the societal constituent [J]. Journal of the Academy of Marketing Science, 2006, 34 (2): 107 - 114.

[353] Hannan M T, Freeman J. Structural inertia and organizational change [J]. American Sociological Review, 1984, 49 (2): 149 - 164.

[354] Harber K D, Cohen D J. The emotional broadcaster theory of social sharing [J]. Journal of Language and Social Psychology, 2005, 24 (4): 382 - 400.

[355] Harrison - Walker L J. The measurement of word - of - mouth communication and an investigation of service quality and customer commitment as potential antecedents [J]. Journal of Service Research, 2001, 4 (1): 60 - 75.

[356] Hart P, Saunders C. Power and trust: Critical factors in the adoption and use of electronic data interchange [J]. Organization Science, 1997, 8 (1): 23 - 42.

[357] Haski - Leventhal D, Bargal D. The volunteer stages and transitions model: Organizational socialization of volunteers [J]. Human Relations, 2008, 61 (1): 67 - 102.

[358] Hays R D, Hayashi T, Stewart A L. A five - item measure of socially desirable response set [J]. Educational and Psychological Measurement, 1989, 49 (3): 629 - 636.

[359] He P, Peng Z, Zhao H, et al. How and when compulsory citizenship behavior leads to employee silence: a moderated mediation model based on moral disengagement and supervisor - subordinate guanxi views [J]. Journal of Business Ethics, 2019, 155 (1): 259 - 274.

[360] Heidenreich S, Wittkowski K, Handrich M, et al. The dark side of customer co - creation: exploring the consequences of failed co - created services [J]. Journal of the Academy of Marketing Science, 2015, 43 (3): 279 - 296.

[361] Hejjas K, Miller G, Scarles C. "It's like hating puppies!" Employee disengagement and corporate social responsibility [J]. Journal of Business Ethics, 2019, 157 (2): 319 - 337.

[362] Helm S. A matter of reputation and pride: Associations between perceived external reputation, pride in membership, job satisfaction and turnover intentions [J]. British Journal of Management, 2013, 24 (4): 542 - 556.

[363] Henderson R M. More and more CEOs are taking their social responsibility seriously [J]. Harvard Business Review, 2018, 12: 2 - 5.

[364] Hobfoll S E. Conservation of resources: A new attempt at conceptualizing stress [J]. American Psychologist, 1989, 44 (3): 513 - 524.

[365] Hobfoll S E. Social and psychological resources and adaptation [J]. Review of General Psychology, 2002, 6 (4): 307 - 324.

[366] Hofstede G. The interaction between national and organizational value systems [J]. Journal of Management Studies, 1985, 22 (4): 347 - 357.

[367] Hogan J E, Lemon K N, Libai B. What is the true value of a lost customer? [J]. Journal of Service Research, 2003, 5 (3): 196 – 208.

[368] Hollebeek L D, Glynn M S, Brodie R J. Consumer brand engagement in social media: Conceptualization, scale development and validation [J]. Journal of Interactive Marketing, 2014, 28 (2): 149 – 165.

[369] Holmstrom B. Moral hazard in teams [J]. The Bell Journal of Economics, 1982, 13: 324 – 340.

[370] Houghton S M, Gabel J T A, Williams D W. Connecting the two faces of CSR: Does employee volunteerism improve compliance? [J]. Journal of Business Ethics, 2009, 87 (4): 477 – 494.

[371] Howard M C, Serviss E. The antecedents and outcomes of corporate volunteering: An employee – and organizational – level meta – analysis [J]. Journal of Managerial Psychology, 2022, 37 (2): 93 – 110.

[372] Howie K M, Yang L, Vitell S J, et al. Consumer participation in cause – related marketing: An examination of effort demands and defensive denial [J]. Journal of Business Ethics, 2018, 147 (3): 679 – 692.

[373] Hsee C K, Hastie R. Decision and experience: Why don't we choose what makes us happy? [J]. Trends in Cognitive Sciences, 2006, 10 (1): 31 – 37.

[374] Hsee C K, Rottenstreich Y. Music, pandas, and muggers: On the affective psychology of value [J]. Journal of Experimental Psychology: General, 2004, 133 (1): 23 – 30.

[375] Huang C C, Lu L C. Examining the roles of collectivism, attitude toward business, and religious beliefs on consumer ethics in China [J]. Journal of Business Ethics, 2017, 146 (3): 505 – 514.

[376] Huang L, Knight A P. Resources and relationships in entrepreneurship: An exchange theory of the development and effects of the entrepreneur – investor relationship [J]. Academy of Management Review, 2017, 42 (1): 80 – 102.

[377] Hui C H, Triandis H C. Individualism – collectivism: A study of cross – cultural researchers [J]. Journal of Cross – Cultural Psychology, 1986, 17 (2): 225 – 248.

[378] Hui C, Wong A, Tjosvold D. Turnover intention and performance in China: The role of positive affectivity, Chinese values, perceived organizational support and constructive controversy [J]. Journal of Occupational and Organizational Psychology, 2007, 80 (4): 735 - 751.

[379] Hur W M, Moon T W, Kim H. When and how does customer engagement in CSR initiatives lead to greater CSR participation? The role of CSR credibility and customer - company identification [J]. Corporate Social Responsibility and Environmental Management, 2020, 27 (4): 1878 - 1891.

[380] Husted B W. Governance choices for corporate social responsibility: To contribute, collaborate or internalize? [J]. Long Range Planning, 2003, 36 (5): 481 - 498.

[381] Huxham C, Vangen S. Managing to collaborate: The theory and practice of collaborative advantage [M]. Routledge, 2013.

[382] Hwang K, Kim H. Are ethical consumers happy? Effects of ethical consumers' motivations based on empathy versus self - orientation on their happiness [J]. Journal of Business Ethics, 2018, 151 (2): 579 - 598.

[383] Iacoboni M. Imitation, empathy, and mirror neurons [J]. Annual Review of Psychology, 2009, 60: 653 - 670.

[384] Illia L, Romenti S, Rodríguez - Cánovas B, et al. Exploring corporations' dialogue about CSR in the digital era [J]. Journal of Business Ethics, 2017, 146 (1): 39 - 58.

[385] Ind N, Coates N, Lerman K. The gift of co - creation: What motivates customers to participate [J]. Journal of Brand Management, 2020, 27 (2): 181 - 194.

[386] Ind N, Iglesias O, Schultz M. Building brands together: Emergence and outcomes of co - creation [J]. California Management Review, 2013, 55 (3): 5 - 26.

[387] Isen A M. An influence of positive affect on decision making in complex situations: Theoretical issues with practical implications [J]. Journal of Consumer Psychology, 2001, 11 (2): 75 - 85.

[388] Iyengar S S, Lepper M R. When choice is demotivating: Can one desire too much of a good thing? [J]. Journal of Personality and Social Psychology, 2000, 79 (6): 995 – 1006.

[389] Jakob E A, Steinmetz H, Wehner M C, et al. Like it or not: When corporate social responsibility does not attract potential applicants [J]. Journal of Business Ethics, 2022, 178 (1): 105 – 127.

[390] Janney J J, Folta T B. Moderating effects of investor experience on the signaling value of private equity placements [J]. Journal of Business Venturing, 2006, 21 (1): 27 – 44.

[391] Janney J J, Folta T B. Signaling through private equity placements and its impact on the valuation of biotechnology firms [J]. Journal of Business Venturing, 2003, 18 (3): 361 – 380.

[392] Jensen M C, Meckling W H. Theory of the firm: Managerial behavior, agency costs and ownership structure. Journal of Financial Economics, 1976, 3 (4): 305 – 360.

[393] Jiang L, Lavaysse L M. Cognitive and affective job insecurity: A meta – analysis and a primary study [J]. Journal of Management, 2018, 44 (6): 2307 – 2342.

[394] John A, Qadeer F, Shahzadi G, Jia F. Getting paid to be good: How and when employees respond to corporate social responsibility? [J]. Journal of Cleaner Production, 2019, 215: 784 – 795.

[395] Johnson R A, Greening D W. The effects of corporate governance and institutional ownership types on corporate social performance [J]. Academy of Management Journal, 1999, 42 (5): 564 – 576.

[396] Johnston W J, Khalil S, Nhat Hanh Le A, et al. Behavioral implications of international social media advertising: An investigation of intervening and contingency factors [J]. Journal of International Marketing, 2018, 26 (2): 43 – 61.

[397] Jones C, Hesterly W S, Fladmoe – Lindquist K, Borgatti S P. Professional service constellations: How strategies and capabilities influence collaborative

stability and change [J]. Organization Science. 1998, 9 (3): 396 -410.
[398] Jones D A, Willness C R, Madey S. Why are job seekers attracted by corporate social performance? Experimental and field tests of three signal - based mechanisms [J]. Academy of Management Journal, 2014, 57 (2): 383 -404.
[399] Jones D A. Does serving the community also serve the company? Using organizational identification and social exchange theories to understand employee responses to avolunteerism programme [J]. Journal of Occupational and Organizational Psychology, 2010, 83 (4): 857 -878.
[400] Jones R, Murrell A J. Signaling positive corporate social performance: An event study of family - friendly firms [J]. Business & Society, 2001, 40 (1), 59 -78.
[401] Jones T M. Ethical decision making by individuals in organizations: An issue - contingent model [J]. Academy of Management Review, 1991, 16 (2): 366 -395.
[402] Jones T M. Instrumental stakeholder theory: A synthesis of ethics and economics [J]. Academy of Management Review, 1995, 20 (2): 404 -437.
[403] Joosten A, Van Dijke M, Van Hiel A, et al. Feel good, do - good!? On consistency and compensation in moral self - regulation [J]. Journal of Business Ethics, 2014, 123 (1): 71 -84.
[404] Joshi A W, Sharma S. Customer knowledge development: Antecedents and impact on new product performance [J]. Journal of Marketing, 2004, 68 (4): 47 -59.
[405] Ju I, He Y, Chen Q, et al. The mind - set to share: an exploration of antecedents of narrowcasting versus broadcasting in digital advertising [J]. Journal of Advertising, 2017, 46 (4): 473 -486.
[406] Kahneman D. A perspective on judgment and choice: Mapping bounded rationality [J]. American Psychologist, 2003, 58 (9): 697 -720.
[407] Kallman M E. Allocative failures: Networks and institutions in international grantmaking relationships [J]. Voluntas: International Journal of Voluntary and Nonprofit Organizations, 2017, 28 (2): 745 -772.

[408] Kammeyer – Mueller J D, Simon L S, Rich B L. The psychic cost of doing wrong: Ethical conflict, divestiture socialization, and emotional exhaustion [J]. Journal of Management, 2012, 38 (3): 784 – 808.

[409] Kang J H, Matusik J G, Barclay L A. Affective and normative motives to work overtime in Asian organizations: Four cultural orientations from Confucian ethics [J]. Journal of Business Ethics, 2017, 140 (1): 115 – 130.

[410] Katz D. The motivational basis of organizational behavior [J]. Behavioral Science, 1964, 9 (2): 131 – 146.

[411] Kelley H H. The processes of causal attribution [J]. American Psychologist, 1973, 28 (2): 107 – 128.

[412] Kelly J R, Barsade S G. Mood and emotions in small groups and work teams [J]. Organizational Behavior and Human Decision Processes, 2001, 86 (1): 99 – 130.

[413] Kim H R, Lee M, Lee H T, et al. Corporate social responsibility and employee – company identification [J]. Journal of Business Ethics, 2010, 95 (4): 557 – 569.

[414] Kim J E, Johnson K K P. The impact of moral emotions on cause – related marketing campaigns: A cross – cultural examination [J]. Journal of Business Ethics, 2013, 112 (1): 79 – 90.

[415] Kim T Y, Oh H, Swaminathan A. Framing interorganizational network change: A network inertia perspective [J]. Academy of management review, 2006, 31 (3): 704 – 720.

[416] Kim Y, Slotegraaf R J. Brand – embedded interaction: A dynamic and personalized interaction for co – creation [J]. Marketing Letters, 2016, 27 (1): 183 – 193.

[417] Kish – Gephart J, Detert J, Treviño L K, et al. Situational moral disengagement: Can the effects of self – interest be mitigated? [J]. Journal of Business Ethics, 2014, 125 (2): 267 – 285.

[418] Kitayama S, Markus H R, Kurokawa M. Culture, emotion, and well – being: Good feelings in Japan and the United States [J]. Cognition & E-

motion, 2000, 14 (1): 93 - 124.

[419] Kitayama S, Mesquita B, Karasawa M. Cultural affordances and emotional experience: Socially engaging and disengaging emotions in Japan and the United States [J]. Journal of Personality and Social Psychology, 2006, 91 (5): 890 - 903.

[420] Knox B D. Employee volunteer programs are associated with firm - level benefits and CEO incentives: Data on the ethical dilemma of corporate social responsibility activities [J]. Journal of Business Ethics, 2020, 162 (2): 449 - 472.

[421] Kohli A K, Jaworski B J. The influence of coworker feedback on salespeople [J]. Journal of Marketing, 1994, 58 (4): 82 - 94.

[422] Kohls J, Christensen S L. The business responsibility for wealth distribution in a globalized political - economy: Merging moral economics and Catholic social teaching [J]. Journal of Business Ethics, 2002, 35 (3): 223 - 234.

[423] Kolk A, van Dolen W, Vock M. Trickle effects of cross - sector social partnerships [J]. Journal of Business Ethics, 2010, 94 (1): 123 - 137.

[424] Kolk A, Vock M, van Dolen W. Microfoundations of partnerships: Exploring the role of employees in trickle effects [J]. Journal of Business Ethics, 2016, 135 (1): 19 - 34.

[425] Kong D T, Dirks K T, Ferrin D L. Interpersonal trust within negotiations: Meta - analytic evidence, critical contingencies, and directions for future research [J]. Academy of Management Journal, 2014, 57 (5): 1235 - 1255.

[426] Kopalle P K, Lehmann D R, Farley J U. Consumer expectations and culture: The effect of belief in karma in India [J]. Journal of Consumer Research, 2010, 37 (2): 251 - 263.

[427] Korschun D, Bhattacharya C B, Swain S D. Corporate social responsibility, customer orientation, and the job performance of frontline employees [J]. Journal of Marketing, 2014, 78 (3): 20 - 37.

[428] Kotler P, Hessekiel D, Lee N R. Good works! : Marketing and corporate initiatives that build a better world … and the bottom Line [M]. John

Wiley & Sons, 2012.

[429] Kozinets R V, Hemetsberger A, Schau H J. The wisdom of consumer crowds: Collective innovation in the age of networked marketing [J]. Journal of Macromarketing, 2008, 28 (4): 339 – 354.

[430] Kraemer T, Weiger W H, Gouthier M H J, et al. Toward a theory of spirals: The dynamic relationship between organizational pride and customer – oriented behavior [J]. Journal of the Academy of Marketing Science, 2020, 48 (6): 1095 – 1115.

[431] Krautz C, Hoffmann S. The tenure – based customer retention model: A cross – cultural validation [J]. Journal of International Marketing, 2017, 25 (3): 83 – 106.

[432] Kuenzi M, Schminke M. Assembling fragments into a lens: A review, critique, and proposed research agenda for the organizational work climate literature [J]. Journal of Management, 2009, 35 (3): 634 – 717.

[433] Kulesza W, Szypowska Z, Jarman M S, & Dolinski D. Attractive chameleons sell: The mimicry – attractiveness link [J]. Psychology & Marketing, 2014, 31 (7): 549 – 561.

[434] Kull A J, Heath T B. You decide, we donate: Strengthening consumer – brand relationships through digitally co – created social responsibility [J]. International Journal of Research in Marketing, 2016, 33 (1): 78 – 92.

[435] Kulow K, Kramer T. In pursuit of good karma: When charitable appeals to do right go wrong [J]. Journal of Consumer Research, 2016, 43 (2): 334 – 353.

[436] Kumar V, Aksoy L, Donkers B, et al. Undervalued or overvalued customers: Capturing total customer engagement value [J]. Journal of Service Research, 2010, 13 (3): 297 – 310.

[437] Kumar V, Pansari A. Competitive advantage through engagement [J]. Journal of Marketing Research, 2016, 53 (4): 497 – 514.

[438] Kuti M, Madarász G. Crowdfunding [J]. Public Finance Quarterly, 2014, 59 (3): 355 – 366.

[439] Lacker J M, Weinberg J A. Optimal contracts under costly state falsification [J]. Journal of Political Economy, 1989, 97 (6): 1345 - 1363.

[440] Lam C K, Huang X, Chan S C H. The threshold effect of participative leadership and the role of leader information sharing [J]. Academy of Management Journal, 2015, 58 (3): 836 - 855.

[441] Lamberg J A, Tikkanen H, Nokelainen T, et al. Competitive dynamics, strategic consistency, and organizational survival [J]. Strategic Management Journal, 2009, 30 (1): 45 - 60.

[442] Lance P, Guy J G. From subservient chickens to brawny men: A comparison of viral advertising to television advertising [J]. Journal of Interactive Advertising, 2006, 6 (2): 4 - 33.

[443] Lane A B, Devin B. Operationalizing stakeholder engagement in CSR: A process approach [J]. Corporate Social Responsibility and Environmental Management, 2018, 25 (3): 267 - 280.

[444] Lau D C, Lam L W, Wen S S. Examining the effects of feeling trusted by supervisors in the workplace: A self - evaluative perspective [J]. Journal of Organizational Behavior, 2014, 35 (1): 112 - 127.

[445] Laverie D A, McDonald R E. Volunteer dedication: Understanding the role of identity importance on participation frequency [J]. Journal of Macromarketing, 2007, 27 (3): 274 - 288.

[446] Lazarus R S. Emotion and adaptation [M]. New York: Oxford University Press, 1991.

[447] Lee E, Lee B. Herding behavior in online P2P lending: An empirical investigation [J]. Electronic Commerce Research and Applications, 2012, 11 (5): 495 - 503.

[448] Lee H J. The role of competence - based trust and organizational identification in continuous improvement [J]. Journal of Managerial Psychology, 2004, 19 (6): 623 - 639.

[449] Lee S Y, Zhang W, Abitbol A. What makes CSR communication lead to CSR participation? Testing the mediating effects of CSR associations, CSR

credibility, and organization – public relationships [J]. Journal of Business Ethics, 2019, 157 (2): 413 – 429.

[450] Lee S, Winterich K P, Ross Jr W T. I'm moral, but I won't help you: The distinct roles of empathy and justice in donations [J]. Journal of Consumer Research, 2014, 41 (3): 678 – 696.

[451] Lee Y C, Yen C H, Fu W T. Improving donation distribution for crowdfunding: An agent – based model [C] //International conference on social computing, behavioral – cultural modeling and prediction and behavior representation in modeling and simulation. Springer, Cham, 2016: 3 – 12.

[452] Lee Y, Tao W. Employees as information influencers of organization's CSR practices: The impacts of employee words on public perceptions of CSR [J]. Public Relations Review, 2020, 46 (1): 101887.

[453] Lehner O M. Crowdfunding social ventures: A model and research agenda. Venture Capital: An International [J]. Journal of Entrepreneurial Finance, 2013, 15 (4): 289 – 311.

[454] Lei J, Dawar N, Gürhan – Canli Z. Base – rate information in consumer attributions of product – harm crises [J]. Journal of Marketing Research, 2012, 49 (3): 336 – 348.

[455] Lev B, Petrovits C, Radhakrishnan S. Is doing good good for you? How corporate charitable contributions enhance revenue growth [J]. Strategic Management Journal, 2010, 31 (2): 182 – 200.

[456] Levin D Z, Cross R. The strength of weak ties you can trust: The mediating role of trust in effective knowledge transfer [J]. Management Science, 2004, 50 (11): 1477 – 1490.

[457] Levine S, White P E. Exchange as a conceptual framework for the study of interorganizational relationships [J]. Administrative Science Quarterly, 1961, 5 (4): 583 – 601.

[458] Li S, Madhok A, Plaschka G, Verma R. Supplier – switching inertia and competitive asymmetry: A demand – side perspective [J]. Decision Sciences, 2006, 37: 547 – 576.

[459] Li X H, Liang X. A Confucian social model of political appointments among Chinese private - firm entrepreneurs [J]. Academy of Management Journal, 2015, 58 (2): 592 - 617.

[460] Lievens F, Highhouse S. The relation of instrumental and symbolic attributes to a company's attractiveness as an employer [J]. Personnel Psychology, 2003, 56 (1): 75 - 102.

[461] Lin H, Zeng S X, Ma H Y, et al. Can political capital drive corporate green innovation? Lessons from China [J]. Journal of Cleaner Production, 2014, 64: 63 - 72.

[462] Lin N. Capitalism in China: A centrally managed capitalism (CMC) and its future [J]. Management and Organization Review, 2011, 7 (1): 63 - 96.

[463] Lioukas C S, Reuer J J. Isolating trust outcomes from exchange relationships: Social exchange and learning benefits of prior ties in alliances [J]. Academy of Management Journal, 2015, 58 (6): 1826 - 1847.

[464] Litimi H, BenSaïda A, Bouraoui O. Herding and excessive risk in the American stock market: A sectoral analysis [J]. Research in International Business and Finance, 2016, 38: 6 - 21.

[465] Liu G, Ko W W. Social alliance and employee voluntary activities: A resource - based perspective [J]. Journal of Business Ethics, 2011, 104 (2): 251 - 268.

[466] Liu G, Liston - Heyes C, Ko W W. Employee participation in cause - related marketing strategies: A study of management perceptions from British consumer service industries [J]. Journal of Business Ethics, 2010, 92 (2): 195 - 210.

[467] Lu L C, Chang H H, Chang A. Consumer personality and green buying intention: The mediate role of consumer ethical beliefs [J]. Journal of Business Ethics, 2015, 127 (1): 205 - 219.

[468] Luo X, Wang H, Raithel S, et al. Corporate social performance, analyst stock recommendations, and firm future returns [J]. Strategic Management Journal, 2015, 36 (1): 123 - 136.

[469] Luu T T. CSR and customer value co – creation behavior: The moderation mechanisms of servant leadership and relationship marketing orientation [J]. Journal of Business Ethics, 2019, 155 (2): 379 – 398.

[470] Lyubomirsky S, Nolen – Hoeksema S. Effects of self – focused rumination on negative thinking and interpersonal problem solving [J]. Journal of Personality and Social Psychology, 1995, 69 (1): 176 – 190.

[471] MacInnis D J, De Mello G E. The concept of hope and its relevance to product evaluation and choice [J]. Journal of Marketing, 2005, 69 (1): 1 – 14.

[472] Madsen P M, Rodgers Z J. Looking good by doing good: The antecedents and consequences of stakeholder attention to corporate disaster relief [J]. Strategic Management Journal, 2015, 36 (5): 776 – 794.

[473] Magee J C, Galinsky A D. 8 social hierarchy: The self – reinforcing nature of power and status [J]. Academy of Management Annals, 2008, 2 (1): 351 – 398.

[474] Magubane Z. The (product) red man's burden: Charity, celebrity, and the contradictions of coevalness [J]. Journal of Pan African studies, 2008, 2 (6): 102.1 – 102.25.

[475] Mahnert K E, Torres A M. The brand inside: The factors of failure and success in internal branding [J]. Irish Marketing Review, 2007, 19 (1): 54 – 63.

[476] Maitlis S, Christianson M. Sensemaking in organizations: Taking stock and moving forward [J]. Academy of Management Annals, 2014, 8 (1): 57 – 125.

[477] Makarem S C. Emotions and cognitions in consumer health behaviors: Insights from chronically ill patients into the effects of hope and control perceptions [J]. Journal of Consumer Behaviour, 2016, 15 (3): 208 – 215.

[478] Margolis J D, Walsh J P. Misery loves companies: Rethinking social initiatives by business [J]. Administrative Science Quarterly, 2003, 48 (2): 268 – 305.

[479] Marín L, Cuestas P J, Román S. Determinants of consumer attributions of corporate social responsibility [J]. Journal of Business Ethics, 2016, 138

(2): 247 -260.

[480] Markus H R, Kitayama S. Culture and the self: Implications for cognition, emotion, and motivation [J]. Psychological Review, 1991, 98 (2): 224 -253.

[481] Marquis C, Glynn M A, Davis G F. Community isomorphism and corporate social action [J]. Academy of Management Review, 2007, 32 (3): 925 -945.

[482] Marshall G A, Taniguchi H. Good jobs, good deeds: The gender - specific influences of job characteristics on volunteering [J]. Voluntas: International Journal of Voluntary and Nonprofit Organizations, 2012, 23 (1): 213 -235.

[483] Maslach C, Schaufeli W B, Leiter M P. Job burnout [J]. Annual Review of Psychology, 2001, 52 (1): 397 -422.

[484] Maslow A H. A theory of human motivation [J]. Psychological Review, 1943, 50 (4): 370 -396.

[485] Matsumoto D. Cultural influences on the perception of emotion [J]. Journal of Cross - Cultural Psychology, 1989, 20 (1): 92 -105.

[486] Mattila A S, Hanks L. Antecedents to participation in corporate social responsibility programs [J]. Journal of Service Management, 2012, 23 (5): 664 -676.

[487] Maume M O, Lee M R. Social institutions and violence: A sub - national test of institutional anomie theory [J]. Criminology, 2003, 41 (4): 1137 -1172.

[488] Maxham III J G, Netemeyer R G, Lichtenstein D R. The retail value chain: linking employee perceptions to employee performance, customer evaluations, and store performance [J]. Marketing Science, 2008, 27 (2): 147 -167.

[489] May D R, Gilson R L, Harter L M. The psychological conditions of meaningfulness, safety and availability and the engagement of the human spirit at work [J]. Journal of Occupational and Organizational Psychology, 2004, 77 (1): 11 -37.

[490] Mayer R C, Davis J H, Schoorman F D. An integrative model of organizational trust [J]. The Academy of Management Review, 1995, 20 (3): 709 -734.

[491] McColl – Kennedy J R, Vargo S L, Dagger T S, et al. Health care customer value cocreation practice styles [J]. Journal of Service Research, 2012, 15 (4): 370 – 389.

[492] McFerran B, Dahl D W, Fitzsimons G J, Morales A C. I'll have what she's having: Effects of social influence and body type on the food choices of others [J]. Journal of Consumer Research, 2009, 36 (6): 915 – 929.

[493] McKechnie S, Nath P, Xun J. New insights into emotion valence and loyalty intentions in relational exchanges [J]. Psychology & Marketing, 2018, 35 (2): 160 – 169.

[494] McPherson M, Smith – Lovin L, Cook J M. Birds of a feather: Homophily in social networks [J]. Annual Review of Sociology, 2001: 415 – 444.

[495] McShane L, Cunningham P. To thine own self be true? Employees' judgments of the authenticity of their organization's corporate social responsibility program [J]. Journal of Business Ethics, 2012, 108 (1): 81 – 100.

[496] McVea J F, Freeman R E. A names – and – faces approach to stakeholder management: How focusing on stakeholders as individuals can bring ethics and entrepreneurial strategy together [J]. Journal of Management Inquiry, 2005, 14 (1): 57 – 69.

[497] Meer J. Effects of the price of charitable giving: Evidence from an online crowdfunding platform [J]. Journal of Economic Behavior & Organization, 2014, 103: 113 – 124.

[498] Meglino B M, Korsgaard M A. The role of other orientation in reactions to job characteristics [J]. Journal of Management, 2007, 33 (1): 57 – 83.

[499] Menon S. Employee empowerment: An integrative psychological approach [J]. Applied Psychology, 2001, 50 (1): 153 – 180.

[500] Merlo O, Eisingerich A B, Auh S. Why customer participation matters [J]. MIT Sloan Management Review, 2014, 55 (2): 81 – 88.

[501] Merton R K. Social theory and social structure [M]. New York: Free Press, 1968.

[502] Mesquita L F. Starting over when the bickering never ends: Rebuilding

aggregate trust among clustered firms through trust facilitators [J]. Academy of Management Review, 2007, 32 (1): 72-91.

[503] Messner S F, Rosenfeld R. Crime and the American dream [M]. Belmont, CA: Wadsworth, 2012.

[504] Mick D G. Buddhist psychology: Selected insights, benefits, and research agenda for consumer psychology [J]. Journal of Consumer Psychology, 2017, 27 (1): 117-132.

[505] Miles C. The rhetoric of managed contagion: Metaphor and agency in the discourse of viral marketing [J]. Marketing Theory, 2014, 14 (1): 3-18.

[506] Millette V, Gagné M. Designing volunteers' tasks to maximize motivation, satisfaction and performance: The impact of job characteristics on volunteer engagement [J]. Motivation and Emotion, 2008, 32 (1): 11-22.

[507] Minton E, Lee C, Orth U, et al. Sustainable marketing and social media: A cross-country analysis of motives for sustainable behaviors [J]. Journal of Advertising, 2012, 41 (4): 69-84.

[508] Mize Smith J. All good works are not created equal: Employee sensemaking of corporate philanthropy [J]. Southern Communication Journal, 2012, 77 (5): 369-388.

[509] Mogilner C, Aaker J. "The time vs. money effect": Shifting product attitudes and decisions through personal connection [J]. Journal of Consumer Research, 2009, 36 (2): 277-291.

[510] Mojza E J, Sonnentag S, Bornemann C. Volunteer work as a valuable leisure-time activity: A day-level study on volunteer work, non-work experiences, and well-being at work [J]. Journal of Occupational and Organizational Psychology, 2011, 84 (1): 123-152.

[511] Mollick E. The dynamics of crowdfunding: An exploratory study [J]. Journal of Business Venturing, 2014, 29 (1): 1-16.

[512] Monin B, Sawyer P J, Marquez M J. The rejection of moral rebels: resenting those who do the right thing [J]. Journal of Personality and Social Psychology, 2008, 95 (1): 76-93.

[513] Moorman R H, Blakely G L, Niehoff B P. Does perceived organizational support mediate the relationship between procedural justice and organizational citizenship behavior? [J]. Academy of Management Journal, 1998, 41 (3): 351 –357.

[514] Morgan R M, Hunt S D. The commitment – trust theory of relationship marketing [J]. The Journal of Marketing, 1994, 58 (3): 20 –38.

[515] Morgeson F P, Aguinis H, Waldman D A, et al. Extending corporate social responsibility research to the human resource management and organizational behavior domains: A look to the future [J]. Personnel Psychology, 2013, 66 (4): 805 –824.

[516] Morsing M, Schultz M, Nielsen K U. The 'Catch 22' of communicating CSR: Findings from a Danish study [J]. Journal of Marketing Communications, 2008, 14 (2): 97 –111.

[517] Morsing M. Corporate social responsibility as strategic autocommunication: On the role of external stakeholders for member identification [J]. Business Ethics: A European Review, 2006, 15 (2): 171 –182.

[518] Mueller K, Hattrup K, Spiess S O, et al. The effects of corporate social responsibility on employees' affective commitment: A cross – cultural investigation [J]. Journal of Applied Psychology, 2012, 97 (6): 1186 –1200.

[519] Muller A, Kräussl R. Doing good deeds in times of need: A strategic perspective on corporate disaster donations [J]. Strategic Management Journal, 2011, 32 (9): 911 –929.

[520] Muller A, Whiteman G. Corporate philanthropic responses to emergent human needs: The role of organizational attention focus [J]. Journal of Business Ethics, 2016, 137 (2): 299 –314.

[521] Mumford M D, Connelly S, Brown R P, et al. A sensemaking approach to ethics training for scientists: Preliminary evidence of training effectiveness [J]. Ethics & Behavior, 2008, 18 (4): 315 –339.

[522] Munro D, Bore M, Powis D. Personality factors in professional ethical behaviour: Studies of empathy and narcissism [J]. Australian Journal of

Psychology, 2005, 57 (1): 49 - 60.

[523] Murray K B, Vogel C M. Using a hierarchy - of - effects approach to gauge the effectiveness of corporate social responsibility to generate goodwill toward the firm: Financial versus nonfinancial impacts [J]. Journal of Business Research, 1997, 38 (2): 141 - 159.

[524] Musick M A, Wilson J. Volunteers: A social profile [M]. Bloomington: Indiana University Press, 2008.

[525] Myers S C, Majluf N S. Corporate financing and investment decisions when firms have information that investors do not have [J]. Journal of Financial Economics, 1984, 13 (2): 187 - 221.

[526] Nambisan S, Baron R A. Interactions in virtual customer environments: Implications for product support and customer relationship management [J]. Journal of Interactive Marketing, 2007, 21 (2): 42 - 62.

[527] Nelissen R M A. The motivational properties of hope in goal striving [J]. Cognition and Emotion, 2017, 31 (2): 225 - 237.

[528] Nelson M R, Brunel F F, Supphellen M, et al. Effects of culture, gender, and moral obligations on responses to charity advertising across masculine and feminine cultures [J]. Journal of Consumer Psychology, 2006, 16 (1): 45 - 56.

[529] Nesbit R, Christensen R K, Gossett L M. Charitable giving in the public workplace: A framework for understanding employees' philanthropic performance [J]. Public Performance and Management Review, 2012, 35 (3): 449 - 474.

[530] Netemeyer R G, Maxham III J G, Pullig C. Conflicts in the work - family interface: Links to job stress, customer service employee performance, and customer purchase intent [J]. Journal of Marketing, 2005, 69 (2): 130 - 143.

[531] Ng P F, Butt M M, Khong K W, et al. Antecedents of green brand equity: An integrated approach [J]. Journal of Business Ethics, 2014, 121 (2): 203 - 215.

[532] Ng T W H, Yam K C, Aguinis H. Employee perceptions of corporate social

responsibility: Effects on pride, embeddedness, and turnover [J]. Personnel Psychology, 2019, 72 (1): 107 - 137.

[533] Nisbett R E, Wilson T D. The halo effect: Evidence for unconscious alteration of judgments [J]. Journal of Personality and Social Psychology, 1977, 35 (4): 250 - 256.

[534] Nord W R. Social exchange theory: An integrative approach to social conformity [J]. Psychological Bulletin, 1969, 71 (3): 174 - 208.

[535] Nordin F, Kowalkowski C. Solutions offerings: A critical review and reconceptualisation [J]. Journal of Service Management, 2010, 24 (4): 441 - 459.

[536] Norman W, MacDonald C. Getting to the bottom of "triple bottom line" [J]. Business Ethics Quarterly, 2004, 14 (2): 243 - 262.

[537] Normann R, Ramirez R. From value chain to value constellation: Designing interactive strategy [J]. Harvard Business Review, 1993, 71 (4): 65 - 77.

[538] Nyilasy G, Gangadharbatla H, Paladino A. Perceived greenwashing: The interactive effects of green advertising and corporate environmental performance on consumer reactions [J]. Journal of Business Ethics, 2014, 125 (4): 693 - 707.

[539] O'Fallon M J, Butterfield K D. Moral differentiation: Exploring boundaries of the "monkey see, monkey do" perspective [J]. Journal of Business Ethics, 2011, 102 (3): 379 - 399.

[540] Oarga C, Stavrova O, Fetchenhauer D. When and why is helping others good for well - being? The role of belief in reciprocity and conformity to society's expectations [J]. European Journal of Social Psychology, 2015, 45 (2): 242 - 254.

[541] Oertzen A S, Odekerken - Schröder G, Brax S A, et al. Co - creating services—conceptual clarification, forms and outcomes [J]. Journal of Service Management, 2018, 29 (4): 641 - 679.

[542] Oldham G R, Hackman J R. Not what it was and not what it will be: The future of job design research [J]. Journal of Organizational Behavior, 2010, 31 (2 - 3): 463 - 479.

[543] Olsen R A. Cognitive dissonance: The problem facing behavioral finance [J]. The Journal of Behavioral Finance, 2008, 9: 1 -4.

[544] Omoto A M, Snyder M. Sustained helping without obligation: Motivation, longevity of service, and perceived attitude change among AIDS volunteers [J]. Journal of personality and social psychology, 1995, 68 (4): 671 -686.

[545] Onkila T. Pride or embarrassment? Employees' emotions and corporate social responsibility [J]. Corporate Social Responsibility and Environmental Management, 2015, 22 (4): 222 -236.

[546] Ordanini A, Miceli L, Pizzetti M, et al. Crowd - funding: Transforming customers into investors through innovative service platforms [J]. Journal of Service Management, 2011, 22 (4): 443 -470.

[547] Orlitzky M, Schmidt F L, Rynes S L. Corporate social and financial performance: A meta -analysis [J]. Organization Studies, 2003, 24 (3): 403 -441.

[548] Ostrom E. Beyond markets and states: Polycentric governance of complex economic systems [J]. American Economic Review, 2010, 100 (3): 641 -672.

[549] Paco A D, Nave A C. Corporate volunteering: A case study centred on the motivations, satisfaction and happiness of company employees [J]. Employee Relations, 2013, 35 (5): 547 -559.

[550] Palazzo G, Krings F, Hoffrage U. Ethical blindness [J]. Journal of Business Ethics, 2012, 109 (3): 323 -338.

[551] Parboteeah K P, Hoegl M, Cullen J B. Ethics and religion: An empirical test of a multidimensional model [J]. Journal of Business Ethics, 2008, 80 (2): 387 -398.

[552] Park J Y, Park K, Dubinsky A J. Impact of retailer image on private brand attitude: Halo effect and summary construct [J]. Australian Journal of Psychology, 2011, 63 (3): 173 -183.

[553] Patten D M. Does the market value corporate philanthropy? Evidence from the response to the 2004 tsunami relief effort [J]. Journal of Business Ethics, 2008, 81 (3): 599 -607.

[554] Peloza J, Hassay D N. Intra - organizational volunteerism: Good soldiers,

good deeds and good politics [J]. Journal of Business Ethics, 2006, 64 (4): 357 – 379.

[555] Peloza J. The challenge of measuring financial impacts from investments in corporate social performance [J]. Journal of Management, 2009, 35 (6): 1518 – 1541.

[556] Penner L A. Dispositional and organizational influences on sustained volunteerism: An interactionist perspective [J]. Journal of Social Issues, 2002, 58 (3): 447 – 467.

[557] Pescher C, Reichhart P, Spann M. Consumer decision – making processes in mobile viral marketing campaigns [J]. Journal of Interactive Marketing, 2014, 28 (1): 43 – 54.

[558] Petty R E, Cacioppo J T. Involvement and persuasion: Tradition versus integration [J]. Psychological Bulletin, 1990, 107 (3): 367 – 374.

[559] Pfeffer J, Fong C T. Building organization theory from first principles: The self – enhancement motive and understanding power and influence [J]. Organization Science, 2005, 16 (4): 372 – 388.

[560] Pickett K E, Wilkinson R G. Inequality: An underacknowledged source of mental illness and distress [J]. The British Journal of Psychiatry, 2010, 197 (6): 426 – 428.

[561] Pietro F D, Spagnoletti P, Prencipe A. Fundraising across digital divide: Evidences from charity crowdfunding [M] //Organizing for digital innovation. Springer, Cham, 2019: 111 – 124.

[562] Piliavin I M, Piliavin J A, Rodin J. Costs, diffusion, and the stigmatized victim [J]. Journal of Personality and Social Psychology, 1975, 32 (3): 429 – 438.

[563] Pillai K G, Hodgkinson G P, Kalyanaram G, et al. The negative effects of social capital in organizations: A review and extension [J]. International Journal of Management Reviews, 2017, 19 (1): 97 – 124.

[564] Pitsakis K, Souitaris V, Nicolaou N. The Peripheral halo effect: Do academic spinoffs influence universities' research income? [J]. Journal of Man-

agement Studies, 2015: 1 – 33.

[565] Pitta D. Providing the tools to build brand share of heart: Gydget. com [J]. Journal of Product & Brand Management, 2008, 17 (4): 280 – 284.

[566] Podnar K. Guest editorial: Communicating corporate social responsibility [J]. Journal of Marketing Communications, 2008: 14 (2), 75 – 81.

[567] Podsakoff P M, MacKenzie S B, Lee J Y, et al. Common method biases in behavioral research: A critical review of the literature and recommended remedies [J]. Journal of Applied Psychology, 2003, 88 (5): 879 – 903.

[568] Podsakoff P M, MacKenzie S B, Podsakoff N P. Sources of method bias in social science research and recommendations on how to control it [J]. Annual Review of Psychology, 2012, 63 (1): 539 – 569.

[569] Pollock T G, Porac J F and Wade J B. Constructing deal networks: Brokers as network "architects" in the US IPO market and other examples [J]. Academy of Management Review, 2004, 29: 50 – 72.

[570] Pope S, Wæraas A. CSR – washing is rare: A conceptual framework, literature review, and critique [J]. Journal of Business Ethics, 2016, 137 (1): 173 – 193.

[571] Poppo L, Zhou K Z, Li J J. When can you trust "trust"? Calculative trust, relational trust, and supplier performance [J]. Strategic Management Journal, 2016, 37 (4): 724 – 741.

[572] Porter M E, Kramer M R. The Big Idea: Creating Shared Value [J]. Harvard Business Review, 2011, 89 (1 – 2): 62 – 77.

[573] Porter M E, Kramer M R. The competitive advantage of corporate philanthropy [J]. Harvard Business Review, 2002, 80 (12): 56 – 68.

[574] Post S, Neimark J. Why good things happen to good people: How to live a longer, healthier, happier life by the simple act of giving [M]. Harmony, 2008.

[575] Powell P A. Individual differences in emotion regulation moderate the associations between empathy and affective distress [J]. Motivation and Emotion, 2018, 42 (4): 602 – 613.

[576] Prahalad C K, Ramaswamy V. Co – creation experiences: The next practice in

value creation [J]. Journal of Interactive Marketing, 2004, 18 (3): 5 – 14.

[577] Pratt M G, Rockmann K W, Kaufmann J B. Constructing professional identity: The role of work and identity learning cycles in the customization of identity among medical residents [J]. Academy of Management Journal, 2006, 49 (2): 235 – 262.

[578] Priester J R, Petty R E. The influence of spokesperson trustworthiness on message elaboration, attitude strength, and advertising effectiveness [J]. Journal of Consumer Psychology, 2003, 13 (4): 408 – 421.

[579] Quinn R W, Spreitzer G M, Lam C F. Building a sustainable model of human energy in organizations: Exploring the critical role of resources [J]. Academy of Management Annals, 2012, 6 (1): 337 – 396.

[580] Ramani G, Kumar V. Interaction orientation and firm performance [J]. Journal of Marketing, 2008, 72 (1): 27 – 45.

[581] Randall D M, Fernandes M F. The social desirability response bias in ethics research [J]. Journal of Business Ethics, 1991, 10 (11): 805 – 817.

[582] Ranjan K R, Read S. Value co – creation: Concept and measurement [J]. Journal of the Academy of Marketing Science, 2016, 44 (3): 290 – 315.

[583] Raub S. When employees walk the company talk: The importance of employee involvement in corporate philanthropy [J]. Human Resource Management, 2017, 56 (5): 837 – 850.

[584] Raval V. A disposition – based fraud model: Theoretical integration and research agenda [J]. Journal of Business Ethics, 2018, 150 (3): 741 – 763.

[585] Reb J, Narayanan J, Chaturvedi S, et al. The mediating role of emotional exhaustion in the relationship of mindfulness with turnover intentions and job performance [J]. Mindfulness, 2017, 8 (3): 707 – 716.

[586] Rest J R, Barnett R. Moral development: Advances in research and theory [M]. New York: Praeger, 1986.

[587] Rhoades L, Eisenberger R. Perceived organizational support: A review of the literature [J]. Journal of Applied Psychology, 2002, 87 (4): 698 – 714.

[588] Rimé B. The social sharing of emotion as an interface between individual and

collective processes in the construction of emotional climates [J]. Journal of Social Issues, 2007, 63 (2): 307 - 322.

[589] Rivoli P, Waddock S. "First they ignore you…": The time - context dynamic and corporate responsibility [J]. California Management Review, 2011, 53 (2): 87 - 104.

[590] Robert L P, Denis A R, Hung Y T C. Individual swift trust and knowledge - based trust in face - to - face and virtual team members [J]. Journal of Management Information Systems, 2009, 26 (2): 241 - 279.

[591] Robinson S R, Irmak C, Jayachandran S. Choice of cause in cause - related marketing [J]. Journal of Marketing, 2012, 76 (4): 126 - 139.

[592] Rodell J B, Booth J E, Lynch J W, et al. Corporate volunteering climate: Mobilizing employee passion for societal causes and inspiring future charitable action [J]. Academy of Management Journal, 2017, 60 (5): 1662 - 1681.

[593] Rodell J B, Breitsohl H, Schröder M, et al. Employee volunteering: A review and framework for future research [J]. Journal of Management, 2016, 42 (1): 55 - 84.

[594] Rodell J B, Lynch J W. Perceptions of employee volunteering: Is it "credited" or "stigmatized" by colleagues? [J]. Academy of Management Journal, 2016, 59 (2): 611 - 635.

[595] Rodell J B, Sabey T B, Rogers K M. "Tapping" into goodwill: Enhancing corporate reputation through customer volunteering [J]. Academy of Management Journal, 2020, 63 (6): 1714 - 1738.

[596] Rodell J B. Finding meaning through volunteering: Why do employees volunteer and what does it mean for their jobs? [J]. Academy of Management Journal, 2013, 56 (5): 1274 - 1294.

[597] Rodrigo P, Arenas D. Do employees care about CSR programs? A typology of employees according to their attitudes [J]. Journal of Business Ethics, 2008, 83 (2): 265 - 283.

[598] Ruedy N E, Schweitzer M E. In the moment: The effect of mindfulness on ethical decision making [J]. Journal of Business Ethics, 2010, 95 (1):

73 - 87.

[599] Rupp D E, Ganapathi J, Aguilera R V, et al. Employee reactions to corporate social responsibility: An organizational justice framework [J]. Journal of Organizational Behavior: The International Journal of Industrial, Occupational and Organizational Psychology and Behavior, 2006, 27 (4): 537 - 543.

[600] Ryall M D, Sampson R C. Formal contracts in the presence of relational enforcement mechanisms: Evidence from technology development projects [J]. Management Science, 2009, 55 (6): 906 - 925.

[601] Ryan M P. Physical activity levels in young adult Hispanics and Whites: Social cognitive theory determinants [J]. Psychology and Health, 2005, 20 (6): 709 - 727.

[602] Rynes S L, Bretz R D, Gerhart B. The importance of recruitment in job choice: A different way of looking [J]. Personnel Psychology, 1991, 44 (3): 487 - 521.

[603] Saboo A R, Grewal R. Stock Market Reactions to Customer and Competitor Orientations: The Case of Initial Public Offerings [J]. Marketing Science, 2013, 32 (1): 70 - 88.

[604] Salerno A, Laran J, Janiszewski C. Pride and regulatory behavior: The influence of appraisal information and self - regulatory goals [J]. Journal of Consumer Research, 2015, 42 (3): 499 - 514.

[605] Sanders S, Wisse B, Van Yperen N W, et al. On ethically solvent leaders: The roles of pride and moral identity in predicting leader ethical behavior [J]. Journal of Business Ethics, 2018, 150 (3): 631 - 645.

[606] Sanders W G, Boivie S. Sorting things out: Valuation of new firms in uncertain markets [J]. Strategic Management Journal, 2004, 25 (2): 167 - 186.

[607] Sargeant A. Relationship fundraising: How to keep donors loyal [J]. Nonprofit Management and Leadership, 2001, 12 (2): 177 - 192.

[608] Sauermann H, Roach M. Not all scientists pay to be scientists: PhDs' preferences for publishing in industrial employment [J]. Research Policy, 2014, 43 (1): 32 - 47.

[609] Saxton G D, Wang L. The social network effect: The determinants of giving through social media [J]. Nonprofit and Voluntary Sector Quarterly, 2014, 43 (5): 850-868.

[610] Schau H J, Muñiz Jr A M, Arnould E J. How brand community practices create value [J]. Journal of Marketing, 2009, 73 (5): 30-51.

[611] Scheidler S, Edinger - Schons L M, Spanjol J, et al. Scrooge posing as Mother Teresa: How hypocritical social responsibility strategies hurt employees and firms [J]. Journal of Business Ethics, 2019, 157 (2): 339-358.

[612] Schwartz S H, Howard J A. Explanations of the moderating effect of responsibility denial on the personal norm - behavior relationship [J]. Social Psychology Quarterly, 1980, 43 (4): 441-446.

[613] Schwartz S. The justice of need and the activation of humanitarian norms [J]. Journal of Social Issues, 1975, 31 (3): 111-136.

[614] Scioli A, Ricci M, Nyugen T, et al. Hope: Its nature and measurement [J]. Psychology of Religion and Spirituality, 2011, 3 (2): 78-97.

[615] Searle R H, Ball K S. The development of trust and distrust in a merger [J]. Journal of Managerial Psychology, 2004, 19 (7): 708-721.

[616] Selnes F, Sallis J. Promoting relationship learning [J]. Journal of Marketing, 2003, 67 (3): 80-95.

[617] Seok Sohn Y, Han J K, Lee S H. Communication strategies for enhancing perceived fit in the CSR sponsorship context [J]. International Journal of Advertising, 2012, 31 (1): 133-146.

[618] Septianto F, Kemper J A, Tjiptono F, et al. The role of authentic (vs. hubristic) pride in leveraging the effectiveness of cost transparency [J]. Journal of Business Ethics, 2021a, 174 (2): 423-439.

[619] Septianto F, Seo Y, Errmann A C. Distinct effects of pride and gratitude appeals on sustainable luxury brands [J]. Journal of Business Ethics, 2021b, 169 (2): 211-224.

[620] Shahzad A M, Rutherford M A, Sharfman M P. Stakeholder - centric governance and corporate social performance: A cross - national study [J].

Corporate Social Responsibility and Environmental Management, 2016, 23 (2): 100 - 112.

[621] Sharkey P. The intergenerational transmission of context [J]. American Journal of Sociology, 2008, 113 (4): 931 - 969.

[622] Sharma E, Morwitz V G. Saving the masses: The impact of perceived efficacy on charitable giving to single vs. multiple beneficiaries [J]. Organizational Behavior and Human Decision Processes, 2016, 135 (7): 45 - 54.

[623] Sharma P. Measuring personal cultural orientations: Scale development and validation [J]. Journal of the Academy of Marketing Science, 2010, 38 (6): 787 - 806.

[624] Sharma S, Vredenburg H. Proactive corporate environmental strategy and the development of competitively valuable organizational capabilities [J]. Strategic Management Journal, 1998, 19 (8): 729 - 753.

[625] Sheel R C, Vohra N. Relationship between perceptions of corporate social responsibility and organizational cynicism: The role of employee volunteering [J]. The International Journal of Human Resource Management, 2016, 27 (13): 1373 - 1392.

[626] Sheer V C, Chen L. Improving media richness theory: A study of interaction goals, message valence, and task complexity in manager - subordinate communication [J]. Management Communication Quarterly, 2004, 18 (1): 76 - 93.

[627] Shen J, Benson J. When CSR is a social norm: How socially responsible human resource management affects employee work behavior [J]. Journal of Management, 2016, 42 (6): 1723 - 1746.

[628] Shen J, Jiuhua Zhu C. Effects of socially responsible human resource management on employee organizational commitment [J]. International Journal of Human Resource Management, 2011, 22 (15): 3020 - 3035.

[629] Shepherd D A, Zacharakis A. The venture capitalist - entrepreneur relationship: control, trust and confidence in co - operative behaviour [J]. Venture Capital: an international journal of entrepreneurial finance, 2001, 3

(2): 129 - 149.

[630] Shepherd L, Smith M A. The role of fear in predicting sexually transmitted infection screening [J]. Psychology & Health, 2017, 32 (7): 876 - 894.

[631] Short J C, Ketchen Jr D J, McKenny A F, et al. Research on crowdfunding: Reviewing the (very recent) past and celebrating the present [J]. Entrepreneurship Theory and Practice, 2017, 41 (2): 149 - 160.

[632] Sichtmann C. An analysis of antecedents and consequences of trust in a corporate brand [J]. European Journal of Marketing, 2007, 41 (9 - 10): 999 - 1015.

[633] Singelis T M. Some thoughts on the future of cross - cultural social psychology [J]. Journal of Cross - Cultural Psychology, 2000, 31 (1): 76 - 91.

[634] Sirdeshmukh D, Singh J, Sabol B. Consumer trust, value, and loyalty in relational exchanges [J]. Journal of Marketing, 2002, 66 (1): 15 - 37.

[635] Skard S, Thorbjørnsen H. Is publicity always better than advertising? The role of brand reputation in communicating corporate social responsibility [J]. Journal of Business Ethics, 2014, 124 (1): 149 - 160.

[636] Skirnevskiy V, Bendig D, Brettel M. The influence of internal social capital on serial creators' success in crowdfunding [J]. Entrepreneurship Theory and Practice, 2017, 41 (2): 209 - 236.

[637] Slattery J P, Selvarajan T T, Anderson J E, et al. Relationship between job characteristics and attitudes: A study of temporary employees [J]. Journal of Applied Social Psychology, 2010, 40 (6): 1539 - 1565.

[638] Sliwka D. Trust as a signal of a social norm and the hidden costs of incentive schemes [J]. American Economic Review, 2007, 97: 999 - 1012.

[639] Small D A, Verrochi N M. The face of need: Facial emotion expression on charity advertisements [J]. Journal of Marketing Research, 2009, 46 (6): 777 - 787.

[640] Smith C A, Ellsworth P C. Patterns of cognitive appraisal in emotion [J]. Journal of Personality and Social Psychology, 1985, 48 (4): 813 - 838.

[641] Smith K D, Keating J P, Stotland E. Altruism reconsidered: The effect of

denying feedback on a victim's status to empathic witnesses [J]. Journal of Personality and Social Psychology, 1989, 57 (4): 641 -650.

[642] Snipes R L, Oswald S L. Charitable giving to not - for - profit organizations: Factors affecting donations to non - profit organizations [J]. Innovative Marketing, 2010, 6 (1): 73 -80.

[643] Snyder M, Omoto A M, Crain A L. Punished for their good deeds: Stigmatization of AIDS volunteers [J]. American Behavioral Scientist, 1999, 42 (7): 1175 -1192.

[644] Song B, Wen J. Online corporate social responsibility communication strategies and stakeholder engagements: A comparison of controversial versus noncontroversial industries [J]. Corporate Social Responsibility and Environmental Management, 2020, 27 (2): 881 -896.

[645] Spanos L. Complementarity and interconnection between CSR and crowdfunding: A case study in Greece [M] //Corporate responsibility and digital communities. Palgrave Macmillan, Cham, 2018: 29 -49.

[646] Spassova G, Lee A Y. Looking into the future: A match between self - view and temporal distance [J]. Journal of Consumer Research, 2013, 40 (1): 159 -171.

[647] Spence M. Market Signaling: Informational Transfer in Hiring and Related Processes [M]. Cambridge, MA: Harvard University Press, 1974.

[648] Spence M. Signaling in retrospect and the informational structure of markets [J]. American Economic Review, 2002, 92 (3): 434 -459.

[649] Spiller R. Ethical business and investment: A model for business and society [J]. Journal of Business Ethics, 2000, 27 (1): 149 -160.

[650] Spraggon M, Bodolica V. Trust, authentic pride, and moral reasoning: a unified framework of relational governance and emotional self - regulation [J]. Business Ethics: A European Review, 2015, 24 (3): 297 -314.

[651] Spreitzer G M. Psychological empowerment in the workplace: Dimensions, measurement, and validation [J]. Academy of Management Journal, 1995, 38 (5): 1442 -1465.

[652] Stack S, Eshleman J R. Marital status and happiness: A 17 - nation study [J]. Journal of Marriage and the Family, 1998, 60: 527 -536.

[653] Stellar J E, Gordon A M, Piff P K, Cordaro D, Anderson C L, Bai Y, et al. Self - transcendent emotions and their social functions: Compassion, gratitude, and awe bind us to others through prosociality [J]. Emotion Review, 2017, 9 (3): 200 -207.

[654] Stern I, Dukerich J M, Zajac E. Unmixed signals: How reputation and status affect alliance formation [J]. Strategic Management Journal, 2014, 35 (4): 512 -531.

[655] Stiglitz J E. Information and the Change in the Paradigm in Economics [J]. American economic review, 2002, 92 (3): 460 -501.

[656] Stiglitz, J. The price of inequality [M]. London, U. K.: Penguin Books, 2013.

[657] Storbacka K, Brodie R J, Böhmann T, et al. Actor engagement as a microfoundation for value co - creation [J]. Journal of Business Research, 2016, 69 (8): 3008 -3017.

[658] Stout L A. The shareholder value myth: How putting shareholders first harms investors, corporations, and the public [M]. San Francisco, CA: Berrett - Koehler Publishers, 2012.

[659] Strizhakova Y, Tsarenko Y, Ruth J A. "I'm mad and I can't get that service failure off my mind": Coping and rumination as mediators of anger effects on customer intentions [J]. Journal of Service Research, 2012, 15 (4): 414 -429.

[660] Stukalina Y. How to prepare students for productive and satisfying careers in the knowledge - based economy: Creating a more efficient educational environment [J]. Technological and Economic Development of Economy, 2008, 14 (2): 197 -207.

[661] Sulkowski A J, Edwards M, Freeman R E. Shake your stakeholder: Firms leading engagement to cocreate sustainable value [J]. Organization & Environment, 2018, 31 (3): 223 -241.

[662] Talay M B, Akdeniz M B, Obal M, et al. Stock market reactions to new product launches in international markets: The moderating role of culture [J]. Journal of International Marketing, 2019, 27 (4): 81 -98.

[663] Tan H H, Lim A K. Trust in coworkers and trust in organizations [J]. The Journal of Psychology, 2009, 143 (1): 45 -66.

[664] Tang L. Mine your customers or mine your business: The moderating role of culture in online word - of - mouth reviews [J]. Journal of International Marketing, 2017, 25 (2): 88 -110.

[665] Tanner R J, Ferraro R, Chartrand T L, Bettman J R, Baaren R V. Of chameleons and consumption: The impact of mimicry on choice and preferences [J]. Journal of Consumer Research, 2008, 34 (6): 754 -766.

[666] Tao W, Song B, Ferguson M A, et al. Employees' prosocial behavioral intentions through empowerment in CSR decision - making [J]. Public Relations Review, 2018, 44 (5): 667 -680.

[667] Taoketao E, Feng T, Song Y, et al. Does sustainability marketing strategy achieve payback profits? A signaling theory perspective [J]. Corporate Social Responsibility and Environmental Management, 2018, 25 (6): 1039 -1049.

[668] Ten Brummelhuis L L, Bakker A B. A resource perspective on the work - home interface: The work - home resources model [J]. American psychologist, 2012, 67 (7): 545 -556.

[669] Thoits P A, Hewitt L N. Volunteer work and well - being [J]. Journal of Health and Social Behavior, 2001, 42: 115 -131.

[670] Thompson D V, Malaviya P. Consumer - generated ads: Does awareness of advertising co - creation help or hurt persuasion? [J]. Journal of Marketing, 2013, 77 (3): 33 -47.

[671] Thorndike E L. A constant error in psychological ratings [J]. Journal of Applied Psychology, 1920, 4 (1): 25 -29.

[672] Thrash T M, Elliot A J, Maruskin L A, et al. Inspiration and the promotion of well - being: Tests of causality and mediation [J]. Journal of Personality and Social Psychology, 2010, 98 (3): 488 -506.

[673] Tian Q, Peterson D K. The effects of ethical pressure and power distance orientation on unethical pro – organizational behavior: The case of earnings management [J]. Business Ethics: A European Review, 2016, 25 (2): 159 – 171.

[674] Tomlinson E C, Dineen B R, Lewicki R J. Trust congruence among integrative negotiators as a predictor of joint – behavioral outcomes [J]. International Journal of Conflict Management, 2009, 20 (2): 173 – 187.

[675] Tong E M W, Fredrickson B L, Chang W, et al. Re – examining hope: The roles of agency thinking and pathways thinking [J]. Cognition and Emotion, 2010, 24 (7): 1207 – 1215.

[676] Tracey P, Phillips N, Haugh H. Beyond philanthropy: Community enterprise as a basis for corporate citizenship [J]. Journal of Business Ethics, 2005, 58 (4): 327 – 344.

[677] Tracy J L, Cheng J T, Robins R W, Trzesniewski K H. Authentic and hubristic pride: The affective core of self – esteem and narcissism [J]. Self and Identity, 2009, 8 (2 – 3): 196 – 213.

[678] Tracy J L, Robins R W. The psychological structure of pride: A tale of two facets [J]. Journal of Personality and Social Psychology, 2007, 92 (3): 506 – 525.

[679] Troccoli I R, Felizardo Jr N Á. Exchanging roles: An insight into the theory of value co – creation [J]. Journal of Marketing Theory and Practice, 2020, 28 (3): 272 – 285.

[680] Tuliao K V, Chen C. Economy and supervisors' ethical values: Exploring the mediating role of noneconomic institutions in a cross – national test of institutional anomie theory [J]. Journal of Business Ethics, 2019, 156 (3): 823 – 838.

[681] Tummers L G, Knies E. Leadership and meaningful work in the public sector [J]. Public Administration Review, 2013, 73 (6): 859 – 868.

[682] Tyler T R, Orwin R, Schurer L. Defensive denial and high cost prosocial behavior [J]. Basic and Applied Social Psychology, 1982, 3 (4): 267 – 281.

[683] Tyler T R. Why people cooperate with organizations: An identity – based perspective [J]. Research in Organizational Behavior, 1999, 21: 201 – 246.

[684] Uzkurt C. Customer participation in the service process: A model and research propositions [J]. International Journal of Services and Operations Management, 2010, 6 (1): 17 – 37.

[685] Van deVen N, Zeelenberg M, Pieters R. Why envy outperforms admiration [J]. Personality and Social Psychology Bulletin, 2011, 37 (6): 784 – 95.

[686] Van der Lans R, Van Bruggen G, Eliashberg J, et al. A viral branching model for predicting the spread of electronic word of mouth [J]. Marketing Science, 2010, 29 (2): 348 – 365.

[687] Vergne J, Wernicke G, Brenner S. Signal incongruence and its consequences: A study of media disapproval and CEO overcompensation [J]. Organization Science, 2018, 29 (5): 796 – 817.

[688] Vian T, McCoy K, Richards S C, et al. Corporate social responsibility in global health: The Pfizer Global Health Fellows international volunteering program [J]. Human Resource Planning, 2007, 30 (1): 30 – 35.

[689] Villena V H, Choi T Y, Revilla E. Revisiting interorganizational trust: Is more always better or could more be worse? [J]. Journal of Management, 2019, 45 (2): 752 – 785.

[690] Villena V H, Revilla E, Choi, T Y. The dark side of collaborative buyer – supplier relationships: A social capital perspective [J]. Journal of Operations Management, 2011, 29: 561 – 576.

[691] Vlachos P A, Panagopoulos N G, Bachrach D G, Morgeson F P. The effects of managerial and employee attributions for corporate social responsibility initiatives [J]. Journal of Organizational Behavior, 2017, 38 (7): 1111 – 1129.

[692] Vock M, van Dolen W, Kolk A. Micro – level interactions in business – nonprofit partnerships [J]. Business & Society, 2014, 53 (4): 517 – 550.

[693] Waddock S A, Graves S B. The corporate social performance – financial performance link [J]. Strategic Management Journal, 1997, 18 (4): 303 – 319.

[694] Wagner T, Lutz R J, Weitz B A. Corporate hypocrisy: Overcoming the

threat of inconsistent corporate social responsibility perceptions [J]. Journal of Marketing, 2009 (b), 73 (6): 77 -91.

[695] Wallace B A. A Buddhist view of free will: Beyond determinism and indeterminism [J]. Journal of Consciousness Studies, 2011, 18 (3 -4): 217 -233.

[696] Wang H, Tong L, Takeuchi R, et al. Corporate social responsibility: An overview and new research directions: Thematic issue on corporate social responsibility [J]. Academy of Management Journal, 2016, 59 (2): 534 -544.

[697] Wathieu L, Brenner L, Carmon Z, et al. Consumer control and empowerment: a primer [J]. Marketing Letters, 2002, 13 (3): 297 -305.

[698] Wathne K H, Heide J B. Opportunism in inter - firm relationships: Forms, outcomes, and solutions [J]. Journal of Marketing, 2000, 64: 36 -51.

[699] Wayne S J, Shore L M, Bommer W H, et al. The role of fair treatment and rewards in perceptions of organizational support and leader - member exchange [J]. Journal of Applied Psychology, 2002, 87 (3): 590 -598.

[700] Weaver G R, Reynolds S J, Brown M E. Moral intuition: Connecting current knowledge to future organizational research and practice [J]. Journal of Management, 2014, 40 (1): 100 -129.

[701] Webb T L, Sheeran P. Does changing behavioral intentions engender behavior change? A meta - analysis of the experimental evidence [J]. Psychological Bulletin, 2006, 132 (2): 249 -268.

[702] Webster J M, Duvall J, Gaines L M, Smith R H. The roles of praise and social comparison information in the experience of pride [J]. Journal of Social Psychology, 2003, 143 (2): 209 -232.

[703] Wegge J, Schmidt K H, Parkes C, et al. Taking a sickie: Job satisfaction and job involvement as interactive predictors of absenteeism in a public organization [J]. Journal of Occupational and Organizational Psychology, 2007, 80 (1): 77 -89.

[704] Weick K E, Sutcliffe K M, Obstfeld D. Organizing and the process of sensemaking [J]. Organization Science, 2005, 16 (4): 409 -421.

[705] Weick K E. Sensemaking in Organizations [M]. Vol. 3. Los Angeles, CA:

Sag, 1995.

[706] Weinstein N, Ryan R M. When helping helps: autonomous motivation for prosocial behavior and its influence on well – being for the helper and recipient [J]. Journal of Personality and Social Psychology, 2010, 98 (2): 222 – 244.

[707] Wilkinson R G, Pickett K E. Income inequality and social dysfunction [J]. Annual Review of Sociology, 2009, 35: 493 – 511.

[708] Williams L J, Anderson S E. Job satisfaction and organizational commitment as predictors of organizational citizenship and in – role behaviors [J]. Journal of Management, 1991, 17 (3): 601 – 617.

[709] Wilson J. Volunteering [J]. Annual Review of Sociology, 2000, 26 (1): 215 – 240.

[710] Wilson T D, Lindsey S, Schooler T Y. A model of dual attitudes [J]. Psychological Review, 2000, 107 (1): 101 – 126.

[711] Winterich K P, Haws K L. Helpful hopefulness: The effect of future positive emotions on consumption [J]. Journal of Consumer Research, 2011, 38 (3): 505 – 524.

[712] Winterich K P, Mittal V, Ross Jr W T. Donation behavior toward in – groups and out – groups: The role of gender and moral identity [J]. Journal of Consumer Research, 2009, 36 (2): 199 – 214.

[713] Woerdl M, Papagiannidis S, Bourlakis M A, et al. Internet – induced marketing techniques: Critical factors in viral marketing campaigns [J]. Journal of Business Science and Applied Management, 2008, 3 (1): 35 – 45.

[714] Woiceshyn J. A model for ethical decision making in business: Reasoning, intuition, and rational moral principles [J]. Journal of Business Ethics, 2011, 104 (3): 311 – 323.

[715] Wright M. Can moral judgement and ethical behaviour be learned? A review of the literature [J]. Management Decision, 1995, 33 (10): 17 – 28.

[716] Wu X, Kwan H K, Wu L Z, et al. The effect of workplace negative gossip on employee proactive behavior in China: The moderating role of traditionality

[J]. Journal of Business Ethics, 2018, 148 (4): 801 – 815.

[717] Yacout O M, Vitell S. Ethical consumer decision – making: The role of need for cognition and affective responses [J]. Business Ethics: A European Review, 2018, 27 (2): 178 – 194.

[718] Yi Y, Gong T. Customer value co – creation behavior: Scale development and validation [J]. Journal of Business Research, 2013, 66 (9): 1279 – 1284.

[719] Yin J, Qian L, Singhapakdi A. Sharing sustainability: How values and ethics matter in consumers' adoption of public bicycle – sharing scheme [J]. Journal of Business Ethics, 2018, 149 (2): 313 – 332.

[720] Yu A, Matta F K, Cornfield B. Is leader – member exchange differentiation beneficial or detrimental for group effectiveness? A meta – analytic investigation and theoretical integration [J]. Academy of Management Journal, 2018, 61 (3): 1158 – 1188.

[721] Zaheer A, McEvily B, Perrone V. Does trust matter? Exploring the effects of interorganizational and interpersonal trust on performance [J]. Organization Science, 1998, 9 (2): 141 – 159.

[722] Zapata C P, Carton A M, Liu J T. When justice promotes injustice: Why minority leaders experience bias when they adhere to interpersonal justice rules [J]. Academy of Management Journal, 2016, 59 (4): 1150 – 1173.

[723] Zemack – Rugar Y, Bettman J R, Fitzsimons G J. The effects of nonconsciously priming emotion concepts on behavior [J]. Journal of Personality and Social Psychology, 2007, 93 (6): 927 – 939.

[724] Zemack – Rugar Y, Rabino R, Cavanaugh L A, et al. When donating is liberating: The role of product and consumer characteristics in the appeal of cause – related products [J]. Journal of Consumer Psychology, 2016, 26 (2): 213 – 230.

[725] Zhang T, Zhang Z, Yang J. When does corporate social responsibility backfire in acquisitions? Signal incongruence and acquirer returns [J]. Journal of Business Ethics, 2022, 175 (1): 45 – 58.

[726] Zhang Y, Wiersema M F. Stock market reaction to CEO certification: The

signaling role of CEO background [J]. Strategic Management Journal, 2009, 30 (7): 693-710.

[727] Zhao X, Wu C, Chen C C, et al. The influence of corporate social responsibility on incumbent employees: A meta-analytic investigation of the mediating and moderating mechanisms [J]. Journal of Management, 2022, 48 (1): 114-146.

[728] Zhou Z, Luo B N, Tang T L P. Corporate social responsibility excites 'exponential' positive employee engagement: The Matthew effect in CSR and sustainable policy [J]. Corporate Social Responsibility and Environmental Management, 2018, 25 (4): 339-354.

[729] Zhu H, Pan Y, Qiu J, et al. Hometown ties and favoritism in Chinese corporations: Evidence from CEO dismissals and corporate social responsibility [J]. Journal of Business Ethics, 2022, 176 (2): 283-310.

[730] Zipay K P, Mitchell M S, Baer M D, et al. Lenient reactions to misconduct: Examining the self-conscious process of being lenient to others at work [J]. Academy of Management Journal, 2021, 64 (2): 351-377.

[731] Zollo L. The consumers' emotional dog learns to persuade its rational tail: Toward a social intuitionist framework of ethical consumption [J]. Journal of Business Ethics, 2021, 168 (2): 295-313.

[732] Zuwerink J J, Cameron K A. Strategies for resisting persuasion [J]. Basic and Applied Social Psychology, 2003, 25 (2): 145-161.

后　记

此书历时三年半成稿，成稿之际，百感交集。数年光阴，终未浪掷，薄有所得，概得益于一点热爱，一点信仰，一点执念：

一点热爱。企业社会责任是一个历久弥新的话题，我深爱我的研究，沉浸其中，乐此不疲，如“乘天地之正，而御六气之辩，以游无穷者”。感谢我的研究带给我孜孜以求、物我两忘的极致体验。程颢曾有注曰：“笃信好学，未如自得之为乐。好之者，如游他人园圃；乐之者，则己物耳。”白沙先生亦有云：“夫学贵自得也。自得之，然后博之以载籍。”自得其乐、自得己见大概是我在著书中的一点“小欢喜”。虽不敢企望似曾点一般“浴乎沂，风乎舞雩，咏而归”的肆意洒脱，但依然希望足可“悟言一室之内，畅叙幽情”。

一点信仰。韩愈有言：“文以载道、文以明道、文以贯道”。何谓道？我认为是真理，是本质，是底层逻辑，是信仰。本书著立过程中，我希望本着文道合一的精神，坚持做到有理有据，不妄言、不虚言、不媚言。并且，我认为学术研究从来不应束之于殿堂以供瞻仰膜拜，而应具有切实的社会功能。钱穆有言：“时代变，斯学术亦当随而变”，共创型社会责任的研究立足于平台经济中的利益相关者多元参与模式，是对传统企业社会责任研究的革新。钱穆又言：“我们读书人，立志总要远大，要成为领导社会、移风易俗的大师，这才是第一流学者；专守一隅，做得再好，也只是第二流。”本书写作过程中，我曾读到2020年《Journal of Management》上的一篇编辑评论，带给我极大的震撼和共鸣，题目是“Corona crisis and inequality: Why management research needs a societal turn”。此篇极佳评论的要义是：管理应当致力于解决社会问题，我深以为然。相对自然科学而言，社会科学的价值一直备受争议和诟病。愿此书能够明体达用，切实指导共创型社会责任实践，帮助移风易俗，解决社会问题，在一定程度上为社会科学正名，同时满足笔者仰望“第一流学者”的一点私心。

一点执念。作为一个受中国传统文化熏陶的学者，我常怀有真挚而笃切的家国情怀，时以张载“为天地立心，为生民立命，为往圣继绝学，为万世开太平”的志向进行自我勉励。从致学之初，笔者就有一点执念：为中国文化的研究和国际传播尽一份绵薄之力。因此，本书多个章节都涉及中国文化，比如集体主义倾向、不确定性规避倾向、仁爱等。我私心愿此书可以传世，忝列于文化研究之门墙，努力成就“立言”之不朽。

另外，此书是国家社会科学基金青年项目“基于公益众筹平台的共创型社会责任及治理策略研究”（19CGL023）的最终成果，首先感谢全国哲学社会科学工作办快速而认真的评审与肯定，感谢五位匿名专家的赞赏和提出的建设性意见。此书成稿还受到山西省“1331 工程”工商管理一流学科建设项目的大力支持，感谢山西财经大学杨俊青教授在全过程提供的鼎力相助。感谢山西财经大学工商管理学院的卫虎林教授、齐永智教授，会计学院的吴秋生教授、孙凡教授，管理科学与工程学院的孙国强教授给予的全力帮助和指导。此外，感谢山西大学的张苏串教授，太原科技大学的鲁锦涛教授、姚斯琴老师，吉林大学的田虹教授、蔡玉程教授、崔宏静老师、潘楚林老师，长春工业大学的姜雨峰老师，西安交通大学的孙泽宇博士在研究中给予的无私帮助。感谢我指导的博士研究生祁菊、赵卿鹤，硕士研究生牛晓媛、任振煜、张凡启、张焱炳帮助校对书稿。感谢张晓丽编辑认真负责的编辑工作。此外，还需要特别感谢我的爱人山西大学管理与决策研究所的邢红卫老师，在此书写作的全过程，邢老师担任了咨询专家、讲座专家、合作者等诸多角色，不辞辛苦地提供了诸多有益见解。特别感谢我的儿子邢熠，邢熠出生于2020 年 3 月，正是此书写作伊始，初为人母，我感受到了强烈的工作—家庭冲突。育儿工作繁重耗时，此书很多章节的写作都是在午夜 11 点到凌晨 3 点完成的。然而同时，邢熠的成长和他的可爱治愈了生活和工作中的一切不美好，他给了我研究和写作的不竭动力和灵感，希望他长大之后我可以骄傲的对他说，“儿子，妈妈是一个努力的妈妈，也是一个努力的学者。”“愿你勤奋踏实，每一份耕耘都能有一份收获，偶有小幸运加持。希望你从容豁达，乐观向上，永葆一份求知欲和敬畏之心。”也希望长大之后的邢熠可以对我说，“妈妈，我为你骄傲”。

此书预期20万字，然而提笔万钧，下笔千言，“笔墨从胸襟中来”，终于难以刹住，以致停笔达36.6万字，洋洋洒洒，仍觉意犹未尽。当然，此书仍有许多不足、不尽之处，希望能得到各位专家、读者的批评指正。惟愿初心不改、砥砺前行、博观约取、厚积薄发，在企业社会责任、商业伦理和中国文化的研究领域继续深耕，“常久日新而已”。

王汉瑛

2023年8月